국어 교사를 위한
문법지식
형태·통사편

국어 교사를 위한
문 법 지 식
형태·통사편

편   저 변영민

1판 1쇄 발행 2020년 7월 30일

저작권자 변영민

발 행 처 하움출판사
발 행 인 문현광
편   집 홍새솔
주   소 전라북도 군산시 축동안3길 20, 2층 하움출판사
I S B N 979-11-6440-169-7 (03710)

홈페이지 http://haum.kr/
이 메 일 haum1000@naver.com

좋은 책을 만들겠습니다.
하움출판사는 독자 여러분의 의견에 항상 귀 기울이고 있습니다.

이 도서의 국립중앙도서관 출판예정도서목록(CIP)은 서지정보유통지원시스템 홈페이지(http://seoji.nl.go.kr)와
국가자료종합목록 구축시스템(http://kolis-net.nl.go.kr)에서 이용하실 수 있습니다. (CIP제어번호 : CIP2020027849)

펴내며

꽤 시간이 흘러 2020년이다.

대학에 입학한 지 17년이 지났고, 군대에서 전역한 지 10년이 지났으며, 교사로 부임한 지 9년이 지났다.

갓 대학에 입학하여 처음 들었던 국어학 개론 수업 시간의 교재는 『국어학서설』(1991)이었다. 한편 국어 교사가 되겠다는 나에게 몇몇 선배들은 『개정판-학교 문법론』(2002), 『표준 국어 문법론-개정판』(1993)을 추천해 주었다. 그리고 이 책들로 4년 동안 문법이라는 영역에 대해 알아갔다.

대학 졸업과 동시에 입대하였다. 2년 4개월을 복무하는 동안 머릿속이 하얘졌다. 다시 시작해야 했다. 애석하게도 이제는 선배가 아닌 몇몇 후배들이 책을 추천해 주었다. 국어 교사가 되겠다는 학생들에게 바이블(?)이기도 했던 종전의 문법서는 중요성이 덜 해 보였다. 학생들의 책상에는 『우리말 문법론』(2008)이 놓여 있었고, 나 역시 그 책으로 국어 교사가 되었다.

학교에 근무하면서 많은 학생들과 이야기를 나누었고, 가르쳤다. 또한 여러 업무를 맡았으며, 공문을 처리하였다. 그렇게 9년이란 시간이 흘러가는 동안 『표준 국어 문법론-제4판』(2014)과 『한국어 문법 총론 Ⅰ』(2015)이 출간되었다. 새롭게 교육 현장에 들어오는 후배 교사들은 나와는 다른 책으로 공부를 했을 것이고, 훨씬 다채로울 것이며, 더 풍부할 것이다.

살아온 게으름에 대한 채찍이자, 무지(無知)에 대한 벌로 다시금 문법서를 꺼내 들었다. 어려운 결심을 하고 나자 『새로 쓴 표준 국어 문법론』(2019)과 『한국어 표준 문법』(2019)이 나왔다. 결심의 실천이 더 어려워지는 것만 같았다. 결심을 실천하려 하다 보니 『한국어 형태론』(2016)도 눈에 띄었다.

이 책은 학술적으로 그 가치를 인정받아 온 문법서들의 내용을 망라하되 일반적으로 통용되는 문법 체계에 맞게 재배열한 것이다. 세상에 완벽한 것이 존재하지 않듯이 저 훌륭한 문법서들 역시 각각의 특색이 있다. 문법서에 따라 자세히 설명한 부분도 조금씩 다르고, 관점의 차이 또한 분명했다. 그 차이들을 모아 보고자 했다.

수업을 준비하다 보면 종종 알았던 내용들이 새롭게 느껴진다. 그리고 시간이 지날수록 새로운 내용들은 더 새로워진다. 그 새로움의 원인은 아마도 학문의 깊이와 폭은 심화되는데, 나의 학문적 역량은 얕아지고 좁아지기 때문이지 않을까? 그렇다고 책망할 수도 없다. 현장에서 우리에게 중요한 것은 전공 지식보다는 공문 처리의 속도와 정확도이기 때문이다.

  현장에 있는 국어 교사들에게 작은 도움이 될까 하여 모은 지식들을 그대로 펴냈다. 물론 이 책이 도움이 되지 못할 수도 있다. 아이들에게는 문법이란 교과서 내용만으로도 벅차기 때문이다. 또한 여러 문법서들의 관점을 최대한 반영하다 보니 서로 다른 관점이 소개되기도 한다. 교육 문법에서 '학교 문법'이라는 실체가 분명한 만큼 이 책에서 담고 있는 내용들이 오히려 방해를 줄 수도 있다.
  그런데 이 '학교 문법'이 오히려 생각할 거리들을 차단하고 있지는 않나라는 의문이 든다. 다른 국어 영역에 비하여 외울 것이 많은 문법 영역을 더욱 암기 과목처럼 만들고 있다는 느낌을 떨칠 수가 없다. 명망 있는 문법서들의 내용을 정리한 이 책이 교과서에 실린 '학교 문법' 지식들 각각에 대해 탐구 거리나 질문 거리를 제공할 수 있으리라 믿는다.

  이 책의 가장 큰 특징은 크게 3가지이다. 첫째, 여러 문법서들의 내용을 체계적으로 다시 정리했다. 문법서에 따라 설명의 깊이와 폭이 다른 만큼 개별 내용들을 종합하여 항목별로 내용에 부족함이 없도록 하였다. 둘째, 문법서들의 내용을 최대한 그대로 전달하고자 하였다. 연구자들의 설명에 왜곡이 생기지 않도록 주관을 배제하고 체계적으로 배열하는 데에 중점을 두었다. 셋째, 정리한 내용에 대해 미주를 통해 참고한 문법서와 구체적인 페이지를 밝혔다. 결국에는 해당 문법서의 내용으로 돌아가야 저자들의 의도와 설명을 충분히 이해할 수 있기 때문이다. 시간을 허락하여 다시 문법서를 직접 찾아 읽을 것을 권한다. 이 책이 그 교두보가 되길 바란다.

  그저 내용을 정리한 것에 불과하지만 그리 순탄치만은 않았다. 현직 교사에 불과하다 보니 내용에 대한 이해도 부족했다. 여러 책을 참고하다 보니 어떻게 조합할 것인지 고민이 많았다. 천신만고 끝에 결과물이 나왔다. 여느 저자들처럼 존경하고, 아끼는 분들을 호명하며 감사함을 표하고 싶다. 하지만 이 책은 나의 고민이나 연구의 결과물이 아니다. 그저 저명하신 연구자들의 결과들을 재배치한 편저물에 불과하기 때문이다. 부끄러움에 그 마음은 생략하기로 하였다.

  훗날 진정한 저작물이 출판되어 한 분, 한 분께 감사함을 전하고 싶다.

끝으로 그동안 교직 생활의 게으름과 무지에 대한 반성문은 이 책으로 갈음했으면 한다.

편저 **변영민**

제 2 부

통
사
론

제1부
형태론

제1장   형태론의 범위

1. 형태론의 영역

'형태소, 단어, 어절, 구, 절, 문장' 등의 문법 요소 중 '형태소'와 '단어'까지를 다루는 학문 영역으로 조어론, 굴절론, 품사론을 포함.

- **조어론**: 형태소가 결합하여 단어가 되는 과정을 다루는 영역   예 참-(접두사) +외(어근)=참외
- **굴절론**: 단어가 문법적인 기능에 따라 형태가 변하는 양상을 다루는 영역   예 먹-(어간)+ -었-(어미)+-다(어미)=먹었다
- **품사론**: 문장에서 담당하는 역할을 중심으로 단어를 나누는 영역   예 나(대명사), 참외(명사), 먹다(동사)

❖ 굴절과 한국어[1]

굴절의 의미
- 굴절이란 문법적인 기능에 따라 단어의 형태가 다양하게 변하는 현상을 말하는데 한국어는 교착어이기 때문에 굴절어의 굴절에 해당하는 현상은 없음.
- 한국어에서는 체언에 조사가 결합하는 현상을 곡용, 용언의 어간에 어미가 결합하는 현상을 활용으로 구분하여 일종의 굴절로 보기도 함. → 학교 문법에서는 조사를 단어로 처리하기 때문에 곡용은 인정하지 않고 활용만 인정

굴절어의 굴절과 다른 점
- 한국어의 곡용이나 활용은 어간에 어미가 하나만 결합하지 않고 여러 개가 연속으로 결합할 수 있다는 점
- 굴절어의 굴절 접사는 단어에 결합하지만 한국어의 조사나 어미는 단어가 아니라 구나 절, 문장 등 단어보다 더 큰 단위에 결합한다는 점

1. 형태소

1 형태소의 정의와 의미

(1) 정의: 의미(뜻)를 지닌 가장 작은 말의 단위 → '최소의 유의적 단위'라고 표현하기도 함.

예 '바다'의 경우 'ㅂ, ㅏ, ㄷ, ㅏ'나 '바, 다'로 분석할 경우 어떠한 의미를 지닌다고 할 수 없음.

(2) 의미: 어휘적 의미뿐만 아니라 문법적 의미를 포함하는 개념 → 의미가 없다는 뜻은 분석할 경우 이전에 가지고 있던 의미와 관련이 없어지는 것을 말함. 예 '바다가 넓다.'에서 '가'나 '-다'는 문법적 의미를 지니고 있음.

2 형태소 분석의 의미 및 원리

(1) 의미: 둘 이상의 형태소가 결합하여 구성된 언어 단위를 그것을 구성하는 형태소들로 나누는 일

(2) 원리

① 계열 관계: 같은 성질을 가진 다른 말이 갈아들어 갈 수 있는 것으로 '대치, 세로 관계'라 하기도 함. 예 '하늘이 푸르다'에서 '하늘' 대신에 '바다'가 들어갈 수 있으며, '푸르다' 대신에 '흐리다'가 들어갈 수 있음.

② 통합 관계: 어떤 말의 앞이나 뒤에 다른 말이 더해지는 것으로 '결합, 가로 관계'라 하기도 함. 예 '하늘이 푸르다'에서 '푸른'이 '하늘' 앞에 들어가거나 '하늘'과 '푸르다' 사이에 '만'이나 '매우' 등이 들어갈 수 있음.

❖ 형태소 분석의 어려움[2]

어원론적으로 최대한 분석하는 견해와 의미 단위를 기준으로 공시적으로 분석하는 견해가 존재

• '주무시다'와 '계시다'

· '*주무-', '*계-'를 공시적으로 존재하지 않기 때문에 분석이 어려움.

· 중세어에서 간혹 '겨쇼셔'를 통해 '겨-'를 분석하기도 하지만 이는 '계시-+-쇼셔'에서 높임의 의미가 중복되다 보니 '시'가 탈락하는 것으로 봄. 다만 학계에서 '在'를 '겨다'로 재구하고 있기에 '시'가 높임의 선어말 어미일 가능성을 추정할 수는 있음.

- '무덤', '지붕'
 · 접사 '-암/엄', '-웅'으로 분석이 가능해 보이지만 사용의 예가 거의 없기 때문에 분석이 어려움.
 · '지붕'의 경우 중세형이 '집우ㅎ'이었기 때문에 '웅'을 분석하는 것에 대한 타당성 지적이 있음.
 · '마감'이나 '마중'을 통하여 접사 '-암/엄', '-웅'을 분석하기도 하지만 동일한 형태소인지 판단이 어려움.
- '올가미', '지푸라기', '자주', '도로'
 · 접사 '-아미', '-우라기', '-우' 등의 분석이 어려움.
 · 어문 규정에서는 분석을 하고 있음. 다만 '옭-', '짚', '잦-', '돌-' 등이 분명한 의미를 지니고 있기 때문에 별개의 형태소로 분석하는 것이 타당하다는 견해 존재
- '새롭다'와 '외롭다'
 · '새-+-롭-', '외-+-롭-'의 경우 공시적으로 '새'는 관형사, '외'는 접두사로 쓰이고 있어 '-롭-'이 명사와 결합하여 형용사를 파생한다는 사실에 어긋남.
 · 표준국어대사전 접사 '-롭다'의 풀이가 모음으로 끝나는 일부 어근 뒤에 붙는다고 하였기 때문에 관형사인 '새'에 대해서는 설명 및 형태소 분석이 가능
- '미덥다'와 '즐겁다'
 · '믿다', '즐기다'와 비교하였을 때 '-업-'이 통합 관계를 보이고 있음을 알 수 있음. '-업-'은 과거 동사와 결합하여 형용사를 만드는 접미사의 자격을 가졌지만 지금은 생산성을 잃었기 때문에 형태소 자격을 부여하는 데에 문제가 있음.
- '오솔길', '느닷없이'
 · '오솔'은 '길'과만 결합, '느닷'은 '없이'와만 결합하는데 연구자에 따라 '오솔'과 '길', '느닷'과 '없이'로 분석하는 견해와 분석하지 않는 견해가 존재

형태소의 변화 및 융합
- 'ㄷ' 불규칙 용언인 '걸었다'의 경우 'ㄷ'이 'ㄹ'로 바뀌었기 때문에 '걷-+-었-+-다'로 분석해야 함.
- 'ㅎ' 불규칙 용언인 '파래'의 경우 'ㅎ'이 탈락하고 난 후 어미와 융합했기 때문에 '파랗-+-아'로 분석해야 함.

형태소의 탈락
- 특정 음운론적 환경에서 탈락하기도 함.
- '빨리 가', '날이 개서'의 용언은 모두 'ㅏ'나 'ㅓ'가 탈락하여 쓰였음. 이 경우 탈락한 형태소를 밝혀 주어야 함.

• 서술격 조사 '이다'는 모음 뒤에 올 때 문어에서는 '이다'가 쓰이지만 구어에서는 탈락시켜 '다'만 발음하는 것이 일반적임. 최근에는 문어에서도 '이'가 탈락한 형태로 적기도 함.

매개 모음

• 형태소의 정의가 최소의 유의적 단위인 만큼 형태소로 인정하지 않음.
• 문장에 쓰인 '먹을게'는 '먹을까', '먹을래' 등과 비교할 때 '먹-'과 '-을게', '-을까', '-을래'가 계열 관계를 보여 각각을 분석할 수 있음. 이러한 관찰을 바탕으로 '을'과 '래', '을'과 '까', '을'과 '래'로 대치될 수 있기 때문에 분석이 가능한 것처럼 보임. → 하지만 형태소의 정의가 의미를 지녀야 한다는 것을 고려할 때 분석할 수 없음.

'울상'과 '열쇠'

• '울상'은 '울다'에서 온 말인데 '죽을상'과 비교해 보면 '울상'의 '-ㄹ'이 '울다'의 'ㄹ'이 아니라 '죽을'의 '-을'과 같은 기능을 함을 알 수 있음. 즉 '울상'은 '울-+-ㄹ+상'으로 형태소 분석을 하고 'ㄹ'이 탈락한 것으로 보아야 함.
• '열쇠'도 '자물쇠'와 비교했을 때 비록 '잠다'가 현대 국어에서 생산성을 잃기는 했지만 '-ㄹ'을 지니고 있음을 확인할 수 있음. 결국 '열쇠'도 '열-+-ㄹ+쇠'로 분석해야 함.

'에서'와 '에게'

• '에'와 '서'가 공시적으로 존재하지만 '에'와 '서'를 합친 의미와 의미적으로 다름.
• '에게'의 '게'를 분석할 경우 '게'가 공시적으로 존재하지 않음.

❖ 한자어의 형태소 분석[3]

형태소 분석이 가능한 경우

• 한국어에서 독립된 단어로 쓰이는 경우 <예> '창문(窓門)', '강산(江山)'의 '창', '문', '강', '산'
• 문장에서는 단독적으로 쓰이지는 않지만 서류 등에서 단독적으로 쓰이는 경우 <예> '부모(父母)', '남녀(男女)'의 '부', '모', '남', '녀'

형태소 분석을 결정하기가 어려운 경우

• 문장에서 단독적으로 쓰이지는 않지만 계열 관계의 기준을 만족하고 의미가 분명한 경우 <예> 동화(動畵)의 '동', '화' → '동'의 자리에 '우(寓)'나 '설(設)' 등이 대치될 수 있고 '화'의 자리에 '요(謠)'나 '심(心)'이 대치될 수 있음.
• 계열 관계를 만족하기 어렵지만 의미를 인정할 수 있는 경우 <예> '사회(社會)', '인간(人間)', '정의(正義)'의 '사', '회', '인', '간', '정', '의'

형태소 분석이 불가능한 경우

• 각 구성 요소인 한자들의 의미가 전체 구성의 의미와 연관성이 없는 경우 <예> '불란서(佛

蘭西)', '이태리(伊太利)', '보살(菩薩)'

> ❖ **한자어 형태소 분석의 어려움**[4]
>
> **고유 명사에 쓰인 한자어**
> • 각 음절의 한자가 뜻을 지니고는 있지만, 그 뜻이 전체 단어의 뜻과 별다른 관계가 없어서 형태소 분석 여부에 이견이 있음.
> · 인명: 길동(吉同)
> · 지명: 창원(昌原)
>
> **융합 합성어**
> • 각 음절의 한자의 의미와 달리 제3의 의미를 획득함. 예 '모순(矛盾)', '갈등(葛藤)'
>
> **한자음 각각의 공통된 의미 판단의 어려움 및 분석된 한자음의 동일 형태소 포함 여부**
> • '분석(分析)', '분자(分子)' / '교분(交分)', '당분(糖分)' / '1분(分)', '1인분(人分)': 각각의 단어에 쓰인 '분(分)'이 동일한 의미를 가지고 있는지 판단하기 어려움. 나아가 이들을 분석한다 할지라도 다의적인 의미를 지닌 하나의 형태소로 볼 것인지 아니면 동음어적인 요소로 볼 것인지 판단하기가 어려움. → 동일 한자이고 어느 정도는 공통된 의미를 가지고 있어 분석은 하되, 다의적인 형태소로 보는 것이 좋을 것임.

③ 형태소의 교체
(1) 형태소, 형태, 이형태
① 형태소: 어떤 의미를 가지고 있는 단위를 추상적으로 이름 부르는 것 → 추상적인 의미의 측면 예 '웃어라'에서는 [욷-], '웃고'에서는 [욷-], '웃는다'에서는 [운-]의 형태로 실현된 것들을 '웃-'이라는 기저형으로 인식
② 형태: 하나의 형태소가 환경에 따라 모습을 달리할 때 각각의 것을 이르는 용어 → 구체적인 음성의 측면 예 형태소 '웃-'은 '웃어라'에서는 [욷-], '웃고'에서는 [욷-], '웃는다'에서는 [운-]의 여러 형태로 실현
③ 이형태
   ❶ 한 형태소가 환경에 따라 음상이 달라져 여러 형태로 실현될 때 형태들 간의 관계에 주목하여 사용하는 용어로 이들 각각을 한 형태소의 이형태라고 함. → 한 형태소의 교체형들
   ❷ 형태와 이형태가 실제로 가리키는 대상은 다르지 않음. 형태는 단순한 형태소의 구체적 실현형이라면 이형태는 형태소와의 관계까지를 고려한 용어임.

❸ 교체에 ᄂ 교체형 (동일한 형태소에 속하면서 소리가 다른 형태, 한 형태소가 환경에 따라 달리 실현 형태, 형태들 간의 관계를 표현하기 위한 용어)
❹ 배타적, 상보 포를 보임.

❖ 배타적 분포와 상보 분포[5]

배타적 분포

• 형태들이 나타나는 환경이 로 겹치지 않는다는 의미 → 이형태들이 동일한 환경에 나타나지 않음.
· 주격 조사 '이'가 나타나는 환 '가'가 나타나는 환경이 서로 다름.

상보적 분포

• 이형태들이 나타나는 환경의 합이 형태들이 나타나는 전체 환경이 된다는 의미 → 의미나 기능이 동일한 이형태들이 전체 포를 완성

이형태와 배타적, 상보적 분포의 관계

• 음소와 변이음, 형태소와 이형태 간의 관계 정의하기 위해 사용한 용어로 두 용어 중 하나를 선택해도 큰 차이가 없이 형태소의 개념 설명할 수 있어 구별 없이 사용함.
• 상보적 분포의 개념을 이용하면 형태소는 '형태 이 서로 의미가 같고 분포가 상보적이면 하나의 형태소에 속한다'고 정의할 수 있음.
• '웃-'의 [웃-], [욷-], [운-]은 서로 다른 환경에서 출 하기 때문에 상보적 분포를 보인다고 할 수 있지만 '철수에게'나 '철수한테'의 [에게], [한테]는 의미가 동일함에도 불구하고 분포가 겹치기 때문에 다른 형태소라고 할 수 있음.

이: 자음 뒤 가: 모음 뒤	을: 자음 뒤 를: 모음 뒤	에 누님에게 드려라 한테 님한테 드려라
의미가 같고, 상보적 분포		의미는 같으 상보적이 아님.
↓ 한 형태소 예 께서: 높임의 의미가 더해져 의미적으로 차이를 보이기 때문에 이형태로 다루지 않는 것이 일반적		↓ 두 형태

의미적 차이

• 일반적이고 전형적인 이형태들은 상보적이면서도 배타적인 분포를 보이는 며, 중세 국어와 근대 국어 교체기의 주격 조사 '이/가'의 분포, 현대 국어의 피동이나 사동 접미사 '이/히/리/기' 분포 등은 이들 이형태들이 나타나는 환경이 그 형태가 나타나는 전체 환경이 된다는 점에서 상보적 분포를 보이지만, 이형태들이 나타나는 환경이 부분적으로

겹치기 때문에 배타적 분포를 보인다고 보기는 어려움.

❖ 이형태의 유형[6]

음운론적 이형태
• 음운론적으로 환경의 제약을 받아 나타나는 이형태 → 하나의 형태소가 음운론적인 조건에 따라 다르게 실현되는 변이 형태
· /이~가/, /을~를/, /-았-~-었-/, /-아라~-어라/

형태론적 이형태
• 이형태들 가운데 바뀌는 이유를 음운론적으로 설명 수 없는 이형태 → 음운론적인 환경과는 관계없이 개별 형태 다음에만 실현되는 형
· /너라∝여라/, /-았-~-었-∝-였-/

(2) 교체와 기본형

① 교체

❶ 하나의 형태소가 주위 환경에 따라 각 다른 형태로 실현되는 현상

❷ 형태소에 따라 교체를 하지 않은 것이 있지만 한국에서는 문법적 관계를 나타내는 조사와 어미가 발달해 있어 형태소리의 결합 과정에서 다양한 교체 현상이 나타남. 예 '물'은 교체가 일어나지 않고 항상 ㅌ로만 실현되지만 '빛'은 [빛], [빋], [빈] 등으로 실현

② 기본형: 여러 이형태 가운데 대표가 되는 이형태

❶ 설정의 조건

가. 설명이 타당한 것 → 기본형에서 나머지 이형태의 도출을 자연스럽게 설명할 수 있는 것 예 [웃-], [욷-], [운-]에서 '웃-'을 기본형으로 잡으면 비음을 제외한 자음 앞에서 'ㄷ'으로 바뀌고, 비음 앞에서 'ㄴ'으로 바뀌는 현상을 평파열음화와 비음화에 의해 자연스럽게 설명 가능함. 하지만 '운-'을 기본형으로 잡을 경우 왜 'ㅅ'으로 바뀌는지 설명이 어려움. /으로~로/의 경우에는 첨가보다는 탈락이 상적으로 더 타당하기 때문에 '으로'를 기본형으로 설정

나. 통계적으로 빈도가 더 높은 것 예 /었~였/에서 '-었-'이 통계적으로 빈도가 더 높음.

다. 역사적으로 먼저 쓰인 형태 예 /이~가/의 경우 어느 하나를 이형태로 기본형을 설정할 경우 다른 이형태의 도출을 자연스럽게 설명하기 어려움. '이'가 '가'에 비해 먼저 등장했기 때문에 '이'를 기본형으로 삼음. ('가'는 16C 후반에 등장) → /이~가/는 대부분 사전에 모두 등재되어 있기 때문에 둘 다 모두를 기본형으로 설정한 것으로 간주할 수 있음.

❖ 'ㅅ' 불규칙 **용언의 기본형**

• 기본형 {짓-}의 ...태에서는 기본형이 나타나지 않음. 즉 /진-/, /진-/, /지-/로 실현되기 때문에 실제 ...로 존재하지 않음.

• 통시적으로 '짓-+-어... 환경에서 '지서'의 중세의 형태를 고려하여 기본형을 이론적으로 설정한 결과.

❖ **기본형, 대표형, 기저형의 ...념**

기본형

• 구조 언어학에서 형태소를 통일 ...있게 기술하기 위해 도입한 개념으로 흔히 사전을 경제적으로 기술하기 위해 이형태 중에 ... 기본형만을 표제어로 싣는 것으로 활용.

대표형

• 기본형과 유사한 의미임.

• 기본형은 하나의 형태를 정하고 그 형태에 ... 다른 형태가 나타나는 것을 설명하기에 더 적합한 용어라면, 대표형은 여러 형태 중 하나...정했다는 점을 설명하기에 적합한 용어임.

· 음운 현상 등을 통해 하나의 형태에서 다른 ...태를 설명하는 경우에는 기본형이라는 용어가 적합

· 어느 하나를 기본형으로 잡기 어려울 때 하나를 ...표로 잡는 경우에는 대표형이라는 용어가 적합 예 주격 조사 /이~가/

기저형

• 변형 생성 문법에서 논의된 개념으로 다양한 표현 형태를 ...저형에서 도출된 것으로 설명하기 위해 사용하는 용어

• 기저형에서는 형태소의 교체를 음운론적으로 설명할 수 있는지...최우선적으로 고려함. 예를 들어 기본형의 경우 주격 조사의 교체를 음운 규칙으로 설...할 수 없을지라도 편의상 어느 한 이형태를 기본형으로 설정하는 것이 충분히 가능하지만 ...저형의 경우에는 음운론적으로 설명할 수 없는 형태를 기저형으로 설정하는 것이 불가능...기저형으로 설정된 이상 음운 규칙'을 이용하여 형태소 교체를 설명할 수 있어야 함.

기본형	기저형
어미 '-다'를 결합하여 교육적, 실용적 편의상 기본형 설정	어미 '-다'를 결합하여 설정할 경우 '있다[읻따]'에서 어간의 기저형이 '읻'이 되게 되는데 '있어'에서 '있'으로 실현되는 현상을 설명할 수 없음. '있다'는 기저형과 무관한 기본형임.

③ 교체의 양상

❶ 교체의 동기: 자동적 교체와 비자동적 교체

가. 자동적 교체

㈎ 교체가 일어나지 않으면 그 언어의 음절 구조에 대한 제[약]이나 음소 배열에 대한 제약이 깨어지는 결과를 초래하기 때문에 필연적으로 일어[나는] 교체

㈏ 음운론적 제약(음절 구조 제약, 음소 배열 제약)을 충[족]시키기 위해 일어나는 교체

㈐ 자동적 교체의 사례

㉮ 닭# → [닥], 닭도 → [닥또]: 음절의 종성에서 [2]개의 자음을 발음할 수 없다는 제약 혹은 국어에서 3개의 자음이 연달아 올 수 [없]다는 제약 때문에 교체 현상이 필연적으로 일어나야 함.

㉯ 닭만 → [당만]: 한국어에서 비음 앞에[서] 평파열음이 올 수 없다는 제약을 만족시키기 위해 발생

㉰ 알-+-는 → [아는]: 'ㄹ'과 'ㄴ'이 연[달]아 올 수 없다는 제약을 만족시키기 위해 일어남.

나. 비자동적 교체

㈎ 일어나지 않아도 한국어의 음운적 제약에 영향을 미치지 못하는 교체로 필연적이지 않음.

㈏ 음운론적 제약을 반영하지 [않]는 교체 (최근에는 형태음운론적 교체라고 부르기도 함.)

㈐ 비자동적 교체의 사례

㉮ 산이, 바다가: 주격조사 /이~가/의 교체는 자음 뒤에서는 '이', 모음 뒤에서는 '가'로 예외 없이 나[타]나기는 하지만, 국어에서 자음 뒤에 '가'가 올 수 없다든지 모음 뒤에 '이'가 올 [수] 없다든지 하는 음소 배열 제약이 존재하는 것은 아님.

㉯ 다듬다 → [다듬따], 안고 → [안꼬]: 비음으로 끝나는 어간 뒤에 오는 어미가 된소리로 교체되는 현상인데, 이는 어간과 어미의 결합에서만 일어날 뿐 다른 환경에서는 비음과 'ㄱ, ㄷ, ㅈ' 등이 결합할 수 있음.

㉰ 보아서 → [봐서], 두어라 → [둬라]: 어간의 교체가 일어나고 있는데 이는 'ㅗ+ㅏ'나 'ㅜ+ㅓ'의 모음 연쇄가 불가능하기 때문이 아님. 즉 필수적으로 일어나야 하는 현상이 아님.

❷ 교체 양상의 일반화 여부: 규칙적 교체와 불규칙적 교체

가. 규칙적 교체

㈎교체의 양상을 일반화할 수 있는 경우 → 교체를 보이는 형태소들과 교체의 환경을 범주화할 수 있어야 함. (교체가 되는 형태소들의 목록이나 환경을 나열하는 것이 아니고 공

통점을 포착하여 묶을 수 있음.)

㈏ 한국어의 음운 규칙으로 설명할 수 있는 교체

㈐ 규칙적 교체의 사례

 ㉮ 잡는 → [잠는], 막느냐 → [망느냐]: 장애음을 가진 어간이 비음 앞에서 비음으로 교체되는 것으로 교체되는 부류나 환경을 일반화할 수 있음.

 ㉯ 안고 → [안꼬], 신다 → [신따]: '비음으로 끝나는 용언 어간 뒤에서 어미 두음이 경음으로 교체'라고 일반화 가능

나. 불규칙적 교체

㈎ 교체의 양상을 일반화할 수 없는 경우 → 교체를 보이는 형태소나 교체의 환경을 범주화하지 못함. (교체되는 형태소들의 목록이나 환경을 나열해야 함.)

㈏ 한국어의 음운 규칙으로 설명할 수 없음.

㈐ 불규칙적 교체의 사례

 ㉮ (불에) 굽고[굽꼬], 구워 / (친구들) 돕고[돕꼬], 도와: 'ㅂ'으로 끝나는 용어 어간이 모음 어미 앞에서 'ㅗ/ㅜ'로 실현됨. 국어에서 자음으로 끝나는 형태소 뒤에 모음으로 시작하는 문법 형태소가 오면 연음이 되는 것이 원칙이지만 이러한 현상은 그 원칙에 위배됨. 또한 이러한 교체를 보이는 어간들의 수가 많음에도 그 어간들을 일반화할 방법이 없음. 예 (허리가) 굽고[굽꼬], 굽어

 ㉯ 하고, 하여서, 해서: 'ㅏ'로 끝나는 어간에 '아'로 시작하는 어미가 결합하면 동일 모음 탈락 현상의 적용을 받아 교체가 일어나야 하는데 '하-'는 전혀 다른 교체 양상을 보임. 결국 교체를 보이는 형태소 부류를 일반화할 수 없고 음운 규칙으로 교체 양상을 설명하지 못함. 예 가고, 가서

❖ 주격 조사 /이~가/의 규칙성 여부[8]

규칙적 교체로 보는 견해
• 자음으로 끝나는 말 뒤에는 '이', 모음으로 끝나는 말 뒤에는 '가'로 예측이 가능하고 일정하게 쓰이기 때문에 규칙적 교체에 해당

불규칙적 교체로 보는 견해
• 주격 조사의 교체 양상은 다른 형태소에서 찾아볼 수 없고, 주격 조사의 교체 양상을 설명하기 위해서는 주격 조사에서만 나타난다는 특수한 정보가 필요함. 또한 국어의 일반적인 음운 변동 규칙으로 설명할 수 없음. 하나의 형태소에서만 나타나는 특이한 형태의 교체는 규칙적 교체라고 하기 어려움.

❸ 교체의 환경 및 조건: 음운론적 조건에 의한 교체와 비음운론적(형태론적, 어휘론적) 조건에 의한 교체

가. 음운론적 조건에 의한 교체

㈎ 교체 환경을 음운론적인 정보만으로 규정할 수 있는 교체

㈏ 음운론적 조건에 의한 교체의 사례

㉮ /웃~욷~운/: 모음 앞에서 [웃], 비음을 제외한 자음 앞에서 [욷], 비음 앞에서 [운]으로 나타나는데 각 이형태가 음운적 조건에 따라 나타남.

㉯ /이~가/: 자음 뒤에서는 '이', 모음 뒤에서는 [가]로 나타남.

㉰ /-어라~-아라/: 양성·음성의 선행모음으로 교체 환경을 음운론적으로 규정

나. 비음운론적 조건에 의한 교체

㈎ 교체 환경을 음운론적인 정보만으로는 규정할 수 없는 교체

㈏ 교체 환경에 대한 형태소의 문법적 특성이나 어휘적 정보 등이 포함

㈐ 비음운론적 조건에 의한 교체의 사례

㉮ /-았-~-었-∝-였-/: '-았-'과 '-었-'은 음운적 조건에 의한 교체이지만 '-였-'은 '하다'나 '하다'를 지닌 복합어 용언 어간 뒤에서만 나타나므로 비음운적 조건에 의한 교체임.

㉯ /-아라~-어라∝-너라/: '-아라'나 '-어라'와 달리 '-너라'는 동사 '오-' 뒤에서만 쓰여 음운론적 조건과는 무관하게 교체

㉰ 관형사형 전성어미 /-는~-은/: '가는', '줍는', '넓은', '좁은'에서 알 수 있듯이 어간의 품사 정보가 동사인지 형용사인지, 즉 형태소 정보로 규정

❖ **-거라와 -너라**[9]

• '-거라'를 '가-' 뒤에서만 실현되는 비음운론적 교체의 예로 보았지만 현재 '먹거라', '자거라' 등 많은 용언 어간과 결합하고 있어 불규칙적 교체의 어미 목록에서 제외하고 있음. 이렇게 되면 '-거라'를 /-아라~-어라~-너라/와 다른 형태소로 처리하게 됨.

• '-너라' 대신 '오-'에서 '-아라'가 결합하기도 하지만 '오너라'와 '와라'의 쓰임이 동일하지는 않음. '오너라'는 옛 말투의 명령형 어미로 의미 차이가 분명. 반면 구어체에서 '와라'로 쓰이기는 하지만 적어도 '-너라'가 결합하는 경우는 '오-'에 한정된다는 사실에 착안하여 여전히 '-너라'에 대해서는 비음운론적 교체로 규정할 수 있음.

• 새로운 어문 규정 해설에서는 '-거라/-너라' 불규칙이 소멸되었다고 해설함. 즉 '-어라/-아라'와 '-거라', '-너라'가 의미 및 어감이 다르다고 보고 있음. 따라서 기존에 '-거라' 및 '-너라' 불규칙 현상은 더 이상 존재하지 않음.

❖ 문법적 조건, 통사적 조건에 의한 교체[10]

음운론적 조건에 의한 교체, 형태론적 조건에 의한 교체 외에도 문법론적 조건에 의한 교체를 설정하기도 함.

• 부사격 조사 '에'와 '에게'

· 이익섭, 채완(1999): '유정성'이 문법 범주에 속하고 선행 명사의 유정성에 의해 선택되기 때문에 이는 음운론적 조건이나 형태론적 조건으로 포착하기 어려우므로 문법론적 이형태로 설정

· 유현경(2003): '에'나 '에게'는 유정성과 무정성이라는 의미의 차이를 반영하는 것이고, '높임'의 '께서' 모두 의미 자질에 의해 선택되므로 이형태의 관계가 아니라 별개의 조사로 보아야 함.

통사론적 이형태

• 중세 국어의 의문형 어미 '-아'와 '-오'

· 김유범(2008), 김건희(2014): 설명 의문문에서는 '-오'가 나타나고, 판정 의문문에서는 '-아'가 나타나는데 의문문의 실현이라는 동일한 통사적 기능을 가지므로 이형태로 인정해야 한다는 견해

· 고영근(2005), 박재연(2010): 형태의 차이가 의문문의 구조를 분화하고 각각이 어떤 의미 기능을 가지고 있는 것으로 보아 다른 형태소로 설정해야 한다는 견해. 만일 '-아'와 '-오'가 이형태 관계라면 평서문에 쓰이는 '-다'와 의문문에 쓰이는 '-니'도 이형태로 설정해야 할 수 있기 때문에 이형태로 볼 수 없음.

❖ 교체의 종류 사이의 상관성[11]

• 자동적 교체: 국어의 음운 구조의 압력 때문에 일어나고 강력한 음운론적 제약을 반영하기 때문에 교체를 보이는 형태소나 환경을 음운론적으로 일반화할 수 있음. → 음운론적 규칙이자 규칙적 교체에 해당

• 비자동적 교체: 규칙적 교체(/이~가/)도 있고, 불규칙적 교체(/-어~-여/)도 있음.

• 음운론적 교체: 자동적 교체(/값~갑~감/)도 있고, 비자동적 교체(/이~가/)도 있음.

• 음운론적 교체: 규칙적 교체(/값~갑~감/)도 있고, 불규칙적 교체(/듣-~들-/)도 있음.

• 비음운론적 교체(형태론적 교체): 형태론적 교체의 환경에 문법론적인 정보가 포함되므로 음운론적 제약과 관련을 맺을 수 없음. → 비자동적 교체, 불규칙적 교체에 해당

• 불규칙적 교체: 음운 규칙으로 설명할 수 없음 → 비자동적 교체에 해당

• 불규칙적 교체: 음운론적 교체(/묻-~물-/)도 있고, 형태론적 교체(/-아~-여/)도 가능

> • 규칙적 교체: 자동적 교체(비음화)도 있고 비자동적 교체(어간 비음 뒤에서의 경음화)도
> 있음.
> • 규칙적 교체: 언제나 예측이 가능 → 음운론적 교체에 해당

④ **형태소의 종류**

(1) **자립성의 유무**: 자립 형태소와 의존 형태소

① **자립 형태소**

　❶ 문장에서 단독으로 쓰일 수 있고 단독으로 문장을 이룰 수 있는 형태소

　❷ 명사, 대명사, 수사, 관형사, 부사, 감탄사 등이 단일 형태소인 경우　예 '책가방이 무겁
다'에서 명사는 '책가방'임. 하지만 이는 단일 형태소가 아니기 때문에 그 자체로 형태소가 되지 않
고 '책'과 '가방'으로 분석이 된 이후 자립 형태소가 됨.

② **의존 형태소**

　❶ 반드시 다른 형태소와 결합해서 쓰이는 형태소

　❷ 조사, 동사나 형용사의 어간과 어미, 접두사, 접미사 등이 단일 형태소인 경우

　❸ 다른 형태소가 붙는 곳에 '접속부호' 표시 (단, 조사는 예외)

> ❖ **한자어 형태소의 자립성 여부**[12]
> • 한자어 중에서 자립 형태소로 쓰이는 경우에는 대응하는 고유어가 없는 경우가 많고,
> 의존 형태소로 쓰이는 경우에는 대응하는 고유어가 있는 경우가 많음.
> ・자립 형태소: 창(窓), 문(門)
> ・의존 형태소: 천(天)-하늘, 지(池)-땅, 동(童)-아이, 화(話)-이야기
> ・숫자의 경우 고유어 수사나 한자어 수사 모두 자립 형태소의 자격을 지니기 때문에 고
> 유어와 대응 한자의 관계로 모두 판단할 수는 없음.

(2) **의미의 어휘성(실질성)**: 실질 형태소(어휘 형태소)와 형식 형태소(문법 형태소)

① **실질 형태소(어휘 형태소)**

　• 형태소의 의미가 실질적인 개념을 나타내는 형태소

　• 구체적인 대상이나 동작, 상태와 같은 어휘적 의미를 나타내는 형태소

　• 명사, 대명사, 수사, 관형사, 부사, 감탄사, 동사와 형용사의 어간

② **형식 형태소(문법 형태소, 허사, 기능어)**

　• 형태소의 의미가 형식적·문법적인 관계를 나타내는 형태소

- 실질 형태소에 붙어 말과 말 사이의 관계나 기능을 형식적으로 나타내는 형태소
- 조사, 어미, 접사(접두사, 접미사)

❖ 형태소 종류 설명에서 품사 명칭 사용의 문제[13]

- 형태소의 종류를 구분하는 과정에서 흔히 품사 명칭을 사용 → 하지만 품사 분류는 형태소가 아닌 단어를 대상으로 한다는 점에서 부적절
  · 국어에서 각 품사들이 실질 형태소인지 살펴보는 것은 단일 형태소로 된 품사에 한정
- 실질 형태소의 종류를 품사로 언급할 때 '용언의 어간'이라 하기보다는 '용언의 어근'이라고 해야 적절 → 접사는 형식 형태소로 분류함.
  · '덧붙이다'의 어간은 '덧붙이-', 어근은 '붙-'임. 이때 실질 형태소는 보통 '붙-'으로 분류함.

❖ '지다'와 '-지다'

- '해가 지다'의 '지다'는 실질 형태소, '값지다/기름지다/멋지다'의 '지다'는 형식 형태소
  · '값지고~, 값지니~, 값지어~' 등은 접사 '~지다'가 활용하는 것이 아니라 단어(파생어) '값지다'가 활용하는 것

❖ 실질 형태소와 형식 형태소 구분의 어려움[14]

접사의 문제

- 파생 접사, 특히 접두사의 경우 새로운 단어를 만드는 문법적 기능에 초점을 두어 형식 형태소에 포함하지만, 어휘적인 의미를 가지고 있는 경우도 많아 실질 형태소로 보는 경우도 있음.
- 일반적으로 새로운 단어를 만드는 형식적인 기능에 주목하여 형식 형태소로 분류함.
- 접사를 형식 형태소로 범주화하는 것은 단순히 편의적인 처리임. → 어떤 언어 단위가 가지고 있는 의미의 실질성은 '있다/없다'로 이분법적으로 설명하기보다는 '많다/적다'의 정도성을 가진 것으로 설명하는 편이 더 나음. cf) 최형용(2016): 접미사는 한자어이든 고유어이든 문법 형태소로서의 자격을 부여 → 접미사의 의미는 실질적이라기보다는 형식적인 특성이 적지 않기 때문 + 접미사는 그것이 결합하여 형성된 단어를 그 이전과는 매우 다른 분포를 가지게 만든다는 점에서 문법성을 찾을 수 있음.

보조 용언의 문제

- 보조 용언 역시 문법적 기능을 하면서 실질적인 의미를 지니고 있음. 일반적으로 본용언과 함께 실질 형태소로 분류함.

어휘문법형태소의 설정

• 파생 접사류나 보조사류는 실질 형태소나 형식 형태소 볼 여지가 모두 있어 이를 실질 형태소나 형식 형태소로 분류하지 않고 어휘문법 형태소로 분류하기도 함.

• 보조 용언의 경우도 실질 형태소와 형식 형태소의 경계에 있음.

❖ **접사성 한자어의 형태소 문제[15]**

생고기	생선
생-: 접두사 ('고기'가 자립 형태소임) ↓ 파생어	생: 어근 ('선'이 의존 형태소임) ↓ 합성어

• 한자는 그 자체로 어휘적 의미를 지니고 있기 때문에 어휘 형태소로 간주하는 일이 많음. 반면 접사는 문법 형태소이기 때문에 한자는 아예 문법 형태소가 존재하지 않는다고 보아야 함. 그러나 한 단어를 보았을 때 직접 성분이 하나는 단어이고 나머지는 그것에 딸려 있는 것이 명백할 경우 한자라도 접사로 간주하기도 함. 즉 한자는 동일한 한자라도 경우에 따라 어휘 형태소와 문법 형태소의 자격 두 가지를 줄 수 있음.

❖ **형태소의 종류별 관계**

• 자립 형태소는 모두 실질 형태소가 됨.

• 의존 형태소는 주로 형식 형태소가 되지만 동사/형용사의 어간이나 한자 어근 등은 실질 형태소가 되기 때문에 모두 형식 형태소가 되는 것은 아님.

• 실질 형태소는 주로 자립 형태소가 되지만 동사/형용사의 어간이나 한자 어근 중 대응하는 고유어가 있는 경우에는 의존 형태소가 됨. 즉 실질 형태소가 모두 자립 형태소가 되는 것은 아님.

• 형식 형태소는 모두 의존 형태소가 됨.

(3) 형성소와 구성소

① 형성소

❶ 더 큰 구성(단어의 형성)에 생산적(적극적)으로 참여하는 형태소

❷ 단어형성소와 문장형성소로 나눌 수 있음.

  • 단어형성소: '먹이'의 '-이'

  • 문장형성소: '찾았다'의 '-았-', '먹겠다'의 '-겠-'

② 구성소

    ❶ 더 큰 구성(단어의 형성)에 소극적으로 참여하는 형태소

    ❷ 단어구성소와 문장구성소로 나눌 수 있음.

        • 단어구성소: '꼴악서니'의 '-악서니', '지붕'의 '-웅'

        • 문장구성소: '-는다'의 '-는', '-느냐'의 '-느-', '-습니다'의 '-니-'

(4) 영 형태소와 공 형태소

① 영 형태소

    ❶ 의미만 있고 외현적인 음성 형식이 존재하지 않는 형태소

    ❷ 문법의 패러다임(어휘 형태소와 문법 형태소의 결합이 체계적으로 대응되는 경우)을 고려한 개념이라는 점에서 이론 지향적임. → 이론적 측면에서는 모습을 드러내지 않는 형태소를 설정하는 것이 어떤 경우에는 형태소가 있고 어떤 경우에는 형태소가 없다고 하는 것보다 더 체계적이기 때문임.

    ❸ 영 형태소의 사례

    가. '먹는다'의 현재 시제를 나타내는 형태소는 '-는-'이라고 할 수 있지만 '예쁘다'에서는 현재를 나타내는 아무런 표지가 없음. 이 경우 '-는-'과 같은 문법적 의미를 지니지만 외현적 형태가 없는 영 형태소 ∅를 인정

    나. '품-품다', '신-신다', '띠-띠다' 등의 영 파생

② 공 형태소

    ❶ 외현적인 음성 형식은 존재하지만 의미가 없는 형태소

    ❷ 의미를 지니지 않는다는 점에서 형태소의 정의적 속성을 위배　cf) 영 형태소: 의미를 지니고 있음을 부정하지 않기 때문에 정의적 속성을 위배하지는 않음.

    ❸ 공 형태소의 사례

    가. '찹쌀'이나 '입때'에서 'ㅂ'은 과거 '뽈'과 '빼'의 흔적임. 'ㅂ'이 어떤 의미를 지니고 있지는 않음.

    나. 중세 국어의 '-니라'의 '니', '-오디'나 '-옴'의 '-오'

❖ **사이시옷의 공 형태소 가능성**

• 형태는 있지만 특정한 의미를 부여하기 어렵기 때문에 현대 국어에서는 공 형태소로 볼 수 있음.

• 다만 과거형의 흔적인 'ㅂ'이 원래부터 형태소가 아니었던 반면에 사이시옷은 원래 형태소였다는 점에서 차이가 있음.

2. 단어

[1] 단어의 정의

(1) '의미'를 기준으로 한 정의

① 단어: 단일한 의미를 가지는 소리의 결합체

② 한계: '의미'라는 기준이 모호함. 예 '추천(秋天)'은 한 단어로 처리하면서 '가을 하늘'은 두 단어로 처리하는 이유가 불분명함. '추'나 '천'이 단일한 의미를 가지고 있지 않다고 분명히 말하기가 어려움.

(2) '자립성'을 기준으로 한 정의

① 단어: 자립성을 가진 단위 중에서 가장 작은 단위

      (최소자립형식: 더 작은 자립형식으로 분리될 수 없는 자립형식)

② 한계

❶ 합성어의 문제: '봄꽃', '손목'은 단어들은 최소의 형식이 아님. 어근 '봄', '꽃', '돌', '다리'도 자립성을 지닌 요소로 볼 수 있음. 단어와 단어가 모여 또 다른 단어가 된다는 것을 설명할 수 없음. → '봄꽃', '손목'이 의미의 합이라기보다는 자신만의 고유하고 고정된 의미를 가지고 있다고 해석하면 최소자립형식으로 볼 수 있음.

❷ 조사의 문제: 학교 문법에서는 조사를 단어로 처리하고 있는데 만일 자립성을 단어의 정의로 사용하게 되면 조사의 처리 문제가 발생

❖ 자립성과 의존성[16]

· 엄밀하게 말할 경우 발화에 쓰이는 모든 언어 단위는 상호 의존적임. 예 주어와 서술어, 또는 부사어와 피수식어 등 모두 어떤 식으로든 관련을 맺고 있음.

· 자립성과 의존성의 구분

· 세부적으로 음운론적 자립성/의존성, 형태론적 자립성/의존성, 통사론적 자립성/의존성 등으로 나눌 수 있음.

· 자립성과 의존성의 구분을 통한 형태소 분류나 단어의 지위 부여 사례

· 의존 명사

  - 음운론적으로 보면 선행 요소와 한 단위를 이루기도 하여 음운론적으로 의존적이지만, 어간/어미나 어근/접사와 달리 선행 요소와 의존 명사가 결합한 전체가 형태론적 단위를 이루는 것은 아님. 즉 형태론적으로 반드시 결합해야 하는 관계가 아니므로 형태론적으로는 자립적임. → 자립 형태소로 볼 수 있음.

  - 관형어에 의존적이어서 통사론적 의존성이 있지만 다른 형태소의 도움 없이 문장에서 하나의 단위로 쓰이기 때문에 형태론적으로 자립적임. (의존 명사라는 명칭은 통사

론적으로 의존성을 가지는 것에 주목한 것임.) → 단어로 볼 수 있음.

· 관형사
- 항상 후행 체언과 함께 나타나야 하므로 통사론적 의존성, 즉 통사론적으로 자립성이 없다고 할 수 있음. 하지만 형태론적으로 자립적임. → 자립 형태소로 볼 수 있음.
· 보조 용언
- 본용언에 의존적이어서 통사론적 의존성이 있지만 형태론적으로 자립적임. → 단어로 볼 수 있음.

(3) 단어 정의의 어려움을 해결하기 위한 새로운 정의
① 단어
　　단어는 문장 안에서 자리 이동이 가능한 최소 단위여서 단어의 일부만 자리 이동이 되지는 않고, 단어 내부에 휴지를 둘 수 없으며, 다른 단어를 넣어 분리할 수 없는 고립된 문법 단위 (자리 이동, 휴지, 고립성을 정의의 기준으로 사용)
② 한계
　❶ 휴지의 문제: '철수도'에서 '철수'와 '도' 사이에 휴지가 없다고 말하기 어려움.
　❷ 고립성(분리 가능성)의 문제: 깨끗하다'는 분명 하나의 단어로 생각되는데 '깨끗도 하다', '깨끗은 하다'와 같이 내부에 다른 요소의 개입이 가능.
　❸ '봄꽃'은 자리 이동이나, 휴지, 분리성(고립성)을 적용하면 하나의 단어로 볼 수 있지만 '나는'은 휴지와 자리 이동의 측면에서는 하나의 단어가 되고, 분리성(고립성)의 측면에서는 두 개의 단어가 되는 문제점 발생

❖ 단어의 정의가 어려운 이유[17]

• '단어'라는 용어가 언중들이 문법 용어이기 이전에 일상어로 널리 쓰이고 있기 때문임.
→ 언중들이 상황에 따라 다양한 의미로 사용
· 낱말: 단어와 문법적으로 차이가 없음. 단어의 순화어로 초등학교에서 주로 사용
· 어휘: 개별 단어가 아닌 단어 집합의 의미로 많이 사용
• 단어가 의미, 형태, 문장에 참여하는 양상 등이 달라 다양한 측면을 가지고 있기 때문임. → 단어는 소리의 측면, 의미의 측면, 소리와 의미를 잇는 구조의 측면을 가지고 있는데 어떤 측면에서 바라보느냐에 따라 단어의 정의가 달라짐.
· 최근 단어의 개념을 해체하여 속성과 목적에 맞게 그 범위를 분리하여 다른 용어로 사용하기도 함. 정서법의 관점에서는 띄어 쓴 빈칸 사이의 글자 연쇄, 음성학(음운론)의 관점에서는 휴지에 의해 분리되는 음의 연속이면서 음운 규칙의 적용을 받는 단위, 통사론

적 관점에서는 문장의 형성에 참여하는 요소, 의미론적 관점에서는 독립된 의미 단위이기도 함.

2 **단어 개념의 해체**

(1) **음운론적 단어**

① 소리의 측면에서 바라본 단어

② 음운 규칙(현상)의 적용을 기준으로 파악한 단어의 개념

❶ 강세를 지닌 언어: 한 단어에는 한 음절만 강세를 받는다는 점에 착안하여 강세가 부여되는 단위로 단어를 파악

❷ 모음조화를 지키는 언어: 모음조화가 적용되는 단위로 단어를 파악

cf) 음성학적 단어: 소리가 나는 방식의 관점에서 확인할 수 있는 단어 예 휴지에 의해 분리되는 언어 단위 → 음운론적 단어와 구별이 어려움.

cf) 정서법적 단어: 띄어쓰기 단위를 단어로 본 것으로 '띄어 쓴 빈칸 사이의 글자 연쇄'로 단어를 정의 → 띄어쓰기가 읽기와 관련된 것이라 점에서 소리의 측면과 관련되는 단어 개념임.

(2) **의미론적 단어**

① 의미의 측면에서 바라본 단어

② 단일한 의미를 가진 단위로 단어를 파악

cf) 어휘론적 단어: 단어의 개념으로 사전의 표제어를 제시 → 의미와 관련된 단어의 개념

(3) **소리와 의미를 연결하는 구조적 측면에서 바라본 단어**

① 형태론적 단어: 단어를 '최소 자립 형식'으로 정의하는 개념으로 파악

② 통사론적 단어: 통사 구성에 참여하는 단위를 단어로 바라보는 관점 → 조사나 어미는 통사 구성에 참여하는 단위들이므로 이 관점에서는 단어가 됨.

❖ **단어의 범위와 관련된 논의**[18]

분석적 체계

• 주시경을 비롯한 초기 문법가들의 주장

• 조사나 어미의 일부를 단어로 인정 예 헤미, 가, 동화, 를, 읽, 었다 (어미 결합체를 단어로 보았는데 현대적 관점에서 어미에게 단어를 부여했다는 점을 고려할 때 '-었다'를 '었'과 '다'로 나누어 분석적 체계를 설명하기도 함.)

절충적 견해

• 최현배 등 한글 맞춤법의 제정에 참여한 학자들의 주장

- 조사에 단어의 자격을 부여하고, 어미에는 단어의 자격을 부여하지 않음. 〔예〕혜미, 가, 동화, 를, 읽었다

종합적 견해
- 정렬모, 이숭녕 등 역사 문법가들의 주장 → 한국어 역사 문법을 연구한 서양 학자들의 영향으로 굴절어의 개념을 적용
- 조사나 어미를 모두 단어로 보지 않음. 〔예〕혜미가, 동화를, 읽었다

❖ 조사의 단어 처리[19]

자립성과 분리성
- 어미 앞에 오는 어간은 자립성이 없지만 조사 앞에 오는 체언은 자립성이 있음. → '체언+조사'는 최소 자립 형식이 아니지만 '어간+어미'는 최소 자립 형식임.
- 조사는 비록 자립성을 갖지는 않지만 상대적으로 분리가 용이함.

'들'과 '만'
- '들'과 '만'은 모두 자립 형태소에 붙는다는 점에서 차이가 없음.
  · 들: 모든 명사류에 붙을 수 없음. 〔예〕*하늘들을 쳐다 보아라.
  · 만: 모든 명사류에 붙을 수 있음. 〔예〕하늘만 쳐다 보아라.
- 아무리 체언에 붙는 말이라고 하더라도 보편성이 결여되어 있으면 단어의 자격을 부여하지 않음.
cf) '들'이 모든 명사류에 결합할 수는 없지만 명사류 이외에 다양한 단어와 결합할 수 있다는 점에서 조사의 하나로 보는 관점도 존재함.

❖ 준자립어[20]

- 의존명사와 보조 용언
  · 단어로 보기 어려운 이유: 자립성이 결여
  · 단어로 보는 이유: 일반적인 자립 형태소가 실현되는 환경에 나타나고, 의미도 완전히 문법적이지 않음 → 준자립어로 처리할 수 있음.

③ 단어 개념의 절충안
단어는 분리하여 자립적으로 쓸 수 있거나 이에 준하는 말과 자립성이 있는 말 다음에 붙어 문법적 기능을 하는 말

4 **단어의 구조**

단어를 구성하는 요소, 구성 요소의 배열, 구성 요소들 사이의 관계에 의해 드러나는 단어의 짜임새 예 '똥개'와 '개똥'은 구성 요소는 같지만 구성 요소의 배열이 달라 의미가 다른 별개의 단어가 됨.

(1) 단어 구조의 분석

① **직접 구성 요소 분석**: 하나의 단어를 직접 구성 요소를 따져서 단계적으로 분석하는 일
→ I.C. 분석 예 시부모: [시+[부+모]]

② **직접 구성 요소**

- 각 단계의 구성에 참여하는 요소
- 어떤 구성이 세 개 이상으로 이루어져 있다고 할 때 처음 갈라지는 두 요소

❖ **직접 성분 분석의 어려움**[21]

'괄호 매김 역설' 현상의 존재

- 하나의 단어가 관점에 따라 서로 다른 구조를 갖는 것
- 단어 구조를 분석할 때에 그 의미와 구조적 일반성을 일차적으로 고려하지만 때에 따라 계열 관계와 기존 단어의 포함 여부를 고려하기도 함. → 관점에 따라 단어 구조의 분석이 불일치하는 현상이 존재
  · 의미와 구조적 일반성을 고려한 분석
    - 편지꽂이: '편지를 꽂는 물건'이라는 의미 고려 → [[편지[꽂]]이]
    - 오래달리기: 부사가 동사를 수식하는 것이 보통이라는 수식 구조의 일반성 고려 → [[[오래[달리]]기]
  · 계열 관계와 기존 단어의 포함 여부를 고려한 분석
    - 편지꽂이: '명사+꽂이'의 계열 관계를 이루는 복합 명사들 고려(동일한 외적 분포를 보이는 점 고려: 연필꽂이, 책꽂이, 향꽂이) → [편지[꽂[이]]]
    - 오래달리기: '달리기'라는 단어가 이미 존재 → [오래[달리[기]]]
- 괄호 매김 역설의 사례
  · 해돋이, 고기잡이, 감옥살이
    - 형태상 '해+돋이', '고기+잡이', '감옥+살이'로 분석이 가능해 보이지만 '*돋이', '*잡이', '*살이'가 존재하지 않음. 의미상 '해(가) 돋-+-이', '고기(를) 잡-+-이', '감옥(에) 살-+-이'로 분석하는 것이 자연스러움. 하지만 이 역시 단어가 아니라 구이기 때문에 단어의 구성 요소가 단어보다 더 큰 구라고 설명해야 하는 어려움이 존재함.
    - 일반적으로 '*돋이'가 존재하지 않고 '*돋이'가 '해돋이'라는 단어에만 나타나기 때문

에 [[해(가)돋-][-이]]로 분석하는 것이 타당해 보임. 반면에 '책꽂이'는 '편지꽂이', '연필꽂이' 등의 예가 있기 때문에 [[책]+[꽂이]] 분석이 가능해 보임. 하지만 문제는 '[꽂이]'가 단어로 존재하지 않기 때문에 '꽂이'를 어근으로 보아야 할지 아니면 파생 접사로 보아야 할지도 판단이 어려움. 주로 합성어의 파생 과정으로 처리하여 파생어로 바라보고 있음. 이러한 '명사+동사+접미사' 형식의 복합 명사들은 선행하는 두 구성 요소인 '명사+동사', 후행하는 두 구성 요소인 '동사+접미사' 모두 하나의 단어로 존재하지 않아 직접 구성 요소 분석 자체에 이견이 있음. → 학자들에 따라 합성어로 분석하기도 하고 파생어로 분석하기도 함.

'코웃음'과 '비웃음'

• 코웃음: '*코웃-'이 존재하지 않고 '코'와 '웃음'이 존재하기 때문에 직접 구성 성분은 '코'와 '웃음'으로 분석하고 어휘 의미를 강하게 띠고 있으므로 합성어로 분류
• 비웃음: '비웃-'이 존재하고 의미적으로도 '비웃-+-(으)ㅁ' 분석이 자연스러움. 따라서 직접 구성 성분을 '비웃-'과 '-(으)ㅁ'으로 분석하고 이를 파생어로 분류

불붙이다

• '불붙다'와 '붙이다'라는 단어 모두 존재하기 때문에 '[[불붙]+-이]'나 '[불+[붙이]]' 견해가 모두 가능
• [[불+붙-]+-이]의 관점
·파생어 견해: 복합 어근이자 단어 어근이 접미사가 결합
• [불+[붙-+-이]]의 관점
·합성어 견해: 단일 어근이자 단어 어근에 복합 어근이자 단어 어근이 결합

배붙이다

• '*배붙다'라는 단어가 존재하지 않고 그 의미도 '배를 나루턱이나 선창에 대다'라는 의미를 지니기 때문에 [배+[붙-+-이]]로 분석해야 함.
• 단일 어근에 복합 어근이 결합한 합성어
• 합성어와 파생어의 결합

헌책방

• '헌책'도 존재하고 '책방'이라는 단어도 존재하기 때문에 '[헌+[책방]]', '[[헌책]+방]'의 분석이 가능함.
• '헌책방'의 의미가 '책방이 낡았다'가 아니라 '헌책을 사고파는 가게'라는 의미이기 때문에 [헌책+방]의 구조로 분석해야 함.
• 복합 어근에 단일 어근이 결합한 합성어

돌팔매질

- '돌팔매'와 '팔매질'이라는 단어 모두 존재하기 때문에 '[[돌팔매]+-질]'나 '[돌+[팔매질]]' 견해가 모두 가능
- [[돌+팔매]+-질]의 관점
 · 파생어 견해: 복합 어근이자 단어 어근이 접미사가 결합
- [돌+[팔매+-질]]의 관점
 · 합성어 견해: 단일 어근이자 단어 어근에 복합 어근이자 단어 어근이 결합

직접 구성 성분은 주로 둘로 나누어지지만 '진선미'나 '동서남북', '상중하'의 경우처럼 셋 이상으로 나누어지기도 함.

(2) 단어 구조의 양상
① 단일어: 실질 형태소 하나로 이루어져 그 구조가 단일한 단어
　　　　하나의 어근으로 이루어진 말
② 복합어: 두 개 이상의 형태소로 이루어져 그 구조가 복합적인 말
　❶ 파생어: 실질 형태소에 형식 형태소가 붙어서 만들어진 말
　　　　어근과 접사가 결합하여 이루어진 말
　❷ 합성어: 실질 형태소들의 결합으로 이루어진 말
　　　　어근과 어근이 결합하여 이루어진 말

(3) 단어의 구성 요소
① 어근
　❶ 실질적인 의미를 갖는 구성 요소로서 단어의 중심을 이루는 요소 예 '먹이'의 '먹-', '풋고추'의 '고추', '강물'의 '강'과 '물'
　❷ 단어의 중심을 이루는 구성 요소이기 때문에 단어라면 하나 이상의 어근을 포함함.
　❸ 어근의 구분
　　가. 형태소의 수: 단일 어근과 복합 어근
　　　㈎ 단일 어근: 어휘 형태소 하나로 이루어진 어근 예 '개나리'에서 '나리'
　　　㈏ 복합 어근: 둘 이상의 형태소로 이루어진 어근 → 다시 어근과 어근으로 이루어진 것과 어근과 접사로 이루어진 것으로 구분할 수 있음. 예 '건강'의 '건-'과 '-강', '개죽음', '개잡놈'의 '죽음', '잡놈'
　　나. 형태소의 지위: 규칙적 어근과 불규칙적 어근
　　　㈎ 규칙적 어근: 어근의 품사가 분명하고 다른 말과 자유롭게 통합할 수 있는 어근 → 격 조사와의 결합에 제약이 없고 모습을 직접적으로 드러냄. (단어의 자격을 줄 수 있

어 단어 어근이라고 부르기도 함.) 예 '집', '높-', 정답다'의 '정', '사랑스럽다'의 '사랑', '밥하다'의 '밥', '노래하다'의 '노래'

㉯ 불규칙적 어근: 품사를 알 수 없고 다른 말과의 통합이 제약된 어근 → 격 조사와의 결합이 불가능, 간접적으로 모습을 드러냄. (단어의 자격을 줄 수 없고 형태소의 자격만 줄 수 있어 형태소 어근이라고 하기도 함.) 예 '아름답다'의 '아름', '갑작스럽다'의 '갑작', '따뜻하다'의 '따뜻', '착하다'의 '착'

> ❖ 어근에 대한 설명의 문제점[22]
>
> ・어근을 실질 형태소로 주로 설명
> ・하나 혹은 두 개의 형태소로 구성된 단어 → 어근을 실질 형태소로 설명해도 무방
> ・셋 이상의 형태소로 구성된 단어 → 어근이 실질 형태소보다 더 큼.
> - 눈높이, 짓밟히다: 어근 중 '높이'나 '짓밟'은 실질 형태소 외에 형식 형태소가 포함
> ・어근은 형태소 단위로 한정할 수 없는 형태 범주임.

② 접사: 형식적인 의미를 가지고 어근에 덧붙는 구성 요소
  ❶ 접사의 구분
    가. 접사의 위치: 접두사와 접미사
      ㉮ 접두사
        • 어근의 앞에 오는 접사 예 맨-(손), 덧-(신), 드-(높-)
        • 어근을 의미적으로 한정할 뿐만 새로운 파생어의 품사에 영향을 끼치지 못함.
          예 '헛-'+명사→명사(헛수고, 헛걸음), '헛-'+동사→동사(헛보다, 헛디디다)
      ㉯ 접미사: 어근의 뒤에 오는 접사 예 (아름)답-, (착)하-, -(먹)이
        • 의미적 기능 외에도 새롭게 만들어지는 파생어의 품사를 결정 예 동사+'-이'→명사(놀이, 벌이), 명사+'-스럽-'→형용사(어른스럽다, 감격스럽다)

> ❖ 접요사
>
> ・어근 중간에 나타나는 접사로 국어에는 존재하지 않음. (한 어기 형태소를 깨고 결합)
> ・사이시옷 'ㅅ', 어두 자음군 'ㅂ', 'ㅎ' 종성체언의 흔적 'ㅂ, ㅎ'(좁쌀, 암캐)는 형태소를 깨고 들어간 것이 아님. → 즉 어근과 어근의 결합에서 나타나는 형식임.

    나. 품사 전용 기준: 한정적 접사와 지배적 접사
      ㉮ 한정적 접사

- 어근의 의미를 한정해 주기만 할 뿐 어근의 품사를 바꾸지 못하는 접사. 예 '애호박'의 '애-', '치솟다'의 '치-', '풋사랑'의 '풋-', '드높다'의 '드-', '잠꾸러기'의 '-꾸러기', '가위질'의 '-질'
- 가의적 접사라고 하기도 함.

㈏ **지배적 접사**
- 어근의 의미를 한정해 주는 것은 물론 어근의 품사를 바꾸는 접사. 예 '웃음'의 '-(으)ㅁ', '정답다'의 '-답-', '가난하다'의 '-하-', '먹이'의 '-이'
- 조어적 접사라고 하기도 함.

❖ **접두사/접미사, 한정적 접사/지배적 접사의 관계[23]**

한정적 접사와 지배적 접사로 나누는 관점
- 접두사는 모두 한정적 접사이고 접미사는 경우에 따라 한정적 접사도 있을 수 있고 지배적 접사고 가능함. 즉 지배적 접사는 모두 접미사에 해당하는 것이고, 접두사는 모두 한정적 접사에 해당

한정적 기능과 지배적 기능으로 나누는 관점
- 접두사는 모두 한정적 기능만 가지고, 접미사는 모두 파생어의 품사를 결정하는 지배적 기능을 가지는 것으로 구분
· 접미사가 결합한 단어 중에도 어근의 품사가 바뀌지 않은 단어가 존재함. → 어근의 품사가 유지된 것이 아닌 접미사가 품사를 결정했다고 해석함. 예 '가위질', '나무꾼'이 명사인 것은 어근이 명사여서가 아니라 접미사 '-질', '-꾼'이 명사를 파생하는 접미사이기 때문임.
· 접미사 '-보' → 다양한 어근의 성격과 상관없이 항상 명사를 파생하는 것은 '-보'가 접미사로서 파생어의 품사를 결정하는 것이기 때문임.
  - 동사/형용사+-보→명사 예 먹보, 울보, 약보
  - 명사+-보→명사 예 잠보, 꾀보, 겁보
  - 부사/불규칙적 어근+-보→명사 예 뚱뚱보, 땅딸보
- 이유: 한국어는 문법적 자격을 결정하는 요소가 뒤(오른쪽)에 있는 언어, 즉 후핵 언어이기 때문임. 예를 들어 관형사나 부사 모두 수식의 대상인 명사나 동사가 오른쪽에 있음. '접두사+어근'의 구성에서 이 단어의 구성의 분포를 결정짓는 것은 오른쪽에 있는 '어근'이 되며 '어근+접미사'의 구성에서 단어의 분포를 결정짓는 것은 오른쪽에 있는 '접미사'가 됨. 결국 왼쪽 요소인 '접두사'는 '지배적 접사'가 되기 어려움.
- 파생 접사가 어근이 품사를 바꾼다기보다는 핵이 우측에 있는 국어의 구조상 접두사와 달리 접미사가 품사를 결정하는 것으로 설명

피사동 접사

• '놓다'의 피동사인 '놓이다'의 경우 어근 '놓-'과 품사가 동사로 일치하기 때문에 한정적 접사로 봄. 한편 '호랑이가 토끼를 먹는다'와 '토끼가 호랑이에게 먹힌다'에서 볼 수 있듯이 문장 성분을 지배하여 문장 성분의 통사적 구조를 바꾼다는 점에서 지배적 접사로 보기도 함.

높임의 접사 '-님'

• 품사에는 변화가 없지만 '선생이 온다'에서 '선생님이 오신다'의 예처럼 존칭 구문으로 전환이라는 통사 구조에는 영향을 준다는 점에서 지배적 접사로 보기도 하지만 '선생이 오신다, 선생님이 온다' 모두 가능한 것으로 보아 '님'과 '-(으)시-'가 반드시 호응 관계라고는 할 수 없기에 한정적 접사로 보기도 함.

• 역사적으로 보통 명사에만 붙고 고유 명사에서는 '씨'가 붙었는데 최근 고유 명사에도 '-님'이 결합하는 일이 자연스러움. 다만 고유 명사에 붙는 '님'이나 '씨'는 『표준국어대사전』에서 의존 명사로 처리함. 이는 고유 명사에 결합하는 경우를 새로운 단어 형성에 참여한 것으로 인정하지 않는 견해임.

접두사=한정적 접사

• '숫되다, 앳되다, 강마르다, 메마르다'의 경우 '동사에서 형용사로' 바뀌게 하였음. 즉 지배적 접사의 모습을 보여줌.

㈐ 생산성 기준: 생산적 접사와 비생산적 접사

㉮ 생산적 접사: 여러 어근과 결합하여 파생어를 만드는 분포가 다양함. 그 자체로 사전에 표제어로 등재되며 모음으로 된 경우에는 어근과 접사를 끊어적기를 하여 원형을 밝힘. 예 '먹이'의 '이'

㉯ 비생산적 접사: 단 하나의 어근과 결합함. 대체로 사전에 표제어로 잘 실리지 않으며 모음으로 된 경우에는 어근과 접사를 이어적기를 하여 원형을 밝히어 적지 않음. 예 '지붕'의 '-웅', '꼬락서니'의 '-악서니'

• 접미사, 보조사, 의존명사 사이의 논쟁의 여지가 있음.

· 접미사로 처리하는 이유: 다른 조사가 끼어들 수 없기 때문임. →『표준국어대사전』에서도 접사로 처리

*아이만들, *그 사람을쯤, *얼마가<u>짜리</u>

· 접사 처리의 한계점

- 일반적으로 접사는 그것이 붙는 어근의 수효가 제한되어 있어 접사가 붙어 이루어진 단어는 사전에 표제어로 실림. 하지만 '-들', '-쯤', '-짜리'는 어근의 수효가 제한되어 있다고 보기 어려워 이것들이 붙어 이루어진 말들이 사전에 등재되지 않음.

· 구와 결합하기도 하여 새로운 단어를 형성하는 역할을 한다는 접미사의 정의에 합당하지 않음. 예 [[학교에 온 사람]들], [[그런 사정]쯤], [[방 두 개]짜리]

❖ 통사적 접사에 대한 논의[25]

'들'의 접미사 처리의 문제점

• '들'에 대한 『표준국어대사전』의 처리

· 작년에 왔던 제비들이 왔다. → 복수를 나타내는 접미사로 처리

· 어서들 오너라. → 보조사

· 사과, 배, 감 들이 있다. → 의존 명사

• '들'을 복수를 나타내는 접미사로 처리하였는데 접미사란 기본적으로 새로운 단어 형성에 참여해야 하지만 복수의 '들'이 새로운 단어를 만든다고 볼 수 없으므로 접미사로 처리하기가 어려움. → 이와 유사한 예는 높임을 나타내는 접사 '-님'이 있음.

• 복수를 나타내는 접미사는 보조사로 쓰인 '들'과도 차이가 분명함. 복수를 나타내는 접미사가 선행 요소의 복수성을 나타낸다면 보조사로 쓰인 '들'은 주어의 복수성을 나타냄. → 즉 복수를 나타내는 접미사와 복수의 의미를 더해 주는 보조사는 의미가 다름.

'-답-'의 접미사 처리의 문제점

• '-답01-'과 '-답02-'의 구분

· -답01-

- 주로 추상 명사와 결합하여 '어근의 속성이 풍부하다'의 의미를 더해 줌.

- 예답다, 정답다, 참답다

- 통시적으로 '-되-'나 '-롭-'과 이형태를 이룸.

· -답02-

- 주로 구체 명사나 대명사와 결합하여 '어근의 자격을 갖추고 있다' 정도의 의미

- 너답다, 그녀답다, 철수답다

- 단어뿐만 아니라 단어보다 큰 단위에도 결합 → '그는 [싸움에서 승리한 장수]답다'에서 '승리한'은 관형어이므로 형용사를 수식할 수 없음. 그럼에도 문장이 자연스러운 것은 '승리한'이 '장수'만을 수식하기 때문임. 즉 문장의 구조를 '[[승리한 장수]답다]'로

분석해야 함.

- 새로운 단어 형성에 참여하지 않으므로 파생 접사로 보기 어려움. → 이와 유사한 예는 '그는 다른 사람을 먼저 배려하는 착한 사람같다'의 '-같-'도 있음.

통사적 접사
• 새로운 단어를 만드는 기능을 가지지 못하므로 파생 접사로 보기가 어려워 통사적 접사로 처리하기도 함. cf) 의존 형용사로 처리하기도 함.
• 통사적 접사의 특징
· 단어보다 더 큰 단위와 결합하는 경우가 많음.
· 결합형 전체는 새로운 단어로서 사전에 등재되지 않음.

❖ 생산적 접사와 비생산적 접사 구분의 한계
• 생산성은 파생 접사 각각의 특성을 논의하는 데에 매우 중요한 요소이지만 문제는 생산성을 측정할 객관적인 기준을 제시하기 어렵다는 데에 있음.
• 접사는 기본적으로 조사나 어미에 비하여 앞뒤에 오는 어근과의 통합에 제약을 받기 때문에 생산성이라는 말에 오해가 있을 수 있음.

㈑ 기능 기준: 파생 접사와 굴절 접사
　　　　→ 좁은 의미의 접사와 어미를 묶어 넓은 의미의 접사로 포괄한 후 분류
　㉮ 파생 접사(좁은 의미의 접사)
　　• 어근에 결합하여 어근과는 다른 새로운 단어를 만드는 기능 (새로운 단어 형성○, 파생어의 품사를 결정○)
　　• 상대적으로 결합하는 어근에 제약이 큼. → 분포가 좁음. 예 '-이'는 '높다, 깊다, 길다(높이, 깊이, 길이)'에는 결합할 수 있지만 '낮다, 얕다, 짧다(*낮이, *얕이, *짧이)'에는 결합하지 못함.
　　• 의미가 다양함. → 의미가 불규칙적임. 예 '젖먹이, 손톱깎이, 턱걸이'에 쓰인 '-이'는 각각 사람, 사물, 일을 뜻함.
　　• 굴절 접사에 선행함.
　　• 어근의 앞에 오기도 하고, 뒤에 오기도 함.
　　• 주로 단어 이하의 단위에 결합
　㉯ 굴절 접사(어미)
　　• 어간에 결합하여 어간의 다양한 활용형을 만드는 문법적 기능을 표시 (새로운 단어 형성×, 품사를 결정×)

- 결합할 수 있는 어간에 제약이 거의 없음. → 분포가 넓음. [예]'-게'는 '높게, 깊게, 길게, 낮게, 얕게, 짧게'에 모두 결합 가능
- 의미가 일정함. → 의미가 규칙적임. [예]'먹고, 깎고, 걸고'에 쓰인 '-고'의 의미 차이라기보다는 어근에 의한 의미 차이 정도만 보임.
- 파생 접사에 후행함.
- 어간에 뒤에 옴. → 모두 접미사에 해당
- 단어보다 큰 단위에 결합 [예]'진달래가 색깔이 곱게 피었다.'에서 '-게'는 '색깔이 곱-'에 결합

	접두사	파생접두사	파생접사
접사		파생접미사	
	접미사	굴절접미사	어미

❖ **어근과 접사 구분의 어려움[26]**

어근 '맏'과 접사 '맏-'

- '맏아들': '맏-'이 접사로 쓰임. → 『표준국어대사전』에서 접사로 처리
- '맏이': '맏'을 접사로 볼 경우 '접사+접사'형 단어가 되어 국어의 문법 체계상 자연스럽지 못하기 때문에 어근으로 보아야 함. → 그런데 어근으로서의 '맏'은 '맏이'를 제외하면 어떤 단어에서도 쓰이지 않기 때문에 어근으로서의 '맏'을 설정하기 어려움.
  · '맏이'는 '맏(〈몯)'이 어근의 지위를 가졌을 때 만들어졌지만 현대 국어에 오면서 접사로만 쓰여 공시적인 분석이 어려워짐.

❖ **어근과 접사, 어간과 어미[27]**

어근과 어간

- 어근은 파생이나 합성 등 조어 과정에 참여하는 요소 중 의미상 중심이 되는 부분으로 접사를 제외한 요소를 말하며 어간은 활용을 할 때 중심이 되는 부분으로 활용에서 어미에 선행하는 요소임. 즉 어근이 조어론의 용어라면 어간은 굴절론의 용어임.

접사와 어미

- 접사는 어근에 붙어 문법적인 기능을 나타내거나 부분적으로 의미를 더해 주는 요소를 말하고, 어미는 활용할 때 어간에 붙어서 형태가 변하는 부분을 말함. 특히 접사를 좁은 의미로 볼 때는 파생 접사만을 지칭하지만 넓은 의미로 보게 되면 굴절 접사가 포함되는데 한국어에서 굴절 접미사는 어미와 거의 같은 개념으로 쓰임.

어근과 접사는 단어 형성의 요소이며 어간과 어미는 문장 형성의 요소라는 점에서 본질적인 차이가 있음.

짓밟히-다			
짓	밟	히	-다
어근		접사	
접사	어근	접사	
어간			어미

※ '보다, 엿보다, 보이다'에서 어근은 '보-', 어간은 각각 '보-', '엿보-', '보이-'임. 그런데 '엿보이다'의 경우 직접 성분 분석을 하게 되면 관점에 따라 어근이 달라지게 됨. 먼저 '엿보-'에 '-이'가 결합했다고 볼 수 있으며 반대로 '엿-'이 '보이-'에 결합했다고도 볼 수 있음. 다만 이 경우에도 어간은 모두 '엿보이-'가 됨.

※ 어기: 단어의 기본이 되는 부분으로 어근과 어간을 포괄하는 개념으로 사용하기도 함.

❖ 접사 통합의 특수성[28]

접사의 일반적 통합 방식

• 어근에 직접적, 일회적으로 통합

접사의 특수한 통합 방식

• 관형사형, 명사형, 보조적 연결 어미를 매개로 하는 간접적 통합이나 같은 어근에 접미사가 두 번 되풀이되는 반복적 통합이 존재함.
· 앉은뱅이, 앞을깨 → 관형사형을 매개로 결합
· 달음질, 귀염성, 붙임성 → 명사형을 매개로 결합
· 떨어지다, 떨어뜨리다, 말라깽이 → 보조적 연결 어미를 매개로 결합
• 현대 국어의 접미사 중 일부가 기원적으로 접미사가 아니었을 가능성을 보여 줌.

제III장	단어의 형성

1. 단어 형성의 원리

□ 유추의 원리

기존의 어휘부에 존재하는 어휘들을 활용하여 새로운 단어를 만들어 내는 원리 → 이미 존 재하는 단어의 의미나 형식에 기대어 유사한 단어를 만들어 내는 원리

(1) 개념이나 형식의 유사성에 기대는 것

① 개념의 유사성에 기대는 경우

❶ 분석이나 재분석에 어느 하나를 단어 형성 요소로 고정 → 해당 요소가 단어 형성의 요 소로 활성화 예 '고기잡이'의 '잡이'가 단어 형성의 핵심 요소로 작용하여 '새우잡이', '멸치잡이' 등을 만들게 됨.

❷ 쉽게 활성화 되는 요소: 생산적인 접두사나 접미사, 단어 형성 전용 요소

> ❖ 단어 형성 전용 요소[29]
> • 접사로 보기에는 자립적인 의미 기능이 강하고, 단어나 어근으로 보기에는 의존성이 강 한 요소이면서 단어 형성에 활발하게 참여하는 요소
> · '노래방'과 '빨래방'의 '방'

② 형식의 유사성에 기대는 경우

❶ 단어를 만드는 틀의 유사성을 말하며 흔히 합성이나 파생 등은 형식의 유사성에 기댄 유추의 일종

❷ 개념의 유사성에 기대어 새로운 단어가 만들어질 때도 형식의 유사성 역시 암묵적으로 작용함. 예 '참감자'의 경우 '접두사+어근'이라는 한국어의 조어 형식이 암묵적으로 작용

❸ 특정 개념을 지닌 요소가 활성화되지 않고 형식(접두사+어근, 어근+어근, 어근+접미 사 등)만 활성화되기도 함. 예 '네티즌'과 '에티켓'이 만들어지는 과정에서는 특정 개념이 활성화 되었다기보다는 형식이 활성화하여 혼성이라는 단어 형성 방식이 적용

> ❖ 차용어와 유추의 원리[30]
> 새로운 단어를 도입하는 가장 쉬운 방법은 외래 어휘를 차용하는 것임. 차용에 의존하지

않을 경우 어휘부에 들어 있는 기존의 재료를 활용하여 어휘를 만들어 내는데 이때 가장 강력한 원리가 유추의 원리임.

• 새로 생기는 단어의 유형

· 외래어 차용: 새로운 사물(개념)의 등장 → 새로운 단어가 함께 들어 옴. 예 컴퓨터

· 기존 어휘 활용: 새로운 사물(개념)의 등장 → 어휘부에 있는 기존 어휘 참조(유추/은유의 원리) → 새로운 단어 형성. 예 참감자('고구마'가 유입되자 고구마와 유사한 기존 사물인 '감자'에서 이름을 가져오되, 더 달콤하다는 의미를 추가하기 위해 '참'을 더함)

· 외래어 차용 + 기존 어휘 활용: 새로운 사물(개념)의 등장 → 새로운 단어가 함께 유입되고 이때 기존 어휘를 부분적으로 활용함. 예 고구마(일본 대마도 방언 '코코이모-孝行藷-'를 차용하되 이전부터 쓰이던 '마'를 활용)

2. 형성된 단어의 의미

① 단어의 의미는 구성 요소의 의미와 무관하지 않음.

　예 '옷걸이'는 구성 요소인 '옷-, 걸-, -이'의 의미가 관여함.

• 전형적인 의미로 쓰임. 예 그는 외투를 벗어 옷걸이에 걸었다.

② 단어의 의미를 구성 요소의 의미로만 설명하기 어려움.

(1) 확장된 의미로 쓰임. → 단어가 만들어진 과정이나 만들어진 후에 구성 요소의 의미의 합을 넘어서는 새로운 의미를 획득하기도 함. 예 그녀는 옷걸이가 참 좋다.

(2) 여러 의미로 쓰임. → 형식과 의미가 서로 관련을 가지면서도 형식과 그 의미는 직접적으로 예측하기 어려운 면이 존재함. 예 '-이'가 '옷걸이'에서는 물건, '해돋이'에서는 자연 현상, '구두닦이'에서는 사람을 의미

3. 분석의 관점과 형성의 관점

① '분석'을 중시하는 관점

(1) 구조주의 언어학 시기에 시작된 것으로 이미 존재하는 단어를 분석하여 그 결과에 따라 단어를 단일어와 복합어로 나누고 복합어는 다시 합성어와 파생어로 나누는 연구 작업에 치중

(2) 단어를 구성하는 구성 요소의 현재의 쓰임을 고려하여 단어 형성 방법을 논의

(3) 관점의 한계

① '새롭다', '괴롭다', '외롭다' → 분석을 중시하는 관점에서는 공시적 쓰임을 고려하여 기존 단어를 분석하는데 이 관점을 적용하면 '새'는 공시적으로는 관형사이므로 관형사가 접사 '-롭-'과 결합하여 형용사를 만드는 것으로 기술해야 함. 하지만 '-롭-'은 관형사가 아닌 명사와 결합하여 형용사를 파생하는 접미사이기 때문에 단어 구조 기술이 어려움.

② '대체로', '멋대로', '글쎄요' / '어르신', '여보시오', '따라', '조차', '부터', '여보게', '옳다구나': 분석의 관점에서는 '로', '대로', '요' '-(으)시-', '-아/어', '-게', '-구나', '-소' 등의 격 조사, 보조사, 선어말 어미, 연결 어미, 종결 어미 등 단어 형성에 참여한 조사나 어미를 파생 접사로 처리함. 즉 분석의 관점에서는 단어를 분석하고 나서 분석된 요소를 어근이나 접사로 분류하는데 조사나 어미는 어근으로 볼 수 없어 파생 접사로 처리. 하지만 이들은 새로운 단어를 만드는 기능을 가지고 있는 파생 접사로 보는 데에 무리가 있음.

(4) 단어의 분류

단어	단일어		합성법과 파생법의 엄격한 정의	제외되는 단어 형성 방법이 있음
	복합어	파생어		
		합성어		

② '형성'을 중시하는 관점

① 생성 문법이나 인지 언어학의 영향 아래 새로운 단어를 만드는 화자의 능력을 밝히는 것을 목적으로 함. → 기존 단어의 분석에 그치는 것이 아니라 분석된 결과를 바탕으로 새로운 단어를 형성할 수 있는 인간의 능력에 주목

② 단어가 만들어질 때 어떤 방법으로 만들어졌는지를 고려하여 단어 형성 방법을 논의

③ 관점의 장점

❶ 새롭다, 괴롭다, 외롭다 → '새'나 '괴(〈苦〉'가 중세 국어 시기에 명사에서 왔음을 고려하여 명사와 결합한 것으로 볼 수 있음. '외' 역시 이를 고려하여 명사에서 왔다고 유추할 수 있음. 즉 공시적 기술에만 의존하지 않기 때문에 단어 구조 기술이 조금 더 쉬워짐.

❷ 대체로, 멋대로, 글쎄요 / 어르신, 여보시오, 따라, 조차, 부터, 여보게, 옳다구나: 조사나 어미를 파생 접사로 처리하지 않아도 됨. 즉 단어가 만들어졌을 때의 과정을 고려하여 합성이나 파생이 아닌 통사 구성의 어휘화 등 다른 방법으로 기술할 수 있음.

④ 단어의 분류

구분			예시	특징
단어		단일어	하늘, 바다, 높다	하나의 형태소로 되어 있음.
	복합어	파생어	풋사랑, 웃음, 휘두르다	접두사에 의한 파생어, 접미사에 의한 파생어가 존재함.
		합성어	강산, 보슬비, 높푸르다	'단어+단어' 구성이 가장 전형적이지만 단어가 아닌 어근이 구성 요소로 참여하기도 하는데 이 경우 파생어와 구분이 어려워짐.
	기타	통사 구성 어휘화 단어	이렇게, 마음대로	어미와 조사가 결합
		중첩	생글생글, 울긋불긋	흔히 반복 합성어로 불리며 의성, 의태어에서 흔히 나타남.
		약어화 단어	전교조, 강추	신조어에서 집중적으로 나타나며 형태소나 단어의 일부만 사용하는데 형태적 안정성이 떨어져 유행어로 머물다가 사라지는 경우가 많음.
			네티켓, 휴게텔	
		역형성어	점잔('젊지 아니하다'에서 형용사 '점잖하다'가 만들어지고 이를 '점잔+하다' 정도로 오분석하여 명사 '점잔'이 만들어짐.)	재분석(오분석)에 의한 것으로 실제 사례는 많지 않음.
		내적 변화 단어	졸졸/줄줄 (모음 교체)	공시적으로 새로운 단어를 활발히 만든다고 보기는 어려움.
			감감하다/깜깜하다/캄캄하다(자음 교체)	
		영 변화 단어	신(명사)/신다(동사), 가물(명사)/가물다(동사), 오늘(명사)/오늘(부사)	
		고유 명사의 보통 명사화 단어	초코파이, 샌드위치	다른 단어들과 달리 어휘부에 잘 저장되지 않고 실제 언어생활에서 주로 비유적으로 쓰임.

③ 두 관점의 지향점

　　형성을 중시하는 관점의 연구를 위해서 먼저 기존의 단어를 분석해야 하고, 이런 분석을 바탕으로 형성의 관점에서 해석하여야 하듯이 서로 조화롭게 적용되어야 함.

❖ 통사 구성의 어휘화[31]

통사 구성의 어휘화의 개념

• 구나 문장 등의 통사 구성이 어휘부의 기억 단위가 되는 현상

• 속담과 같은 문장도 의미상 한 단위로 어휘부에 기억되기 때문에 통사 구성의 어휘화의 일종으로 다룰 수 있는 등 이론적으로 문장도 포함할 수 있음.

• 이론적으로 '논밭'이나 '첫사랑' 등 통사적 합성어 역시 통사 구성의 어휘화로 다룰 수 있음. 다만 보통 합성 또는 파생과 구별하여 통사 구성의 어휘화를 다루는 경우에는 '어간+어미', '체언+조사'만 언급

❖ 혼성어와 축약어[32]

'축약어'의 용어

• 좁은 의미로 사용하는 경우

· 축약어라는 용어 이외에도 약어, 약어화에 의한 단어 등의 용어를 사용하기도 함.

• 넓은 의미로 사용하는 경우

· 좁은 의미의 축약어를 두 음절어(두자어)로 지칭하고 난 후 혼성어와 두 음절어를 통틀어 일컬음.

합성 및 파생과의 차이

• 합성어나 파생어 형식의 증가를 가져오는 반면에 혼성어와 축약어는 단어가 결합하는 과정에서 일부 떨어지므로 형식의 감소를 가져옴.

파생과의 재결합

• 축약을 통해 단어가 형성된 이후 다시 파생에 의해 단어가 만들어지기도 함.

· 부먹파, 찍먹파: '부먹-', '찍먹-'까지는 두 음절어의 속성을 보이지만 여기에 '파(派)'라는 형식 형태소가 결합

❖ '형성'을 중시하는 관점의 연구 유형[33]

• '형성'을 중시하는 관점의 연구는 화자가 새로운 단어를 형성할 수 있는 능력을 찾아내는 연구 외에도 기존 단어의 형성 당시의 구조를 밝히는 연구도 있음.

• 형성 당시의 구조를 밝히는 연구를 통해 공시적인 분석의 관점에서 설명하기 어려운 것들에 대해 올바른 설명이 가능

· 좁쌀, 접때, 휩쓸다: 공시적 분석에서는 'ㅂ'이 끼어들었거나 이형태를 가지는 것으로 설명했으나 형성의 관점에서는 중세국어 어형 'ㅄ'에서 왔다고 설명하면 됨.

· 수컷, 수캐, 수키와: 공시적 분석에서는 'ㅎ'이 끼어들었거나 이형태를 가지는 것으로 설명했으나 형성 당시의 구조를 밝히는 관점에서는 '수ㅎ'과 결합했다고 쉽게 설명 가능

· 바느질, 소나무, 화살: 현대국어 합성어 형성에서 'ㄹ' 탈락 현상이 존재하지 않으므로 공시적인 관점에서는 설명하기가 쉽지 않지만 형성 당시의 구조를 밝히는 관점에서는 과거의 어느 시기에 'ㄹ' 탈락이 일어났다고 설명하면 됨.

· 섣달, 숟가락, 이튿날: 공시적인 분석에서는 '설'이나 '이틀'의 이형태로 다루었으나 형성 당시의 구조를 밝히는 관점에서는 '설+ㅅ+달', '술+ㅅ+가락', '이틀+ㅅ+날'의 결합 환경에서 'ㄹ'이 탈락하였다고 설명이 가능

❖ 다양한 단어 형성 방식의 합성 및 파생에 따른 분류[34]

합성어로 볼 수 있는 유형
• 중첩어, 약어, 혼성어는 실질적 의미를 가진 요소끼리 단어 형성에 참여하기 때문에 합성어로 볼 수 있음.

파생어로 볼 수 있는 유형
• 통사 구성의 어휘화 단어의 조사나 어미, 내적 변화 단어의 자음과 모음의 교체, 영 변화 단어의 영 형태소는 파생 접사처럼 단어를 형성한다고 볼 수 있어 파생어로 분류할 수 있음.

합성어나 파생어로 보기 어려운 경우
• 역형성어, 고유 명사의 보통 명사화 단어

❖ 신조어와 순화어[35]

형성 방식에 따른 신조어
• 합성: 배꼽티, 돈세탁, 갈비촌, 반짝세일, 재택근무
• 파생: 새내기, 도우미, 꿀벌족, 캥거루족
• 단어 형성 전용 요소에 의한 형성: 노래방, 빨래방, 멀티방
• 약어화: 얼짱, 안습, 버카충
• 혼성: 휴게텔, 네티켓, 컴맹

순화어 형성의 양상
• 기존의 단어를 바탕으로 하지만 새롭게 단어를 만든다는 점에서 신조어 형성과 크게 다르지 않음.
• 외래어나 한자어를 고유어로 순환하거나 외래어를 상대적으로 더 친숙한 한자어로 순

화하는 식으로 진행

• 합성어나 파생어가 많음. → 합성어나 파생어가 전형적인 단어 생성 방식이기 때문에 안정감이 있기 때문임. + 비교적 의미 손실이 없어 의미가 쉽게 이해될 수 있다는 점을 고려했기 때문임.

  · 스크린 도어 → 안전문, 리플 → 댓글, 네티즌 → 누리꾼

❖ 합성어와 파생어 구분의 어려움[36]

'큰집', '작은아버지', '늦더위' 구분

• '큰', '작은', '늦'을 어근으로 처리하여 합성어로 보고 있지만 이를 접사로 간주하여 파생어로 볼 여지도 충분함.

  · 『표준국어대사전』에서도 '늦-'을 접사로 처리

  · '큰-'이나 '작은-'은 '크다'나 '작다'의 의미에서 많이 전이가 되었고 친족 관계를 나타내는 단어들과만 결합하여 분포상의 제약을 보인다는 점에서 접사로 처리할 가능성이 있음.

1. 합성어

단어 형성 요소가 모두 어근인 단어 형성법을 합성이라고 하고, 합성에 의해 만들어진 단어를 합성어라고 함.

합성어의 구성: 단어+단어, 비자립적 어근+단어, 단어+비자립적 어근

Ⅰ 합성어의 이론적 논의

⑴ 합성어와 구의 구분

① 분리 가능성: 구성 요소 사이에 '-서'의 게재 유무

❶ 사과를 {깎아 먹었다 / 깎아서 먹었다} → 구

❷ 그는 모든 점에서 {뛰어나다 / *뛰어서 나다} → 합성어

❖ 합성어의 삽입 가능성[37]

• 구와 달리 합성어는 한 단어로서 한 단어의 구성 요소 사이에는 구와는 달리 다른 요소가 들어가기 어려움.

ㆍ*[밥 그 상]을 들고 방에 들어갔다. *[헌책의 방]을 차렸다. *새로 [눈 크게 떴다] → '새로 눈 크게 떴다'의 문장을 성립할 수 있는 것처럼 보이기도 하지만 이때는 '눈뜨다'가 단어가 아니라 '눈 뜨다'로 적어야 하는 구라 할 수 있음. 즉 '이치나 원리를 깨달았다'라는 의미의 '눈뜨다'가 아님.

② 실제 동작과 구성 요소의 배열순서와 일치 가능성

❶ 구는 형식인 소리와 내용인 의미가 선조적이고, 합성어도 선조적으로 연결되는 것이 대부분이지만 합성어는 그렇지 않은 경우도 있음.

❷ 건너뛰다(*건너서 뛰다, 뛰어서 건너다), 깨물다(*깨어서 물다, 물어서 깨다), 떠오르다(*떠서 오르다, 올라서 뜨다), 알아듣다(*알아서 듣다, 들어서 알다), 달아매다(*달아서 매다, 매서 달다)

③ 의미적 기준

❶ 구는 대체로 구성 요소의 의미의 합을 넘어서지 못하는 반면에 합성어는 구성 요소를 의미를 단순하게 합한 것이 아니라 특정한 새로운 의미를 가지게 됨. → 만일 의미가 단순

한 구성 요소의 합이라면 굳이 단어로 만들 필요가 없기 때문

가. 제비가 어떻게 강남 가지? 날아(서) 가지. → 구

나. 제비가 날아간다. → 의미 기준은 모호하기 판단이 어렵지만 '날다'와 '가다'의 구성 요소를 합한 것과는 다른 의미로 파악되기 때문에 합성어에 더 가까움.

다. 모든 희망이 날아갔다. → 합성어

❷ 구성 요소의 의미를 합한 것에서 크게 벗어나지 않는 의미를 가질 때에도 합성어는 단일한 의미를 갖는다는 점에서 구와 구별 → 합성어는 특정한 의미를 나타낼 수 있는데 이러한 특정한 의미는 구성 요소의 결합을 공고히 하기 때문에 그 가운데 어느 요소가 문장의 다른 요소와 호응하기 어렵게 만듦.

가. *그가 [높이 뛰어]갔다, 그가 [높이 뛰어(서)] 갔다 → 합성어 '뛰어가다'는 '뛰다'와 '가다'의 두 동작을 나타내는 것이 아니라 단일한 동작을 나타냄. '높이 뛰어갔다'가 성립하지 않은 것은 '뛰다'가 독립된 동작으로 인식되지 못하기 때문임.

나. *[갓 지은 밥]상을 들고 방에 들어갔다. / [무거운 밥상]을 들고 방에 들어갔다. → '밥'만을 수식할 수 없음.

다. *[매우 헌]책방을 차렸다. / [큰 헌책방]을 차렸다. → '헌'만을 수식할 수 없음.

라. *학문에 [큰 눈]떴다. / 학문에 [새로 눈뜨-]었다. → '눈'만을 수식할 수 없음.

❖ 의미를 기준으로 한 구분의 어려움[38]

의미를 기준으로 합성어인지 구인지를 판단하는 것이 현실적으로 쉽지 않음.

• 합성어로 사전에 등재된 단어와 그렇지 않은 구 구성 사이에 유형적인 의미 차이를 발견하기 어려운 경우가 있음.

· 책값, 담뱃값, 땅값 → 사전에 등재

· 공책 값, 지우개 값, 휴대폰 값 → 사전에 등재되지 않음

cf) '떡값': 추석에는 떡값을 반드시 드리겠습니다.'에서 '떡값'은 구성 요소인 '떡'과 '값'의 의미와는 다른 별도의 의미로 파악되기 때문에 합성어로 볼 수 있음. 반면 '떡을 사고 떡값을 내밀었다.'의 '떡값'은 전체 구성의 의미가 구성 요소의 합과 다르지 않아 구로 판단할 여지가 있지만 현행 국어사전에서는 합성어로 다루고 있음.

• 사전을 기준으로 합성어 여부를 판단할 때는 의미뿐만 아니라 과거에서부터 누적된 사용빈도 등 다른 요인이 영향을 준다는 것을 알 수 있음.

명확한 기준을 발견하기 어려움. → 의미가 국어 화자들이 하나의 단어로 삼을 만큼 중요하게 생각하면 합성어가 되고, 그렇지 않으면 구로 머물러 있다고밖에 설명이 불가함. → 이는 구 구성도 그 의미의 중요성이 인식되면 언제든지 단어로 만들어질 수 있음을 보여줌.

• 구성 요소의 의미와 달라져 제3의 의미를 가졌다고 해서 반드시 합성어인 것은 아님.

→ 관용구는 합성어가 아니면서도 구성 요소의 의미의 합이 아닌 새로운 의미를 가짐.

예 미역국을 먹다, 발이 넓다

• 이를 고려할 때 합성어와 구의 구별에는 의미를 제외하고도 구성 요소의 길이 등 다양한 특성들이 작용하는 것으로 생각됨.

• 의미의 특수성을 고려하여 '미역국을 먹다' 등을 관용어라고 부르면서 단어로 간주하는 경우도 있음.

(2) 합성어 형성에 나타나는 음운 현상 (형태 음운론)

합성어의 형성은 형태소와 형태소의 결합 과정이기 때문에 다양한 음운 현상이 나타남.

→ 일반적인 단어 배열에서 보기 힘든 특수한 음운의 교체가 일어나기도 함.

① 특수한 음운 현상의 유형

❶ 사잇소리 현상 → 합성어 중 일부 종속 합성어에서만 나타남.

가. 'ㅅ' 첨가

• 봄비[봄삐], 콧등[콛뜽~코뜽]

• 훗날[훈날], 잇몸[인몸]

나. 'ㄴ' 첨가

• 물약[물략], 깻잎[깬닙]

❖ 합성 명사의 사잇소리 현상[40]

명사와 명사가 결합하는 합성명사에서 두 명사 사이에 사잇소리 현상이 나타나는 경우가 있음.

사이시옷은 역사적으로 관형격 조사와 깊은 관련이 있음.

• 중세 국어의 관형격 조사: '익/의'와 'ㅅ' → 선행 명사가 유정물일 경우에는 '익/의'가 주로 쓰였고, 선행 명사가 무정물일 경우에는 'ㅅ'이 쓰였음.

• 현대 국어에서는 '의'만 남고 'ㅅ'은 관형격 조사의 기능을 상실하고 주로 합성 명사에 흔적을 남기고 있음.

• 'ㅅ'이 합성 명사에 쓰이는 경우 선행 요소가 주로 무정물일 때에 쓰인다는 점이 이러한 사실을 뒷받침.

무정물인 '명사 + 명사' 합성어에서 무조건 사잇소리 현상이 나타나는 것은 아니고 음운론적 조건과 의미론적 조건이 충족되었을 때에만 나타남.

• 음운론적 조건: 선행 명사가 모음이나 'ㄴ, ㄹ, ㅁ, ㅇ' 등 유성음

• 의미론적 조건

· 선행 요소가 후행 요소의 시간인 경우: 어젯밤, 아침밥, 겨울밤, 봄비

· 선행 요소가 후행 요소의 장소인 경우: 뒷집, 사잇소리, 안방, 산돼지

· 선행 요소(무정물)이 후행 요소의 기원인 경우: 나뭇잎, 촛불, 솔방울, 밀가루

· 선행 요소가 후행 요소의 용도인 경우: 고깃배, 담뱃가게, 잠자리, 술잔

cf) 사잇소리 현상이 나타나지 않는 경우

– 선행 요소와 후행 요소가 대등한 관계인 경우: 강산, 논밭, 눈비

– 선행 요소가 후행 요소의 형상인 경우: 반달, 실비, 소나기밥

– 선행 요소가 후행 요소의 재료인 경우: 나무배, 금가락지, 도토리묵

– 선행 요소가 후행 요소의 수단이나 방법인 경우: 불고기, 칼국수, 전기다리미

– 선행 요소(유정물)이 후행 요소의 소유주나 주체인 경우: 개다리, 새우등, 오리걸음

의미 관계에 따라 짐작할 수 있기는 하지만 방언, 세대에 따라 개입 여부가 달라짐.

• 김밥: [김밥]으로 발음하기도 하고 사잇소리를 넣어 [김빱]으로 발음하기도 함.

• 가을고치(선행요소가 시간), 코감기(선행요소가 장소), 콩기름(무정물이 기원), 노래방
(선행요소가 용도) → 나타날 것이라고 기대되지만 나타나지 않음.

• 고깃국, 북엇국, 자갈길, 아스팔트길(선생 요소가 재료) → 나타나지 않을 것이라 기대
되지만 등장(발음)

'ㅅ' 전치 명사와 'ㅅ' 후치 명사

• 선행 요소와 후행 요소의 의미론적 조건과 무관하게 선행 명사가 항상 사이시옷을 가
지는 경우를 'ㅅ'전치명사(ㅅ-가게, 국, 길), 후행명사가 항상 사이시옷을 가지는 경우를
'ㅅ'후치명사(개, 뒤, 아래-ㅅ)라 함.

· 'ㅅ' 전치 명사

- ㅅ-가게: 담뱃가게, 만홧가게, 반찬가게, 쌀가게

- ㅅ-국: 고깃국, 북엇국, 콩국

- ㅅ-길: 고갯길, 뱃길, 샛길, 출셋길, 벼슬길, 들길, 산길, 밤길

· 'ㅎ' 후치 명사

- 개ㅅ: 갯가재, 갯논, 갯바닥, 갯버들

- 뒤ㅅ: 뒷골목, 뒷공론, 뒷날, 뒷날개

- 아래ㅅ: 아랫녘, 아랫것, 아랫목, 아랫니, 아랫사람

cf) 용언 어간과 명사가 결합할 때 들어가는 사이시옷
 – 건넛방, 나눗셈: 용언 어간 다음에 사이시옷이 결합

사이시옷의 표기
• 사잇소리 현상이 있을 경우+두 어근 가운데 하나 이상이 고유어인 경우+선행 어근의 끝음절이 모음인 경우

❷ 현대 국어에 존재하지 않는 과거 음운 현상의 흔적

가. 'ㄹ' 탈락: 앞 어근의 끝소리인 'ㄹ'이 'ㄴ, ㅅ, ㅈ'로 시작하는 명사 어근 앞에서 'ㄹ'이 탈락하는 현상
  • 가다듬다, 도서다, 어녹다: '갈-+다듬다', '돌-+서다', '얼-+녹다'의 결합 과정에서 'ㄹ' 탈락
  • 싸전, 화살, 소나무: '쌀+전', '활+살', '솔+나무' cf) 과거에 있었던 음운 현상으로 현대 국어에서는 잘 적용되지 않음. 실제 같은 음운 환경인 '쌀집', '활시위', '솔나방'에서는 'ㄹ'이 탈락하지 않음.

❖ **합성어에서 'ㄹ' 탈락의 환경**[41]

'ㄹ'과 'ㅈ'의 인접 환경
• 'ㄹ' 탈락 현상은 'ㄹ'과 같은 치조음 앞에서 일어나는 일종의 동기관적인 이화 현상임.
• 'ㅈ'의 경우 현대 국어에서는 'ㄹ'과 조음 위치가 같지 않지만 중세 국어 시기에는 '치음'이었기 때문에 'ㄹ' 탈락의 환경이 되었음.
• 결국 'ㅈ' 앞에서 'ㄹ' 탈락이 일어난 경우는 'ㅈ'의 조음 위치가 '치음'일 때 적용된 것으로 해석

❸ 과거 음운 체계나 음운상 특징의 흔적 (음운 현상은 아님)

가. 어두 자음군의 흔적
  • 좁쌀, 입때: '조+뽈', '이+뻬'의 결합형
나. 'ㅎ' 종성 체언의 흔적
  • 안팎, 살코기: '안ㅎ+밖', '살ㅎ+고기'의 결합형 cf) '암캐', '수캐' 역시 형성 당시에는 명사 어근으로서 합성에 의해 만들어졌지만 현대 한국어에서는 '암, 수'를 접사로 처리하기 때문에 파생어로 간주함.
다. 'ㅇ' 첨가

• 붕어, 숭어, 농어, 잉어: '부어(鮒魚)', '수어(秀魚)', '노어', '이어'에서 온 것으로 'ㅇ'이 첨가되면서 한자와의 연관성을 상실

> ❖ 'ㄹ'과 'ㄷ'의 교체[42]
>
> 숟가락, 이튿날, 섣달, 사흗날, 반짇고리
> • 과거에는 'ㄹ'이 'ㄷ'으로 교체된 것으로 보는 견해가 지배적이었음.
> • 중세 한국어에서는 '섨달', '이틄날', '숤가락'으로 실현되었는데 이때는 'ㄹ'이 탈락하는 것이 일반적이므로 '섯달', '이틋날', '숫가락'으로 표기하게 됨.
> • 정확한 설명
> · 'ㄹ'의 'ㄷ' 교체 ×
> · 'ㅅ'이 첨가된 후 'ㄹ'이 탈락함. 이후에 'ㅅ'을 'ㄷ'으로 표기 ○

② 합성어의 유형

(1) 통사 구성의 일치 여부: 통사적 합성어와 비통사적 합성어

① 통사적 합성어

❶ 어근의 결합 방식이 국어의 정상적인 단어 배열 방식과 같은 합성어

❷ 통사적 합성어의 유형

가. 명사+명사: 쌀밥, 논밭, 샘물

나. 관형사+명사: 헌책, 새책

다. 용언의 관형사형+명사: 젊은이

라. 용언의 연결형+용언의 어간: 들어가다

② 비통사적 합성어

❶ 어근의 결합 방식이 국어의 정상적인 단어 배열 방식과 다른 합성어

❷ 중세 국어에서 생산적으로 형성 cf) 현대 국어에서는 생산적이지는 않지만 최근 '먹방', '눕방' 등 단어가 만들어지기도 함.

❸ 비통사적 합성의 유형

가. 용언의 어간+명사: 덮밥, 건너편

나. 용언의 어간+용언의 어간: 높푸르다, 낮잡다, 굶주리다, 맵짜다, 붙박다

다. 비자립적 어근+명사: 보슬비, 부슬비

(2) 어근과 어근의 의미 관계: 대등 합성어와 종속 합성어

① 대등 합성어

❶ 구성 요소가 가지는 비중이 어느 한쪽으로 쏠리지 않고 대등한 관계를 이루는 합성어

❷ 대등 합성어의 유형

가. 명사: 논밭, 마소, 아들딸

나. 용언: 높푸르다, 오가다 (*높아서 푸르다 → 높고 푸르다, *와서 가다 → 오고 가다)

② 종속 합성어

❶ 구성 요소가 가지는 비중이 어느 한쪽으로 치우친 관계를 이루는 합성어 → 앞의 성분이 뒤의 성분을 수식하는 관계, 즉 앞의 어근이 뒤의 어근에 의미적으로 종속되는 합성어

❷ 종속 합성어의 유형

가. 명사: 헌책, 돌다리, 손가락, 함박눈, 할미꽃

나. 용언: 검붉다 (*검고 붉다 → 검은빛을 띠면서 붉다)

❖ 내심 합성어와 외심 합성어[43]

내심 합성어

• 의미나 분포의 중심을 합성어 내부에서 찾을 수 있는 합성어로 대등 합성어와 종속 합성어가 해당

외심 합성어

• 의미나 분포의 중심이 단어 내부에 존재하지 않는 합성어로 의미가 구성 요소와 전혀 다른 합성어를 일컫는데 융합 합성어라고도 함. 즉 구성 요소들의 의미를 벗어나 새로운 의미를 획득한 합성어

• 융합 합성어는 구성 요소들 간의 의미상 수식 여부를 따지기 어렵기 때문에 종속 합성어나 대등 합성어와 같은 기준으로 함께 다루기 어렵다는 주장도 있음.

· 대등, 종속 합성어: 구성 요소들 사이의 의미 관계에 따른 분류

· 융합 합성어: 구성 요소의 의미와 전체 합성어의 의미 관계에 따른 분류

• 융합 합성어를 다시 구성 요소의 의미 관계에 따라 나누기도 함.

· 대등 합성어에서 의미가 변한 융합 합성어: 갈등, 산수, 춘추, 물불

· 종속 합성어에서 의미가 변한 융합 합성어: 쥐꼬리, 종이호랑이, 까치둥지

cf) 밤낮: 대등 합성어 용법과 융합 합성어의 용법을 동시에 지니기도 함. → 밤과 낮을 이르는 말(대등 합성어), 항상이나 늘의 의미를 지니는 말(융합 합성어)

---

(3) 품사에 따른 기준

① 명사 합성법

- **명사+명사**: 논밭, 고무신, 쌀밥, 창문
- **명사+ㅅ+명사**: 콧물, 바닷가, 봄비, 솔방울
- **명사+파생명사(혹은 명사형)**: 해돋이, 말다툼, 몸가짐 → 관점에 따라 합성어가 아니라 파생어로 볼 수도 있음.
- **용언의 관형사형+명사**: 건널목, 어린이, 뜬소문, 굳은살, 날짐승, 열쇠
- **용언의 명사형+명사**: 갈림길, 볶음밥
- **용언의 연결형+명사**: 섞어찌개, 살아생전
- **용언 어간+명사**: 늦잠, 덮밥, 접칼 → 비통사적 합성어
- **관형사+명사**: 새해, 옛날, 첫사랑, 옛사랑, 뭇사람
- **부사+명사**: 살짝곰보, 딱딱새, 뾰족구두 → 비통사적 합성어
- **불규칙 어근+명사**: 선들바람, 출랑새, 헐떡고개, 곱슬머리, 보슬비, 얼룩소, 알뜰주부 → 비통사적 합성어
- **부사+부사**: 잘못 → 합성 명사의 후행 요소가 명사라는 일반적 특성에서 벗어남. cf) 한국어는 좌분지 언어로서 문법적인 핵이 우측에 있으므로 합성 명사의 구성 요소 중 특별한 경우를 제외하면 뒤에 오는 요소는 명사임.

❖ **대명사 파생과 수사 파생**

대명사 파생
- 관형사+의존 명사
  · 이것, 그것, 저것
  · 이이, 그이, 저이 ; 이분, 그분, 저분

수사 파생
- 수사(혹은 수관형사)+수사
  · 하나둘/한둘, 두셋, 서넛, 네다섯/네댓, 대여섯, 예닐곱, 일고여덟, 여덟아홉

---

② 형용사 합성법

❶ 명사+형용사(혹은 동사)
가. 주어-서술어 구성: 낯설다, 낯익다, 꼴좋다, 배부르다, 값싸다, 시름없다, 속상하다, 힘들다
나. 부사어-서술어 구성: 눈설다, 남부끄럽다, 남다르다, 번개같다
❷ 형용사 어간+형용사 어간: 검붉다, 검푸르다, 높푸르다, 굳세다, 넓둥글다, 맵차다, 재빠르다 → 비통사적 합성어
❸ 형용사(혹은 동사) 연결형+형용사 어간(혹은 동사)

가. '-어/아' 연결형: 뛰어나다, 게을러빠지다, 닳아빠지다, 깎아지르다

나. '-고' 연결형: 하고많다, 검디검다, 희디희다, 쓰디쓰다, 머나멀다, 기나길다 → 반복 합성어를 이룸 (개별 어근이 나타내는 의미가 강조)

❹ 부사+형용사(혹은 동사) 어간: 다시없다, 더하다, 덜하다, 잘생기다, 못나다, 잘나다, 가뭇없다, 곧이곧다

❖ 합성 형용사의 후행 요소[44]

· 합성 형용사의 후행 요소는 대부분 형용사이지만 드물게 동사로 볼 수 있는 경우가 존재함.

· 뛰어나다, 깎아지르다, 닳아빠지다 → 선행 요소가 동사, 후행 요소가 동사

· 맛나다, 모나다, 네모나다, 기막히다, 속상하다, 힘들다 → 선행 요소가 명사, 후행 요소가 동사

· 잘생기다, 잘나다, 못나다, 덜나다 → 선행 요소가 부사, 후행 요소가 동사

· 게을러빠지다, 낡삭다 → 선행 요소가 형용사, 후행 요소가 동사

❖ '없다'와 '있다' 합성 형용사의 비대칭성[45]

'없다'가 '있다'에 비하여 합성 형용사 형성에 적극적으로 참여

· '없다' 형용사는 가능하지만 '있다' 형용사는 불가능한 경우

· 그지없다-*그지있다, 까딱없다-*까딱있다, 꾸임없다-*꾸임있다, 다름없다-*다름있다, 대중없다-*대중있다, 더없다-*더있다

· '없다'와 '있다'가 대칭적인 경우 → 이 예들 외에는 거의 없음.

· 값없다-값있다, 관계없다-관계있다, 맛없다-맛있다, 멋없다-멋있다, 상관없다-상관있다, 재미없다-재미있다

· '있다' 형용사는 가능하지만 '없다' 형용사는 불가능한 경우

· *뜻없다-뜻있다

'없다'는 구에 해당하는 단위에 결합하여 형용사를 만들기도 하지만 '있다'는 그러한 경우가 거의 없음.

· 간데없다-*간데있다, 관계없다-*관계있다, 너나없다-*너나있다

③ 동사 합성법

❶ 명사+동사 어간

가. 주어-서술어 구성: 힘들다, 철들다, 멍들다, 길들다, 정들다, 끝나다, 빛나다, 겁나다, 값나가다, 동트다

나. 목적어-서술어 구성: 본받다, 힘쓰다, 애쓰다, 결정짓다, 선보다, 마음잡다, 욕보다, 배곯다

다. 부사어-서술어 구성: 앞서다, 뒤서다, 거울삼다, 앞세우다, 손익다

❷ 동사 어간+동사 어간: 굶주리다, 뛰놀다, 어녹다, 붙잡다, 얽매다 → 비통사적 합성어

❸ 동사 연결형 + 동사 어간

가. -어/아: 갈아입다, 알아보다, 알아듣다, 돌아가다, 들어가다, 잡아먹다

나. -어/아다: 내려다보다, 넘어다보다, 넘겨다보다, 돌아다보다

다. -고: 들고나다, 파고들다, 타고나다, 싸고돌다

❹ 부사 + 동사 어간

가. 그만두다, 가만두다, 바로잡다, 잘되다, 늦되다, 잘살다, 못쓰다, 가만있다, 가로막다

❺ 불규칙 어근 + 동사 어간

가. 명사적 성격 어근: 거덜나다, 용쓰다

나. 동사적 성격 어근: 그러모으다, 쳐다보다(치+어다+보-)

④ 관형사 합성법

❶ 수 관형사+수 관형사: 몇몇, 한두, 두세, 서넛, 네다섯/네댓, 대여섯, 예닐곱, 몇몇 → '다섯' 이상의 수 관형사가 쓰인 '네다섯/네댓', '대여섯', '예닐곱', '몇몇' 등은 수사로도 쓰임.

❷ 수 관형사+동사의 활용형: 여남은(←열+남-+-은), 스무남은

⑤ 부사 합성법

❶ 부사+부사: 곧잘, 잘못, 또다시, 이리저리, 곧바로, 더욱더, 또다시

❷ 부사(혹은 부사성 어근)의 반복: 길이길이, 오래오래, 너무너무, 비틀비틀, 두근두근, 미끈미끈, 들락날락, 또각또각

❸ 명사+명사: 밤낮, 어제오늘

❹ 명사(혹은 수사)의 반복: 갈래갈래, 가지가지, 송이송이, 하나하나

❺ 관형사+명사: 한층, 어느새, 온종일, 한바탕, 한층, 요즈음

❻ 동사(혹은 형용사)의 관형사형+명사: 이른바, 된통, 이를테면

❖ 합성 부사의 특징[46]

• 중첩, 즉 반복을 통해 부사가 형성되는 일이 매우 빈번 → 의성·의태어와 반복 합성어를 포함하면 합성 부사의 수는 많은 편임.
• 후행 요소가 부사가 아닌 명사나 의존 명사가 많음.

❖ 반복 합성어[47]

형태소의 전체 혹은 일부가 반복되어 이루어진 합성어
• 합성어와는 별도로 중첩어로 다룰 수도 있고, 합성어에 포함하여 다루기도 함.
• 첩어라고도 함. cf) 첩어: 본래 복합어의 한 갈래로 복합어는 합성어, 파생어, 첩어 체계로 이해하지만 학교문법에서는 합성어의 하나로 여기고 반복합성어란 용어를 사용
• 반복을 이루는 요소들의 품사를 알기 어려워 불규칙적인 경우도 있지만 대체로 명사나 부사가 많으며, 반복의 결과로 생긴 단어로 명사나 부사인 경우가 많음.

반복 합성어의 유형
• 체언의 반복
 · 명사로 쓰이는 경우: 가지가지, 구석구석, 마디마디, 곳곳, 집집   cf) 명사로 쓰이는 경우라도 '곳곳, 집집'처럼 '-이'가 추가로 결합되면 부사로 쓰이는 경우가 일반적임.
 · 부사로 쓰이는 경우: 송이송이, 차례차례
 · 명사, 부사 두 가지로 쓰이는 경우: 군데군데, 굽이굽이, 도막도막, 하나하나
• 부사나 부사와 비슷한 불규칙 어근의 반복
 · 부사가 반복되어 부사로 쓰이는 경우: 고루고루, 깊이깊이, 따로따로, 미리미리, 오래오래, 어서어서, 영영
 · 불규칙 어근이 반복되어 부사로 쓰이는 경우: 까칠까칠, 꼬불꼬불, 넘실넘실, 덜그럭덜그럭, 모락모락, 뭉게뭉게, 보슬보슬 → 반복되는 요소가 자립성을 가지는 단어가 아니라는 점에서 다른 반복 합성어와 다르며 주로 의성어나 의태어에서 집중적으로 나타남.

❖ 의성어와 의태어 반복의 특징[48]

• 완전 반복(동일한 요소 반복): 까칠까칠, 꼬불꼬불, 넘실넘실, 산들산들, 방글방글
• 유음(類音) 반복(부분적 음상의 변개): 갈팡질팡, 옥신각신, 우물쭈물, 알뜰살뜰, 알록달록
• 음절의 일부 반복
 · 음절의 앞부분 반복: 두둥실, 아리아리랑, 푸드득, 아사삭
 · 음절의 뒷부분 반복: 쿵자작
• 반복이 길게 이어짐 : 따르르르릉, 사르르르

❖ 유음 반복(부분 반복)의 경향성[49]

• 모음 교체에 의한 반복 → 대체로 고모음이 앞에 오고 저모음이 뒤에 오는 대립양상
 · ㅣ:ㅐ = 미끈매끈, 실룩샐룩, 싱숭생숭, 티격태격

- ㅣ:ㅑ = 일긋얄긋, 일기죽얄기죽
- ㅡ:ㅏ = 는실난실, 뜨끔따끔, 흘깃할깃
- 자음과 모음의 동시 교체에 의한 반복 → 앞쪽은 모음이나 반모음 뒤쪽은 장애성이 큰 자음이 나타남
  - ∅:ㅂ,ㄱ = 안달복달, 옥신각신
  - ㅎ:ㅈ,ㅁ = 허겁지겁, 흥청망청

❖ **의성어, 의태어 정의의 한계**[50]

- 의성어: 사물의 소리를 흉내 낸 말, 의태어: 사람이나 사물의 모양이나 움직임을 흉내 낸 말 → 감탄사 역시 사물의 소리를 흉내 내는 경우가 있고, 형용사나 동사 역시 사물의 움직임을 묘사하는 경우가 있음.
- '탁탁, 털썩, 서벅서벅(사박사박), 딸랑딸랑(떨렁떨렁)' 등은 의성어나 의태어로 모두 쓰일 수 있음.

2. 파생어

어근에 접사가 결합하는 단어 형성 방법을 파생이라 하고, 이러한 방법에 의해 형성된 단어를 파생어라고 함.

파생어의 구성: 접두사+어근, 어근+접미사

① 파생어의 이론적 논의

(1) 파생어 형성과 단일어화(어휘화)

① 파생어가 형성되고 나면 그 파생어는 어근과 별개의 단어로 쓰이기 때문에 통시적으로 독자적인 변화(의미적, 형식적 변화)를 경험하기도 하여 어근과 파생 접사의 파생 관계를 공시적으로 설명할 수 없게 됨. 그 결과 단일어처럼 이해되는 현상

② 단일어화가 일어나면 화자들은 해당 단어를 파생어로 인식하기 어렵고, 이로 인하여 표기법상으로도 끊어적기보다 이어적기로 나타나는 경우가 많음.

③ 파생어는 만들어지고 나면 필연적으로 단일어화가 진행되게 됨.

④ 단일어화는 한 가지 관점에서만 일어나는 것은 아님→ '아프-', '고프-'의 경우 'ㅍ' 앞 'ㄹ' 탈락인 음운론적 단일어화가 일어난 것이지만 '-브/브-'가 공시적으로 생산성을 잃어버렸다는 관점에서 보면 형태론적 단일어화가 일어난 것으로 볼 수 있음. 이러한 경우 많건 적건 의미론적 단일어화도 동반되었다고 볼 수 있음.

⑤ 단일어화의 유형

❶ 음운론적 단일어화

가. 어근과 파생 접사가 결합하는 음운 규칙이 공시적으로 이해되지 않아 단일어로 인식

나. 앓-+-ᄇ → 아프-, 곯-+-ᄇ → 고프: 'ㅎ'과 'ㅂ'이 결합하여 'ㅍ'가 되고 'ㅍ' 앞에서 'ㄹ' 탈락하여 변화. 하지만 'ㅍ' 앞에서 'ㄹ'이 탈락하는 음운 규칙이 공시적으로 존재하지 않기 때문에 화자가 이를 단일어로 인식하기 쉬움.

❷ 형태론적 단일어화

가. 파생어 형성에 참여하는 어근이나 접사가 공시적으로 존재하지 않기 때문에 단일어로 인식

나. 붓그리-+-업 → 부끄럽-, 깄-+-ᄇ → 기쁘-: '붓그리-'나 '깄-'이 과거에는 동사 어간으로 존재했지만 공시적으로 존재하지 않기 때문에 단일어로 인식하기 쉬움.

❸ 의미론적 단일어화

가. 어근과 파생 접사의 원래 의미로부터 파생어의 의미가 멀어져 단일어로 인식

나. 놀-+-음 → 노름, 문+열-+-이 → 무녀리: 파생어의 의미가 '놀-'이나 '문 열-'에서 멀어졌기 때문에 단일어로 인식하기 쉬움.

⑵ 파생어 형성 규칙의 제약

① 작은 언어 단위가 모여 더 큰 단위를 이루는 양상을 규칙으로 기술할 수 있듯이 어근과 접사가 모여 더 큰 단위인 파생어를 이루는 과정 역시 규칙으로 기술할 수 있음. → 모든 규칙에는 조건이나 제약이 있듯이 파생어 형성 규칙에도 제약이 존재함.

② 제약의 종류

❶ 음운론적 제약

가. 파생 접사가 어근의 음운론적 조건에 따라 결합이 제한되는 것 → 파생 규칙이 특정한 음운론적 조건에서만 적용되는 제약

나. 구두닦이, 넝마주이, 성냥팔이, 놀이, 먹이: 접사 '-이'는 어근이 자음으로 끝날 때만 결합하고 모음으로 끝날 때는 결합하지 못하는 제약을 가짐.

❖ '구이'의 음운론적 제약[51]

• 표면적으로는 모음 뒤에 '-이'가 결합한 것처럼 보여 음운론적 제약을 어기고 있는 것처럼 보이지만 사실 '굽-'이 'ㅂ' 불규칙 용언이라는 특수한 사정이 존재하기 때문임. 즉 음운론적 제약에 해당이 됨.

---

❷ 형태·통사론적 제약

가. 파생 접사들이 특정한 품사나 특정한 형태를 가지는 경우에만 파생 규칙이 적용되는 제약

나. 파생 접사가 특정한 품사의 어근과만 결합하는 현상은 파생 규칙의 가장 일반적인 제약인데 이를 '단일 어기 가설'이라고도 함.

다. 손가락질, 가위질, 부채질: 접사 '-질'은 대체로 명사 어근과 결합

라. 시뻘겋다, 시퍼렇다, 시꺼멓다: 접사 '시-'는 '-엏-'을 가지는 경우에만 결합 (*시붉다, *시푸르다, *시검다)

❸ 의미론적 제약

가. 특정한 의미적인 특질을 가지는 어근에서만 파생 규칙이 적용되는 제약

나. 길이-*짧이, 높이-*낮이, 깊이-*얕이: 척도 명사 파생에서는 일종의 비대칭성이 나타나 긍정적인 가치를 지니는 어근만이 사용

❖ **저지 현상**[52]

• 파생 규칙에 의해 만들어진 파생어가 의미상으로 유사한 다른 단어의 존재 때문에 실제로 사용되지 못하는 현상 → 파생 규칙에 의해 만들어질 수 있는 단어가 실제로 존재하는 단어 때문에 단어의 형성이 제약
· *길기, *높기, *깊기 – 길이, 높이, 깊이
· 밝기, 굵기, 크기 – *밝이, *굵이, *크이
· 도시적이다, *도시스럽다, *도시롭다, *도시하다

• '저지'와 '저지규칙'으로 구분하기도 함.
· 저지: 단일어의 존재에 의해 파생어의 형성이 방해 받는 경우
· 저지규칙: 이미 존재하는 파생어의 존재에 의해 다른 파생어의 형성이 방해 받는 경우

---

(3) 파생어 형성에 나타나는 음운 현상 (형태 음운론)

어근과 접사가 붙을 때 어근이나 접사의 모습이 바뀌는 일이 있음. cf) 음운론적 제약에 따라 일어나는 것이 아니므로 비자동적 교체 혹은 형태 음운론적 교체라고 함.

① 특수한 음운 현상의 유형

❶ 접두사와 어근의 결합

가. 자음 교체

㉮ 접두사 '맹-': '아무 것도 섞지 않은'의 의미를 지니고 있는데 이는 '맨-'의 'ㄴ'이 'ㅇ'으로 교체된 결과로 볼 수 있음. 예 맹물, 맹탕

(나) 어근 '가마귀'는 고어 '가마괴'의 통시적 변화형인데 이를 고어의 잔존형으로 보지 않고 '까마귀'를 기준으로 삼을 경우 어근의 교체 현상으로 설명이 가능함. 예 갈가마귀

나. 모음 교체

(가) 접두사 '살-', '설-': '충분하거나 완전하지 못한'의 의미를 가지고 있는데 이는 모음 'ㅏ'와 'ㅓ'가 교체된 것임. → '살-'은 명사와 결합하고 '설-'은 동사와 결합하여 영역을 나누고 있음. 예 살눈, 살얼음 ; 설깨다, 설익다

(나) 접두사 '새/시/샛/싯-'

(가) 어근의 첫소리가 경음이나 격음 혹은 'ㅎ'일 때 어근의 첫음절 모음이 'ㅏ, ㅗ'인 경우에는 접두사 '새-', 어근의 첫음절 모음이 'ㅓ, ㅜ'인 경우에는 접두사 '시-'이 결합 예 새까맣다, 새빨갛다, 새카맣다, 새파랗다, 새하얗다 ; 시꺼멓다, 시뻘겋다, 시커멓다, 시퍼렇다, 시허옇다

(나) 어근의 첫소리가 유성음일 때 어근의 첫음절 모음이 'ㅏ, ㅗ'인 경우에는 접두사 '샛-', 어근의 첫음절 모음이 'ㅓ, ㅜ'인 경우에는 접두사 '싯-'이 결합 예 샛노랗다, 샛말갛다 ; 싯누렇다, 싯멀겋다

(다) 'ㄹ' 탈락

(가) 접두사 '오-': '빨리 여무는'의 의미를 지닌 접두사 '올-'이 'ㅅ'이나 'ㅈ' 앞에서 'ㄹ'이 탈락 예 오조, 오사리

(나) 접두사 '차-': '끈기가 있는'의 의미를 지닌 접두사 '찰-'이 'ㅈ' 앞에서 'ㄹ'이 탈락 예 차조, 차좁쌀

(다) 접두사 '부-': '아니함'을 뜻하는 한자 접두사 '불-'이 'ㅈ' 앞에서 'ㄹ'이 탈락 예 부자유, 부정

(라) 'ㅂ' 첨가

(가) 통시적으로는 어두 자음군의 흔적이지만 이를 공시적으로 설명할 때 'ㅂ' 첨가로 서술할 수 있음. 예 멥쌀, 휩쓸다

(마) 'ㅅ' 첨가

(가) 접두사 '햇-': 사이시옷 구성과 관련. 접두사 '해-'는 어근의 첫소리가 경음이나 격음일 때 결합하고 접두사 '햇-'은 어근의 첫소리가 평음일 때 결합

(나) 접두사 '숫-': 사이시옷 구성과 관련. 접두사 '숫-'은 어근이 '양, 염소, 쥐'일 때 결합

(바) 'ㅎ' 첨가

(가) 통시적으로 'ㅎ' 종성 체언의 흔적이지만 현대 한국어를 기준으로 'ㅎ' 첨가로 서술할 수 있음. → 하지만 현대에는 'ㅎ'이 사려져서 '암'이 '다람쥐'를 만나도 'ㅎ'이 첨가되지 않는 예가 있어 'ㅎ' 첨가로 설명하기 어려움.

❖ 접두사의 이형태[53]

• 접두사 '새/시/샛/싯-'

· 접두사들 사이의 분포가 겹치지 않는다는 점에서 이형태의 관계를 지니고 있음.

• 'ㄹ' 탈락과 이형태

· 접두사 '오-'는 '올사과', '올작물'에서 보듯이 'ㅅ'이나 'ㅈ' 앞에서 'ㄹ'이 떨어지지 않는 단어가 존재할 뿐만 아니라 '오조'와 동일한 의미의 '올조'가 존재하기 때문에 '올-'과 '오-'의 음운론적 이형태의 자격을 부여할 수 없음. 반면 접두사 '차-'는 'ㅈ' 앞에서 항상 'ㄹ'이 탈락하기 때문에 '찰-'과 '차-'는 음운론적 이형태가 됨.

• 'ㅅ' 첨가와 이형태

· 접두사 '해/햇-': 어근의 첫소리가 평음이냐 혹은 경음, 격음이냐에 따라 분포가 다르기 때문에 음운론적 이형태의 관계에 있음.

· 접두사 '수/숫-': 어근이 '양, 염소, 쥐'인 경우에만 '숫-'이 결합하기 때문에 음운론적 환경이 아닌 형태론적으로 조건된 것으로 보아야 함. 즉 형태론적 이형태 관계임.

❖ 통시적 잔존 형태와 이형태 문제[54]

• 'ㅂ' 첨가 설명의 문제

· '찹쌀, 멥쌀, 햅쌀', '휩쓸다, 휩싸다'에서 나타나는 'ㅂ'을 접두사에 속한 것으로 보아 '찰/찹-, 메/멥-, 해/햅-, 휘/휩-' 등을 이형태로 보는 경우가 있지만 이들의 'ㅂ'은 '쌀', '쓸다', '싸다'의 어두음 'ㅂ'이 잔존한 것이므로 이들을 포함하여 접두사의 이형태로 보아서는 안 됨.

cf) 'ㅎ' 종성 체언의 잔존형이 '암-'이나 '수-'는 현재 접두사로 처리하고 있음. 통시적으로 볼 때 어근의 일부가 아니라는 점에서 'ㅂ' 첨가보다는 이형태로 여지는 있음.

• 이러한 통시적 잔존 형태에 대해 이형태를 인정하는 견해도 있음.

암/암ㅎ-	암노루, 암놈	
	암컷, 암키와	예사소리 'ㄱ, ㄷ, ㅂ, ㅈ' 앞, 'ㅎ'종성 체언 흔적
수/수ㅎ/숫-	수꽃	
	수캐, 수탉	예사소리 'ㄱ, ㄷ, ㅂ, ㅈ' 앞, 'ㅎ'종성 체언 흔적
	숫양, 숫염소, 숫쥐	사이시옷 'ㅅ'흔적
찰/차/찹-	찰가난, 찰떡, 찰밥	
	차조	'ㄹ'이 탈락하는 치조음이나 경구개음 'ㅈ'
	찹쌀	중세 '쌀'의 경우처럼 어두 자음군과 관련
메/멥-	메조, 메수수, 메밥	
	멥쌀	중세 '쌀'의 경우처럼 어두 자음군과 관련

해/햇/햅-	해콩	
	햇곡식, 햇나물	사이시옷 조건(ㄱ, ㄷ, ㅂ, ㅈ, ㄴ, 모음 i, 반모음 j)
	햅쌀	중세 '쌀'의 경우처럼 어두 자음군과 관련

❷ 어근과 접미사의 결합

가. 자음 교체

　㈎ 접미사 '-찍하-': '좀 또는 꽤 그러함'의 의미를 지닌 '-직하-'가 'ㄹ' 말음을 가지는 형용사 어근 다음에서 '-찍하-'로 바뀌는 경우　예 길찍하다, 멀찍하다

　㈏ 모음 접미사 앞에서 'ㄷ'이 'ㄹ'로 바뀌는 경우　예 누룽지

나. 모음 교체

　㈎ 접미사 '-쟁이', '-배기': 접미사 '-장이'와 '-박이'에서 'ㅣ' 모음 역행 동화에 의해 모음 'ㅏ'가 'ㅐ'로 교체　예 멋쟁이, 겁쟁이, 공짜배기, 진짜배기

　㈏ 모음조화

　　㉮ 접미사 '개': 동사와 결합하여 '도구'의 의미를 부여하는 접미사로서 '-게'와 모음조화의 관계에 있음. → 현대 한국어에서는 '-게'보다는 '-개' 쪽으로 굳어지고 있음.
　　예 날개, 덮개, 지우개 ; 지게, 집게, 푸게

　　㉯ 접미사 '-앟/엏-': '까맣다', '꺼멓다'처럼 모음조화의 관계에 있음.

　　㉰ 접미사 '-아기/어기': '까끄라기', '꺼끄러기'처럼 모음조화의 관계에 있음.

다. 모음 탈락

　㈎ 접미사 '-ㅁ직하-', '-ㅁ직스럽-': '그렇게 할 만한 가치가 있음'의 의미를 지닌 접미사 '-음직하-', '-음직스럽-'에서 '으'가 탈락한 것으로 음운론적 이형태 관계에 있음. → '으'를 매개 모음으로 간주한다면 탈락이 아니라 첨가의 예가 됨.

라. 'ㄹ' 탈락

　㈎ 접미사 '-율': 두음법칙과 관련된 한자 접미사의 교체로 어근이 'ㄴ'이나 모음으로 끝나는 경우 'ㄹ'이 탈락하여 '-률'이 '-율'로 변화

　㈏ 'ㄹ'이 설단음이나 구개음 앞에서 탈락: '바느질', '겨우내', '가느다랗다', '뿌다구니', '아드님', '따님' cf) 현대 국어의 단어 형성 과정에서는 잘 나타나지 않음.　예 달님

❖ 어근 변화의 독특한 예[55]

• 불규칙 용언의 경우 파생 접사가 붙어 다른 품사로 파생되는 과정에서 불규칙 용언의 활용상의 특성 때문에 어근의 형태가 바뀔 수도 있음.

　· 걸음(걷-+-음), 빨리(빠르-+-이), 흘리(흐르-+-이), 파랑(파랗-+-ㅇ)

> • 접미사 '-아지'
> · '작음'을 의미하는 접미사 '-아지'가 결합 시 어근과 접사가 동시에 바뀜.
> · 강아지(개+-아지), 송아지(소+-아지), 망아지(말+-아지)
> • '무게'의 통시적 분석
> · '무겁'과 접사 '-이'로 분석을 한다면 모음 접미사 앞에서 'ㅂ'이 탈락하고 'ㅓ'와 'ㅣ'가 화합하여 '에'가 되었다고 형태 음운론으로 해석이 가능
> · 중세 시가 '무긔'로 등장함. 이는 재구형 '*믁'이라는 어근에 명사 형성 파생 접미사 '의'가 결합한 것으로 사료됨. 이전 시기의 '므겁-'은 어근 '*믁'에 형용사 파생 접미사 '-업-'이 결합하여 형성되었을 가능성이 있음.

② 파생어의 유형

(1) 접두 파생법

① 접두사의 특징

❶ 단어 형성 요소: 문장의 형성에 직접 참여하지 않음.

❷ 어근과 비교할 때 상대적으로 어휘적인 의미보다는 문법적인 의미를 많이 지님. → 접미사와 비교할 때 상대적으로 문법적인 의미뿐만 아니라 어휘적인 의미를 상당 부분 가지고 있음.

❸ 접미사와 달리 어근의 품사를 바꾸지 않기 때문에 접두 파생법에 의해 만들어진 품사는 어근의 품사와 일치 → 접두사는 주로 한정적 접사로 쓰임. 어휘적 파생에 해당 cf) 예외: '강마르다, 메마르다, 숫되다, 엇되다, 헛되다, 알맞다, 걸맞다'는 품사 바뀜. → 통사적 파생에 해당

❹ 보통 파생 접사는 파생 규칙의 제약으로 인하여 한 가지 품사와만 결합하는 경향이 있는데 접두사는 둘 이상의 품사를 어근으로 하는 경우가 종종 있음.

> ❖ **접두사와 어근의 결합 제약(형태·통사론적 제약)**[56]
>
> • 하나의 파생 접사는 대체로 한 종류의 품사만을 어근으로 삼으려는 제약을 지님.
> • 접두 파생법에서는 이러한 제약의 예외가 접미 파생법보다 많은데 이는 접두사가 접미사에 비해 어휘·의미적 성격이 강하다는 특성과 관련
> • 어휘·의미적 성격이 강한 접사 부류의 경우 의미만 충족되면 제약을 벗어나서 단어 형성이 이루어지기도 함. → 어휘적 의미가 강하면 문법적인 요소가 가지는 특성에서 벗어나기 쉬우므로 문법적인 제약을 벗어나 비교적 자유롭게 단어 형성에 참여
>
> **둘 이상의 품사를 어근으로 하는 접두사**

- 덧-: 덧니, 덧버선, 덧신 ; 덧나다, 덧붙이다, 덧대다
- 몰-: 몰매, 몰표 ; 몰몰다, 몰밀다 → 접두사 '몰-'은 '무리'의 의미를 지닌 명사 '물'의 모음 교체형이 접두사로 발달했을 가능성이 높음. '몰매'와 동일한 의미를 지닌 '물매'를 통해 그 관계를 짐작할 수 있음. '물'은 현대 국어에서 '무리'로 존재하지만 사이시옷 결합형이 수 관형사 '뭇'으로 발달하였음. '뭇매'라는 단어와 '몰매', '물매'가 동의어 관계를 이룸.
- 빗-: 빗금, 빗면, 빗천장 ; 빗대다, 빗먹다, 빗뚫다, 빗물다, 빗나가다, 빗맞다 → '빗-'은 '기울어진/기울어지게'의 의미인데 '빗나가다, 빗맞다'에서는 '잘못'의 의미를 더함.
- 엇-: 엇각, 엇길 ; 엇걸리다, 엇나가다 ; 엇비슷하다 → '엇-'이 명사 및 동사와 결합했을 때는 '어긋난/어긋나게'의 의미인데 형용사와 결합할 때는 '어지간한 정도의 대충'이라는 의미를 더함.
- 짓-: 짓고생, 짓망신 ; 짓누르다, 짓뭉개다, 짓밟다, 짓이기다 → '짓-'이 명사에 결합하면 '심한'의 의미이고, 동사와 결합하면 '마구, 함부로'의 의미를 더함.
- 치-: 치사랑 ; 치닫다, 치받다, 치솟다
- 헛-: 헛기침, 헛수고, 헛웃음 ; 헛되다, 헛디디다
- 늦-: 늦가을, 늦공부, 늦장가 ; 늦되다, 늦심다
- 올-: 올감자, 올벼, 올보리 ; 올되다
- 애/앳-: 애호박 ; 앳되다
- 맞-: 맞고소 ; 맞먹다

② 접두사의 구별

❶ 접두사와 관형사의 구별

접두사	관형사
· 자립성이 없어 독자적으로 문장 성분이 될 수 없음 · 분포상의 제약이 있음 · 후속하는 요소와의 사이에 따른 단어 개입 불가 · 덧문, *덧책, 덧정신, *덧노랑저고리	· 자립성이 있으며 독자적으로 문장 성분이 됨 · 분포상의 제약이 그다지 없음 · 후속하는 요소와의 사이에 따른 단어 개입 가능 · 새 문, 새 책, 새 정신, 새 노랑 저고리

❷ 접두사와 어근의 구별

가. 구분의 어려움: 관형사(분포상의 차이)와 달리 의미를 기준으로 구분해야 하는데 접두사는 접미사와 달리 문법적 의미뿐만 아니라 어휘적 의미를 상당 부분 가지고 있어 구별이 어려움. → 어휘적 의미를 지닌 어근과 실제 차이가 크지 않음. 예 친족을 나타내는 '작은-', '큰-'이나 '늦-', '갓-' 등은 사전에 따라 접두사로 처리하기도 하고 어근으로 처리하기도 함.

나. 구분의 기준

㉮ 원래 의미에서 변하여 접사적인 의미를 얻었는가?

㉯ 새로운 의미를 가진 채 단어 형성에 활발하게 참여하는가?

갖두루마기, 갖신, 갖옷: 갖	날강도, 날계란, 날벼락: 날
– 중세의 '가죽' 의미로서 명사로 사용 – 현대에는 단어 구성 요소로만 나타남 ⇓ 의미가 원래의 뜻에서 변하지 않았고 새로운 단어를 만드는 데에 생산적으로 참여하지 않음 ⇓ 문장에서 자립적으로 쓰이지 않고 의존적으로 쓰여 접두사로 볼 여지가 있지만 어근으로 파악해야 함	– 중세에는 '날 것' 의미로서 명사로 사용 – 현대에는 단어 구성 요소로만 나타남 ⇓ – '갖'과 달리 현대국어에서 비유적인 의미로 변화하였고 새로운 의미를 가지고 새로운 단어를 만드는 데에도 생산적으로 참여 ⇓ 접두사로 보아야 함

❖ 접두사와 문법화[57]

문법화

• 명사와 같은 어휘적 존재가 접사와 같은 문법적 존재로 변화하는 것

· 조차, 붙어: 용언의 활용형이 그대로 굳어져 조사가 됨.

· 엿–: 동사 어간이 그대로 굳어져 접두사가 됨.

접두사와 문법화

• 접두사는 실질 의미를 나타내는 요소에서 발달한 것으로 실질 형태소에 가까운 의미를 가지는 경우가 많음. → 실질 형태소에서 형식 형태소로 발달해 가는 과정에서 기본적인 의미에서 확장된 의미로 나아감.

· 접두사 '날–'

 – 현대 국어에서 접두사로 처리하고 있지만, '날로 먹다'에서 '날'이 격 조사와 결합하고 있으므로 과거에는 명사였을 것으로 추정함.

· 접두사 '풋–'

 – 원래 명사 '풀'에서 접두사로 발달함. '풀과 같이 푸른 빛을 띠는'의 의미에서 점차 추상화되어 '미숙한' 정도의 의미를 가지면서 '사랑, 잠' 등과 결합

· 암ㅎ, 수ㅎ

 – 중세 시기에는 명사로 쓰임. 즉 중세 국어에서는 합성어, 현대 국어에서는 파생어로 처리함.

③ 접두 파생법 유형

❶ 명사 접두 파생법

가. 주로 사람을 나타내는 어근과 결합하는 것
- 맏-: 맏딸, 맏며느리 맏아들
- 숫-: 숫처녀, 숫총각, 숫색시
- 홀-: 홀몸, 홀시어머니, 홀어머니

나. 주로 동식물을 나타내는 어근과 결합하는 것
- 참-: 참깨, 참나물, 참조기
- 풋-: 풋고추, 풋과일, 풋사랑
- 올-: 올감자, 올벼, 올보리
- 늦-: 늦벼, 늦보리, 늦복숭아
- 돌-: 돌배, 돌미나리
- 암/암ㅎ-: 암노루, 암놈 ; 암컷, 암키와
- 수/수ㅎ/숫-: 수꽃 ; 수탉, 수캐 ; 숫양, 숫염소, 숫쥐
- 찰/차/찹-: 찰밥 ; 차조, ; 찹쌀
- 메/멥-: 메조, 메밥 ; 멥쌀
- 해/햇/햅-: 해콩 ; 햇곡식, 햇나물 ; 햅쌀

다. 기타
- 군-: 군말, 군불 군살, 군소리, 군식구
- 맨-: 맨눈, 맨몸, 맨발, 맨입
- 민-: 민머리, 민소매, 민달팽이
- 알-: 알거지, 알부자, 알건달
- 개-: 개떡, 개살구, 개소리, 개죽음
- 날-: 날고기, 날계란, 날김치
- 한-: 한가을, 한더위, 한밤중, 한추위

❷ 동사/형용사 접두 파생법
- 되-: 되감다, 되돌다, 되묻다, 되찾다, 되살리다
- 뒤-: 뒤섞다, 뒤엎다, 뒤틀다, 뒤끓다, 뒤엉키다
- 들-: 들까부르다, 들끓다, 들볶다, 들쑤시다
- 엿-: 엿보다, 엿듣다
- 새/시/샛/싯-: 새빨갛다, 시뻘겋다, 샛노랗다, 싯누렇다
- 휘/휩-: 휘갈기다, 휘날리다, 휘감다, 휘두르다 ; 휩싸이다, 휩쓸다

(2) 접미 파생어

① 접미사의 특징

❶ 단어 형성 요소: 어미나 조사와 달리 문장의 형성에 직접 참여하지 않음.

❷ 어근과 비교할 때 상대적으로 어휘적인 의미보다는 문법적인 의미를 많이 지님.

❸ 접두사와 달리 어근의 품사를 바꾸는 경우가 많음. → 파생 접미사는 파생어의 품사가 어근과 달라지게 하거나 파생어의 하위 범주를 달라지게 하는 지배적 접사('먹이': 동사→명사, '먹히다': 타동사→자동사)와 그렇지 않은 한정적 접사로 구분하는데 이는 파생어의 통사 범주를 파생 접미사가 최종적으로 결정한다고 할 수 있음.

❹ 접두사와 달리 둘 이상의 품사에 결합하는 경우가 별로 없음. → 동일한 품사에만 결합하는 제약을 잘 지킴. cf) 예외: -보

② **접미사의 구별**

❶ 접미사(=파생 접미사)와 어미(=굴절 접미사)의 구분

가. 접미사가 새로운 단어를 만드는 반면에 어미는 그렇지 못함.

　㉮ 접미사: 놀이, 더듬이, 길이, 먹이 → 새로운 단어로서 사전에 표제어로 등재

　㉯ 어미: 놀게, 더듬고, 길지, 먹자 → 어간의 활용형일 뿐이므로 예외가 있기는 하지만 대체로 사전에 표제어로 등재되지 않음.

나. 파생 접미사는 어근과 결합하고 어미는 어간과 결합하는데 파생 접미사가 어근과 결합할 때는 제약이 심하지만 어미가 어간과 결합할 때는 별다른 제약이 없음.

　㉮ 길이, 많이, *검이, *작이, *좁이

　㉯ 길게, 많게, 검게, 작게, 좁게

다. 파생 접미사는 어근의 품사를 바꾸기도 하지만 어미는 어간의 품사를 바꾸는 경우가 없음. 접미사는 어근의 품사를 바꾸지 않는 한정적 접사(-꾸러기)와 어근의 품사를 바꾸는 지배적 접사(-음, -롭-, -하-)로 나누어짐.

라. 파생 접미사는 의미가 일정하지 않고, 불규칙적이지만 어미는 의미가 일정하고 규칙적으로 예측할 수 있음.

　㉮ -이: '~하는 일' 예 봄맞이, 털갈이, 쥐불놀이

　㉯ -이: '~에 쓰는 도구' 예 재떨이, 옷걸이, 목걸이

　㉰ -이: '~하는 사람' 예 구두닦이, 신문팔이, 때밀이

마. 파생 접미사는 단어 이하의 단위에 결합하고 어미는 단어보다 더 큰 단위에 결합 → 한국어에서 어미나 조사는 단어에 결합한다기보다는 구나 절에 결합하는 것으로 볼 수 있음.

　㉮ 부사 파생 접미사 '-이': 길이, 높이, 많이, 같이 → 형용사 어근과 결합하여 부사를 파생 (어근이 단어 이하의 단위라는 점에서 문제되지 않음.)

　㉯ 명사 형성 파생 접미사 '-이': 구이, 놀이, 풀이 ; 꺾꽂이, 미닫이 → 단일어 동사 어근이나 합성어 동사 어근에 결합하여 명사를 파생 (어근이 단어 이하의 단위라는 점에서

문제되지 않음.)

❖ **부사 형성 파생 접미사 '-이'의 예외적 쓰임**[58]

• 형용사를 어근으로 부사를 파생하는 전형적인 파생 접미사임. 예 많이, 빨리, 길이, 높이, 같이

• 활용 어미처럼 쓰이기도 함: '그는 어둠 속에서 소리도 없이 울었다'에서 '-이'가 소리가 '없-'에 결합하여 활용 어미처럼 사용

• 처리 방법

· '-이'를 부사 파생 접미사로 처리하되, 특수한 말에 붙어 어미의 기능을 예외적으로 하는 것으로 처리하는 방안 → 파생 접미사가 결합한 형식이 부사절이 된다는 점에서 문제가 되지만 '-이'를 동일한 문법 범주로 처리할 수 있다는 장점이 있음.

· '-이'의 쓰임을 분리하여 부사 파생 접미사, 부사형 어미로 따로 처리하는 방안

• 중세 시기에는 '-이'가 부사형 어미로 쓰이는 용법이 더 활발하였음. → 기원적으로 부사형 어미였던 '-이'가 파생 접미사로 발달해 간 것으로 보임.

• '-게'와 '-이'

· 형용사에 붙는 '-게'가 파생적 굴절 접사의 성격을 띠었다면 '없다' 등의 특수한 용언에 붙는 '-이'는 굴절적 파생 접사의 성격을 띠었다고 설명하기도 함.

❖ **명사 형성 파생 접미사 '-이'의 예외적 쓰임**[59]

• 단어보다 더 큰 단위에 결합하기도 함.

· 해돋이, 움돋이: 주어 + 서술어 구조

· 감옥살이: 부사어 + 서술어 구조

· 고기잡이, 구두닦이: 목적어 + 서술어 구조

• 해돋이, 고기잡이, 감옥살이 → '해돋(다), 움돋(다), 감옥살(다), 고기잡(다), 구두닦(다)'가 단어로 존재한다고 보기 어려우며 이는 '해(가) 돋-, 고기(를) 잡-, 감옥(에) 살-'의 구에 접사 '-이'가 결합한 것으로 볼 수 있음. 결국 파생 접미사의 어근이 단어 이하여야 한다는 일반적인 원리에서 벗어남.

cf) '해돋이' 류의 매김 역설 현상을 '해+[돋이]'로 분석할 경우에는 '-이'가 단어보다 더 큰 단위로 결합했다고 보지 않아도 됨.

❷ **접미사와 어근의 구분**

• 파생접미사는 접두사와 달리 어휘적인 의미가 뚜렷하지 않으므로 어근과 구별하기가 쉬

우나 다만 어근이 공시적으로 자립적인 단어로 쓰이지 않을 경우 파생접미사와의 구별이
어려운 경우가 있음.

• 장산곶, 배꼽, 미나리꽝, 몸살: 이들 '곶, 꼽, 꽝, 댕, 살'이 새로운 단어 형성에 적극적이
지 않고 어휘적인 의미가 강하다는 것을 고려하면 불규칙 어근으로 보는 것이 합당

③ 접미 파생법의 유형

❶ 명사 접미 파생법

가. 사람이나 동물을 나타내는 접미 파생법

　(가) **-꾸러기**: 말썽꾸러기, 잠꾸러기, 욕심꾸러기

　(나) **-보**

　　㉮ 명사+-보 → 명사: 겁보, 털보, 잠보, 꾀보

　　㉯ 동사+-보 → 명사: 먹보, 울보,

　　㉰ 의태·의성어성 어근+-보 → 명사: 뚱뚱보

　(다) **-아치**: 동냥아치, 벼슬아치

　(라) **-장이**: 미장이, 석수장이(기술자)

　(마) **-쟁이**: 멋쟁이, 겁쟁이

나. 사물(도구)을 나타내는 접미 파생법

　(가) **-개/게**

　　㉮ 모음조화에 의해 분화된 이형태이지만 공시적으로 교체조건이 명확하지 않음.

　　㉯ 어떤 일을 하는 수단이 되는 도구: 지우개, 지게, 집게

　　㉰ 특정 동작을 자주 하는 사람: 오줌싸개

　(나) **-애/에**

　　㉮ '-개/게'와 의미가 유사하여 동일한 접미사에서 기원했을 가능성이 있지만 음운
　　규칙으로 둘 사이의 관계를 설명하기 어려움.

　　㉯ 마개, 써레, 코뚜레, 우레

　(다) **-짜**

　　㉮ 명사+-짜 → 명사: 가짜, 진짜, 공짜, 알짜

　　㉯ 관형사+-짜 → 명사: 생짜, 별짜, 민짜

　　㉰ 불규칙 어근+-짜 → 명사: 강짜, 은근짜

다. 행위(상태)를 나타내는 접미 파생법

　(가) **-질**

　　㉮ '어떤 것을 하는 행위'를 나타내는데 비하의 의미를 수반하기도 함.

　　㉯ 명사+-질 → 명사: 가위질, 톱질, 부채질, 싸움질, 곁눈질

ⓔ 의성·의태부사 또는 불규칙적 어근+-질 → 명사: 딸꾹질, 버둥질, 도리질
㈏ -이
　㉮ 동사·동사구 + -이
　　• 어떤 사물이나 사람의 행위나 사건
　　• 구이, 놀이, 떨이, 먹이 ; 꺾꽂이, 여닫이, 미닫이 ; 해돋이, 집들이, 셋방살이, 구두닦이, 신문팔이, 길잡이, 옷걸이, 책꽂이, 재떨이
　㉯ 형용사 + -이
　　• 척도 명사를 파생
　　• 길이, 깊이, 넓이, 높이
　　• 중세국어에서 '이/의'로 나타난 것이 음운 변화로 '이'로 바뀜.(기릐, 노픠, 기픠)

> ❖ **중세의 명사 파생과 부사 파생 구분**
>
> • 중세 국어 시기의 명사 파생과 부사 파생은 형태적으로 다른 접사에 의하여 형성
> ·형용사 어근 + 이/의: 명사
> ·형용사 어근 + 이/ㅣ : 부사
> • 형용사 어근에 '이/의'가 붙어 명사로 파생된 경우 현대와 달리 부사와 구분이 가능
> ·중세: 높-+-의)노픠, 길-+-의)기릐
> ·현대: 높이를 재다, 높이 날다

　㉰ 명사/의성·의태어 및 불규칙 어근 + -이
　　• 어떤 속성을 가진 사람이나 사물
　　• 명사 어근: 애꾸눈이, 절름발이, 육손이, 애꾸눈이
　　• 의성·의태어 및 불규칙 어근: 개구리, 꾀꼬리, 똘똘이, 멍청이, 얼룩이, 바둑이, 누더기

> ❖ **접미사 '-이'의 동질성**[60]
>
> • 파생 접사가 한 가지 품사와만 결합한다는 제약을 고려할 때 각각 쓰인 '-이'는 다른 파생 접미사일 가능성이 높음.
> ·행위와 관련된 접사 '-이': 구이, 꺾꽂이, 해돋이, 고기잡이, 신문팔이
> ·척도 명사를 파생하는 접사 '-이': 길이, 높이, 깊이, 넓이
> ·특정 속성을 지닌 사람이나 동물을 나타내는 접사 '-이': 육손이, 애꾸눈이, 개구리, 뻐꾸기, 꾀꼬리

- 인명에 결합하는 접사 '-이': 서영이, 영숙이, 경숙이 → 새로운 단어가 만들어지지 않는다는 점에서 파생어 접사가 결합한 구성으로 보기 어렵다는 견해도 있음.
- 각각 결합하는 품사가 다르고 특히 형용사에 결합하는 접미사 '-이'는 척도 명사를 파생시키고 중세 형태 역시 '인/-의'라는 점에서 다른 접사 '-이'와 차이가 있음. → 동음이의 접사의 개념으로 처리하기도 함.

   ㈐ -기
   　　㉮ 동사·동사구 + -기
   　　　• 어떤 사물이나 사건의 행위나 사건
   　　　• 행위 명사를 파생
   　　　• 달리기, 나누기, 던지기, 읽기, 쓰기 ; 글짓기, 줄넘기, 보물찾기 ; 소매치기, 양치기 ; 돋보기 → '달리기, 던지기' 등은 행위를 나타내는 명사, '소매치기, 양치기'는 행위의 동작주, '돋보기'는 행위의 결과물로서 사물을 각각 지시
   　　㉯ 형용사 + -기
   　　　• 척도 명사를 파생
   　　　• 크기, 굵기, 밝기, 빠르기　cf) '기울기'는 동사와 결합하여 척도 명사를 파생한다는 점에서 특이함.

❖ '-이'과 '-기', '-(으)ㅁ'의 관계[61]

- 동사나 동사구와 결합하여 행위와 관련된 의미를 나타내거나 형용사와 결합하여 척도 명사를 파생한다는 점에서 '-이'와 '-기'는 유사함.
 · 기능이 유사하여 저지 현상을 일으키기도 함.
- '-이'는 어근의 끝소리가 자음이라는 제약을 가지는 데 반하여 '-기'는 자음이나 모음 뒤에서 모두 나타남.
- '-기'는 명사, 의성어와 결합하는 용법, 평칭의 인명에 결합하는 용법을 가지지 않는다는 점에서 '-이'와 차이
- '-(으)ㅁ'은 '-이'나 '-기'와 유사하지만 척도 명사 파생에 참여하지 않으며, '-기'와 마찬가지로 평칭의 인명과 결합하는 경우도 없음.

   ㈑ -(으)ㅁ
   　　㉮ 어기의 품사를 바꾸어 주는 기능만 할 뿐 어휘적 의미를 더하지는 않음.
   　　㉯ 동사·동사구 + -(으)ㅁ

• 웃음, 울음, 춤, 웃음 ; 배고픔, 산울림, 말다툼, 탈바꿈, 갈치조림

㉑ 형용사 + -(으)ㅁ

• 기쁨, 부끄러움, 슬픔

❖ 파생 접미사와 명사형 어미 '-(으)ㅁ'의 매개 모음[62]

• 파생 접미사 '-(으)ㅁ'에 의한 파생어

· '르'로 끝나는 어근 뒤에서 매개 모음을 가지는 '음'의 형태가 결합 예 울음, 얼음, 미끄러럼 cf) 'ㅂ' 불규칙 용언을 어근으로 하는 경우 'ㅂ'이나 'ㅜ'가 없이 등장

• 명사형 어미 '-(으)ㅁ'에 의한 서술어

· '르'로 끝나는 어근 뒤에서 매개 모음이 없는 '-ㅁ' 형태가 결합 예 옮, 얾, 미끄러움 cf) 'ㅂ' 불규칙 용언을 어근으로 하는 경우 'ㅂ'이나 'ㅜ'가 있으면서 등장

❖ '-(으)ㅁ', '-기'의 명사형과 파생명사의 구분

• 명사형 어미: 주어가 있거나 서술성이 있으며 부사적 표현의 수식을 받을 수 있으며 선어말 어미가 쓰일 수 있음. 사전에 표제어로 등재되지 않음. '-는 것'으로 대치 가능

• 파생접사: 관형어가 올 수 있으며 사전에 표제어로 등재 가능

• 구분의 예시

· 깊은 잠을 자니 피로가 풀렸다. - 깊이 잠으로써 피로가 풀렸다

· 큰 웃음이 듣기 좋다. - 크게 웃음으로써 분위기가 바뀌었다.

· 나는 달리기를 제일 좋아한다. - 너무 빨리 달리기 때문에 잡을 수 없다.

❖ 파생 접사 '-(으)ㅁ'과 명사형 어미 '-(으)ㅁ'의 구분의 견해[63]

• 최근 '-(으)ㅁ'에 대해 접미사와 어미를 각기 다른 요소로 보지 않고 모두 명사형 어미로 처리하는 견해가 등장함. → 명사형 어미 결합체가 명사화한 것으로 처리

· 동일 요소로 보는 근거

  - 현대 국어에서 접미사와 명사형 어미가 형식적으로 구분되지 않음.

  - '-(으)ㅁ'과 달리 '-기'는 처음부터 형식적으로 접미사와 명사형 어미가 구분되지 않았음.

  - 국어에서 어미뿐만 아니라 조사 가운데 결과적으로 단어 형성에 참여한 경우가 적지 않은데 이때마다 접미사를 설정하는 것은 단어 형성의 측면에서 불합리함.

  - 어미와 접미사로 구분하는 것은 분석에 기반한 처리일 가능성이 높아서 형성의 측면에서는 이 두 가지를 구별할 수 있는 방법을 찾기 어려움.

- 다른 요소로 보는 근거
  · 중세 국어에서 접미사는 '-(♀/음)ㅁ', 어미는 '-옴/움'으로 형태가 구별
  · 어미로서의 용법과 파생 접미사로서의 용법이 모두 생산적으로 쓰임.
  · '울음'은 파생 명사, '욺'은 명사형으로 구분된다는 점이나 명사와 달리 '싸움'에서 'ㅜ'가 줄어든 '쌈'은 명사형에서 불가능함.

❖ 중세 국어의 파생 명사와 명사형 구분

- 중세 국어에서는 파생 명사와 명사형이 구분되었음.
  · 명사 파생 접미사: -(♀/으)ㅁ (여름, 사름)
  · 명사형 어미: -옴/움 (여룸, 사롬) → 이때의 '오/우'를 의도법 선어말 어미로 해석하기도 하지만 정확히 이때의 '오/우'가 의도를 나타낸다고 보기 어려운 측면도 있음.
- 동사 어근에 '옴/움'이 붙어 명사로 파생된 경우가 있는데 이는 '-옴/움' 활용형이 명사 형성의 접사로 굳어진 것 (ᄌᆞ올-+-옴〉ᄌᆞ오롬, ᄎᆞ-+-움〉춤, 울-+-움〉우룸)
- 근대 국어로 오면서 '오/우'가 소멸되면서 명사 파생 접미사와 명사형 어미의 형태상의 차이가 없어지게 됨.

❖ 대명사와 수사의 접미 파생[64]

- 접미사가 결합하여 관형사나 감탄사를 파생하는 경우는 찾기 힘듦.
- 접미사에 의한 대명사, 수사 파생
  · -희: 너희, 저희 → 복수 대명사 형성
  · -째: 둘째, 셋째, 넷째 → 서수사를 형성

❷ 형용사 접미 파생법
가. 명사 및 명사성 어근과 결합
  ㈎ 명사 및 명사성 어근 + -롭-
    ㉮ '-롭-'에 의한 파생어는 어근의 끝소리가 모음이라는 제약을 지님 → 접미사 '-롭-'이 통시적으로 '-되-'와 '-답01-'과 이형태 관계에 있었다는 사실과 관련.
    ㉯ '-되-', '-답01-'에 비하여 생산성이 높다고는 하지만 대부분 어근의 모음 제약으로 인하여 '-스럽-'에 기능을 물려줌.
    ㉰ 유형
      ㉠ 명사 어근: 보배롭다, 자유롭다, 해롭다, 슬기롭다
      ㉡ 명사성 어근: 괴롭다, 까다롭다, 감미롭다, 가소롭다, 공교롭다, 순조롭다

ⓒ 새롭다, 외롭다 → '새롭다'의 '새'는 현대 국어와 달리 중세 국어에서 명사로 쓰였음.

㈏ 명사 + -되-

㉮ 어근의 끝소리가 자음이라는 제약 지님.

㉯ 현대 국어에서 생산성이 매우 낮아 '-롭-'보다 더 적은 예에 나타남.

㉰ 유형

㉠ 명사 어근: 욕되다, 복되다, 세련되다, 참되다.

㉡ 명사에 'ㅅ' 결합 어근: 헛되다, 삿되다 → 'ㅅ'은 명사와 명사 사이에 나타나는 사이시옷과 유사해 보이는 특성을 지님. 이는 '-되-'의 자음제약으로 인하여 나타난 것으로 보임.

㈐ 명사 + -답01-

㉮ 어근의 끝소리가 자음이라는 제약 지님.

㉯ 현대 국어에서 생산성이 매우 낮음.

㉰ 유형

㉠ 명사 어근: 정답다, 참답다, 꽃답다

㉡ 명사성 어근: 아름답다, 아리땁다(<아릿답다)

❖ 형용사 파생 접사 '-롭-', '-되-', '-답01-'[65]

• 명사나 명사성 어근과 결합하여 형용사를 만드는 접미사들로 기원적으로 단일 형태소의 이형태였음.

• 통시적 변화의 결과 공시적으로 교체 조건을 설명하기 어렵게 되어 결과적으로 현대 한국어 화자들은 다른 접미사로 인식

· '둡, 룹, 둘, 룰 ᄃᆞᄫᅵ, ᄅᆞᄫᅵ, ᄃᆞ외, ᄅᆞ외, 롭, 로외' 〉 '-롭-, -되-, -답01-'

· 이유: · ㅿ〉ㅗ, 음절의 축약

• 의미상으로 '어근의 속성이 풍부히 있음' 정도로 유사함.

㈑ 명사 + -답02-

㉮ '~의 자격을 갖추고 있다' 정도의 의미를 지님.

㉯ 자음으로 끝나는 어근 외에도 모음으로 끝나는 어근과도 결합 가능

㉰ 유형

㉠ 명사 어근: 어른답다, 학생답다, 신사답다

㉡ 대명사 어근: 너답다, 나답다

㉮ 명사 + -스럽-

㉠ '어근의 속성에 근접하다' 정도의 의미로 '-롭-, -되-, -답01-'과 의미상 유사하지만 훨씬 다양한 유형의 어근과 결합

㉡ 어근이 자음으로 끝나든 모음으로 끝나든 관계없이 쓰임.

㉢ 형용사 파생 접미사 중 가장 생산성이 높고 '-롭-, -되-, -답01-'과 의미상 차이가 약간 있음. → 저지 현상을 피해 감. 예 자유롭다-자유스럽다, 평화롭다-평화스럽다

㉣ '-답-'이나 '-롭-'이 현대 국어에서 더 이상 새로운 단어를 형성해 내지 못하지만 '-스럽-'은 매우 활발하게 새로운 단어를 형성해 내고 있으면서 이미 존재하는 단어와 경쟁함.

㉤ 유형

• 명사 어근: 어른스럽다, 바보스럽다, 흉물스럽다(인성명사), 짐스럽다, 보배스럽다, 촌스럽다(비인성명사), 고집스럽다, 자유스럽다, 평화스럽다(추상명사), 귀염성스럽다, 믿음성스럽다(접미사 '-성' 지닌 명사) → '-롭-, -되-, -답01-'이 주로 추상명사와 결합하는 것과 대비

❖ '-스럽-' vs '-답02-'[66]

• 전형적인 파생접사인 '-스럽-'과 구·절과 결합이 가능하여 전형적인 파생접사로 보기 어려운 '-답02-'이 이렇듯 층위가 다르면서도 의미가 대비되는 것은 모두 인성명사와 결합하는 것이 가능하기 때문임.

· 어른스럽다: 어른이 아니지만 어른의 속성이 풍부히 있음. → 어떤 대상의 성질이나 특성이 있되 그 대상이어서는 안 됨.

· 어른답다: 어른으로서 자격을 갖추고 있음. → 어떤 대상의 성질이나 특성이 있되 그 대상이어야 함.

㉯ 명사 및 명사성 어근 + -하-

㉠ 상태성 어근과 결합하여 형용사를 파생 cf) 동작성 어근과 결합하면 동사를 파생

㉡ 명사나 명사성 어근뿐만 아니라 부사와도 결합하여 형용사를 파생

㉢ 유형

㉠ 명사 및 명사성 어근: 고요하다, 다정하다, 건강하다

㉡ 부사 및 불규칙 어근: 미끈미끈하다, 반질반질하다, 단단하다, 씩씩하다

㉣ 명사 및 명사성 어근 + -지-, -맞-, -쩍-

㉠ 생산성이 그다지 높지 않음.

ⓛ 유형

- -지-: 멋지다, 기름지다, 살지다
- -맞-: 궁상맞다, 능글맞다, 익살맞다 → 주로 사람의 성격과 관련
- -쩍-: 괴이쩍다, 미심쩍다, 의심쩍다, 멋쩍다

나. 형용사 어근과 결합

㉮ 형용사 어근 + -다랗-

㉮ 어근의 의미를 강조

㉯ 어근의 'ㄹ'이 탈락하기도 함 예 가늘다, 길다 – 가느다랗다, 기다랗다

㉱ 가느다랗다, 기다랗다, 곱다랗다, 높다랗다, 좁다랗다

㉯ 형용사 어근 + -앟/엏-

㉮ 색채 표시어에 널리 분포

㉯ 말갛다, 거멓다, 파랗다, 노랗다, 둥그렇다

다. 동사 어근과 결합

㉮ 동사 어근 + -압/업-

㉮ 동사 어근: 믿+업+다→미덥다

㉯ 첩어성 부사: 보들보들+압+다→보드랍다

㉱ 불규칙 어근: 너글+업+다→너그럽다, 덜+업+다→더럽다

㉯ 동사 어근 + -ㅂ/브-

- 동사 + '-ㅂ/브-': 놀랍다, 우습다, 그립다, 미쁘다, 나쁘다(낮-), 바쁘다(밭-), 서글프다(서긇-)

❸ 동사 접미 파생법

가. -하-

㉮ 동작성 어근과 결합하여 동사 파생 cf) 상태성 어근과 결합하여 형용사 파생

㉯ 유형

㉮ 명사 어근: 사랑하다, 공부하다, 생각하다

㉯ 부사 어근: 잘하다, 못하다, 빨리하다

㉱ 의성·의태 부사 어근: 두근두근하다, 중얼중얼하다

㉲ 형용사 어근: 좋아하다, 무서워하다

㉳ 한자어 어근: 구하다, 흥하다, 망하다

❖ 접사 '-하-'의 생산성[67]

• 접사 '-하-'는 주로 명사에 결합하여 형용사나 동사 파생

· 앞에 오는 어근이 상태성을 지닐 경우: 형용사 파생

· 앞에 오는 어근이 동작성을 지닐 경우: 동사 파생

· 중세 한국어 혹은 그 이전부터 한자어 명사를 한국어 형용사나 동사로 만드는 데에 효과적으로 사용되어 왔음.

· 외래어가 한국에 들어올 때 명사의 자격으로 유입되는 경우가 많음. 이때 이들 단어를 형용사나 동사로 만드는 데에도 널리 사용

· 형용사 'smart', 동사 'cut' → 스마트하다, 커트하다

❖ '-어/아 하-' 파생의 특성[68]

· 주관적인 감정을 나타내는 심리형용사와 결합하여 심리동사를 만들어 냄.

· '심리동사 → 심리형용사 → 심리동사'의 연쇄적 구조 지님.

· '-어/아 하-'의 어근으로 쓰이는 심리형용사가 단일어가 아니라 파생어임.

놀라다(동사)	놀랍다(형용사)	놀라워하다(동사)	심리동사, 형용사 모두 남음 (의미 용법의 차이)
즐기다(동사)	즐겁다(형용사)	즐거워하다(동사)	
깄다	기쁘다(형용사) (깄+-ㅂ.브-)	기뻐하다(동사)	심리동사 소멸 (용법상의 유사함)
슳다	슬프다(형용사) (슳+-ㅂ/브-)	슬퍼하다(동사)	

나. -되-

　㈎ 생산성이 높음: '-하'보다는 생산성이 낮지만 많은 한자어 명사나 명사성 어근과 결합하여 동사 파생

　㈏ '-하-'에 의한 파생어와 능동사-피동사의 짝을 이루는 경우가 많음.　[예] 이룩하다-이룩되다

　㈐ 이룩되다, 건설되다, 지배되다

❖ 접사 '-되-'의 구분[69]

· 동사에서 온 접미사

· 동사의 용법을 확인할 수 있음. → '사용되다', '형성되다'가 '사용이 되다', '형성이 되다'로 확인 가능

· '-답-', '-롭-'과의 이형태 관계에서 온 접미사

· 동사의 용법을 확인할 수 없음. → '거짓되다', '참되다'가 '거짓이 되다', '참이 되다'로 쓰이지 않음 예 *거짓이 된 정보에 속지 말자, *참이 되게 살자

다. '-거리-'와 '-대'

(개) 동작성을 가지는 의성·의태 부사의 일부분과 결합하여 동사를 파생

(내) 의미 차이가 거의 느껴지지 않아 대부분의 경우가 서로 대치될 수 있음. → 표준어 규정 제26항에서 복수 표준어로 인정 예 꿈지럭거리다/꿈지럭대다, 머뭇거리다/머뭇대다, 바삭거리다/바삭대다

(대) '-거리-'와 '-대'의 넘나듦이 모두 가능하지는 않음. → '-거리-'는 1음절 어근과 모음으로 끝나는 어근에 결합하지 못함 예 *나거리다/나대다, *뻗거리다/뻗대다, *으스거리다/으스대다

(래) 어근 분리 현상이 가능함.

• 기웃들 거리지 마라 / 기웃들 대지 마라 → '-거리-'와 '-대-'가 파생접미사로 보기에는 다소 자립성이 강함

라. -이-

(개) 동작성을 가지는 의성·의태 부사의 일부분과 결합하여 동사를 파생 cf) 피동 접사 '-이-'는 주로 타동사, 사동 접사 '-이-' 자동사·타동사·형용사와 결합

(내) 깜빡이다, 속삭이다, 홀쩍이다

(대) 1음절 중첩 어근에 결합하지 않음. 예 *끙끙이다. *떵떵이다, *씩씩이다

마. '-뜨리-'와 '-트리'

(개) 타동사 어근에 결합하여 다시 타동사 파생

(내) 동사나 불규칙 어근의 의미를 강화하는 기능

(대) 깨뜨리다, 떨어뜨리다, 자빠뜨리다

바. -치-

(개) 한정적 접미사로서 강조의 의미를 지님.

(내) 넘치다, 밀치다, 부딪치다, 솟구치다

사. 피동 접사 및 사동 접사

(개) 각 접사들이 기원적으로 한 형태소의 이형태였지만 공시적으로는 교체 조건을 설명하기 어려워 한 형태소의 이형태로 설명하기가 쉽지 않음.

(내) 유형

㉮ 타동사 어근 + -이/히/리/기- → 피동사

• 꺾이다, 덮이다, 쌓이다, 보이다

- 걷히다, 먹히다, 읽히다, 잡히다, 꽂히다
- 걸리다, 밀리다, 들리다, 실리다
- 감기다, 뜯기다, 씻기다, 안기다, 끊기다

㉯ 자동사, 타동사, 형용사 어근 + -이/히/리/기- → 사동사

- 먹이다, 보이다, 붙이다, 끓이다, 기울이다
- 익히다, 굳히다, 입히다, 읽히다, 넓히다
- 알리다, 물리다, 날리다, 울리다
- 안기다. 씻기다, 숨기다

㉰ 자동사, 타동사, 형용사 어근 + -우/구/추- → 사동사

- 깨우다, 돋우다, 거두다, 비우다
- 달구다, 솟구다
- 맞추다, 늦추다, 낮추다

❖ **접사 '-이/히/리/기-'에 의한 피동사와 사동사[70]**

- 형태가 같기도 하지만 형태가 다르기도 함.
- · 같은 형태: 보이다, 울리다, 날리다, 읽히다
- · 다른 형태: 먹히다(피동사) – 먹이다(사동사)

❖ **사동 접사 '-애-', '-으키-', '-이키-', '-이우-', '-시키-'[71]**

- -애-, -으키-, -이키-: 예가 하나밖에 없지만 사동의 의미를 부여하고 있다는 점에서 사동 접미사로 처리해야 함 예 없애다, 일으키다, 돌이키다
- -이우-: 사동사 파생이 중첩되어 이중 사동 접미사로 불리는 것인데 '-우-'를 제외한 형태가 존재하지 않기 때문에 형태소 분석을 할 수 없음. 예 띄우다-*띄다, 세우다-*세다, 씌우다-*씩다, 재우다-*재다, 채우다-*채다, 태우다-*태다
- -시키-: 명사와 결합하여 동사를 형성해 내기 때문에 접미사에 해당함. 동사가 접미사화 한 것으로 볼 수 있음. cf) 피동 접사 '-되-', '-당하-'도 용언에서 기원한 접사임. 어근으로 명사를 갖는다는 점에서 지배적 접미사에 해당

---

❹ 부사 접미 파생

가. -이

   ㉮ 형용사 어근, 비자립적(불규칙) 어근, 명사의 반복에 의한 반복 합성어 어근, 부사 어

근 등과 결합

⑷ 유형

    ㉮ 형용사 어근: 길이, 높이, 같이

    ㉯ 비자립적 어근: 깨끗이, 느긋이, 높직이

    ㉰ 명사의 반복에 의한 반복 합성어 어근: 집집이, 나날이

    ㉱ 부사 어근: 일찍이, 더욱이

⑸ 하나의 파생 접사가 여러 품사를 어근으로 가지기 어려움. → '-이'가 한 종류가 아닐 가능성이 높음.

    ㉮ 형용사 어근과 비자립적 어근의 '-이'는 하나의 종류로 보임. 이유는 예를 들어 비자립적 어근 역시 '깨끗하-'와 같은 형용사에 '-이'가 결합하는 과정에서 '하'가 탈락한 것으로 볼 수 있기 때문임.

    ㉯ 국어에서 명사의 반복이 부사로 쓰이는 점이 많다는 점을 고려하여 명사의 반복에 결합하는 접사 '-이'와 부사에 결합하는 접사 '-이'는 유사한 접미사로 보임.

❖ '없이, 같이, 달리'

• 단순한 부사 파생에 그친 것이 아니라 주체에 대한 서술어 기능도 함께 수행

• 형용사의 부사 파생의 접사이기는 하지만 기능이 다름.

  - 없이 사는 설움은 겪어 보지 않으면 모른다. → 단순 부사

  - 배 없이 건너기가 어렵다. → 주어에 대한 서술어 기능 수행

• '달리'의 '-리' 중 '-ㄹ'은 어간의 일부: 다르+이〉달리

나. -히

    ㈎ 통시적인 과점에서 '-히'는 형용사 어근이나 형용사성 비자립적 어근과 결합하는 '-이'와 동일한 파생 접미사에서 온 것으로 보임. 예 가만히, 고요히, 조용히 → 부사나 명사, 불규칙 어근에 '-히'가 결합한 것으로 보이지만 사실은 '가만하-, 고요하-, 조용하-'에 '-이'가 결합한 것으로 보는 것이 타당함.

    ㈏ 공시적으로는 '-히'를 하나의 파생 접미사로 볼 수 있지만 통시적 사실을 고려하면 '-이'에 포함시킬 수 있음.

    ㈐ 통시적인 관점에서 '-이', '-히' 모두 어근이 'X하(〈ᅙ)-'가 가능하다는 공통점을 지님. → '-이'는 결합의 과정에서 'ᅙ'가 탈락한 것으로 볼 수 있고, '-히'는 '·'가 탈락하는 것으로 볼 수 있음. 예 깨끗하-(〈ᄀᆞ숫ᄒᆞ-) + -이 → 깨끗이, 가만하-(〈가만ᄒᆞ-) + -이 → 가만히

❖ '-이'와 '-히'의 구분

· 한글 맞춤법 제51항: 부사의 끝 음절이 '이'로만 나는 것은 '-이'로 적고, '히'로만 나거나 '이'나 '히'로 나는 것은 '-히'로 적는다.

· 규정과 달리 실제 언어생활에서 소리를 구별하지 못해 혼동되는 경우가 많아 규정이 실제 표기를 결정하는 데에 크게 도움이 되지 않음.

· 어근에 '하다'가 올 수 있으면 '-히', 그렇지 않으면 '-이'가 결합하는 것으로 판단 가능

· 예외적으로 어근의 받침이 'ㅅ'일 때는 어근에 '하다'가 올 수 있어도 '-이'로 적음. 예 깨끗이

· 어근의 받침이 'ㄱ'일 때는 '하다'가 올 수 있어도 '-이'나 '-히'로 적음.

    - '-이'로 적음: 나직이

    - '-히'로 적음: 솔직히

다. -오/우

  ㈎ 생산성이 크지 않음.

  ㈏ 동사에 붙어 부사로 파생 → '-오/우'는 중세 국어에서 어미의 자격을 가진 것으로 논의되나 현대어에서는 그 용법을 확인하기 어렵고 이러한 부사에서만 보임. 즉 중세 국어와 관련시켜야만 동사에서 파생된 부사라고 할 수 있음.

  ㈐ 비로소(비롯-+-오), 마주(맞-+-우)

라. -로

  ㈎ 원래 명사에 붙던 조사이었던 것이 접사 구실을 담당

  ㈏ 진실로, 정말로, 새로

마. -껏-

  ㈎ 명사와 결합하여 '그것이 닿는 데까지'를 의미 → 지배적 접사 예 마음껏, 정성껏, 힘껏

  ㈏ 부사와 결합하여 '그때까지 내내'를 의미 → 한정적 접사 예 지금껏, 아직껏, 여태껏, 이제껏

바. -코

  ㈎ '하고'의 줄임말이 아래의 과정을 거쳐 접미사화한 것

    ㉮ 한사코, 맹세코: 어근이 '-하-'와 결합 가능하고 의미 역시 '한사하고', '맹세하고'와 의미 차이가 크지 않음

    ㉯ 단정코, 무심코, 분명코, 결단코: 어근이 '-하-'와 결합이 가능하지만 접사 '-코'가 결합한 경우와 '하고'가 결합한 경우의 의미 차이가 있음

    ㉰ 기어코: 어근이 '-하-'와 결합이 불가능

❖ 관형사 파생과 조사 파생

관형사 파생
• 관형사 어근에 한정적 접사가 붙어서 다시 관형사 파생 (어휘적 파생)
  · 이까짓, 그까짓, 저까짓
• 용언 어근에 지배적 접사가 붙어서 관형사 파생 (통사적 파생)
  · 헌(헐-ㄴ), 갖은(갖-은) ; 오른(옳-은), 다른(다르-ㄴ), 바른(바르-ㄴ)

조사 파생
• '밖에': '명사+격 조사'가 보조사화
• '부터, 조차, 마저, 같이': 붙다, 좇다, 맞다, 같다에 연결어미 '-아/어', 접사'-이'가 결합해 조사 파생

❖ '접사+접사' 구성의 파생어

합성어 → 파생어
• 핫둥이: 본래 어근과 어근이 결합된 합성어였으나 어근의 기능을 상실하여 접사화 됨.
• 풋내기: 어근과 어근이 결합된 합성어였지만 어근이 기능을 상실하여 접사화 됨.

파생어 → 파생어
• 외롭다: '외'는 어근, '-롭-'은 접사로 파생어였지만 '외'가 어근 기능을 상실하여 접사화 됨.

❖ 영 파생(영 변화)

• 형태의 변화 없이 의미상으로는 관련성을 지니면서 통사 범주만 달라진 것으로 품사의 전성 또는 품사의 통용이라고 설명하기도 하며, 영 형태소의 개념을 설정하여 영 접사 파생이라고 설명하기도 함.
• 학자에 따라 영 접사를 인정하지 않아 접사의 첨가 없이 새로운 단어를 만들어 내는 '영 변화 파생'이라고 부름.
  · 가물다/가물, 누비다/누비, 되다/되, 띠다/띠, 뭉치다/뭉치, 빗다/빗, 신다/신, 품다/품
cf) 단어 중에는 '잘못, 오늘, 서로'처럼 명사이면서 부사이기도 한 것, 혹은 '크다, 길다'처럼 형용사와 동사를 겸하는 것도 있음. 이들도 일종의 영 변화에 의한 파생으로 볼 수 있음. 그러나 이 경우 파생 관계를 설정할 근거가 약하다는 점에서 '전성'이라 하며 영 변화와 구분하기도 함.

3. 한자어

- 우리말 가운데 한자로 적을 수 있는 낱말
- 한자로 표기할 수 있고 한국 한자음으로 읽히는 것
- 한자어 증가의 원인: 문어로는 중국어적인 속성이 강한 한문을 사용하고, 구어로는 한국 어를 사용하는 이중적인 언어생활을 수천 년 지속 → 이 과정에서 문어인 한문에서 구어인 한국어에로의 대규모의 간섭이 일어나는데 이것이 한자어의 증가로 나타남.

□ **한자어의 범위**

(1) 국가(國家), 학생(學生), 춘추(春秋), 사고(思考)

① 한자로 적을 수 있을 뿐만 아니라 한국 한자음으로 읽음

② 한자어 ○

(2) 붓(筆), 먹(墨), 배추(白菜), 상추(常菜), 김치(沈菜), 말(馬)

① 한자로 적을 수 있지만 한국 한자음으로 읽히지 않음

② 중국에서 차용된 말로 국어에 자연스럽게 동화되어 고유어와 구별하기 어려움

③ 한자어 ×

(3) 자장(炸醬), 난자완스(南煎丸子), 라조기(辣子鷄), 라면(拉麵)

① 한자로 적을 수 있지만 한국 한자음으로 읽히지 않음

② 비교적 최근에 중국에서 차용된 말로 서구 외래어와 같은 차원에서 논의되어야 함

③ 한자어 ×

(4) 차용(借用), 처분(處分), 보관(保管), 유행(流行), 사망(死亡), 타향(他鄉), 폐지(廢止), 출입(出入), 회원(會員), 금액(金額)

① 일본에서 만들어진 한자어

② 한자로 적을 수 있고 한국 한자음으로 읽힘

③ 한자어 ○

(5) 삼촌(三寸), 대지(垈地), 시댁(媤宅)

① 우리나라에서 만들어진 한자어

② 한자로 적을 수 있고 한국 한자음으로 읽힘

③ 한자어 ○

❖ '한자어 = 단어'의 관계[72]

- 한자어는 일반적으로 '단어'를 지칭하는 것이지만 반드시 독립된 단어를 말하는 것은 아님.

· 분명(分明), 신선(新鮮), 현명(賢明) : 어근으로만 쓰임
· 불(不)-, 비(非)-, 생(生)-, 양(洋)- : 접두사로 쓰임
· -적(的), -성(性), -화(化), -자(者) : 접미사로 쓰임

2 한자어 단어 형성의 특징

(1) 고유어와 다른 어순으로 단어가 형성

① 하산(下山), 하차(下車), 독서(讀書), 구직(求職), 문병(問病), 애국(愛國), 등산(登山)

② 고유어로 표현하기에 길어질 수 있는 개념이 간단한 단어로 표현 가능

· 독서(讀書), 애연가(愛煙家)

③ 다양한 용법으로 쓰임.

❶ 호(好)

가. 형용사적 쓰임: 호감(好感)

나. 동사적 쓰임: 호기심(好奇心)

다. 명사적 쓰임: 호오(好惡)

④ 어근뿐만 아니라 접미사의 기능까지 담당하기도 함.

❶ 어근: 인간(人間), 인물(人物), 미인(美人), 상인(商人)

❷ 접미사: 한국인(韓國人), 외국인(外國人), 관리인(管理人)

3 한자어 합성

(1) 한자어 합성어의 구조

① 구성 요소의 통사적 관계

❶ 주어+서술어 : 가빈(家貧), 야심(夜深), 산고(山高)

❷ 부사어+서술어 : 북송(北送), 서향(西向), 남행(南行), 하락(下落)

❸ 서술어+부사어 : 하산(下山), 하차(下車), 낙하(落下)

❹ 서술어+목적어 : 독서(讀書), 구직(求職), 문병(問病)

② 구성 요소의 자격

❶ 단어 + 단어: 책상(冊床), 창문(窓門), 고등학교(高等學校)

❷ 단어 + 불규칙적 어근: 상장(賞狀), 차비(車費), 단편집(短篇集)

❸ 불규칙적 어근 + 단어: 우정(友情), 대문(大門), 모법(母法)

❹ 불규칙적 어근 + 불규칙적 어근: 노인(老人), 안경(眼境), 부모(父母), 국어(國語)

(2) 한자어 합성법의 특징

① 고유어의 반복 합성어와 구성 방식이 다름

❶ ab+ab → aabb형 구조

• 사건+사건〉사사건건(事事件件), 시시+각각〉시시각각(時時刻刻), 명백+명백〉명명백백 (明明白白)

cf) 순간순간(瞬間瞬間), 요소요소(要所要所), 조목조목(條目條目), 오밀조밀(奧密稠密) 등처럼 고유어와 같은 방식의 반복합성어가 나타나기도 함.

cf) 시시콜콜, 지지배배, 칙칙폭폭, 뛰뛰빵빵: 고유어임에도 불구하고 한자어 반복 합성어의 구성 방식이 보임.

cf) 삼삼오오(三三五五), 대대손손(代代孫孫), 방방곡곡(坊坊曲曲) 등은 '삼오, 대손, 방곡' 등이 없으므로 반복된 뒤에 복합된 것으로 해석

② 고유어에 비하여 약어화 방식이 매우 생산적

❶ 한자어 합성에서의 매우 생산적인 방법

가. 한국은행→한은, 노동조합→노조 : 각 어휘소의 앞 음절 취함

나. 비밀문서→밀서, 대한민국→한국 : 각 어휘소의 뒤 음절 취함

다. 남한북한→남북한, 기능공원→기능공 : 불규칙함

cf) 축구 경기 → 축경(×) : 한자어 약어화가 활발하게 나타나지는 않지만 모든 경우에 가능한 것은 아님.

❷ 고유어에 비하여 한자어에서 약어화가 잘 일어나는 이유는 한자어를 이루는 구성 요소 가 뚜렷한 의미를 지니고 있기 때문임.

❖ **고유어의 절단 현상[73]**

• 최근 고유어에서도 절단에 의한 단어 형성 방법이 세력을 얻고 있음.

·치느님(치킨 하느님), 호캉스(호텔 바캉스) → 절단할 수 없는 단위들을 절단한 이후에 절단된 요소들을 결합시켜 만든 단어들임. 결합되는 두 단어 가운데 어느 한 단어의 음절 수와 같아지는 특성이 있음.

• 고유어의 약어화

·한자어에 비하여 고유어에서는 예외적으로 사용

·'노찾사', '토토즐'처럼 특정 계층에서 유행어처럼 사용되다가 특정 시기에 사용되다가 사라지는 것이 일반적

·한자어와 달리 약어를 구성하는 음절 자체가 의미를 지니지 못하기 때문에 생산적이지 않음.

---

③ 한자어와 고유어의 동의 중복
  ❶ 의미가 이미 융합적으로 발전된 상태에서 중복 (즉, 표기상 동의중복이지만 내용상 중복이 아님)
    • 면도(面刀)칼, 외갓(外家)집, 손수건(手巾), 새신랑(新郎), 족(足)발 → 이미 기존의 의미에서 멀어짐.
  ❷ 의미가 완전히 일치되는 중복
    • 담장(墻), 뼈골(骨), 널판(板), 바람벽(壁), 옻칠(漆) → 한자가 포함된 합성어라는 의식 자체가 없어짐.
④ 한자어 합성어의 대부분이 품사적으로 명사임.
  ❶ 예외적으로 다른 품사로 합성이 되기도 함.
  가. 불규칙적 어근: 명백(明白), 가련(可憐), 명명백백(明明白白)
  나. 부사: 백백(百百), 조목조목(條目條目), 오밀조밀(奧密稠密), 어차피(於此彼), 심지어(甚至於), 제일(第一)
  다. 수 관형사: 일이(一二), 이삼(二三), 삼사(三四)

4 한자어 파생

(1) 한자어 접사의 형성
  • 외래 요소를 받아들일 때 문법적 요소를 받아들이는 경우는 드묾. → 한자어 역시 한국어에 들어오면서 주로 어휘적인 요소로 유입 → 그런데 한자어가 오랫동안 한국어에서 사용되면서 일부가 접사로 발달
(2) 한자어 파생의 유형
① 접두 파생법
  ❶ 가족제도와 관련된 접두사
    • 시(媤)-, 외(外)-: 시댁, 시누이, 시동생 ; 외가, 외삼촌, 외숙모
    • 친(親)-, 의붓(義父+ㅅ)-: 친아버지, 친딸 ; 의붓아버지, 의붓딸
  ❷ '부정이나 없음'의 의미를 나타내는 접두사
    • 불(不)- : 불규칙, 불성실, 불합리, 불가능
    • 무(無)- : 무가치, 무의미, 무자비, 무감각
    • 미(未)- : 미등록, 미등기, 미성년, 미완성
    • 비(非)- : 비매품, 비금속, 비합리, 비공식
  ❸ 기타 생산적인 한자어 접두사
    • 생(生)-, 왕(王)- : 생머리, 생마늘, 왕방울, 왕새우 → 한자어가 아닌 고유어와도 쉽게

결합하는 것으로 보아 한자어라는 인식이 약화되고 있음.

- 범(汎)- : 범민족, 범국가
- 최(最)- : 최고참, 최상품
- 준(準)- : 준우승, 준결승
- 양(洋)- : 양배추, 양딸기, 양과자
- 한(韓)- : 한복, 한약, 한식, 한옥
- 국(國)- : 국궁, 국악

❖ **'부정이나 없음'의 의미를 나타내는 접두사의 특징**[74]

- 부정 접두사가 결합하여 만들어진 파생어와 본래의 어근의 문법적 성격이 달라지는 경우가 있음.
  - '하다'의 결합 가능성이 달라짐. → '하다'가 서술성 명사에 결합함을 고려하여 부정 접두사가 비서술성 명사를 서술성 명사로, 서술성 명사를 비서술성 명사로 전환하는 기능을 갖는다고 말할 수 있음.
    - '하다' 결합 가능성에 영향을 끼치지 않는 경우
      가능(가능하다)-불가능(불가능하다)
      공식(*공식하다)-비공식(*비공식하다)
    - '하다' 결합 가능성이 달라지는 경우
      무장(무장하다)-비무장(*비무장하다)
      규칙(*규칙하다)-불규칙(불규칙하다)
- 모두 한자어와만 결합한다는 제약을 지닌다는 점에서 '불(不)-', '무(無)-', '미(未)-', '비(非)-'가 공통점임.
  - 대체로 어근에 따라 결합하는 부정 접두사가 각기 존재함. cf) 예외: 합리(불합리-비합리)
  - '-적(的)' 파생어와 결합할 수 있는 것은 '비(非)'에만 한정
  - 비민주적, 비인간적, 비생산적, 비합리적
  - '무(無)-'의 경우에도 '-적(的)'이 결합할 수 있다는 점에서 비슷해 보이지만 구조가 다름. 예 무개성적, 무계획적, 무규율적, 무비판적
    - 비민주적: [비-+[민주+-적]] → '*비민주'는 존재하지 않음. '민주적이지 않은'의 의미를 지님. → 접두 파생어 (어근이 '민주적')
    - 무계획적: [[무-+계획]+-적] → '무계획'은 존재. '무계획에 대한'의 의미를 지님. → 접미 파생어 (어근이 '무계획')

❖ 접사 '양(洋)-', '한(韓)-', '국(國)-'[75]

• 개화기 이후 생긴 접두사
· 개화기 이후 서양 문물의 유입으로 접사 '양(洋)-'이 형성. '양(洋)-'의 쓰임이 많아지자
전통적인 우리의 것을 나타내기 위해 '한(韓)-', '국(國)-'이 쓰이게 됨.
· '한(韓)-', '국(國)-'은 사전에 접두사로 올라와 있지 않아 어근으로 보기도 하지만 '양
(洋)-'에 대응되는 의미로 제법 많은 예에서 나타나므로 접두사로 봐야 함.

❖ 고유어 어근과 결합하는 한자어 접두사[76]

• 한자 접두사들은 대체로 한자어 어근과 결합하는 것이 일반적이지만 한자 접두사 가운
데는 고유어 어근과 결합하는 경우도 적지 않음.
· 강(强)-: 강타자(强打者), 강행군(强行軍) ; 강추위, 강더위
· 생(生)-: 생고생(生苦生), 생이별(生離別) ; 생죽음, 생트집
· 시(媤)-: 시부모(媤父母), 시삼촌(媤三寸) ; 시아버지, 시어머니
· 잡(雜)-: 잡귀신(雜鬼神), 잡상인(雜商人) ; 잡소리, 잡탕

① 접미 파생법
❶ 사람을 나타내는 접미사
• -자(者) : 기술자, 과학자
• -가(家) : 소설가, 예술가
• -사(師) : 미용사, 간호사
• -수(手) : 소방수, 소총수
• -꾼(<軍): 난봉꾼 → 고유어가 진행되어 엄밀하게 말하면 한자어로 보기 힘듦.
❷ 기타 생산적인 한자어 접두사
가. -적(的)
㈎ 명사와 결합하여 '그 성격을 띠는', '그에 관계된', '그 상태로 된' 정도의 의미
㈏ 개화기 일본어에서 영어의 형용사 어미(-tic, -al)에 대응하여 이를 번역하기 위해 사
용되었다가 한국으로 유입
㈐ 한자어 추상 명사와 결합하여 명사 및 관형사, 부사를 파생
㉮ 명사: 비교적인 연구
㉯ 관형사: 비교적 고찰
㉰ 부사: 비교적 쉽다
㈑ 주로 서술격 조사 '이다', 부사격 조사 '으로', 보격 조사 '이'에만 국한되고 주격 조

사 및 목적격 조사와 결합하지 않음 예 그는 인간적이다. 인간적으로 그러지 말자. 그 행동은 인간적이 아니다.

㈐ '-적(的)'이 서술격 조사 '이다'와 결합하면 전체가 형용사처럼 쓰이는데 이때 파생형용사인 'X스럽다', 'X롭다/X답다', 'X하다'와 저지 관계를 보여줌. cf) '평화스럽다 ; 평화롭다 ; 평화적이다'처럼 저지 관계를 보이지 않은 경우도 있어 일반화하기 어려움.

죄스럽다	*죄롭다	*죄하다	*죄적이다
*해스럽다	해롭다	*해하다	*해적이다
*정스럽다	정답다	*정하다	*정적이다
복스럽다	복되다	*복하다	*복적이다
*한가스럽다	한가롭다	한가하다	*한가적이다
*도시스럽다	*도시롭다	*도시하다	도시적이다

㈑ 정도를 의미하는 부사의 수식을 받을 수 있음. → 선행하는 명사에 정도성을 부여함. 주관적으로 평가가 가능한 말은 '매우'나 '아주'와 같은 부사의 수식이 가능하지만 그 외의 말은 부사의 수식을 받을 수 없음.

- 그는 아주 바보다. / 그는 매우 깍쟁이다. - *그는 매우 인간이다. / *그는 아주 의사다.
- '-적'이 결합하게 되면 정도를 의미하는 부사의 수식이 가능해지는데 이는 '-적'이 결합함으로써 정도의 의미를 지니게 되었기 때문임. 예 그는 아주 인간적이다.

❖ **접사 '-적'의 제약**[77]

- 한자어와만 결합이 가능함.
- 그는 인간적이다. / *그는 사람적이다.
  cf) 최근에는 고유어와도 결합함: 마음적, 느낌적 → 고유어와 결합하는 현상으로 '-적'의 높은 생산성을 짐작해 볼 수 있음.
- 부정어가 될 때 '비(非)-'와 결합이 가능하지만 '미(未)-'나 '무(無)'와는 결합하지 못함.
- 비인간적, *미인간적, *무인간적
- 구체적인 대상을 표시하는 말과 결합하지 못함.
- *학교적, *책상적

❖ **'-적'의 의존 명사 견해**[78]

- 일반적으로 접사는 단어 이하의 범주에 결합함. 그런데 '-적'은 구 이상의 단위와 결합하는 현상이 존재하여 이를 설명하기 어려움.
- 형태론은 [[[음운론과 통사론의 중간] [적] [성격]]을 지녔다: 접사 '-적'이 [음운론과 통

나. -성(性), -화(化)

　㈎ 명사에 결합하여 명사를 만드는 접미사로 '그러한 성질', '그렇게 만들거나 됨' 정도 의미를 지님

　㈏ 생산성이 높아 한자어, 고유어, 외래어와도 쉽게 결합

　　㉮ 한자어와 결합: 유동성, 확실성 – 과학화, 민주화

　　㉯ 고유어와 결합: 참을성, 먹성 – 어린이화, 쓰레기화 cf) '참을성', '먹성'은 명사가 아니라는 점에서 차이가 있음.

　　㉰ 외래어와 결합: 알칼리성, 고의성 – 디지털화, 체인화

다. -시(視), -연(然)

　㈎ 명사에 결합하여 '그렇게 여김', '그것인 체함' 정도의 의미를 지님.

　㈏ 서술성을 지녀 '하다/되다'와 결합하여 쓰임 → 기존 어근을 불규칙적 어근으로 만듦. '-연', '-시' 파생어는 단독으로 쓰이지 않고 '하다/되다'에 결합하여 불규칙적 어근이 됨.

　• 영웅시하다/영웅시되다 ; 학자연하다, 군자연하다

라. -씨(氏)

　㈎ 한글맞춤법 제48항에서는 성이나 이름과 띄어 써야 한다고 규정 → 접미사로 보지 않고 있음.

　　㉮ 일반 명사: 씨는 이(李)이고 본관은 경주이다.

　　㉯ 대명사: 씨는 그 분야의 권위자이다.

　　㉰ 의존 명사: 나는 그 일을 {홍 씨 / 길동 씨 / 홍길동 씨}에게 맡겼다

　　㉱ 접미사: 그의 성은 남씨입니다. → '성씨 그 자체, 그런 성씨를 가진 사람'을 나타낼 때 접미사로 보고 붙여 씀.

　　cf) -가(哥) : 자기 자신을 나타낼 때 '-씨' 대신 사용하여 겸손의 의미를 표현

　　cf) -양(孃) : 성이나 이름 뒤에서 주로 의존명사로 쓰임

　　cf) -군(君) : 대명사로 쓰이거나 성이나 이름 뒤에서 의존명사로 사용

제Ⅴ장	**품사의 분류**

품사의 정의: 단어를 문법적인 성질의 공통성에 따라 나눈 부류

품사 분류의 필요성: 수많은 단어를 여러 부류들로 나누어 효율적으로 기술하고 활용, 품사를 통해 단어의 문법적 특성을 나타낼 수 있음. → 언어 사용자들은 모르는 단어에 대해서 품사를 통해 문장에서의 대략적 쓰임을 알 수 있음.

1. 품사 분류의 기준

[1] 형태(형식)

(1) 단어의 형태적 특징을 말함.

(2) 단어를 형태 변화가 있는 것(가변어)과 그렇지 않은 것(불변어)으로 나누는 기준

(3) 주로 어미에 의한 활용의 양상을 말함. → 조사의 결합을 형태 변화로 보기도 하지만 조사를 별개의 단어로 보기 때문에 형태 변화로 보지 않음(체언에 조사가 결합하는 것을 준굴절로 보아 단어 변화의 일종으로 보는 견해도 있지만 조사를 단어로 보게 되면 조사 결합을 굴절로 보는 견해와 모순).

[2] 기능

(1) 한 단어가 문장 안에서 다른 단어들과 맺는 문법적인 관계

(2) 주로 문장에서 해당 단어의 상대적인 위치, 즉 수식 관계나 분포상의 특성, 다른 단어와 맺고 있는 의미적 관련성의 특성을 일컬음.

(3) 체언, 용언, 수식언, 독립언, 관계언 등의 구분을 말함.

[3] 의미

(1) 개별 단위의 어휘적 의미를 지칭하는 것이 아니라 형식적인 의미로서 품사 부류 전체가 지니는 일군의 공통성을 띠는 추상적 의미를 일컬음.

명사: 사물의 이름을 나타내는 말	→ 주로 '의미' 기준이 적용된 것이지만 수식어의 제약 여부 등 '기능'에서도 차이를 보임
대명사: 명사를 대신해서 쓰이는 말	
수사: 사물의 수량과 순서를 나타내는 말	

동사: 사물의 움직임이나 작용을 나타냄.	→ '의미'의 기준 외에도 활용 양상에서 차이가 난다는 점에서 '형식'의 기준이 적용('-는구나, -느냐, -아라, -자'는 동사만 가능)
형용사: 사물의 성질이나 상태를 나타냄.	
관형사: 체언 앞에서 뜻을 '어떠한' 방식으로 꾸며줌.	→ 의미의 기준에 의한 것이라기보다는 '기능'에 의한 것으로 보아야 함.
부사: 용언 앞에서 뜻을 '어떻게' 방식으로 꾸며줌.	
감탄사: 화자의 부름, 느낌, 놀람, 대답	
조사: 다른 말과의 관계를 나타내거나 자신의 고유한 의미를 더해 줌.	

❖ 품사 분류의 어려움과 한계점[79]

품사 분류의 어려움

• 분류의 대상이 되는 단어의 정의와 범위가 확정되지 않았음. 예 조사의 단어 포함 여부, 해체된 단어 개념(음운론적, 형태론적, 통사론적 단어 등) 사용 여부

• 분류의 기준이 하나가 아니라 여러 개임. → 형식, 기능, 의미 등 여러 기준이 함께 사용됨으로 인하여 일관성이 없는 분류가 될 가능성이 있음. 예 '한, 두'가 관형사가 되기도 하고 수사가 되기도 함.

품사 분류 기준의 한계

• 형식

· 국어는 굴절어가 아니어서 형태가 분류 기준이 되는지 문제가 있음. → 교착어이기 때문에 실제 동사의 어간 '읽-'의 형태는 그대로 유지됨.

• 기능

· 포괄하는 범위가 넓어 어떤 관점에서 적용하느냐가 문제가 됨.

· 품사 분류의 기준으로 지나치게 '기능'만을 강조하게 되면 문장 성분과의 구별이 다소 모호 → 지시대명사와 지시관형사, 수사와 수관형사의 구별이 모호한 것도 '기능' 중심의 품사 분류와 관련이 있음.

cf) '기능'을 중시할 수밖에 없는 이유 → 국어는 굴절어가 아닌 교착어로서 형식의 차이로 품사를 분류하기가 어렵기 때문에 '기능'이 가장 중요한 분류 기준이 될 수밖에 없음.

• 의미

· 품사 분류란 단어의 문법적 성질에 따라 나눈 것이기 때문에 '형식'이나 '기능'과 달리 '의미'는 품사 분류의 본질적 기준이 될 수 없고 보조적인 기준으로만 사용될 수 있음.

· 저 !!을 보아라. 빨리 XX어라 → '!!'과 'XX'의 의미를 전혀 모르지만 관형사, 부사, 명령형 어미를 통해 '!!', 'XX'이 각각 명사와 동사임을 추측

· '바, 것'의 경우 '사물의 이름'이라고 의미를 기준으로 할 경우 도저히 명사임을 알 수 없으며, 동사나 형용사를 구분함에 있어 사물의 동적이나 상태 등을 구분하기 어려움.

2. 품사 분류 기준의 단계적 적용

'형식' → '기능' → '의미'의 순서로 적용하는 것이 일반적임.

단어	불변어	체언	명사
			대명사
			수사
		수식언	관형사
			부사
		독립언	감탄사
		관계언	조사
			서술격 조사
	가변어	용언	동사
			형용사
	↓ 1단계: '형식'	↓ 2단계: '기능'	↓ 3단계: 의미+형식+기능 (종합적 작용)

❖ '품사 분류 기준의 단계적 적용'의 한계[80]

· 품사 분류 기준 적용은 2단계나 3단계 등 다른 견해가 존재하며, 적용의 순서 역시 다양한 견해가 존재함.

· 품사 분류 기준을 단계적으로 적용하는 것은 분류의 편의를 위한 것일 뿐임. → 품사 분류는 형태, 기능, 의미가 복합적으로 작용한 것으로 보는 것이 타당함.

· 2단계에서 '체언, 수식언, 용언, 독립언, 관계언'으로 나누는 것은 주로 '기능'이라는 기준이 적용된 것임. 하지만 '체언'이라는 명칭 자체가 '몸체가 되는 말'이라는 의미를 가지고 있고 이런 의미가 이에 속한 단어의 기능과 관련이 된다는 점에서 '의미'가 작용하지 않았다고 말하기 어려움.

3. 국어 품사 분류의 문제점

① 조사의 독립된 품사 설정 여부

(1) 품사란 단어를 분류하는 방식인데 조사를 단어라고 단정 짓기 어려움.

① 단어 찬성 견해: 어미는 어간 뒤에 필수적으로 결합해야 하지만 조사는 체언 뒤에서 수의적으로 결합되기 때문에 어미에 비해 더 자립적이고 단어의 특성을 지님.

② 단어 반대 견해: 조사를 단어로 인정하게 되면 자립성을 기준으로 단어를 정의하기 어려움. 조사는 문장에서 자립적으로 쓰이지 못하고 다른 말에 붙어 주로 문법적 의미를 더해 줌.

② 서술격 조사의 조사 포함 여부

(1) '이다'에 대한 다양한 견해가 있음.

① 서술격 조사설 (조사로 보는 견해)

　❶ 체언과 관련된다는 점에서 '격 조사'를 받아들이되 '이다'가 보여주는 용언과 같은 모습을 고려하여 서술이란 말을 넣은 것임.

　❷ 한계: 일반 언어학적 관점에서 보편적인 격이 아님.

② 지정사설 (용언으로 보는 견해)

　❶ 용언의 하나로 보면서 독립된 품사를 설정하는 견해로서 '이다'가 선행 성분을 지정하는 기능을 지닌다고 설명

　❷ 전통 문법에서 '잡음씨'로 다루어 옴.

　❸ 한계

　가. '이다'만을 위한 품사 설정은 비합리적(새로운 품사 설정에 대한 부담)

　나. 용언은 문장의 핵심 성분이라고 할 수 있는데 띄어쓰기를 못 하는 이유가 불분명

　다. 용언으로서의 의미가 불분명

　라. 용언과 같이 주어를 서술하는 기능을 하지만 '이다' 혼자만으로 그 역할을 하는 것이 아니라 선행 체언과 함께 그 역할을 하는 것이므로 용언이라 하기에 무리가 따름.

③ 접미사설

　❶ '이다'의 '-이-'를 용언이 아닌 성분을 용언으로 만들어 주는 용언화 접미사로 봄.

　❷ 한계

　가. 접사는 어근 수효에 제약이 있어야 하지만 '이다'는 거의 모든 체언에 결합하여 수많은 파생어 양산

　나. 거의 모든 체언에 결합하는 것은 조사의 특징

④ 매개모음설

❶ '이다'의 '이-'를 아무런 문법적 의미를 갖지 않은 단순한 음운 연결을 위한 매개모음으로 봄.

❷ 한계

가. '도시다', '도시이다' 둘 다 가능

나. 관형사형에서는 탈락하지 않음: 도시<u>인</u>

③ 동사와 형용사의 분리 여부

(1) 다른 언어와 달리 국어에서는 형용사가 다른 품사의 도움 없이 직접 서술어로 쓰일 수 있어 기능면에서 동사와 큰 차이가 나지 않음. → 동사와 형용사를 독립된 품사로 보지 않고 둘다 동사의 범주에 넣어 동작동사와 상태동사로 하위 분류하기도 함.

(2) '의미'나 '형식'(특정 어미 결합와 차이)에서 차이를 보이므로 각각의 품사로 인정하고 있음.

❖ '있다'와 '없다'의 품사[81]

'없다'의 활용 양상: 형용사 우세

• *없는구나(감탄형), *없는다(평서형), *없어라(명령형), *없자(청유형) → 형용사와 비슷한 활용 양상

• 없는(관형사형), 없느냐(의문형) → 동사와 비슷한 활용 양상

• '없다'는 대체적으로 형용사에 가까운 활용

'있다'의 활용 양상

• '소유'의 의미를 지닌 경우: 형용사 우세

 · 특별한 능력이 있다. {*있는다(평서형), *있는구나(감탄형), *있어라(명령형), *있자(청유형)} → 형용사와 비슷한 활용 양상

 · 특별한 능력이 있는(관형사형) 사람, 특별한 능력이 있느냐(의문형) → 동사와 비슷한 활용 양상

• '소재'의 의미를 지닌 경우: 동사 우세

 · 오늘은 그냥 집에 있는다(평서형), 있는구나(감탄형), 있어라(명령형), 있자(청유형) → 동사와 비슷한 활용 양상

'있다'나 '없다'는 동사나 형용사, 어느 한쪽에 소속시키기 어려워 다양한 견해가 존재함.

• 존재사를 설정하는 견해

 · 찬성

동사적인 성격과 형용사적인 성격을 모두 지니고 있어 어디에도 속하기 어려움

때로는 동사에 일치하는 활용, 때로는 형용사에 일치하는 활용을 한다는 형식상의 독자성과 '존재'라는 의미상의 특수성 인정

 · 반대

'있다'와 '없다'만을 위한 품사 설정은 수의 균형에서 자연스럽지 못함

동사, 형용사 외의 기능이 없어 동사·형용사로 충분히 설명 가능(단어의 개별 특성으로 보면 됨)

'계시다'는 동사적 특성만 보이고, '없다'와 소유의 의미를 지닌 '있다'의 경우 동사적 특성이 거의 일부

• 형용사로 보는 견해

 · 종결 평서형을 여러 활용 형태의 기본으로 보아야 함.

 · '존재'라는 의미가 '상태'에 가까움.

• 없다'는 형용사, '있다'는 동사로 보는 견해

 · 소재의 의미 지닌 '있다'의 경우 동사 활용 모습

 · 실제 '있다'는 몇 군데 불규칙한 곳을 제외하고는 활용형 전반을 채우고 있으며 평서형의 현재형에서도 최근 들어 '있는다'가 되어가는 경향이 보여 동사로서의 특징이 두드러지고 있음.

 · '있다'의 존대형인 '계시다'의 경우 청유형을 제외하고 동사의 활용형 취함(청유형이 안 되는 것은 화자 스스로를 높이는 경우가 되기 때문). cf) 소유의 '있다'의 높임형인 '있으시다'의 경우 '있으시는구나(×), 있으시는군요(×), 있으십시오(×), 있으시자(×)의 형용사 활용 특징 보임

4 체언(명사, 대명사, 수사)의 명사 통합 여부

⑴ 명사, 대명사, 수사는 형식이나 기능면에서 차이가 크지 않고 주로 '의미'에 의해 각각 독립된 품사로 분류된 것이므로 의미가 품사 분류의 주요 기준이 될 수 없다는 점에서 굳이 세분화할 필요 없음.

⑵ 대명사와 수사는 이들의 앞에 오는 수식어의 제약이 더 많아 명사와 기능 면에서 구별되는 측면이 있음.

5 접속 부사 설정 여부

⑴ '그리고, 그러나, 왜냐하면, 또, 혹은…' 등은 본질적으로 두 문법 단위를 연결시키는 역할을 하지 결코 뒤의 성분을 수식하는 기능을 하지 않음

⑵ 접속사 설정 주장이 있으나 국어의 품사가 늘어난다는 단점이 있다.

4. 품사의 통용

하나의 단어가 두 가지 이상의 품사로 처리되는 경우

① 품사 통용의 유형

(1) 형용사와 동사
- 이 나무가 저 나무보다 더 <u>크다</u>. - 이 나무가 저 나무보다 잘 <u>큰다</u>.

(2) 명사와 동사
- 신 ; 신-, 빗 ; 빗-, 품 ; 품-, 띠 ; 띠-

(3) 명사와 부사
- <u>오늘</u>이 3월 1일입니다. - <u>오늘</u> 할 일을 내일로 미루지 마라.

(4) 명사와 감탄사
- 대장이 <u>만세</u>를 선창했다. - <u>만세</u>!

(5) 명사와 조사
- 자기가 먹을 <u>만큼</u> 먹어라. - 나도 철수<u>만큼</u> 잘할 수 있다.

(6) 명사와 부사, 감탄사
- 이건 <u>정말</u>이야. - 널 <u>정말</u> 사랑해. - 큰일 났네, <u>정말</u>!

(7) 수사와 관형사
- '<u>다섯</u>' 이상의 수를 나타내는 수사 cf) '넷'까지는 수사(하나, 둘, 셋, 네)와 수 관형사(한, 두, 세, 네)가 형태적으로 구별

(8) 부사와 감탄사
- <u>아차</u> 잘못하여 걸리면 안 된다. - <u>아차</u>, 약속을 잊었구나!

(9) 부사와 조사
- <u>보다</u> 나은 내일을 위해 노력해라. - 내가 너<u>보다</u> 크다.

❖ '-적'이 결합한 파생어의 품사 통용 현상[82]

- 명사, 관형사, 부사로 통용
  - 명사-관형사: 그는 합리적이다 - 그는 합리적 사고를 지녔다
  - 명사-관형사-부사: 비교적인 관점 - 비교적 연구 - 비교적 쉬운 문제
- '-적'이 결합한 파생어를 어느 한 품사에서 다른 품사로 발달했는지 알기 어려움. → 파생 접사 '-적'이 명사와 관형사, 부사를 파생하는 접사의 다의성(다의적 기능)을 갖는 것으로 설명이 가능

❖ **한 품사 안에서의 통용 현상**[83]

· 하나의 품사 안에서 다른 유형으로 쓰이는 단어 → 한 품사 안의 현상이지만 넓은 의미의 품사 통용으로 다룰 수 있음.

 · 놈
   - 명사: 가만히 있다가 <u>놈들</u>을 만났다.
   - 의존 명사: 시키면 <u>놈들</u>을 만났다.
 · 버리다
   - 본동사와 보조 동사로 쓰임: 모든 희망을 다 <u>버려 버렸다</u>.

② 품사 통용의 원인

(1) 의미상의 특성으로 인하여 두 가지 품사로 처리
  · 오늘: 명사와 부사로 쓰이는 것은 시간 표현이라는 의미 특성과 관련
(2) 품사 분류가 임의적이기 때문에 두 가지 품사로 처리
  · 품사의 분류를 달리하면 통용이 아닌 것으로 처리 가능
  · 밝다: 동사와 형용사를 하나의 품사로 처리하면 해결 가능
(3) 통시적인 변화 과정으로 인하여 공시적으로 두 가지 품사의 기능을 보여 품사의 통용으로 처리
  · 만큼: 의존 명사에서 조사로 변하는 통시적 변화 과정에서 두 가지 기능을 담당

❖ **품사의 통용, 품사의 전성, 영 파생, 영 변화**[84]

품사의 통용, 품사의 전성은 품사론의 용어이고, 영 파생은 조어론의 용어임.

· 품사의 통용
 · 하나의 형태가 두 가지 품사로 쓰이는 현상에 대한 중립적인 처리 → 한 단어가 문장 속에서 두 가지 이상의 품사로 두루 쓰이는 현상
 · 품사의 통용 처리 장점: 현행 사전의 처리와 일치
 · 품사의 통용 처리 단점: 이상적인 단어는 형태와 기능이 1:1로 대응되어야 하지만 품사 통용을 인정할 경우에는 형태와 기능이 1:多로 대응되어 오히려 복잡해지므로 언어현상 기술을 복잡하게 할 수 있는 가능성이 존재
· 품사의 전성
 · 하나의 단어에 대해 기본 품사가 있고, 이를 바탕으로 다른 품사로도 쓰인다고 보는 관점

· 품사의 전성 처리 단점: 기본이 되는 품사를 결정해야 하는데 그 기준을 결정하기가 어렵고, 전성의 절차를 형태론적으로 형식화하기가 쉽지 않음.

• 영 파생(영 접사 파생)

· 하나의 단어에 대해 기본 품사가 있고, 이를 바탕으로 다른 품사로도 쓰인다고 보는 관점

· 음성 형식을 지니지 않는 영 접사가 더해져 새로운 단어가 만들어졌다고 보는 관점

• 영 변화

· 품사 통용을 새로운 단어 형성의 관점에서 접근한 것이기는 하나 접사의 첨가 없이 새로운 단어가 만들어졌다고 보는 관점

품사 통용이 하나의 단어가 둘 이상의 품사에 소속되는 현상 자체에 주목한 것이라면 품사의 전성과 영 파생은 어떤 한 품사에서 다른 품사가 만들어진 결과, 즉 형태론적 과정에 주목함.

• 영 파생: 한 품사에 영 접사가 결합하여 새로운 품사가 만들어진다고 보는 관점

• 품사의 전성: 접사의 결합 없이 한 품사에서 새로운 품사가 만들어진다고 보는 관점

cf) 단어에 따라 어느 한 품사에서 다른 품사로 발달했는지 설명할 수 있는 것이 존재하는가 하는 반면에 두 품사의 선후 관계가 분명하지 않은 것들도 존재하여 설명이 어려움.

– 명사 '신'에서 동사 '신–'이 발달했을 가능성이 높음: '신는' 행위는 '신'을 전제하기 때문

– '만큼'은 명사에서 조사로 발달했을 가능성이 높음: 국어의 문법화(주로 어휘적 기능을 하던 것이 문법적인 기능을 하거나 문법적 기능을 하는 형태의 일부로 되는 것)현상

❖ 품사의 통용과 동음이의 현상[85]

• 통용과 동음이의 현상의 공통점

· 동일한 형태가 두 가지 이상의 품사로 쓰인다는 점에서 품사 통용은 동음이의 현상과 유사함.

• 통용과 동음이의 현상의 차이점

· 통용: 서로 의미적 관련성이 있음. → 한 단어에서 나타나는 문법 현상

· 동음이의: 우연히 형태만 같을 뿐 의미적으로 서로 관련되지 않음. → 두 단어 사이에서 나타나는 문법 현상

❖ 품사 통용어의 사전 처리[86]

• 사전에 하나의 표제어로 등재

· 예외: 명사와 용언의 통용어는 용언이 '-다' 형식으로 표제어가 되기 때문에 품사별로 각각 표제어로 등재

• 품사의 통용어 중 다의어로 보아 하나의 표제어로 다룰지, 동의이의어로 보아 다른 표제어로 다룰지 판단하기 사실 어려움.

· '오늘 날씨가 좋다. / 오늘 내 모습은 무척이나 멋있다.' → '오늘(의)'로 보면 명사로 볼 수 있지만 문맥적으로 '날씨가 오늘 좋다. / 내 모습은 오늘 무척이나~'와 같기 때문에 '부사'로 볼 수 있음.

제VI장	국어 품사의 유형

1. 체언: 명사, 대명사, 수사

① 명사

(1) 명사의 정의

① 일반적으로 의미적인 특성에 주목하여 '사람이나 사물, 장소, 사태 따위의 이름을 나타내는 말'로 정의

② '무엇이 무엇이다', '무엇이 어찌한다', '무엇이 무엇을 어찌한다'의 틀에 나타나는 '무엇'의 자리를 채울 수 있는 것으로 검증하기도 함.

(2) 명사의 특징

① 형태론적 특징

　• 뒤에 조사가 결합할 수 있음.

　• '-들'과 결합하여 복수를 표현할 수 있음.

② 통사론적 특징

　• 문장에서 주어, 목적어, 보어 등으로 쓰임.

　• 관형어의 수식을 받을 수 있음.

③ 의미론적 특징

　• 사람, 사물, 장소, 사태 따위의 이름을 나타냄.

(3) 명사의 하위 유형

① 보통 명사와 고유 명사

　❶ 보통 명사

　　• 같은 성질을 가진 여러 대상을 두루 가리키는 명사

　❷ 고유 명사

　가. 고유한 성질을 가진 특정 대상을 다른 대상과 구별하여 가리키는 명사

　나. 고유 명사의 제약

　　㈎ 여러 개 중의 하나를 선택하는 관형어와 어울리지 못함. : 어느, 다른, 이, 그, 저 예 *어느 금강산이

　　㈏ 수 관형사와 어울리지 못함. : 한, 두 예 *한 혜미, *두 신라

　　㈐ 복수의 개념을 가지고 있는 관형어와 어울리지 못함. : 여러, 많은, 모든 예 *모든 한강

㈜ 복수를 나타내는 접미사나 보조사와 결합하지 못함. : -들, 마다, 끼리 예 경주들에,
김철수마다

❖ 고유 명사의 '지시 대상의 유일성'[87]

• 지시 대상의 유일성은 고유 명사의 중요한 특징이지만 이것만으로 고유 명사를 판별할
수는 없음.
· '초코파이' 등 상품 이름은 '지시 대상의 유일성'을 보이지 않음.
• '일정한 개념적 의미의 유무 판단'이 추가적으로 필요
· '해'는 지시 대상의 유일성을 지니지만 이 외에도 '태양계의 중심이 되는 항성'이라는
개념적 의미를 가지는 반면에 '혜미'라고 하는 이름은 사람의 이름일 뿐이고 어떠한 개념
적 의미도 지니지 않음.
· '해'와 '달' : 존재하는 숫자만을 기준으로 한다면 고유 명사지만 우주 전체에 또 있을
수 있는 가능성이 있고, 하나가 더 나타나더라도 '해, 달'로 부를 가능성이 높기 때문에
보통 명사임.
· '혜미' : 가리키는 대상이 여럿일 수 있지만 같은 이름이라 해서 같은 성질을 지닌 것이
아님. 이름이 우연히 같을 뿐 각각 고유한 성질을 가진 특정한 사람을 다른 사람과 구별
하기 위해 사용한 이름으로 고유 명사임.

❖ 고유 명사의 범위[88]

• '국경 없는 의사회', '누가 하늘을 보았다 하는가' 등은 단어가 아니라 구나 문장으로 되
어 있기 때문에 고유 명사가 아님. 다만 학자에 따라 고유 명사로 보기도 함. → 고유 명
사 대신에 고유명이라는 용어를 사용하여 구별하기도 함.

상표 이름
• 지시 대상의 유일성이 고유 명사의 가장 큰 특징이라는 점을 고려하면 상표 이름은
고유 명사의 전형적 특성을 보이지 않음.
• 지시 대상의 유일성을 지키지 않지만 특정 회사의 상표 이름으로 고유 명사로도 볼 수
있음.
• 초코파이에 대한 고유 명사 견해와 보통 명사 견해
· 고유 명사 견해
  - 특정 회사의 고유한 상품명
  - 이 상품의 고유가치는 다른 상품 종류와 아직 변별적 고유성을 가지고 있으므로 고유

명사로서의 가치가 유효
- 초코파이의 지시 대상을 확정하기 위해서는 이름과 대상을 동시에 알아야 함.
- 이 단어의 어휘적 의미를 통해서는 지시 대상을 확정할 수 없음.
· 보통 명사 견해
- 여러 업체에서 유사한 제품을 대량 복제하여 생산함에 따라 이러한 부류의 과자 전체를 가리키는 보통 명사임.
- 기원적으로는 고유 명사였지만 지금은 보통 명사임.

❖ **고유 명사의 보통 명사화**[89]
· 해군사관학교는 많은 이순신을 배출했다. 그들은 미래의 아인슈타인들이다.
· 고유 명사를 비유적으로 표현하여 그런 속성을 가진 보통 명사로 바꾸어 사용
· 유사성에 기반한 인지 과정인 은유를 통해 보통 명사가 된 것으로 파악됨.
· 초코파이, 호치키스, 포스트잇
· 인접성에 기반한 인지 과정인 환유를 통해 보통 명사가 됨.

② 자립 명사와 의존 명사
❶ 자립 명사
• 관형어가 오지 않아도 문장 구성에 지장을 받지 않는 명사
❷ 의존 명사
가. 관형어의 선행을 필수적으로 요구하는 명사
나. 형식 명사라고도 함. → 의존 명사는 통사적인 자립성이 없다는 특성에 근거한 명명이고, 실질적인 의미를 지니지 않는다는 의미론적 특성에 주목한 명칭은 형식 명사임.
다. 의존 명사의 제약
(가) 관형어의 수식을 받아야 하기 때문에 문장의 첫머리에 쓰일 수 없음. 예) *것이 매우 많다.
(나) 앞에 오는 관형사형 어미의 제한되기도 함.
• 비가 {오는, *온, *올, *오던} 바람에 옷이 ~
• 생선회를 {먹을, *먹은, *먹는, *먹던} 줄을 모른다.
• 순희가 {주는, 줄, 준, 주던} 것이 → 별다른 제약을 받지 않음
(다) 조사의 결합에 제약이 있음.
• 지, 수, 리, 나위, 법, 턱 + 이/가 → 주어성 의존 명사
• 따름, 뿐, 터, 때문, 마련, 망정, 셈, 터 + 이다 → 서술성 의존 명사

- 줄, 체, 척 +을/를 → 목적어성 의존 명사
- 채, 김, 바람, 통 + 로 → 부사성 의존 명사
- 대로, 만큼, 양, 겸 + 조사를 취하지 않음 → 부사성 의존 명사
- 뻔, 체, 양, 만, 듯, 성 + 하다, 싶다
- 것, 데, 바, 이 → 보편성 의존 명사 (조사와의 결합에 제약이 없음)

㈑ 후행하는 서술어가 제약받는 경우가 있음.
- 나위, 리 → '있다'와 '없다'만을 취함 예 두말 할 나위가 없다
- 줄 → '알다, 모르다'의 인지 동사만을 취함 예 돌아올 줄 알았다
- 것 → 제약이 거의 없음

❖ 자립 명사의 조사 결합 제약[90]

• 의존 명사와 달리 자립 명사는 격 조사 결합이 자유로움을 특징으로 하지만 다만 특정한 격 조사와만 결합해서 쓰이는 조사들이 있음.
· 불굴: '의'와만 결합 예 불굴의 의지
· 엉겁: '에'와만 결합 예 엉겁결에
• 자립 명사 가운데 격 조사와 결합하지 않고 명사 앞에서 관형어로 주로 쓰이는 것들이 존재함.
· '국제 정세, 간이 휴게소, 구급 처치'의 '국제, 간이, 구급'

라. 의존 명사의 유형
 ㈎ 형식성 의존 명사 : 실질적 의미가 결여되어 있거나 희박한 형태소
  ㉮ 보편성 의존 명사
   • 관형어와 조사와의 통합에 있어 큰 제약을 받지 않고 의존적 성격 외에 자립 명사와 큰 차이 없음.
   • 것, 분, 이, 데, 바…
  ㉯ 주어성 의존 명사
   • 주격 조사와 통합되어 주어로만 쓰이는 의존 명사
   • 지, 수, 리, 나위 → '지'를 제외한 다른 주어성 의존명사는 서술어로 '없다'와 '있다'만 허용
  ㉰ 서술성 의존 명사
   • 문장에서 서술어로만 쓰이는 의존 명사
   • 따름, 뿐, 터, 때문, 마련, 망정, 셈, 터

㉣ 부사성 의존 명사

- 부사격 조사를 취하거나 조사를 취하지 않거나 '-하다, -싶다' 등과 결합하여 부사어 기능을 하는 의존 명사
- 채, 김, 바람, 통 ; 대로, 만큼, 양, 겸 ; 뻔, 체, 양, 만, 듯

❖ **목적어성 의존 명사 '줄'과 부사성 의존 명사 '줄'**

- 목적어성 의존 명사 '줄'
· '~줄을': '방법'의 의미(그 일을 할 줄을 모른다) → 상위문 서술어 제약이 있음('알다/모르다'만 취함).
- 부사성 의존 명사 '줄'
· '~줄로': '예상'의 의미(그 일을 할 줄로 생각하지 않았다)

❖ **만큼, 대로**[91]

- 현행 맞춤법상 보조사와 의존 명사로 구분하고 있음.
· 관형어 뒤: 의존 명사 예 먹을 만큼
· 체언 뒤에서 보조사 예 너만큼
- 국어에서 체언 뒤에 다시 체언이 이어지는 구성이 자연스럽기 때문에 모두 의존명사로 보는 견해도 존재
· 한계: '학교에서만큼', '집에서는 집에서대로' 등의 문장을 보면 체언 뒤에 나타나는 '만큼'이나 '대로'는 조사 뒤에 나타날 수 있으므로 명사가 아니라 조사임이 분명

❖ **뻔, 체, 양, 만**[92]

- 사전에 '뻔, 체, 양, 만'은 의존 명사, '뻔하다, 만하다, 양하다, 체하다'는 보조 용언으로 등재
· 맞춤법에서는 의존 명사 뒤에 조사가 결합되어 있으면 띄어 쓰고, 조사가 결합되어 있지 않으면 전체를 보조 용언으로 보아 띄어 쓰지 않도록 규정
  - 조사가 결합한 경우: 띄어 씀. 예 만도 하다
  - 조사가 결합하지 않은 경우: 붙여 씀. 예 만하다
- 관형사형은 용언이 아니라 체언을 수식하는 말이기 때문에 '뻔하다, 만하다, 양하다, 체하다'를 하나의 단어로 보는 것은 문제가 있음.

⒁ **단위성 의존명사** : 실질적 의미, 즉 수량 단위라는 의미를 가지고 있는 것

 ㉮ 사물을 낱개로 혹은 묶어서 세는 단위로 쓰임. → 선행하는 명사의 수량을 단위의 이름으로 지시

 ㉯ 단위성 의존 명사의 관형어는 수 관형어로 한정

 ㉰ 보편성 의존 명사처럼 조사와 결합하는 데에 제약이 없음.

 ㉱ 명사의 의미 자질을 세분하는 것이 가능

  • '개'와 같이 명사의 종류와 관련 없이 널리 쓰이는 것도 있지만 대부분은 특정한 명사와만 결합하기 때문

  • 파 한 <u>뿌리</u>, 책 한 <u>권</u>, 냉면 한 <u>사리</u>, 배추 한 <u>통</u>

 ㉲ 의존 명사의 유형

  • 의존 명사로만 쓰이는 것: 사과 한 <u>개</u>, 소 한 <u>마리</u>, 연필 한 <u>자루</u>, 집 한 <u>채</u>

  • 자립 명사로 쓰이는 것이 일반적이나 의존 명사로도 쓰임: 학생 한 <u>사람</u>, 파 한 <u>뿌리</u>, 잉크 다섯 <u>병</u>

  • 의존 명사로 쓰이는 것이 일반적이나 자립 명사로도 쓰임: 쌀 한 <u>되</u>, 콩 한 <u>말</u>

③ 유정 명사와 무정 명사

❶ 유정 명사

 • 감정이 있는 대상을 가리키는 명사 (사람, 어른, 철수, 개, 말)

❷ 무정 명사

 • 감정이 없는 대상을 가리키는 명사 (꽃, 나무, 바위, 돌, 희망, 자유, 헌법, 구름)

❖ **유정 명사와 무정 명사의 문법적 차이**[93]

처소(낙착점)의 부사격 조사의 선택

• 유정 명사: '에게'나 '한테'가 결합 예 철수에게 물을 주어라

• 무정 명사: '에'가 결합 예 화분에 물을 주어라

행동 동사의 결합

• 유정 명사: 행동 동사와 함께 쓰여 행위자로 기능할 수 있음. 예 주인이 손님을 때린다.

• 무정 명사: 행동 동사의 행위자로 기능할 수 없음. 예 *바위가 손님을 때린다.

 · 무정 명사가 의인화된 경우 문장에서 행위자의 역할을 수행할 수 있음 예 나무는 꽃을 보고 활짝 웃었습니다.

 · 기계의 경우 행동 동사와 어울려서 행위자의 역할을 수행할 수 있음. 예 비행기는 하늘로 힘차게 날았다.

> 중세 국어의 관형격 조사
> • 유정 명사: '이/의'가 결합
> • 무정 명사: 'ㅅ'이 결합

④ 가산 명사와 불가산 명사

❶ 가산 명사
  • 셀 수 있는 대상을 가리키는 명사

❷ 불가산 명사
  • 셀 수 없는 대상을 가리키는 명사

❖ **복수를 나타내는 '-들'의 결합**[94]

• 일반적으로 가산 명사에만 결합함. 하지만 가산 명사의 복수라고 해서 늘 '-들'이 결합하는 것이 아니며, 물질명사나 추상명사, 심지어 처소 표시 지시대명사, 부사, 체언과 부사격 조사의 결합형, 어간과 어미의 결합형 등 다양하게 쓰여 복수 표시 → 국어에서 가산 명사와 불가산 명사의 구분이 갖는 문법적 의의가 크지 않음.
  · 질량성을 띤 명사: 물들 길어 오너라
  · 추상성을 띤 명사: 일들 부지런히 해라
  · 지시 대명사: 여기들 잠깐 기다려라
  · 부사: 어서들 오너라
  · 체언+부사격 조사: 학교에들 갔느냐
  · 용언 어간과 어미: 먹어들 보아라
• 가산성을 띤 명사 이외에 '-들'이 결합할 경우 주어가 복수임을 뜻함.
• (너희들) 학교에( ) 갔느냐?, (너희들) 물( ) 길어 오너라: 주어에 있던 '들'이 '학교에' 뒤로 간 자리옮김으로 해석하기도 함. 명령문에서 생략된 2인칭 주어가 복수임을 나타내기 위한 장치

⑤ 실체성 명사와 동태성 명사

❶ 실체성 명사
가. 동작성이나 상태성의 의미가 나타나지 않는 명사 예) 철수, 동물, 산, 바다, 구름, 앞, 뒤, 위, 아침, 낮, 삼월, 월요일
나. 동작성이나 상태성이 없기 때문에 파생 접사 '-하다'와 결합하지 않음.

❷ 동태성(서술성) 명사

가. 동작성이나 상태성의 의미를 나타내는 명사

나. 형태로는 명사이지만 의미적으로 동사나 형용사와 공통성을 보임.

다. 대부분 한자어이며, 파생접미사 '-하다'와 결합하여 동사나 형용사로 파생되는 경우가 많음

라. 동태성 명사의 유형 → 이 둘을 묶어 서술성 명사라고 지칭하기도 함.

   ㉮ 동작성 명사

      ㉠ 특정한 움직임의 의미를 나타내는 말

      ㉡ 출입(出入), 입학(入學), 성취(成就)

   ㉯ 상태성 명사

      ㉠ 어떤 상태나 성질의 의미를 나타내는 말

      ㉡ 건강(健康), 민감(敏感), 성실(誠實)

② 대명사

(1) 대명사의 정의

  • 사람이나 사물, 장소, 사태 따위의 명사를 대신하는 말

(2) 대명사의 특징

① 직시의 관점

  ❶ 그 자체로 어떤 구체적인 대상을 나타내는 것이 아니라 발화 상황에서 구체적인 대상을 직시함. → 대명사가 가리키는 구체적인 대상이 무엇인지는 발화 상황에서 결정됨.

  ❷ 상황 의존적 속성을 지니므로 대화 상황에 따라 동일한 대명사로 서로 다른 대상을 가리킬 수도 있고, 동일한 대상이 서로 다른 대명사로 표현될 수 있음.

    • 나 어제 영화 봤어. / 정말? 나도 어제 영화 봤는데. → '나'라는 동일한 대명사가 서로 다른 대상을 나타냄.

    • 너 거기에서 뭐해? / 나 여기에서 친구를 기다려. → '너'와 '나', '거기'와 '여기'는 서로 다른 대명사지만 동일한 사람, 장소를 나타냄.

② 대용의 관점

  ❶ 앞에서 나온 명사를 이어받아 표현하는 특성으로 실제 발화에 드러나지 않더라도 대명사는 화자와 청자가 전제한 어떤 것을 이어받아 표현한 것

    • 우리는 기차로 경주역까지 갔다. 거기에서 불국사까지는 버스로 갔다. → '거기'는 '경주역'을 이어받은 것

③ 한국어의 대명사는 '이, 그, 저'에 명사가 결합한 합성어가 많음. 예 '이이, 그이, 저이', '이분, 그분, 저분', '이곳, 그곳, 저곳', '여기, 거기, 저기'

④ 관형어와의 구성에 제약을 받음

❶ 관형절의 수식을 받을 수 있으나 관형사 및 '체언+관형격 조사'의 수식을 받지 못함.

㉘ 아름다운 그녀, *이 그녀, *새 그녀, *어느 그녀, *철수의 그녀

❖ **대명사와 명사의 상황 의존성**[95]

• 명사 중 '어제, 오늘, 내일, 지금' 등과 같은 일부 명사들도 상황 의존적인 성징을 지님.

· 명사는 상황 지시적 용법이 예외적으로 쓰이지만 대명사는 상황 의존성을 주된 특질로 한다는 점에서 명사와 구별

❖ **명사와 대명사**[96]

• 의미상으로 명사와 차이를 보이지만 기능상으로는 큰 차이가 없음. → 대명사를 따로 두지 않고 명사에 포함시키기도 함.

· 형태론적으로 뒤에 조사가 결합할 수 있음.

· 별개의 복수형을 사용하거나 '-들'과 결합하여 복수를 표현할 수 있음.

· 관형어의 수식을 받을 수 있음.

• 명사에서 발견되지 않는 형태 및 기능상의 특수성이 발견되기도 함.

· '나'와 '너'의 주격형은 '나가' ×, '너가' ×, '내가' ○, '네가' ○인데 이러한 특징은 명사에서는 발견되지 않음

· '나'와 '너'가 상대방의 지위에 따라 '저'나 '자네'로 바뀌는데 명사에서는 일반적 현상이 아님

· 복수형을 만들 때 '저희', '너희'처럼 '-희'가 붙음. cf) '너희들, 저희들'처럼 다시 '-들'이 추가되어 결합하기도 함.

❖ **인칭 대명사 '내, 제, 네'**[97]

• 주격 조사(혹은 보격 조사) '가' 및 부사격 조사 '에게'와 결합 시 형태가 변함.

· 국어의 통시적인 발달과 관련

 - 각각 인칭 대명사 '나, 저, 너'에 주격 조사 'ㅣ'가 결합한 주격 형태였는데, 16세기 후반(또는 17세기)에 새롭게 등장한 주격 조사 '가'가 다시 결합한 형태

(3) 대명사의 유형

① 인칭 대명사

❶ 1인칭

가. '나, 저, 우리, 저희' 등이 있음.

  • '저, 저희'는 '나, 우리'의 낮춤말 → 예사말에 대해 공대말이 존재하지 않고 겸사말이 쓰임. 화자 자신을 높이는 격이 되어 언어 예절에 어긋나기 때문에 공대말이 존재하지 않음.

나. '짐, 과인, 본인, 소인, 소생' 등의 한자어도 존재하지만 일상생활에서 거의 쓰이지 않음.

❖ '우리'와 '저희'의 특수한 쓰임[98]

'우리'의 쓰임

• 청자를 포함한 복수

 ·수업 끝나고 뭐 할까? / 우리 영화 보러 가자.

• 청자를 배제한 복수

 · 너희 어디 가니? / 우리 도서관에 가는 중이야.

• 단수적 용법

 · 지금까지 살펴본 우리의 논의는 다음과 같다. → 의미상 명백히 단수이나 복수 형태가 쓰이고 있음. 논문 등의 글에서 서술을 객관화할 필요가 있을 때 사용.

 · 우리 아빠, 우리 엄마, 우리 집 → '우리'의 꾸밈을 받는 말이 가족이나 구성원들의 공유의 대상이 되거나 친밀감을 나타낼 때 사용 cf) '우리 남편', '우리 아내'는 공유의 대상이 되지 않는다는 점에서 여럿이 공유하는 대상을 나타낼 때 쓰인다는 표현은 일반화하기 어려움.

'저희'의 쓰임

• 청자를 배제한 복수

 · 어디 가니? / 저희 도서관에 가요.

• 단수적 용법

 · 저희 아빠, 저희 엄마, 저희 집

• '저희'는 '우리'와 달리 청자를 포함한 복수 쓰임이 없음. → 청자에 대해 화자를 낮추는 표현이기 때문임.

❖ '우리나라'와 '저희 나라'[99]

• '저희 나라'가 잘못된 표현이 아니라 외국인을 대상으로 하는 상황에서는 올바른 표현이라는 주장이 존재 → '저희'는 피수식어 '나라'를 낮추는 것이 아니라 화자를 낮추기 때문에 결코 잘못된 말씨가 아님.

❷ 2인칭

가. '너, 너희, 자네, 당신' 등이 있음.

(개) '너희'는 '너'의 복수형 → '너희'는 '우리, 저희'와 같이 단수적 용법으로도 쓰임. 예
너희 아빠, 너희 엄마, 너희 집

(내) '자네'는 동위자나 아랫사람을 어느 정도 높이는 '하게체'로 대우해야 하는 상황에
쓰임. → 화자보다 더 높은 대상을 지칭하는 것은 아니지만 어느 정도 대접해 준다는 점
에서 공대말에 넣을 수 있음. 다만 하게체 자체가 현재로서는 많이 쓰이지 않아 점차 그
쓰임도 줄고 있음.

(대) '당신'은 동위자나 아랫사람을 어느 정도 높이는 '하오체'로 대우해야 하는 상황에
쓰임. → 다툼의 상황 등에서는 상대방을 낮잡아 이를 때 쓰이기도 하여 쓰임의 폭이 넓
음. 예 당신이 뭔데 참견이야.

나. '댁, 노형, 그대, 여러분, 귀형, 귀하' 등도 존재하지만 일상적인 담화 상황에서 자주 쓰
이지는 않음.

(개) '그대'는 고어형으로 시 등의 문학 작품에서 주로 쓰임.

(내) '여러분'은 공적인 상황에서 대중들을 부를 때 흔히 쓰이는데 복수적이면서도 높임
의 의미를 가지고 있음.

다. 국어에서 2인칭 대명사가 쓰이는 일은 많지 않음 → 실제 의사소통 상황에서는 2인칭
대명사 대신에 친족명을 확장하여 사용하거나 직함 등을 사용하는 경우가 많음. 또한 실질
적으로 눈앞에 있는 사람을 구태여 가리킬 필요가 없기 때문에 우리말에서는 2인칭 대명
사를 아예 생략하는 경우가 많음.

라. '하십시오체'를 써야 할 상황에서는 대명사형을 찾기 어려워 '어르신'과 같은 명사를
빌려와 사용 → '어른, 어르신'은 극존칭의 대명사이기는 하지만 본디 대명사라기보다는
신분 명사임.

❸ 3인칭

가. 1, 2인칭과 다르게 고유한 형식이 있다기보다는 지시 관형사와 의존 명사의 합성으로
이루어진 경우가 많음.

(개) 근칭(화자에게 가까이 있는 인물): 이이, 이분, 이놈

(내) 중칭(청자에게 가까이 있는 인물): 그이, 그분, 그놈

(대) 원칭(화자와 청자로부터 비슷한 거리에 있는 인물): 저이, 저분, 저놈

나. '이'와 '저'는 단독으로 거의 쓰이지 않고 복수접미사 '-들'과 쓰여 '이들, 저들'로 쓰이
는 것이 보통 → '-들'이 결합하여 복수 표현이 되면서 '이, 그, 저'가 인칭 대명사로 쓰임.

(개) 이들, 그들, 저들

㈏ '이, 저'가 단독으로 쓰이는 경우에는 인칭 대명사가 아닌 지시 대명사로 쓰이는 것이 일반적임.

❖ **국어의 3인칭 대명사**[100]

• 엄밀한 관점에서 국어의 3인칭 대명사로 볼 수 있는 것은 '그'와 '그녀' 정도임. 이마저도 20세기에 번역의 과정에서 인위적으로 만들어져 문어, 특히 소설에서만 쓰임.
• '그'는 지시 대명사 '그'와 형태가 동일하지만 원래 고유어가 아니라 근대 문학 시기에 영어의 he, she를 번역하는 데에서 비롯된 것. 그러므로 우리말 고유의 3인칭으로 보기는 어려움.

❖ **근칭, 중칭, 원칭 구분의 문제**[101]

• '이, 그, 저'가 포함된 대명사를 근칭, 중칭, 원칭으로 부르는 용어는 화자와 청자의 관계를 고려한 표현이 아니라는 점에서 적절하지 못함. 실제로 이들은 단순한 거리 차이를 나타내지는 않음.
• '이, 그, 저'의 선택은 물리적인 거리뿐 아니라 심리적 거리, 발화 현장에 존재하는 대상이냐, 문맥에 언급된 대상이냐, 화자의 상념 속에 존재하는 대상이냐 등의 요인도 고려
• 통언어적으로 지시어의 대립 체계는 '거리 중심 체계'와 '인칭 중심 체계'로 구분되는데 한국어의 지시어는 화자와 청자를 기준으로 하기 때문에 '인칭 중심 체계'라고 할 수 있음.

다. 미지칭, 부정칭, 재귀칭 → 사람을 가리킨다는 점에서 인칭 대명사의 하위 유형으로 설명하기도 하지만 미지칭은 의문의 뜻을 나타낸다는 점에서 의문 대명사, 부정칭은 특정하게 정해져 있지 않다는 점에서 비한정 대명사로 봄. 재귀 대명사까지 포함하여 인칭이나 지시 대명사에서 분리하여 독자적으로 보는 것이 일반적임.

　㈎ 미지칭
　　㉮ 가리키는 대상은 정해져 있으나 무엇인지 정확하게 모를 때 사용되는 대명사
　　㉯ 누구 예 그 사람이 <u>누구</u>야? ('누구'가 주격으로 쓰일 때는 변이 형태 '누'로 변동; 누가 왔니?)

　㈏ 부정칭
　　㉮ 특정한 지시 대상이 없을 때 사용하는 대명사
　　㉯ 누구, 아무 예 <u>아무나</u> 와서 밥을 먹어라, 철수는 <u>누구</u>를 만나더라도 반갑게 대한다, <u>누가</u> 와도 이 일을 해결 못 한다.

　㈐ 재귀칭
　　㉮ 다른 대명사들이 앞 문장이나 문맥에 나오는 체언을 대신하는 것과 달리 한 문장

안의 체언을 대신하는 대명사

㉯ 재귀적 행위(행위를 수행한 주어의 행위가 다른 대상에게 가지 않고 자신에게 다시 돌아오는 행위)를 나타내는 데에 쓰이는 대명사

㉰ 조건

  ㉠ 선행 명사가 3인칭이어야 함.

    • 나도 <u>나</u>를 잘 몰라, 너는 <u>너</u>를 사랑하니 → 대명사의 형태가 달라지지 않음

    • <u>그</u>는 <u>자기</u> 가족을 사랑한다. / *<u>그</u>는 <u>그</u>의 가족을 사랑한다. → 어색하지 않다고 할 수도 있음. '그'라고 할 경우 제3자로 해석될 수도 있음.

  ㉡ 선행 명사구가 유정 명사이어야 함.

    • 이 책은 {*자기를, *저를, 그것을} 지은 사람 때문에 유명해졌다.

  ㉢ 선행 명사구가 주제나 주어일 때 쉽게 쓰임.

    • <u>영민</u>은 영수가 <u>자기</u>가 잘 생겼다고 말하는 것이 우스웠다. → 주제, 주어

    • <u>영민</u>은 영수에게 자기{영민 / *영수}가 이겼다고 우겼다. → 영민: 주제, 영수: 부사어

㉱ 종류: '자기', '저', '저희', '당신' 등이 있는데 높임의 등분을 달리하여 쓰임.

  ㉠ 자기: '해체'를 쓸 대상을 받음.

  ㉡ 저, 저희: '해라체'를 쓸 대상을 받음.

  cf) '저'와 '자기'는 거의 자유롭게 넘나들지만 '자기'가 조금 더 상대를 대접함 예 선생님은 {자기/*제} 주장을 굽히지 않았다.

  ㉢ 당신: '하십시오체'를 쓸 대상을 받음. 예 선생님께서는 당신께 주어진 일을 반드시 해내었다.

❖ 미지칭과 부정칭[102]

'누구'는 미지칭으로 쓰이기도 하고 부정칭으로 쓰이기도 함.

• '나', '도', '든지' 등의 조사가 결합하면 부정칭이 됨.

 · 사람은 누구나 소망을 가지고 있다.

• 강세나 억양에 따라 미지칭, 부정칭의 쓰임이 달라짐.

 · '누구'에 강세를 주고 끝이 내려가는 억양인 경우: 미지칭

  - 누구(˘) 기다리세요?(↘) / 영희를 기다려요.

 · 강세를 주지 않고 끝을 올리는 억양인 경우: 부정칭

  - 누구 기다리세요?(↗) / 아니요, 그냥 쉬고 있어요.

❖ **재귀칭의 제약**[103]

- '재귀칭은 선행 명사구가 유정 명사여야 한다는 제약이 있는데 '저'의 경우 무정물에 사용되기도 함.
  · <u>바위</u> 하나도 다 <u>제</u> 자리가 있다.
- 재귀칭은 1인칭이나 2인칭을 받지 않지만 구어에서는 간혹 사용되기도 함.
  · <u>너</u>는 <u>자기</u> 물건도 챙기지 못하니?

❖ **재귀 대명사 '자신'**[104]

- 학자들에 따라 '자신'을 재귀 대명사로 보기도 하며, 북한에서는 '자신'을 '자기'보다 높임을 나타내는 재귀 대명사로 보기도 함.
  · 현재 표준국어대사전에서 '자신'을 명사로 처리하고 있음.
  · 일반적인 쓰임: 사람은 모름지기 자신을 잘 알아야 한다.
  · 강조의 기능
    - 주어로 쓰이는 명사뿐만 아니라 목적어나 관형어로 쓰이는 명사를 대용하여 표현
    - 그 앞의 명사와 동일한 문장 성분으로 되풀이하며 강조의 기능을 수행
    - 생략 가능
    - 철수 <u>자신</u>이 회장에서 물러나야 한다, 너 <u>자신</u>을 알아, 선생님은 문제를 학생 <u>자신</u>의 힘으로 풀게 하였다.

② 지시 대명사

❶ 사물 표시 지시 대명사

가. 특정한 사물을 직접 가리키거나 대용하는 지시 대명사

나. 지시 관형사인 '이, 그, 저'와 의존 명사가 결합된 합성대명사

   (개) 근칭: 이것

   (내) 중칭: 그것

   (대) 원칭: 저것

다. 미지칭, 부정칭

   (개) 미지칭

      ㉮ 물음의 대상이 되는 사물을 가리키는 대명사

      ㉯ 무엇 예 철수가 가져 간 것이 무엇이냐?

   (내) 부정칭

      ㉮ 정해지지 않은 대상을 두루 가리키는 대명사

    ㈏ 아무것, 무엇 　예 <u>아무것</u>이나 집어서 가져 오너라, 배가 고프니 <u>무엇</u>을 좀 먹어야겠다

❷ 장소 표시 지시 대명사

가. 장소를 직접 가리키거나 대용하는 지시 대명사

나. 역사적으로 '이, 그, 저 + 어긔'를 통하여 형성되거나, '곳, 쪽'이 결합

    ㈎ 근칭: 여기, 이곳, 이쪽

    ㈏ 중칭: 거기, 그곳, 그쪽

    ㈐ 원칭: 저기, 저곳, 저쪽

다. 미지칭, 부정칭

    ㈎ 미지칭

        ㉮ 특별한 처소를 모를 때 사용

        ㉯ 어디 　예 아이를 <u>어디</u>에서 찾았니?

    ㈏ 부정칭

        ㉮ 특별히 정해지지 않은 장소

        ㉯ 아무데, 어디 　예 <u>아무데</u>나 앉으세요, <u>어디</u>를 둘러보아도 갈 데가 없네.

❖ 미지칭 '무엇'과 '어디'[105]

'무엇'과 '어디'는 미지칭 이외에 부정칭의 의미를 띠기도 함.

• 평서문에 쓰이는 경우 부정칭의 의미가 분명

· 목에 <u>무엇</u>이 걸렸나 보다.

· <u>어디</u>에 좀 가려고 합니다.

• 의문문에 쓰이는 경우 미지칭이나 부정칭 두 가지 의미로 쓰임.

· 강세를 주고 끝을 내리는 경우: 미지칭

  - 무엇을(˘) 보니?(↘), 어디에(˘) 가시겠어요?(↘)

· 강세를 주지 않고 끝을 올리는 경우: 부정칭

  - 무엇을 보니?(↗), 어디에 가시겠어요?(↗)

❖ 시간 표시 대명사의 설정

	화자에 가까움	청자에 가까움	화자, 청자에 멂	미지칭	부정칭
사물 표시 지시 대명사	이것	그것	저것	무엇	아무것, 무엇
장소 표시 지시 대명사	여기	거기	저기	어디	아무데
시간 표시 지시 대명사	입때		접때	언제, 어느때	아무때

- 사물, 장소 대명사 외에도 시간 표시 대명사를 넣기도 함.
  - '이 때, 그 때, 저 때'는 시간 대명사라기보다는 구로 보아야 한다는 주장이 있음.
  - 한글 맞춤법 제31항에서는 '입때', '접때'를 하나의 단어로 보고 있음.

❖ 대명사 분류의 다양한 견해[106]

인칭 대명사와 지시 대명사를 나누는 견해

		단수		복수
인칭 대명사	1인칭	예사말	나	우리
		겸사말	저	저희
	2인칭	단수		복수
		예사말	너	너희
		겸사말	자네, 당신, 그대	
	3인칭	근칭	중칭	원칭
		이이, 이분	그이, 그분	저이, 저분
지시 대명사	사물 표시	이것	그것	저것
	장소 표시	여기	거기	저기

영어에서 'it'을 3인칭 대명사에 넣는 것처럼 사물이나 장소 대명사를 3인칭 대명사에 포함한 견해

		단수		복수
1인칭		예사말	나	우리
		겸사말	저	저희
2인칭		단수		복수
		예사말	너	너희
		겸사말	자네, 당신, 그대	
3인칭		근칭	중칭	원칭
	인물 표시	이이, 이애, 이분	그이, 그애, 그분	저이, 저애, 저분
	사물 표시	이것	그것	저것
	장소 표시	여기	거기	저기

3인칭만 존재하는 부정 대명사와 재귀 대명사를 포함하는 경우

		근칭	중칭	원칭
3인칭	인물 표시	이이, 이애, 이분	그이, 그애, 그분	저이, 저애, 저분
	사물 표시	이것	그것	저것
	장소 표시	여기	거기	저기

	인물	누구	
부정칭	사물	무엇	
	장소	어디	
	시간	언제	
재귀칭		단수	복수
		저, 자기, 당신	저희

시간 대명사까지 포함하여 종합한 표

		단수		복수
1인칭		단수		복수
	예사말	나		우리
	겸사말	저		저희
2인칭		단수		복수
	예사말	너		너희
	겸사말	자네, 당신, 그대		
3인칭		근칭	중칭	원칭
	인물 표시	이이, 이애, 이분	그이, 그애, 그분	저이, 저애, 저분
	사물 표시	이것	그것	저것
	장소 표시	여기	거기	저기
	시간 표시	입때		접때
	부정칭 인물	누구		
	부정칭 사물	무엇		
	부정칭 장소	어디		
	부정칭 시간	언제		
	재귀칭	단수		복수
		저, 자기, 당신		저희

3 **수사**

(1) 수사의 정의

- 사람이나 사물, 장소, 사태 따위의 수량이나 순서를 나타내는 말

(2) 수사의 특징

① 상황 의존성

❶ 대명사와 마찬가지로 문맥이나 상황에 따라 수사의 의미가 다르게 파악됨.

가. 앞에 나오는 체언에 의해 의미, 즉 지칭하는 대상이 확정 　예 사과 <u>하나</u>를 사왔다. → '하

나'의 의미가 돌이나 책일 수 있으나 여기에서는 사과임.

나. 관련된 사물이 문장에 나오지 않아도 문맥에 의해 수사의 의미가 확정 例 내 말을 듣던 둘이 웃음을 보였다.

cf) 대명사는 같은 대상이라도 상황에 따라 달리 표현되지만 수사는 상황의 변화에 관계없이 항상 수량이 일정하게 표현된다는 점에서 차이를 보임. 例 대명사는 '사과'를 '이것'이나 '그것, 저것'으로 지시할 수 있지만 '사과 하나'라고 할 때의 '하나'는 일정함.

② 관형어의 수식에서도 제약이 심함. 例 *새 하나, *새로운 하나, *철수의 하나

③ '-들'과 결합하여 복수를 표시하는 데에 제약을 지님 例 *하나들

❖ **수량과 순서를 나타내는 명사**[107]

• '하루, 이틀, 사흘'과 같은 날짜를 나타내는 말이나, '8·15, 3·1절'과 같은 특정 기념일을 나타내는 말이나 '처음, 갑절, 끝'과 같은 순서를 나타내는 말 등은 수량과 순서에 관련된 말이기는 하지만 명사에 속함. → 수사는 모든 사물이나 순서를 두루 가리키는 보편적인 지시 특성을 가지고 있기 때문

❖ **수사와 수 관형사 구분의 문제**[108]

수사와 수 관형사

• 수사: 하나, 둘, 셋, 넷 → 조사와 결합할 수 있음.

• 수 관형사: 한, 두, 세/서/석, 네/너/넉 → 조사와 결합할 수 없으며, 체언을 수식

수사와 수 관형사 구분의 어려움.

• '다섯'부터는 조사가 결합하고 체언을 수식하지 않는 경우와 조사 없이 체언을 수식하는 경우가 동일 例 '다섯이 왔다.' – '다섯 사람이 왔다.'

• 표준국어대사전에서는 '다섯, 여섯, 일곱…'을 수사와 수관형사의 품사 기능을 갖는 것으로 처리하고 있음.

수사와 수 관형사에 대한 견해

• '하나, 둘, 셋, 넷'과 '한, 두, 세/서/석, 네/너/넉'을 모두 수사로 포괄하자는 견해

· 모두 수량을 나타낸다는 점에 주목

• '하나, 둘, 셋, 넷'은 수사, '한, 두, 세/서/석, 네/너/넉'은 수 관형사로 구분하자는 견해

· '한, 두, 세/서/석, 네/너/넉'이 명백하게 조서와 결합하지 않고 체언을 수식

• '다섯' 이상의 수사에 대해서도 수사로만 보는 입장과 수사와 수 관형사로 구분하자는 견해가 존재

· '다섯' 이상을 수사로만 보는 입장의 근거
　- 조사와 결합하기도 함.
　- '학교 사랑을 실천했다.'의 '학교'는 다른 명사를 수식하기도 하지만 이를 관형사와 명사로 다루지 않고 명사로만 다루는 것과의 통일성 유지

(3) 수사의 유형
① 양수사(기수사, 기본수사): 사물의 수량을 지시하는 수사
　❶ 고유어계
　가. 정수 (정확한 수량)
　　㈎ 하나, 둘, 셋, 넷, 다섯, …, 마흔, 쉰, 예순, 일흔, 여든, 아흔, …, 아흔아홉
　　㈏ 백 이상은 한자어만으로 사용되거나 한자어와 고유어가 합해져서 사용
　나. 부정수 (개략적인 수량)
　　㈎ 한둘, 두셋, 두서넛, 서넛, 너덧, 댓, 대여섯, 예닐곱,… → 수사의 합성에 의해 형성. 하지만 단순한 합성이 아니고 첫째 요소와 끝 요소의 소리가 바뀌기도 함.
　　㈏ 여럿, 몇, 여남은 → 그 자체로서 부정수를 나타냄.
　❷ 한자어계
　가. 정수
　　• 영(또는 공), 일, 이, 삼,…, 백, 천, 만, 억, 조
　나. 부정수
　　• 기십, 기백, 기천, 기만
cf) 고유어계 양수사 중 부정수와 달리 한자어 양수사의 합성에 의한 부정수들은 수 관형사로만 쓰임. 예 학생 일이 명

❖ 인수사[109]
• 사람의 수효를 지시하는 특수한 수 표시어를 인수사라고 하여 사물의 수량을 나타내는 물수와 구별하기도 함.
　· 양수사에 '-이'를 붙여 형성
　　- 둘이, 셋이, 몇이, 여럿이
　· 하나를 나타내는 인수 '혼자'에 대해서는 보충법적 형태로 설명

② 서수사: 대상의 순서를 가리키는 수사
　❶ 고유어계

가. 정수

　㈎ 첫째, 둘째, 셋째, 넷째, 다섯째, ……, 열째, 열한째, 열두째, ……, 스무째

　㈏ '첫째'를 제외하면 수 관형사+접미사 '-째' 구성 → 사전에서는 '-째'를 접미사로 처리하고 있으나 수 관형사가 명사와 결합한다는 점을 고려하면 '-째'가 단위성 의존 명사 '자히'에서 발전했음을 알 수 있음.

　㈐ '첫째'는 보충법에 의하여 만들어짐. → '첫'은 기원적으로 '처음(〈처엄)'과 관련

❖ **서수사의 형성 ('양수사+-째'가 아니라 '수관형사+-째'로 보는 근거)**[110]

• '둘째, 셋째, 넷째'를 보면 양수사에 '-째'가 붙는 것으로 볼 수 있음. 그러나 '열한째, 열두째, 스무째'를 보면 수관형사에 '-째'가 붙었음을 알 수 있음. '다섯째, 여섯째, 일곱째' 등은 양수사와 수관형사가 형태가 같기 때문에 판단이 어려움.

• 기원적으로 '-째'가 의존 명사에서 왔으므로 수관형사에 붙은 것이 타당

• '셋째, 넷째'의 경우 현행 맞춤법 개정 이전에 '세째, 네째'로 표기

❖ **수사의 보충법**[111]

• 보충법

· 규칙적으로 예측되는 형태 대신 다른 형태가 사용되는 현상

· 첫째: '둘째, 셋째, 넷째' 등을 고려하면 '*한째'로 나타나야 함.

· 혼자: '둘이, 셋이, 넷이' 등을 고려하면 '*하나이'로 나타나야 함.

· 영어를 비롯한 다른 언어에서도 기본적인 서수에서 보충법이 나타나는 경우가 나타남

예 first, second

· 우리말이나 영어에서 1, 2와 같이 낮은 수에서 보충법이 나타나는 것은 만일 높은 수에서 보충법이 나타날 경우 화자의 기억에 부담을 주게 되어 유추적 평준화에 의하여 규칙적인 형태로 돌아가 버릴 가능성이 있기 때문일 것

나. 부정수

　㈎ 한두째, 두어째, 두세째, 서너째, 댓째…… → 수 관형사의 합성 형태에 '-째'가 결합

　㈏ 여러째, 몇째, 여남은째

❷ 한자어계

가. 정수

　㈎ 접두사 '제-' + 한자어계 양수사

　㈏ 제일(第一), 제이(第二), 제삼(第三)…

❖ 고유어계 수사와 한자어계 수사의 쓰임[112]

구어에서 수를 셀 때는 주로 고유어 수사, 문어에서 수를 읽을 때나 수학적 계산은 한자어 수사를 주로 사용

• 사과 하나, 둘 → 고유어 수사

• 일 더하기 일은 이 → 한자어 수사

아라비아 숫자를 읽을 때

• 고유어 단위성 의존명사가 오는 경우 고유어 수사로 읽음.

· 옷 5벌{다섯 벌 / *오 벌}, 나무 3그루{세 그루 / *삼 그루}, 소 2마리{두 마리 / *이 마리}

• 외래어가 오는 경우 한자어 수사로 읽음.

· 1그램{일그램}, 2미터{이미터}

• 한자어 단위성 의존명사가 오는 경우 고유어, 한자어로 모두 읽히기도 하여 규칙화하기 어려움.

· 고유어처럼 인식될 정도로 일상생활에서 흔히 쓰이는 한자어가 올 경우에는 고유어계로 읽힘(고유어로 동화 정도가 심한 경우). 예 사과 1개{한 개}, 술 2잔{두 잔}, 우유 3통{세 통}

· 일상생활에 흔히 쓰이지 않는 한자어가 오는 경우 고유어로 읽히기도 하며, 한자어로 읽히기도 함(고유어로의 동화가 거의 일어나지 않은 경우). 예 배 1척{*배 일척/배 한척}, 배 20척{스무 척/이십 척} → 단위가 커질수록 한자어로 읽힐 가능성이 커짐.

화폐의 단위

• 한자어 수사가 쓰임. 예 15원{십오원}, 1달러 50센트{일달러 오십센트}

• 옛날 화폐 단위인 '푼'은 고유어계로 쓰임{한 푼, 두 푼}.

시간 표현

• 시, 분, 초는 모두 한자어인데 '시' 앞의 숫자는 고유어로 읽는 반면에 '분'이나 '초' 앞의 숫자는 한자어로 읽힘.

· 원인: '시'가 오래전부터 우리말에 사용되어 고유어처럼 익숙해진 한자어이고, '분'과 '초'는 개화기 이후 우리말에 들어와 아직 익숙하지 않은 한자어라는 점이 작용한 것으로 판단

· 기차역, 터미널, 공항 등 24시간으로 통산하여 도착 시간이나 출발 시간을 알릴 때는 한자어 수사로 읽힘.

• 년, 월, 일'은 한자어 수사로 읽힘. → '월'이 결합한 한자어 중 '육'과 '십'은 '유월, 시월'로 형태 변화함.

❖ 체언과 복수[113]

복수 접미사 '-네'

- 일반적인 명사에 두루 결합하여 복수를 나타내기보다는 무리나 집단의 뜻을 나타냄.
  - 우리네, 영희네, 어르신네
- 연합적 복수, 집단적 복수를 나타냄.
  - 어떠한 개체를 중심으로 이와 관련이 있는 개체들이 하나의 연합체, 즉 집단을 형성하여 복수를 이룸.
  - '영희네': '영희'가 여럿이 모여 복수를 이루는 것이 아니라 '영희'를 비롯하여 그와 관련이 있는 사람들이 집단을 이루어 복수를 이룸.

cf) 접미사 '-희'도 연합적 복수와 관련: '너희'는 이인칭 '너'를 중심으로 하여 이와 관련된 인물들이 집단을 이루어 복수 형성

복수 접미사 '-희'

- 소수의 대명사에만 나타남: '너, 저'에만 결합하여 '너희, 저희' 형성 · 분포가 제한적이고 공시적으로 더 이상 새로운 단어를 만들지 못하고 있어 접미사로 보기 어려움. 사전에서도 접미사로 따로 처리하지 않음.

복수 접미사 '-들'

- 명사와 대명사에는 결합할 수 있으나 수사(혹은 수사와 통사적 기능이 비슷한 단위성 의존 명사)에는 결합하지 못함.
  - 사람들, 너희들, *셋들, *세 명들
- 가산성을 띤 대상을 지시하는 경우에 한하여 결합 가능하며, 불가산 명사(질량 명사, 추상 명사, 고유 명사)에는 결합하지 못함.
  - 사람들이 운동장에 많이 모였다
  - *사람들은 만물의 영장이다 → 가산성의 명사라도 특정한 상황이 전제되지 않을 때에는 결합할 수 없음.
  - *물들이 많이 흐른다 → 질량성 명사에 결합하지 못함.
- 무정 명사보다 유정 명사에 더 흔히 사용
  - '사람들, 동생들'은 '책상들, 연필들'에 비하여 더 자연스러움.
- 대명사 중 보충법과 '-희'가 결합하여 이미 형성된 복수에 다시 결합하기도 함.
  - 우리들, 너희들, 저희들
- 인칭 대명사에는 결합하지만 사물 표시 지시 대명사에는 쓰임이 흔하지 않고 처소 표시의 지시 대명사에는 결합하지 않음.

- 이들, 그들, 저들
- ?이것들, ?그것들, ?저것들
- *여기들, *거기들, *저기들
- 가산성을 띠지 않은 명사나 기타 다른 성분에 결합하기도 함.
  - 주어가 복수임을 표시하는 기능
    - 빨리 물들 떠 오너라. → 질량성을 띤 명사에 결합하여 목적어 자리에 놓임.
    - 공부들 열심히 해라. → 추상성을 띤 명사에 결합하여 목적어 자리에 놓임.
    - 여기들 잠자코 있어라. → 처소 지시 대명사에 결합하여 부사어 자리에 놓임.
    - 어서들 오너라. → 부사에 결합하여 부사어 자리에 놓임.
    - 어디에들 갔니? → 부사격 조사에 결합하여 부사어 자리에 놓임.
    - 읽어들 보아라. → 연결 어미에 결합하여 서술어 자리에 놓임.
  - 주로 주어가 나타나지 않은 것이 보통이며, 주어에 있던 '-들'이 자리를 옮긴 것으로 해석하기도 함.
    - (너희들→) 빨리 물(→들) 떠 오너라, (너희들→) 어서(→들) 오너라.
  - 명사가 가리키는 개체의 복수성이 아니라 문장이 나타내는 사건의 복수성을 표시 → 단순히 복수의 사건이 일어났다는 것만을 의미하는 것이 아니라 복수의 개체에 각각 동일한 사건이 적용된다는 것을 나타냄.
  - 주어가 복수임을 표시하는 '들'의 구조적 양상은 가산성 명사에 붙는 '-들'과는 다름. 특히 부사나 부사격 조사, 연결 어미에 결합하는 모습은 보조사가 나타나는 환경과 큰 차이가 없음. 그리하여 보조사로 볼 수도 있음.

❖ 국어에서 수의 문법 범주[114]

- 영어나 독일어 등의 인도 유럽어는 복수의 표시가 동사는 물론 관사, 형용사에까지 영향을 끼치기 때문에 수 범주의 설정이 문법적으로 의의를 지님. 하지만 국어에서는 수 범주가 문법 범주에 있어 큰 영향을 끼치지 못하고 수 범주의 표시가 필수적이지 않음.
  - 복수성을 띤 명사라 할지라도 '-들'을 필수적으로 요구하지 않음. → 수량을 표시하는 부사나 형용사가 쓰였을 때는 '-들'이 없이도 복수의 의미 표현
    - 산에는 나무가 많다 → '나무'가 복수성을 지니고 있지만 '-들'이 나타나지 않아도 문장의 문법성에 전혀 문제가 없음.
  - 일반적으로 불가산 명사는 복수를 형성하지 못하지만 전혀 불가능하지도 않음.
    - 오염된 물들이 흘러나와 하천이 위협받고 있다 → 질량 명사에도 '-들'의 결합이 가능함.

2. 용언: 동사, 형용사
문장에서 서술어의 기능을 하는 동사, 형용사를 통틀어 이르는 말

① 용언의 구성
(1) 어간
① 용언이 활용할 때에 중심이 되는 줄기 부분
② 용언이 활용할 때에 쓰이는 어휘적인 뜻을 나타내는 불변 요소

> ❖ 용언의 기본형[115]
>
> • 어간에 어미 '-다'를 붙인 형태를 기본형으로 삼아 활용형의 대표 형태가 됨.
> • 사전에 올리는 표제어가 되는데 체언의 경우 조사를 붙이지 않은 형태를 사전에 표제어로 올리는 데에 비해 용언의 경우 어미를 붙인 형태를 표제어로 정한 이유는 체언과 달리 용언의 어간은 자립성이 없는 의존 형태소이기 때문임.
> • '-다'를 붙인 이유: 어미들 중에서 가장 흔히 쓰이고 있으며 의미 기능이 가장 중립적이기 때문
> cf) '-어'를 붙일 경우: 실제 발음을 잘 반영할 수 있다는 장점이 있으며, 과거 몇몇 사전에서는 '-어'를 붙인 형태를 표제어로 삼기도 하였음.

(2) 어미
① 용언이 활용을 할 때에 어간에 가지나 잎사귀처럼 붙는 부분
② 용언의 문법적인 기능을 나타내는 가변요소
③ 어미의 분류
❶ 선어말 어미
가. 그 자체만으로 단어를 완성하지 못하고 그 뒤에 다른 어미를 필수적으로 요구하는 개방 형태소로 어말 어미 앞에 위치
나. 선어말 어미의 유형
　㉮ -(으)시-
　　㉠ 주체 높임 선어말 어미
　　㉡ 선어말 어미 가운데 어미와의 결합 비율이 가장 높으며 위치도 선어말어미 가운데 가장 앞에 옴.
　　㉢ 'ㄹ' 이외의 자음으로 끝나는 어간 뒤에 쓰이면 매개 모음 '으'를 요구함.
　㉯ -는/ㄴ-

㉮ 현재 시제 선어말 어미

㉯ 동사에서만 실현

㉰ 음운론적으로 조건 지어진 이형태: 모음 뒤에서는 '-ㄴ-', 자음 뒤에서는 '-는-'
→ '-구' 계열의 감탄형 어미 앞에서는 모음 어간 아래에서도 '-ㄴ-'으로 교체하지 않음.

㈐ -었/았-

㉮ 과거 시제 선어말 어미

㉯ 음운론적으로 조건 지어진 이형태: 음성 모음으로 된 어간 아래에서는 '-었-', 양성 모음으로 된 어간 아래에서는 '-았-'이 쓰임. cf) '아름다웠다'에서는 양성 모음 아래에서 '-었-'이 선택되는 등 항상 그런 것으로 보기 어려운 점이 있음.

㉰ 형태론적으로 조건 지어진 이형태: '하-'가 붙는 어간 뒤에서는 '-였-'으로 나타남.

❖ -었었-

• '-었-'보다 더 이전에 있었던 일을 나타내는 대과거 표지
• 발화시보다 훨씬 전에 발생하여 현재와는 강하게 단절된 사건을 표현

㈑ -겠-

㉮ 미래시제 선어말 어미

㉯ 의지, 추측, 가능성의 양태적 의미도 지님.

  • 내일은 꼭 가겠다 : 의지
  • 내일은 비가 오겠다 : 추측
  • 나도 그 정도는 하겠다 : 가능성

  cf) 과거의 '-었-' 뒤에서는 항상 '추측' 표시

㈒ -옵/오/사옵/사오-

㉮ 청자에 대한 공손의 의미 표현 (객체 높임 내지 화자 겸양)

㉯ 구어체보다는 기도문이나 서간문 등 문어체에 주로 쓰임.

㉰ 중세 국어에서 생산적이었던 '-숩-'의 직접적 계승형

자음으로 끝난 어간	-사오-	모음이나 매개 모음을 취하는 어미 예 믿사오니
	-사옵-	자음으로 시작하는 어미 예 믿사옵니다
모음으로 끝난 어간	-오-	모음이나 매개 모음을 취하는 어미 예 열리오니, 만드오며
	-옵-	자음으로 시작하는 어미 예 가시옵소서, 만드옵소서

❖ '-오/사오-'의 환경

• '-(으)니, -(으)면, -(으)ㄹ, -(으)ㅂ니다, -(으)ㅂ니까' 등은 매개 모음으로 시작하는 어미인데 이들은 공손 표현의 선어말어미인 '-오-'와 '-사오-'의 뒤에서 매개 모음으로 /으/가 탈락함. 결과적으로 '-오-'와 '-사오-'는 모음이나 /ㄴ, ㅁ, ㄹ, ㅂ/으로 시작하는 어미 앞에서 실현됨.

❖ 분리적 선어말 어미[116]

• 선어말 어미 중 다른 어미와의 결합에 있어 큰 제약이 없는 선어말 어미를 분리적 선어말 어미라고 함.
  · 사전에 개별 항목으로 분석하여 싣고 있음.
cf) '-는-'은 후행하는 어미에 제약이 있기 때문에 후행하는 어미와 함께 사전에 싣기도 함. 예 -는다, -는구나

(ㅂㅂ) -ㅂ-

   ㉮ 상대 높임법 하십시오체의 표지
   ㉯ 자음 어간 뒤에서는 '-습-'으로 실현

❖ 겸손법 '-오-'와 존비법 '-ㅂ-'[117]

• 화자의 청자에 대한 공손을 나타내는 '-오-'와 합쇼체의 표지 '-ㅂ-'을 동일시하는 일이 없지 않으나 적어도 공시적으로는 성격을 달리함.
  · 결혼식을 올리고자 합니다. 결혼식을 올리고자 하옵니다. → 형태 및 의미에서 차이가 있음.
• -ㅂ/습-: 상대 높임의 합쇼체 표지로 공손과는 직접적인 관계없음.
• '-오-'와 '-ㅂ-'은 둘 다 통시적으로 '-습, 좁, 숩-'에 소급함. 기원적으로 의미가 동일했지만 현대에서는 '-ㅂ-'은 합쇼체의 표지, '-오-'는 화자의 청자에 대한 공손을 나타내는 의미로 쓰임.

(ㅅㅅ) -느-

   ㉮ **직설법**: 현재의 사태를 나타냄. 예 어디 갔느냐
   ㉯ '-ㅂ-' 뒤에서 '-니-'로 바뀜.
   ㉰ 평서형, 감탄형, 의문형에서만 나타남.

(아) -더-

　(가) **회상법**: 과거의 경험　예 영희는 어제 부산으로 가더라

　(나) 발화시 이전의 어떤 때(과거의 때)로 생각을 돌이켜서 그대를 기준으로 일이 일어난 시간을 표현

　　• 회상 현재 : (어제 점심때에 내가 보니까) 철수가 학교에서 운동을 하더라
　　• 회상 과거 : (어제 점심때에 내가 보니까) 철수가 학교에서 운동을 했더라
　　• 회상 미래 : (어제 점심때에 내가 보니까) 철수가 학교에서 운동을 하겠더라

　(다) '-ㅂ-' 뒤에서 '-디-'로 바뀜.

　(라) 평서형, 감탄형, 의문형에서만 나타남.

(자) -리-

　(가) **추측법**　예 내일은 비가 오리다

　(나) 미래시제 '-겠-'과 기능이 유사하지만 분포가 훨씬 좁고 '-더-', '-느-'와 계열을 이루고 있어 그 기능이 달리 파악됨.

　(다) 평서형과 의문형에서 나타나나 현대 국어에서 거의 생명력을 잃음.

(차) -니-

　(가) **원칙법**　예 어린 아이가 그런 말을 하면 못 쓰느니라

　(나) 하십시오체 '-느-'의 이형태 '-니-' 뒤에서 '-ㄴ-'으로 교체　예 합닌다, 합딘다

　(다) 평서형에서만 나타남.

(카) -것-

　(가) **확인법**　예 그가 정말 모르것다

　(나) '-리-' 뒤에서 '-엇-'으로 쓰임　예 하렷다

　(다) 평서형에서만 나타남.

❖ **교착적 선어말 어미**[118]

• 선어말 어미 중 분포가 극히 제약되어 있는 선어말 어미를 교착적 선어말 어미라고 함.
· 사전에 개별 항목으로 분석하지 않고 활용형을 그대로 싣고 있음. → 분포상의 제약성, 언중들에 의하여 빈도수가 줄어들었기 때문
　- '-느-': '-느-'를 별도로 등재하지 않고 의문형 '-느냐'와 통합하여 종결 어미로 등재
　- '-더-': '-더-'를 별도로 등재하는 동시에 통합적 관점에서 '-더라'를 종결 어미로도 등재
　- '-리-': '-리-'를 별도로 등재하는 동시에 통합적 관점에서 '-리라'를 종결 어미로도 등재
　cf) '-는/ㄴ-': 별도로 등재하면서도 '-는다'도 종결 어미로 등재
　- '-것-', '-니-': 평서형 어미와 결합한 '-것다', '-니라', '-느리라'의 형태로 등재

❖ 선어말 어미 배열의 순서

• 선어말 어미의 순서는 분포의 넓고 좁음에 비례
  · 주체 높임(-(으)시-) → 시제(-었-)-겠-)-더-) → 공손(-옵-) → 합쇼체 표지(-ㅂ-) → 서법(-느-, -더-, -리-) → 강조법(-것-, -니-)
  · 시간 표현의 선어말 어미인 '-었-, -겠-, -더-'는 함께 실현될 수 있으나 현재 시제 선어말 어미인 '-ㄴ-/-는-'은 시제 선어말 어미 '-었-, -겠-, -더-'와 문맥에 함께 실현되지 않음.

❖ 시제와 서법[119]

• 시제 : 발화시를 중심으로 사태가 일어나는 시간을 제한하는 문법 범주(과거·현재·미래)
• 서법 : 한 문장을 바라보는 화자의 심리적인 태도를 나타내는 문법 범주(직설법·회상법·추측법·원칙법·확인법), 의미론적인 측면에서 양태성으로 파악되기도 함.
• 시제와 서법은 많은 경우 서로 얽혀 있어서 분리해 내기가 어려움. 국어의 선어말 어미 대부분은 시제나 서법 중 한 가지의 기능을 하는 것이 아니라 오히려 복합적인 기능을 하는 경우가 많음.
  · 시제 선어말 어미에 의하여 서법의 의미가 표시될 수도 있고 서법의 의미에 의하여 시제의 의미가 표시될 수도 있음.
  · 동작상도 관련을 맺고 있어 더욱 복잡
  · '-겠-': 시제는 미래, 서법은 추측법, '-는-': 시제는 현재, 동작상은 진행상

❷ 어말 어미
가. 단어의 끝에 와서 단어를 완성시킬 수 있는 폐쇄 형태소
나. 어말 어미의 유형
  ㈎ 종결 어미 (한 문장으로 하여금 종결형이 되게 하는 어말 어미)
    ㉮ 문체법: 평서법, 감탄법, 의문법, 명령법, 청유법, (약속법, 허락법, 경계법)
    ㉯ 존비법: 하십시오, 하오, 하게, 해라, 해(요-결락형), 해요(요-통합형)

❖ 상대 높임법에 따른 종결 어미 체계[120]

• 합쇼체의 감탄형: 평서형 어미에 '그려'가 붙은 '-ㅂ니다그려'가 쓰인다고는 하나 보편적이지는 않음.
• 하오체의 청유형: 고유한 형식이 없어 합쇼체의 '-ㅂ시다'가 대신하고 그 자리는 '-시지요'가 대신함.

	해라	하게	하오	합쇼	요-결락형	요-통합형
평서형 어미	-는다	-네	-오	-ㅂ니다	-어	-어요
감탄형 어미	-는구나	-는구먼	-(는)구려		-어	-어요
의문형 어미	-느냐	-는가	-오	-ㅂ니까	-어	-어요
명령형 어미	-어라	-게	-오	-ㅂ시오	-어	-어요
청유형 어미	-자	-세	[-ㅂ시다]	[-시지요]	-어	-어요
약속형 어미	-마	-ㅁ세	[-리다]	[-오리다]		
허락형 어미	-려무나	-게나	-구려			
경계형 어미	-ㄹ라	[-리]	[-리다]			

(나) 비종결 어미 (단어의 끝에 위치하되 문장을 끝맺지 않고 문장 접속이나 전성의 기능을 띤 어미)

⑦ 연결 어미 (두 개의 문장이나 본용언과 보조 용언을 이어 주는 기능)

　㉠ 대등적 연결 어미 (두 문장을 대등한 자격으로 이어 줌)

　　• 순접: -고, -고서, -(으)며, -(으)면서, -(으)ㄴ데, -거니와　예 철수는 빵을 먹었고 영수는 국수를 먹었다.

　　• 역접: -어/아도, -지만, -건만, -느니　예 아버지는 파마머리를 싫어했지만 어머니는 좋아했다

　　• 나열: -거나~-거나, -든지~-든지, -(으)락~(으)락　예 어른 앞에서 술을 마시거나 담배를 피우거나 할 수는 없다

　㉡ 종속적 연결 어미 (주종 관계, 선후 관계, 인과 관계 등의 자격으로 이어 줌)

　　• 조건이나 가정: -(으)면, -(으)라면, -거든, -더라도

　　• 이유나 원인: -(으)니까, -(으)므로, -어서/아서/러서

　　• 어떤 일의 결과나 상태의 지속: -어서/아서

　　• 한 가지 일이 다른 일로 바뀌는 것: -다가

　　• 다른 일이 더 보태지거나 점점 더해감을 보이는 것: -(으)ㄹ뿐더러, -(으)ㄹ수록

　　• 의도: -(으)려고, -고자

　　• 목적: -(으)러

　　• 어느 쪽이나 상관이 없음을 보이는 것: -거나, -든지

　　• 반드시 그래야 함을 보이는 것: -어야/아야

　　• 어떤 일의 배경을 보이는 것: -는데, -(으)ㄴ데

　　• 어떤 행위가 어떤 정도까지 이름을 보이는 것: -도록

ⓒ 보조적 연결 어미 (본용언과 보조 용언을 이어주는 역할)

- -어/아: 주어 완료의 동작상 표시 예 나는 그때 조용히 앉<u>아</u> 있었다
- -게: 예 이번에 국제 대회에 출전하<u>게</u> 되었다
- -지: 긍정문을 부정문으로 바꿔 줌. 예 아직 봄이 오<u>지</u> 않았다
- -고: 진행의 동작상 표시 예 교가를 부르<u>고</u> 있다

❖ **연결 어미의 구분**[121]

- 세 연결 어미의 구분의 기준이 기본적으로 의미에 근거를 두기 때문에 구별이 쉽지 않고 같은 형태가 두 가지 이상으로 분류되기도 함. (형태만으로 확연히 구분되는 것이 아님)
· 인생은 짧고, 예술은 길다: 대등적 연결 어미(순접)
· 봄이 가고, 여름이 왔다: 종속적 연결 어미(시간적 선후 관계) / 지수가 비를 맞고 감기에 걸렸다.: 종속적 연결 어미(인과)
· 아이들이 축구를 하고 있다: 보조적 연결 어미

ⓝ 전성 어미 (한 문장을 명사나 관형사, 부사와 같이 자격을 바꾸어 주는 어미, 용언이 서술 기능을 그대로 유지하면서 동시에 명사, 관형사, 부사 등의 다른 품사처럼 기능하도록 용언의 문법적인 기능을 바꾸는 어미)

ㄱ **명사형 전성 어미**

- -(으)ㅁ
· 완료, 결정성, 실체성, 기정적 → 과거시제 선어말 어미와 어울림.
· 상위문의 서술어가 지각 동사(보다, 듣다), 인지 동사(알다, 깨닫다), 평가 동사(분명하다, 확실하다)일 때 어울림. 예 그는 젊은 시절이 흘러갔음을 {알았다, 느꼈다}. / 그가 천재임이 틀림없다.
· '-(으)ㅁ'의 특이한 용법 → 종결 어미로 쓰임. 예 오늘 날씨는 대체로 맑겠음. : 명사형 종결 어미, 점심은 각자 지참해야 함. : 평서문이 간접 화행으로 명령의 기능 수행, 이병도 지음.

- -기
· 미완료, 미결정성, 미실체성, 미적정성 → 과거시제 선어말 어미와 어울리지 못함.
· 상위문의 서술어로 '적합하다, 좋다, 싫다, 쉽다'일 때 어울림. 예 그는 젊은 시절이 흘러가<u>기</u>를 기다린다.
· '-기'의 [+결정성] 용법 예 친구가 책을 빌리러 왔<u>기</u>에 빌려줬어. → 주로 이유·

원인을 나타내는 조사 '에'와 결합될 때

❖ **명사형 어미와 파생 접미사의 구분**[122]

• 중세에는 명사 파생 접사 '옴/음'과 명사형 어미 '옴/움' 구분 → 형태 차이

· 명사형 어미 → 용언의 성질을 유지하여 서술어로 쓰일 수 있음.

  - 그는 너무 빨리 <u>달리기</u> 때문에 ~

  - 그가 크게 <u>웃음</u>은 조국이 ~

· 명사 파생 접사 → 관형어의 수식을 받을 수 있음(격렬한 춤, 깊은 잠).

  - <u>달리기</u>를 좋아한다.

  - 순수한 <u>웃음</u>이 좋다.

• 현대에도 형태 차이가 나기도 함.

· 명사형 어미: 욂

· 명사 파생 접사: 울음

❖ **'(으)ㄴ 것', '-는 것', '-ㄹ 것'의 명사형 전성 어미**[123]

• 명사형 전성 어미로 분류하기도 함.

• 기능으로 보면 명사형 전성 어미로 인정할 수 있지만 형태적으로 보면 관형사형 전성 어미가 쓰인 구성으로 이해됨.

ⓛ 관형사형 전성 어미

  • -(으)ㄴ, -는, -(으)ㄹ, -던

  • '-는, -던'의 경우 '-느-'와 '-더-'의 복합형식으로 볼 수 있어 관형사형 전성 어미를 '-ㄴ, -ㄹ'로 국한시킬 수 있음.

  • '-는'은 형용사나 서술격 조사와는 결합하지 않고 동사와만 결합함.

ⓒ 부사형 전성 어미

  • '-게, -아서, -도록' 등을 종속적 연결 어미로 보는 것을 원칙으로 하고 또 부사형 어미로도 인정

  • 비가 와<u>서</u> 길이 질다 ≒ 길이 비가 와<u>서</u> 질다

❖ **어미 분류에 대한 다양한 견해**[124]

보조적 연결 어미

• 다른 연결 어미가 절과 절을 연결하는 것과 달리 보조적 연결 어미는 단어와 단어를 연결 → '먹어 버리다'와 같은 보조 용언 구성을 단문으로 기술하기 위해서는 일반적인 연결 어미와 다른 문법적 지위를 가지는 연결 어미가 존재해야 하기 때문에 보조적 연결 어미를 설정

• 기술 문법적인 시각에서 보면 서술어가 두 개일 경우 앞에 나오는 '~먹어'까지는 절로 보고, '버리다'를 서술어로 보는 것이 당연하기 때문에 보조적 연결 어미를 인정하지 않을 수 있음.

종속적 연결 어미와 부사형 전성 어미

• 종속적 연결 어미와 부사형 전성 어미의 구분이 어려움.

· 종속적 연결 어미를 인정하지 않은 견해가 존재 → 연결 어미로는 대등적 연결 어미만 인정

· 부사형 전성 어미를 인정하지 않은 견해가 존재 → 전성 어미로는 관형사형 전성 어미와 명사형 전성 어미만 인정

· 종속적 연결 어미와 부사형 전성 어미 모두를 인정하는 견해가 존재

• 학교 문법 등에서 종속적 연결 어미와 부사형 전성 어미를 구분한 것은 문장의 종류와 일치시키기 위한 것임.

• 하나의 어미를 종속적 연결 어미와 부사형 전성 어미 두 가지로 볼 수 있는 예가 많아서 두 종류의 어미를 나누는 것이 어려움.

· 바깥이 잘 보이게 창문을 열어라 → '-게'가 종속적 연결 어미에 가까움.

· 그 아이는 코가 예쁘게 생겼다 → '-게'가 부사형 전성 어미에 가까움.

• 연결 어미를 대등, 종속적 연결 어미로 구분하는 것은 두 구성을 어떻게 연결하고 있느냐 하는 '방식'에 초점을 둔 것이고, 전성 어미를 관형사형이나 명사형으로 구분하는 것은 문장에서 하는 '기능'에 초점을 둔 것임. → 방식에서의 종속적 연결 어미가 기능상으로 볼 때 부사형 전성 어미로 역할을 하는 견해가 존재함.

· 바깥이 잘 보이게 창문을 열어라 → 창문을 바깥이 잘 보이게 열어라: 성분 부사의 자리로 옮겨도 별다른 차이가 없음. 즉 부사어의 기능을 수행함.

❖ '-게'의 처리[125]

• 기능을 한마디로 정의 내리기가 쉽지 않음.

· 개나리가 곱게 피었다: 성분 부사를 만드는 부사 파생 접미사 '-이'에 가까운 의미 기능

· 개나리가 빛깔이 곱게 피었다: 부사형 전성 어미에 가까운 의미 기능

· 바깥이 잘 보이게 창문을 열어라: 종속적 연결 어미에 가까운 의미 기능

· 어머니가 아이에게 우유를 먹<u>게</u> 했다: 보조적 연결 어미에 가까운 의미 기능
• 각각의 차이점을 인정해서 종속적 연결 어미, 보조적 연결 어미, 부사형 전성 어미 모두를 인정하기도 하고 이들이 모두 동일한 의미 기능을 하는 것으로 보아 모두 부사형 전성 어미로 보기도 함.
• 처리 방법
· 동음설: '동사+-게'와 '형용사+-게'를 이질시
· 다의설: '-게'는 모두 본질적으로 같고 보조적 연결어미 기능이 기본이고 나머지 기능은 이에서 파생된 것으로 보는 관점. (보조적 기능이 형용사에 번져 부사형의 기능을 띠기도 하고 극단적으로 파생적인 성격도 띤 것으로 처리)
cf) 다의설의 근거
 – 동사에 보조적으로 쓰이는 예가 30%를 넘고 형용사에 붙는 경우 역시 논항을 요구하는 것과 그렇지 않은 것이 섞여 있어서 어느 하나를 기준으로 정하기가 어려움.
 – 역사적으로 형용사나 동사가 부사적으로 사용될 때에는 '-이'가 지배적이었는데 후세로 올수록 '-게'를 취하는 경향이 늘어나고 있으며 미래시제 '-겠-'의 변화 과정을 설명하는 데에도 '-게'의 기능을 보조적으로 보는 것이 합리적임.

④ 어미 결합의 제약
❶ 특정 어미가 선행 어간의 종류에 따라 결합이 제약
가. 형용사와 결합 제약
    ㈎ 현재 시제 및 직설법 선어말 어미: -는/ㄴ-, -느-, -는구나, -는
    ㈏ 명령형 및 청유형 어미: -어라/아라, -자
    ㈐ 약속법 및 허락법 어미: -(으)마, -(으)려무나
    ㈑ 선후 관계의 연결 어미: -고서, -다 예 *하늘이 푸르고서, *꽃이 희다가
    ㈒ 목적이나 의도를 나타내는 연결 어미: -(으)려고, -느라고, -고자
    ㈓ 두 가지 동작 간의 관계를 나타내는 연결 어미: -자마자, -(으)려다
나. 보조적 연결 어미는 서술격 조사와 연결되지 못함.
    ㈎ *나는 현명한 사람이고 싶었다. → 쓰이기는 하지만 올바른 용법으로 보기 어려움.
❷ 연결 어미에 따라 특정 선어말 어미와의 결합이 제약을 받기도 하고 뒤에 오는 문장의 종류가 제약되기도 함.
가. -고자, -고서, -느라고, -(으)려고, -러
    ㈎ 선행절과 후행절의 주어가 항상 같아야 하는 제약 → 후행절의 주어는 생략됨.
    ㈏ 나는 그 소식을 듣고서 곧 떠날 준비를 하였다. / 사람들이 구경을 하느라고 저렇게

모여 있다.

㉯ *나는 책을 읽고자 그는 도서관에 갔다. / *나는 공부를 하러 그는 학교에 갔다.

나. -고서, -아서/어서, -(으)ㄴ들, -건대, -자, -(으)ㄹ수록

㉮ 선행절과 후행절의 두 사건이 거의 동시에 일어나거나, 선행절 사건이 항상 먼저 일어남을 나타내는 어미

㉯ 시제를 나타내는 '-았/었-, -겠-, -더-' 등의 어미가 붙지 않음.

㉰ *한 시간 동안 일을 했고서 쉬었다. / *그 사람이 떠났자 다른 손님이 들어왔다.

다. -어서/아서(원인), -아야/어야, -느라고, -건만, -거니와, -자

㉮ 명령문이나 청유문이 뒤에 이어지지 못함.

㉯ *비가 와서 학교에 가지 마라. / *시간에 맞춰 오느라고 지름길로 오너라. / *점심을 사 먹느라고 돈을 다 쓰자.

라. -거든

㉮ '-거든'의 경우 평서문이나 의문문이 뒤에 이어지지 못함.

㉯ *비가 그치거든 떠난다. / *비가 그치거든 가니?

마. -느니, -지만, -되

㉮ 의문형과 결합하지 못함.

㉯ 내가 밥을 먹느니 차라리 굶겠니? / *비가 그쳤지만 아직 날이 개지 않았니? / *그녀가 밥을 먹되 반찬은 무엇이니?

❖ 어미의 위상[126]

• 단어 구성 요소가 아니라 통사 구성 요소임.

· 형태론적인 관점에서 보면 어간에 결합하는 것으로 볼 수 있으나 통사론적인 관점에서 보면 문장 전체에 결합하는 것으로 볼 수 있음.

· 어미가 단어에 결합하는 요소라면 단어 밖의 다른 요소와 통사적인 관계를 맺지 말아야 하나 국어의 어미는 단어 이상의 단위와 통사적인 관계를 이룸.

- 아기가 과자를 [[먹][었][다]] → 선행하는 어간의 모음에 따라 '-었-'이나 '-았-'이 선택되는 것으로 보아 '-었-'이 동사 '먹-'에 결합

-[[아기가 과자를 먹]었다], [[아기가 어제/*내일 과자를 먹]었다] → '-었-'이 '어제'와 호응하고 '내일'과 결합하지 않음. 즉 문장이 나타내는 명제 자체를 과거로 만들어 주는 것으로 보아 문장 전체에 결합

-[[바람이 불]고] [낙엽이 떨어지]]었다] → '-었-'이 '바람이 불-', '낙엽이 떨어지-'의 두 사건을 과거로 만들어 줌.

❖ 어미와 조사[127]

• 공통점

· 단어 이상의 단위에 결합하여 문법적 의미를 더해 줌. → 형태상으로는 단어에 결합하지만 의미기능상으로는 단어 이상의 단위에 결합

· 여러 개가 연속해서 결합할 수 있음.

• 차이점

· 조사는 주로 체언류에 결합하여 상대적으로 자립성이 높지만 어미는 반드시 용언 어간에 후행하여 자립성이 상대적으로 낮음.

· 어미는 용언 어간에 필수적으로 결합해야 하지만 조사는 체언 뒤에 수의적일 수 있으므로 조사가 어미에 비해서는 더 자립적이라고 할 수 있음.

· 조사는 독립된 품사(별개의 단어)로 보지만 어미는 조사와 달리 독립된 품사로 보지 않음.

2 **용언의 활용**

(1) 어간에 어미가 붙어 문장의 성격을 바꾸는 일

(2) 용언인 동사, 형용사와 서술격 조사가 활용을 함. 다만 활용의 양상에서 차이를 보임.

① 직설법 내지 현재 시제 선어말 어미인 '-느-', '-(느)ㄴ'의 결합 여부

  ❶ 동사에서는 '-(느)ㄴ다, -느냐, -는, -는구나'가 사용

  ❷ 형용사에서는 '-다, -(으)냐, -(으)ㄴ, -구나'가 사용

② 형용사에서는 결합할 수 없는 어미가 존재함.

  ❶ 종결 어미: 명령형 '-아라/어라', 청유형 '-자'와 결합할 수 없음.

  ❷ 연결 어미: 의도를 나타내는 '-(으)려', 진행을 나타내는 '-고 있다'와 결합할 수 없음.

❖ 의문형 어미 '-느냐'와 '-(으)냐'의 사용[128]

• 동사 어간에는 '-느냐', 형용사 어간에는 '-(으)냐'가 결합됨. → 최근에는 이러한 구분과 상관없이 '-냐'로만 쓰이는 경향이 있음. '-느냐'와 '-(으)냐'는 예스러운 느낌을 줌.

❖ '이다'와 '아니다'의 활용 양상

• 대체로 형용사와 비슷한 활용 양상을 보임.

형용사	이다	아니다
달이 밝다.	이것은 연필이다.	이것은 연필이 아니다.

달이 밝니?	이것은 연필이니?	이것은 연필이 아니니?
밝은 달이	연필인 이것	연필이 아닌 이것

• 감탄형에서 차이를 보임.

형용사	이다	아니다
달이 밝구나.	이것은 연필이구나. 이것은 연필이로구나.	이것은 연필이 아니구나. 이것은 연필이 아니로구나.

❖ '있다', '없다'의 활용[129]

• '있다'와 '없다'는 활용의 방식이 일정하지 않음.
 · 학자에 따라 때로는 형용사, 때로는 동사에 일치하는 활용형을 보여 준다는 형식상의
독자성과, 존재라는 의미상의 특수성을 고려하여 존재사로 편입하기도 함.
 · 학자에 따라 종결 평서형이 다른 활용형보다 더 기초적이라는 점에 착안하여 형용사에
편입

	평서형	감탄형	의문형	관형사형
있다	물이 있다.	물이 있구나.	물이 있느냐?	물이 있는 곳
없다	물이 없다.	물이 없구나.	물이 없느냐?	물이 없는 곳
	형용사와 유사 (물이 맑다.)	형용사와 유사 (물이 맑구나.)	동사와 유사 (물이 움직이느냐?)	동사와 유사 (물이 흐르는 곳)

• '있다'를 소유의 의미를 지닌 것과 존재(소재)의 의미를 가지는 것으로 구분하기도 함.
 · '소재'의 의미를 지닌 '있다'는 동사, '소유'의 의미를 지닌 '있다'와 '없다'는 형용사로
처리하는 견해 → 실제 높임말에서도 '소재'의 '있다'는 '계시다'로, '소유'의 '있다'는 '있
으시다'에 해당한다는 점에서 차이를 보임.

	평서형	감탄형	의문형	관형사형	명령형	청유형
소재의 '있다'	집에 있는다. (동사)	집에 있는구나. (동사)	집에 있느냐? (동사)	집에 있는 (동사)	집에 있어라. (동사)	집에 있자. (동사)
소유의 '있다'	돈이 있다. (형용사)	돈이 있구나. (형용사)	돈이 있느냐? (동사)	돈이 있는 (동사)	*돈이 있어라. (형용사)	*돈이 있자. (형용사)
'없다'	돈이 없다. (형용사)	돈이 없구나. (형용사)	돈이 없느냐? (동사)	돈이 없는 (동사)	*돈이 없어라. (형용사)	*돈이 없자. (형용사)

(3) 활용의 불완전성
① 용언 중에는 활용이 불완전하여 특정 어미와만 결합하는 것이 있음. → 이러한 소수의 동

사를 불완전 동사, 전통 문법에서는 불구 동사로 불러 왔음.

❶ 데리다: 동생을 <u>데리고</u> 간다. / 동생을 <u>데려</u> 간다. / *동생을 <u>데린다</u>. / *동생을 <u>데려라</u>. / *동생을 <u>데리느냐</u>? cf) 선생님을 <u>모시고</u> 간다. / 선생님을 <u>모시러</u> 간다. / 선생님을 <u>모신다</u>. / 선생님을 <u>모셔라</u>. / 선생님을 <u>모시느냐</u>?

❷ 대하다(~에 대한), 비롯하다(~을 비롯한), 관하다(~에 관한), 의하다(~에 의한), 위하다(~을 위한), 말미암다(~에 말미암아), 즈음하다(~에 즈음하여), 더불다(~과 더불어) → 조사 '에, 를, 과' 뒤에 쓰이면 활용 형태가 '-ㄴ, -어' 등에 국한되어 제한적으로 쓰임.

⑷ 활용의 규칙성과 불규칙성

① 규칙 활용

❶ 어간에 어미가 붙어 활용할 때에 어간과 어미의 모습이 일정하거나, 동일한 환경에서 예외 없이 자동적으로 교체가 되어 예측 가능한 활용

❷ 어간과 어미의 형태가 변하더라도 그에 대한 규칙만 알고 있으면 그 변화를 예측할 수 있으면 규칙 활용으로 처리함.

가. 형태가 변하지만 예측이 가능한 어간의 교체

㈎ 평파열음화나 자음군 단순화에 의한 어간의 교체 (모음 어미 앞에서 본래의 음가대로 발음되던 것이 자음 어미 앞에서는 이른바 대표음으로 귀착)

    ㉮ 옷은~온도, 밖에서~박도

    ㉯ 넋이~넉조차, 값을~갑부터

㈏ 자음 동화에 의한 어간의 교체

    ㉮ 잡아~잠는, 덮어~덤는

    ㉯ 믿어~민네, 벗으니~번는다

    ㉰ 먹어~멍는, 겪어~경는다

㈐ '으' 탈락

    ㉮ 한글 맞춤법에서는 불규칙 활용으로 다루었으나 탈락 규칙을 알고 있으면 예측이 가능하여 목록을 제시할 필요가 없기 때문에 규칙 활용으로 간주

    ㉯ '으'로 끝나는 용언이 모음 어미와 결합할 때 어간의 끝 모음 '으'가 탈락하는 현상

        • 쓰고~ㅆ어(써), 크지~ㅋ어(커)

        • 담그고~담ㄱ아(담가), 아프다~아ㅍ아(아파)

        • 따르고~따ㄹ아(따라), 다다르면~다다ㄹ아(다다라), 치르고~치ㄹ어(치러), 들르면~들ㄹ어(들러)

㈑ 'ㄹ' 탈락

    ㉮ 한글 맞춤법에서는 불규칙 활용으로 다루었으나 탈락 규칙을 알고 있으면 예측이

가능하여 목록을 제시할 필요가 없기 때문에 규칙 활용으로 간주

㈎ 어간의 끝 자음 'ㄹ'이 'ㄴ'으로 시작하는 어미나 매개 모음을 요구하는 어미인 '-ㄴ, -ㅂ-, -오, -(으)시-' 앞에서 탈락하는 현상

- 놀다~노는~논, 놉니다, 노시다

cf) 사람에 따라 '울은, 알은, 날으는' 등 'ㄹ'을 탈락시키지 않기도 하지만 이는 표준어로 인정되지 않음.

나. 형태가 변하지만 예측이 가능한 어미의 교체

㈎ 모음 조화에 따른 어미 교체

- 어간의 모음이 'ㅏ, ㅗ'로 되어 있으면 '아' 계열의 어미가 선택되고, 그 이외의 어간 모음 아래에서는 '어' 계열의 어미가 선택

· 잡아라, 보아라~먹어라, 개어라

cf) 예외: 2음절 이상의 'ㅂ' 불규칙 용언 예 도와라~아름다워라, 괴로워서

㈏ 매개 모음 현상

- 모음이나 'ㄹ' 이외의 자음으로 끝나는 어간과 '-ㄴ, -ㄹ, -오, -시, -ㅁ'의 어미가 결합할 때에 사이에 모음 '으'가 덧들어간 현상 → 이 모음을 덧들어갔다 하여 매개 모음, 또는 소리를 고루는 기능을 가졌다고 하여 고룸소리 또는 조성 모음이라고 함.

예 잡은, 잡을, 잡으러, 잡으시고, 잡음~간, 갈, 가오, 가시고, 감~운, 울, 우오, 우시고, 욺

· '-ㄴ'은 관형사형을 일차적으로 가리키지만 '-니, -냐, -ㄴ가'를 포함함. 다만 '-느-'로 된 어미나 이의 준말인 '-니'는 제외됨. 예 먹는, 먹느냐, 먹니

· '-ㄹ'은 관형사형 어미와 'ㄹ'로 시작하는 어미 '-리라, -려고, -러' 등을 포함함. 예 잡을, 잡으리라, 잡으려고

· '-ㅁ'은 명사형 어미와 'ㅁ'으로 시작하는 어미 '-마, -며' 등을 포함함. 예 먹음, 먹으마, 먹으며

❖ 매개 모음 '으'에 대한 다른 견해[130]

- 생성 음운론에서는 모음 '으'가 끼어드는 것이 아니고 기저의 단계에 모음 '으'가 있었던 것인데 모음과 'ㄹ' 받침으로 된 어간 아래에서 탈락하는 것으로 설명

· 매개 모음을 인정하지 않음. → 자음 뒤에서 실현되는 형태를 기본형으로 잡는 설명 방식

· '가은, 갈을, 가읍니다'에서 '으'가 탈락하여 '간, 갈, 갑니다'로 실현

❖ 예측 가능성과 규칙 활용[131]

- '으' 탈락 현상이나 'ㄹ' 탈락 현상은 다음 모음으로 끝나는 어간, 다른 자음으로 끝나는

어간과 비교했을 때 예외가 되므로 그 활용 양상이 불규칙적인 성격을 지니고 있음.

· 규칙적 교체를 엄격히 보는 입장에서는 국어의 음운 규칙으로 설명할 수 없는 교체는 불규칙적 교체로 간주함. → 국어에 모음 '으' 뒤에 모음이 이어지지 못한다는 제약이나 자음 'ㄹ' 뒤에 '으'가 이어지지 못한다는 제약이 없으므로 '으' 탈락 용언이나 'ㄹ' 탈락 용언은 국어의 음운 규칙으로 설명할 수 없는 불규칙적 교체가 됨. 예 쓰이다, 졸음

• 입력('으'로 끝나는 어간, 'ㄹ'로 끝나는 어간), 적용 환경(모음 어미 앞, 매개 모음 어미나 'ㄴ'으로 시작하는 어미 앞), 결과('으' 탈락, 'ㄹ' 탈락)을 일반화하여 규칙으로 제시할 수 있고, 규칙을 알면 활용형을 예측할 수 있다는 점에서 규칙적 교체로 간주

② **불규칙 활용**

❶ 어간의 불규칙성

가. 'ㅅ' 불규칙 활용

   ⑺ 어간의 끝 자음 'ㅅ'이 모음으로 시작하는 어미 앞에서 떨어지는 현상

   ⑷ 짓고, 짓지, 짓더라~지어, 지으니 cf) 벗고, 벗지, 벗더라, 벗어, 벗으니

   ㈐ 'ㅅ' 불규칙 용언과 규칙 용언

      ㉮ 'ㅅ' 불규칙 용언

         ㉠ 동사: 짓다, 잇다, 젓다, 긋다, 낫다, 잣다, 붓다…

         ㉡ 형용사: 낫다

      ㉯ 'ㅅ' 규칙 용언

         • 동사: 벗다, 빗다, 빼앗다, 씻다, 솟다…

❖ **'ㅅ' 불규칙 활용에 대한 규칙적 설명**[132]

• 생성 음운론에서는 추상적인 기저 음운을 설정함으로써 불규칙 활용을 규칙 활용으로 설명

· 불규칙 용언의 'ㅅ'의 음가를 무성음 /s/로 보고 그것이 모음 사이에서 유성음 /z/로 바뀌어 탈락한다고 설명하는 견해

  - 규칙 용언의 'ㅅ'은 'ㅍ, ㅌ, ㅋ'와 같은 유기음 계열이고, 불규칙 용언의 'ㅅ'은 유성음 사이에 나타나는 'ㅂ, ㄷ, ㄱ'와 같은 평음이라는 것

  - 'ㅂ, ㄷ, ㄱ'가 유성음 /b, d, g/로 바뀌는 것은 규칙 활용이듯이 /s/이 /z/로 바뀌어 탈락하는 것 역시 규칙적이라 설명

· 'ㅅ' 불규칙 용언 어간의 끝소리를 /z/로 잡아 삭제시킴으로써 규칙성을 설명하는 견해

나. 'ㄷ' 불규칙 활용

㉮ 어간의 끝 자음 'ㄷ'이 모음으로 시작하는 어미 앞에서 'ㄹ'로 바뀌는 현상

㉯ (남에게) 묻다, 묻지, 묻더라~물어, 물으니 cf) (땅에) 묻다, 묻지, 묻더라, 묻어, 묻으니

㉰ 'ㄷ' 불규칙 용언과 규칙 용언

    ㉮ 'ㄷ' 불규칙 용언

        ㉠ 동사: 묻다, 듣다, 걷다, 일컫다, 눋다, 깨닫다, 붇다, 싣다…

        ㉡ 형용사: 없음.

    ㉯ 'ㄷ' 규칙 용언

        • 동사: 묻다, 닫다, 돋다, 믿다, 쏟다, 얻어…

❖ 'ㄷ' 불규칙 활용에 대한 규칙적 설명[133]

• 생성 음운론에서는 추상적인 기저 음운을 설정함으로써 불규칙 활용을 규칙 활용으로 설명

 · '물-'을 기본 형태로 삼아 자음 어미 앞에서는 폐구 조음 원칙에 의해 '묻-'으로 바뀐다고 설명

   - 폐구 조음 원칙: 받침 규칙에 의한 내파 현상

다. 'ㅂ' 불규칙 활용

㉮ 어간의 끝 자음 'ㅂ'이 모음으로 시작하는 어미 앞에서 /w/로 바뀌는 현상

㉯ 돕고, 돕지, 돕더라~도와, 도우니 cf) 뽑고, 뽑지, 뽑더라, 뽑아, 뽑으니

㉰ 'ㅂ' 불규칙 용언과 규칙 용언

    ㉮ 'ㅂ' 불규칙 용언

        ㉠ 동사: 돕다, 굽다, 깁다. 눕다, 줍다…

        ㉡ 형용사: 덥다, 춥다, 곱다, 접미사 '-답다, -롭다, -스럽다, -업다'가 붙는 말

    ㉯ 'ㅂ' 규칙 용언

        ㉠ 동사: 뽑다, 씹다, 입다, 잡다, 접다…

        ㉡ 형용사: 굽다, 좁다…

❖ 'ㅂ' 불규칙 활용에 대한 규칙적 설명[134]

• 생성 음운론에서는 추상적인 기저 음운을 설정함으로써 불규칙 활용을 규칙 활용으로 설명

 · /w/를 가진 불규칙 활용의 어간을 대표 형태로 삼아 그것이 자음 어미 앞에서는 /p/로

바뀐다고 설명

라. '르' 불규칙 활용

　㈎ '르'로 끝나는 어간이 모음으로 시작하는 어미 앞에서 모음 'ㅡ'가 탈락하고 'ㄹ'이
　덧생기는 현상

　㈏ 흐르고, 흐리지, 흐르더라~흘러　cf) 치르고, 치르지, 치르더라, 치러

　㈐ '르' 불규칙 용언과 규칙 용언

　　㉮ '르' 불규칙 용언

　　　㉠ 동사: 흐르다, 가르다, 고르다, 나르다, 누르다, 기르다, 모르다, 오르다, 이르
　　　다, 찌르다…

　　　㉡ 형용사: 게으르다, 고르다, 다르다, 바르다, 빠르다, 부르다, 이르다…

　　㉯ '르' 규칙 용언

　　　㉠ 동사: 따르다, 치르다, 다다르다, 들르다, 우러르다, 잦추르다

　　　㉡ 형용사: 푸르르다

❖ '르' 불규칙 활용에 대한 다른 견해[135]

• '르'이 덧생기는 현상을 어간의 변이로 보는 의견과 어미의 변이로 보는 의견이 존재함.
　· 어간의 변이로 보는 이유: 'ㄹ'을 어미의 일부분으로 보게 되면 '-러'나 '-라'로 시작되
는 어미가 생기게 되어 어미 체계가 복잡해짐.

❖ '르' 불규칙 활용에 대한 규칙적 설명[136]

• 처음부터 구어체에서 흔히 쓰이는 '흘르-', '불르-' 등으로 잡아 모음 어미 앞에서 '으'
가 탈락한다고 설명함.

마. '우' 불규칙 활용

　㈎ 'ㅜ'로 끝나는 어간이 모음 어미 앞에서 탈락하는 현상

　㈏ 푸고, 푸지, 푸더라~퍼　cf) 주고, 주지, 주더라, 주어

　㈐ '우' 불규칙 용언과 규칙 용언

　　㉮ '우' 불규칙 용언

　　　㉠ 동사: 푸다

　　　㉡ 형용사: 없음.

　　㉯ '우' 규칙 용언

　　　　ⓛ 동사: 주다, 추다, 두다…

❖ '우' 불규칙 활용에 대한 역사적 설명[137]

• '푸다'의 중세 국어 형태는 '프다'였음. → 만일 '푸'가 아닌 '프'로 어간의 형태를 보게 되면 이는 규칙 활용으로 설명이 가능함.
　· 양순음 뒤에서 'ㅡ'가 'ㅜ'로 변하는 원순모음화 현상을 겪어 '프다>푸다'가 됨.
　· '푸다'가 모음 어미 앞에서 '풔서'가 아니라 '퍼서'가 되는 것은 이전 시기 '프다'의 '으' 탈락 현상을 따라가는 화석형이라 할 수 있음.

❖ 보충법적 교체[138]

• 보충법적 교체란 그 형태를 완전히 바꾸는 것으로 불규칙적 교체의 가장 극단적인 양상
　· 특정 형태소 앞에서 나타나므로 형태론적 조건에 의한 교체이자 비자동적 교체임.
　· 어떤 방식으로도 규칙화가 불가능한 불규칙적 교체임.
• '주다'의 보충법
　· '주다'의 두 가지 용법 중 '자기에게 건네다'의 의미로 쓰이는 '주-'가 해라체와 하라체에서 '다-/달-'로 보충

의미	합쇼체	하오체	하게체	해라체	해체	해요체	하라체
남에게 건네다 (혜미에게 주다)	주십시오	주오	주게	주어라	주어	주어요	주라
자기에게 건네다 (나에게 주다)	″	″	″	다오	″	″	달라

　· '다-'는 '달-'이 어미 '-오' 앞에서 'ㄹ'이 탈락한 것으로 보임. 실제 'ㄹ' 받침을 가진 용언이 하오체의 명령형 어미 '-오' 앞에서 'ㄹ'이 탈락함.
　· '다-/달-'은 해라체와 하라체의 명령형 어미 '-오, -라' 앞에서 나타나므로 다른 상대 높임법에서 나타나는 '주-'와 형태론적으로 조건 지어져 있는 것임. ('다오'에 쓰이는 '-오'는 형태가 하오체의 명령형 어미이지만 실제 기능은 해라체의 명령형 어미라 할 수 있음.)
　· 구어체에서는 '이리 주라'라고 하여 '다오'가 아닌 '주라'를 쓰기도 하지만 표준어로 인정되지는 않음.
• '아니하다(않다)'의 보충법
　· 특정 어미 앞에서 어간이 '말-'로 보충됨. → 형태론적으로 조건 지어진 이형태
　　- 평서형 의문형, 감탄형에서는 '않-'이 쓰임. 예 (먹지) 않는다, 않느냐, 않는구나
　　- 명령형, 청유형과 반복성을 띤 대등적 연결형에서 '말-'이 쓰임. 예 (먹지) 말아라, 말

자, (먹든지) 말든지

❖ '않다'와 '말다'의 이형태 관계에 대한 다른 견해[139]

• '말-'은 '않-'의 보충법적 이형태로 보는 견해가 존재하는 반면에 이형태로 보기 어렵다는 견해도 존재함.

· '-거나 말거나, -거니 말거니, -나 마나, -든지 말든지, -을까 말까' 등의 '말다'는 본용언이므로 본용언 '않다'와 이형태 관계라 할 수 있지만 본용언 '않다'는 동사인데, 본용언 '말다'는 '예쁘거나 말거나'와 같이 형용사의 부정에도 쓰이기 때문에 서로 비슷한 의미를 지니지만 다른 형태소일 가능성이 높음.

· 보조 용언 '않다'와 '말다'의 경우 상보적 분포를 보이지 않은 경우가 있어 이들의 이형태 관계에 대해 논란의 여지가 존재함.

  − 나는 나영이가 학교에 가지 {않기를/말기를} 바란다. 나는 나영이가 학교에 가지 {않았으면/말았으면} 좋겠다.

  − 비가 오지 {않아야/말아야} 할 텐데.

❷ 어미의 불규칙성

가. '여' 불규칙 활용

  ㈎ '하-'로 된 용언이나 그것이 붙어서 이루어진 용언에 '-어' 계열의 어미가 '-여' 계열의 어미로 변하는 현상

  ㈏ 하여, 하여라, 하였다 cf) 파(파아), 팠다(파았다)

  ㈐ '하-'는 어간과 어미가 화합하여 '해'로 바뀌기도 함. 예) 해, 해라, 했다

  ㈑ '여' 불규칙 용언

    • '하다'나 '하다'가 결합한 용언

나. '러' 불규칙 활용

  ㈎ '르'로 끝나는 몇몇 용언에서 '-어' 계열의 어미가 '-러' 계열의 어미로 변하는 현상

  ㈏ 이르러, 이르러서, 이르렀다(至) cf) 일러, 일러서, 일렀다(謂, 早)

  ㈐ '러' 불규칙 용언

    ㉮ 동사: 이르다

    ㉯ 형용사: 노르다, 누르다, 푸르다

❖ '러' 불규칙 활용에 대한 다른 설명[140]

• '이르러'에서 '러'의 'ㄹ'을 어간의 일부분으로 보아 '이를어'로 해석

- 설명의 장점: 어미 체계가 간결해짐.
  - 설명의 단점: '-고, -지, -면' 앞에서 'ㄹ'이 떨어지는 현상을 설명할 수 없음. → 'ㄹ' 탈락의 환경이 아님. 예 이르고, 이르지, 이르면
- 통시적으로 볼 경우 어미가 아니라 어간이 변한 결과임. → 규범 문법에서는 공시적인 활용 양상을 고려하여 어미가 바뀌는 것으로 다룸.
  - '이르다'의 중세 어형은 '니르다~니를다'였는데 '니를-'에 어미가 결합하면서 '니르러서'가 됨. → 현대 국어의 '러'는 어미가 아니라 어간에서 유래한 것임.
  - '니르다', '누르다'의 중세 어형은 실제 '니를다, 누를다'로 'ㄹ' 받침을 지니고 있었음.

❖ **명령형 어미의 불규칙 활용**[141]

'-거라' 불규칙
- 명령형 어미 '-아라'가 아닌 '-거라'를 취하는 현상
  - 가거라 cf) 사라(사아라)
- 명령형에 국한된 현상으로 동사에서만 일어남.
  - '거라' 불규칙 용언: 가다, 자다, 자라다, 일어나다, '가다'가 붙은 합성어
- 구어체에서는 '-아라'를 취하는 경향이 있고, 일반적인 규칙 용언 역시 의고적인 표현을 위해 '-거라'를 취하기도 함.
  - '거라' 불규칙 용언이 '-아라'를 취함: 가라, 자라, 자라라, 일어나라
  - '거라' 규칙 용언이 '-거라'를 취함: 있거라, 서거라, 듣거라, 앉거라
- 7차 교육과정에 근거한 고등학교 문법(2002)부터는 규칙 활용으로 처리
- 『표준국어대사전』에서도 '-거라'를 '-아라/어라'보다 예스러운 느낌을 주는 명령형 어미로 처리

'-너라' 불규칙
- 명령형 어미 '-아라'가 아닌 '-너라'를 취하는 현상
  - 오너라 cf) 보아라(보아라)
- 오다' 및 '오다'가 붙은 합성어에서만 일어남. → '-거라'가 다른 용언에도 나타나는 것과 차이
  - '너라' 불규칙 용언: 오다, 나오다, 들어오다
- '-너라'가 '-ㄴ'으로 줄어지기도 함. 예 이리온
- 최근에는 '-아라'가 결합한 형태로 쓰임. 예 와라
- 『표준국어대사전』에서도 '-너라'를 '-아라/어라'보다 예스러운 느낌을 주는 명령형 어미로 처리

'-오' 불규칙

- '주다'가 '다/달-'로 보충될 때 명령형 어미 '-어라'가 아닌 '-오'를 취하는 현상
  · 다오(자기에게 건네다) cf) 주어라(남에게 건네다)

❖ **패러다임의 평준화[142]**

- 불규칙 활용이 규칙 활용으로 변하는 현상 → 아직 표준어로는 인정받지 못함.
  · 최근 '자기에게 건네다'를 의미하는 '다오'가 최근 '남에게 건네다'와 마찬가지도 '주어라(줘라)'로 나타나는 현상
  · 최근 '가거라', '오너라'가 '가라, 와라'로 통합되는 현상
  · '밥을 퍼고 있다', '도우고 있다', '날으는 자동차'
- 패러다임의 평준화 현상과 반대되는 현상이 일어나기도 함. → 규칙 활용이 불규칙 활용으로 변하기도 함.
  · 놀라다, 바라다: '놀라, 놀라서, 놀랐다', '바라, 바라서, 바랐다'의 규칙 활용형 대신에 '놀래, 놀래서, 놀랬다', '바래, 바래서, 바랬다'의 불규칙 활용형으로 쓰이는 것이 일반적임.

❸ 어간과 어미의 불규칙성

가. 'ㅎ' 불규칙 활용

(개) 'ㅎ' 받침을 가진 용언이 매개 모음을 요구하는 어미나 모음 어미 앞에서 'ㅎ'이 탈락하거나 '-아/어' 계열의 어미가 어간의 모음과 화합하여 '-애/에' 계열의 어미로 변하는 현상

(내) 파란, 파라면, 파래지다 cf) 좋은, 좋으면, 좋아지다

  ㉮ 파란, 파라면: 어간의 'ㅎ'이 탈락함 → 어간의 불규칙 활용

  ㉯ 파래지다: 어간의 모음 'ㅏ/ㅓ/ㅑ/ㅕ'가 어미 '-아'와 화합되어 'ㅐ/ㅔ/ㅒ/ㅖ'로 변함. → 어간과 어미의 불규칙 활용

(대) 'ㅎ' 불규칙 용언과 규칙 용언

  ㉮ 'ㅎ' 불규칙 용언

  - 형용사: 까맣다, 노랗다, 빨갛다, 누렇다, 보얗다, 뻘겋다, 부옇다 등 접미사 '앟/엏'이 붙은 말

  ㉯ 'ㅎ' 규칙 용언

  ㉠ 동사: 낳다

  ㉡ 형용사: 좋다, 많다

③ 용언의 종류

⑴ 동사와 형용사

① 동사

❶ 사람인 사물 따위의 동작이나 작용을 과정적으로 나타내는 말 cf) '학생들이 책을 읽는다, 해가 솟는다'는 움직임을 과정적으로 나타내는 반면에 '독서는 책을 읽는다는 뜻이다, 일출은 해가 솟는다는 뜻이다'는 움직임을 과정으로 나타내지 않고 대상으로 파악하기 때문에 동사가 아님.

　　가. 구체적인 움직임(동작): 읽다, 잡다, 던지다, 뛰다…

　　나. 추상적인 움직임(동작): 사랑하다, 믿다, 생각하다…

　　다. 움직임을 지닌 상태(동작): 자다, 살다, 쉬다, 앓다…

　　라. 자연의 움직임(작용): 흐르다, 피다, 솟다… → 명령문과 청유문의 성립이 어려움. 예 *물아 흘러라, *물아 흐르자

❷ 동사의 하위 분류

　가. 자동사: 목적어를 가지지 않는 동사 (움직임이 주어에만 미치는 동사)

　　⑺ 본래부터 자동사인 것: 앉다, 눕다, 서다, 돌다, 남다 …

　　⑻ 타동사가 자동사가 된 것: 보이다, 먹히다, 쫓기다, 들리다 …

　나. 타동사: 목적어를 가지는 동사 (움직임이 주어 이외의 목적에도 미치는 동사)

　　⑺ 본래부터 타동사인 것: 먹다, 깎다, 넣다, 주다 …

　　⑻ 자동사에서 타동사가 된 것: 앉히다, 눕히다, 남기다, 세우다, 웃기다 …

(대) 타동사에서 다시 타동사가 된 것: 먹이다, 읽히다, 지우다, 맡기다 …

❖ **자타 양용 동사**[145]

• 하나의 동사가 자동사와 타동사로 모두 쓰이는 것 → 중립 동사 또는 능격 동사라 하기도 함.
· 그치다: 아기의 눈물이 그쳤다(자동사), 어머니가 아기의 눈물을 그쳤다(타동사)
· 멈추다: 차가 멈추었다(자동사), 그가 차를 멈추었다(타동사)
· 움직이다, 울리다, 다치다, 휘다

❖ **'가다'의 자동사와 타동사 견해**[146]

• 그는 학교에 갔다. (자동사) / 그는 학교를 갔다. (타동사)
· '을/를'이 붙은 말을 목적어로 보느냐 보지 않느냐의 문제와 관련
· 타동사 인정 견해: '학교를'이 '를'을 가지고 있으며, 대상성의 의미를 지니고 있음.
· 타동사로 볼 수 없다는 견해: '을/를'이 목적격 이외에 보조사로서 강조의 의미를 지니기 때문에 목적어로 볼 수 없음. '학교에를'도 가능하다는 것도 '를'의 결합이 반드시 목적어를 표시한다고 보기 어렵다는 것을 증명

❖ **지시 동사**[147]

• 앞서 나온 동사를 되받는 동사
· 이러다, 그러다, 저러다
  - 화자와 청자를 축으로 하여 주체의 동작을 대용하는 기능
  - 이리하다, 그리하다, 저리하다의 준말
cf) '이렇게 말하다, 그렇게 말하다, 저렇게 말하다'의 의미를 지니는 '이러다, 그러다, 저러다'는 지시어의 성격이 있기는 하지만 일반적으로 지시 동사로 다루지는 않음.
· 어찌하다
  - 미지(너는 <u>어찌하여</u> 이곳까지 왔니?)나 부정(<u>어찌하여</u> 여기까지 오게 됐어.)의 의미

② 형용사
❶ 사람이나 사물 따위의 성질이나 상태를 상태적, 정지적으로 나타내는 말
cf) '이 약은 맛이 쓰다, 오늘은 마음이 즐겁다'는 주체의 성질, 상태를 상태적, 정지적으로 표시하는 반면에 '누구든지 고난을 이겨 내야 한다, 즐거움을 만끽하였다'는 성질이나, 상태를 의미하지만 그것을 대상으로만 파악하기 때문에 형용사가 아님.

cf) '가을 하늘은 매우 푸르다, 그는 슬프다'는 특정 시점에서 단순하게 상태를 파악하기 때문에 형용사인 반면에 '날이 개고 하늘이 푸르러졌다, 그는 슬퍼졌다'는 상태의 변화를 전제로 나타내고 있으므로 동사임.

❷ 형용사의 하위 분류

가. 성상 형용사 (대상의 속성이나 상태를 표시하는 형용사)

　㉮ 감각적 의미: 검다, 달다, 시끄럽다, 거칠다, 차다, 빠르다, 멀다, 높다 …

　㉯ 화자의 대상에 대한 평가: 착하다, 모질다, 아름답다, 성실하다 …

　㉰ 비교: 같다, 다르다, 낫다 …

　㉱ 존재: 있다, 없다

　㉲ 화자의 심리 상태: 고프다, 아프다, 싫다, 좋다 …

❖ 주관성 형용사와 객관성 형용사[148]

성상 형용사를 '심리 상태'를 나타내는 주관성 형용사와 '감각, 평가, 비교, 존재' 등의 객관성 형용사로 나누기도 함.

주관성 형용사

• 주어의 의미역이 경험주인 경우가 많음. 예 철수는 매우 슬프다

• '-어 하다'가 붙어 형용사문을 동사문으로 바꿀 수 있음. 예 나는 철수가 좋다 → 나는 철수를 좋아한다

• 심리 형용사, 느낌 형용사라고도 함.

객관성 형용사

• 주어의 의미역이 대상이거나 처소인 경우가 많음. 예 달이 매우 밝다, 교실 안이 시끄럽다

• '-어 하다'가 붙어 형용사문을 동사문으로 바꿀 수 없음. 예 '날씨가 참 좋다. → *날씨를 참 좋아하군.'

주관성 형용사와 객관성 형용사의 경계를 짓기가 어려움.

• 하나의 형용사가 주관성 형용사와 객관성 형용사로 통용되기 때문임.

·이 커피가 너무 달다(객관성). / 나는 이 커피가 너무 달다(주관성).

·호랑이는 무섭다(객관성). / 나는 호랑이가 무섭다(주관성).

나. 지시 형용사 (성상 형용사로 표현된 말을 지시하는 형용사)

　㉮ 화자와 청자를 축으로 하여 주체의 성질이나 상태를 대용하는 형용사

　　• 이러하다, 그러하다, 저러하다(이렇다, 그렇다, 저렇다)

(개 미지와 부정의 형용사
  • 어떠하다, 아무러하다(어떻다, 아무렇다)

❖ **동사와 형용사의 품사 통용**[149]

• 동사 가운데 형용사와 성격을 같이 하는 것이 존재하여 구분이 쉽지 않음.
  · 맞다
    - 동일한 의미를 지니면서 동사 활용의 특성과 형용사 활용의 특성을 모두 지님.
    - 종결형에서는 동사와 형용사로 통용되고 관형사형에서는 동사의 성격을 띠고 있어
   『표준국어대사전』에서는 동사로 처리   예 이 옷은 나에게 꼭 맞는다/맞다, 꼭 맞는 옷
  · 기막히다, 힘들다, 결리다, 모자라다
    - 동일한 의미를 지니면서 동사 활용의 특성과 형용사 활용의 특성을 모두 지님.
  · 밝다, 크다, 여물다, 굳다
    - 동사로 쓰일 때와 형용사로 쓰일 때의 의미가 다르므로 품사 통용으로 볼지 동음이의
   어로 볼지 논란의 여지가 있음.
  · 잘생기다, 못나다, 잘나다
    - '-ㄴ/는다', '-는'과 결합하지 못한다는 점에서 형용사적 특성을 지니지만 늘 '-었-'
   과 함께 나타날 수 있다는 점에서 형용사로 보기 어려운 점이 존재

⑵ 본용언과 보조 용언
① 본용언
  ❶ 문장 안에서 독자적으로 서술어 기능을 하는 용언
  ❷ 본용언만으로 문장이 성립함.   예 백두산에 가고 싶다. → 백두산에 간다.
  ❸ 동사의 본용언은 본동사, 형용사의 본용언은 주형용사라는 용어를 사용 → 본동사라는
  말을 흔히 사용하지만 본형용사라는 말이 잘 사용되지 않는 것은 보조 형용사의 수가 많지
  않을뿐더러 대부분 본용언과 관련을 맺을 수 없기 때문임.
② 보조 용언
  ❶ 본용언과 함께 쓰여 흔히 문법적인 의미를 더해 주는 용언
  ❷ 보조 용언만으로는 문장이 성립하지 않음.   예 백두산에 가고 싶다. → *백두산에 싶다.
  ❸ 부정법, 피동·사동법, 동작상의 문법 범주를 형성하기도 하며, 화자의 태도와 결부되기
  도 함.
  ❹ 보조 용언의 분류
  가. 보조 동사

㈎ 진행

　㉮ (-어) 가다: 이제 청소를 다 해 <u>간다</u>.　cf) 학교로 <u>간다</u>.

　㉯ (-어) 오다: 아침 햇빛이 점점 밝아 <u>온다</u>.　cf) 집으로 <u>온다</u>.

　㉰ (-고) 있다: 지금 편지를 쓰고 <u>있다</u>.　cf) 책상 위에 편지가 <u>있다</u>.

　㉱ (-고) 계시다: 아버지께서 편지를 쓰고 <u>계신다</u>.　cf) 아버지께서 방에 <u>계신다</u>.

㈏ 종결

　㉮ (-고) 나다: 밥을 먹고 <u>나서</u> 어디로 가겠니 ? cf) 그는 권투 선수로 이름이 <u>났다</u>.

　㉯ (-어) 내다: 진수는 마침내 자격증을 얻어 <u>냈다</u>.　cf) 있는 힘을 다 <u>냈다</u>.

　㉰ (-어) 버리다: 인수는 운동장으로 나가 <u>버렸다</u>.　cf) 벌써 쓰레기통에 <u>버렸다</u>.

　㉱ (-고야) 말다: 기어이 이루어 내고야 <u>말겠다</u>.

㈐ 봉사

　㉮ (-어) 주다: 조카에게 종이배를 만들어 <u>주었다</u>.　cf) 조카에게 연필을 <u>주었다</u>.

　㉯ (-어) 드리다: 선생님께 원고를 전달해 <u>드렸다</u>.　cf) 선생님께 책을 <u>드렸다</u>.

㈑ 시행

　• (-어) 보다: 나도 한 번 입어 <u>보았다</u>.　cf) 나도 그것을 벌써 <u>보았다</u>.

㈒ 보유

　㉮ (-어) 두다: 공책은 책상 위에 얹어 <u>두었다</u>.　cf) 연필은 책상 위에 <u>두었다</u>.

　㉯ (-어) 놓다: 공책은 책상 위에 얹어 <u>놓았다</u>.　cf) 연필은 책상 위에 <u>놓았다</u>.

　㉰ (-어) 가지다: 그 책을 읽어 <u>가지고</u> 오시오.　cf) 그 책을 <u>가지고</u> 오시오.

㈓ 사동

　㉮ (-게) 하다: 누구를 하게 <u>하느냐</u>?　cf) 누가 <u>하느냐</u>?

　㉯ (-게) 만들다: 그 일을 잘 되게 <u>만들었다</u>.　cf) 내가 직접 <u>만들었다</u>.

㈔ 피동

　㉮ (-어) 지다: 눈부신 업적이 이루어<u>졌다</u>.　cf) 해가 <u>진다</u>.

　㉯ (-게) 되다: 나도 가게 <u>된다</u>.　cf) 일이 잘 <u>된다</u>.

㈕ 부정

　㉮ (-지) 아니하다(않다): 유미는 가지 <u>아니한다</u>(않는다).

　㉯ (-지) 말다: 유미는 가지 <u>말아라</u>.　cf) 더도 말고 다섯 번만 써 오너라.

　㉰ (-지) 못하다: 너는 오지 <u>못한다</u>.　cf) <u>못하는</u> 일이 없다.

　cf) 부정의 보조 용언은 본용언이 동사이면 보조 동사, 본용언이 형용사이면 보조 형용사로 처리

㈖ 강세(또는 반복)

　㉮ (-어) 대다: 너무 놀려 <u>대지</u> 마라.

㉯ (-어) 쌓다: 아이가 울어 쌓는다.

(차) 짐작

• (-어) 보이다: 그 꽃은 좋아 보인다. cf) 그 꽃은 잘 보인다.

(카) 당위

• (-어야) 한다: 하루에 한 알씩 먹어야 한다. cf) 우리는 하루에 한 시간씩 일을 한다.

(타) 시인

• (-기는) 하다: 하루에 한 알씩 먹기는 했다. cf) 우리는 하루에 한 시간씩 일을 했다.

❖ **보조 동사의 식별**[150]

• 보조 동사만으로 문장의 성립 유무 판단

· 본동사를 서술어로 하는 문장은 모두 성립되고, 보조 동사를 서술어로 하는 문장은 성립되지 않음.

- 날씨가 점점 추워 온다: 날씨가 점점 춥다. / *날씨가 점점 온다.
- 먼지를 말끔히 떨어 버렸다: 먼지를 말끔히 떨었다. / *먼지를 말끔히 버렸다.
- 마침내 추위를 이겨 냈다: 마침내 추위를 이겼다. / *마침내 추위를 냈다.

cf) '책을 서가에 꽂아 두었다.'의 경우 '책을 서가에 꽂았다.'와 '책을 서가에 두었다.' 모두 성립이 가능해 보임. → 하지만 그 의미가 일정한 자리에 움직이지 않게 '배치해 두었다'인 만큼 아무 자리에 놓이기만 하면 쓸 수 있는 '책을 서가에 두었다.'라는 표현과 상관성이 부족함. 즉 보조 용언 '두다'의 문장이 성립한다고 볼 수 없음.

나. 보조 형용사

(가) 희망

• (-고) 싶다: 금강산에 가고 싶다.

(나) 부정

㉮ (-지) 아니하다(않다): 오늘은 날씨가 춥지 않다.

㉯ (-지) 못하다: 그 분은 별로 넉넉하지 못합니다.

cf) 부정의 보조 용언은 본용언이 동사이면 보조 동사, 본용언이 형용사이면 보조 형용사로 처리 → 보조 동사와 달리 '말다'가 없는 이유는 형용사에는 명령형과 청유형이 없기 때문임.

(다) 추측

㉮ (-ㄴ가, -는가, -나) 보다: 저 건물이 동대문인가 보다.

㉯ (-는가, -나, -(으)ㄹ까…) 싶다: 지금 생각하니 내가 잘못한 것이 아니었던가 싶다.

(라) 시인

• (-기는) 하다: 그 집이 크기는 <u>하다</u>.

㈎ 지속

• (-어) 있다: 철수는 종일 침대에 누워 <u>있다</u>.

❖ '-(으)면 싶다'와 '-고 싶다'[151]

• '-(으)면 싶다'는 추측의 의미를 나타내기보다는 '-고 싶다'와 마찬가지로 바람이나 희망을 나타냄.

· -(으)면 싶다: 바람의 주체와 행위의 주체가 동일한 경우와 그렇지 않은 경우 모두 쓰일 수 있음.

- 나는 집에 갔으면 <u>싶었다</u>.
- 나는 그가 집에 갔으면 <u>싶었다</u>.

· '-고 싶다': 바람의 주체와 행위의 주체가 동일한 경우에만 쓰임.

- 나는 집에 가고 <u>싶다</u>.

❖ 동사 뒤에 오는 보조 형용사[152]

• 일반적으로 보조 동사는 본동사 뒤에, 보조 형용사는 주형용사 뒤에 옴.

• 예외적으로 동사 뒤에 오는 보조 형용사가 존재함.

· '~가고 싶다', '~먹었나 보다'

· '있다'는 동사 뒤에서 보조 동사로 쓰이기도 하고, 보조 형용사로 쓰이기도 함.

- 먹고 있어라: 보조 동사
- 앉아 있다: 보조 형용사

❖ 본용언의 어미 제약[153]

• 보조 용언과 본용언의 결합 시 일정한 어미를 요구하는 제약이 존재함.

· 가다, 주다: 연결 어미 '-어' 뒤에서만 나타날 수 있음. 다른 연결 어미 아래에 쓰이는 경우 두 개의 본용언이 병치된 것임.

- 어머니가 바구니를 들고 <u>가셨다</u>.: 어머니가 바구니를 들었다 + 어머니가 가셨다. → '-고'는 보조적 연결 어미가 아니라 종속적 연결 어미임.
- 나는 동생에게 앨범을 보고 <u>주었다</u>.: 나는 앨범을 보았다 + 나는 동생에게 앨범을 주었다. → '-고'는 보조적 연결 어미가 아니라 종속적 연결 어미임.

3. 수식언: 관형사, 부사

① 관형사

체언(구) 앞에서 그 체언(구)의 뜻의 분명하게 제한하는 말

⑴ 관형사의 특성

① 체언 이외의 품사를 꾸미지 않음.

• 관형사가 나란히 놓이는 경우에 앞의 관형사가 뒤의 관형사를 꾸미는 것이 아니라 관형사와 명사가 결합한 명사구 전체를 수식   예 '이 헌 책'에서 관형사 '이'는 관형사 '헌'을 꾸미는 것이 아니라 '헌 책'이라는 명사구를 수식

② 격 조사, 보조사 등 어떤 조사와도 결합하지 않으며 어미를 취하지도 않음.

③ 주로 보통 명사를 수식해 주는 역할

❶ 대명사 및 수사와 잘 결합하지 않음.   예 *어느 너, *어느 그, *어느 다섯, *어느 열 cf) '어느 하나'라는 표현이 가능하기도 하여 수사와의 결합 제약이 절대적이지는 않음.

❷ 고유 명사와 잘 결합하지 않음.   예 *어느 서울, *어느 백두산

❸ 상태성의 명사와도 잘 결합하지 않음.   예 ?그 성실, ?저 무한

④ 다른 품사에 비하여 어휘수가 적으며, 체언의 수식적 용법이나 용언의 관형사가 굳어진 것이 많음. → 다른 품사에서 유래한 것이 많기 때문에 관형사인지 아닌지를 판정하기가 어려운 경우가 많음.

❶ 관형사 '새'는 15C 국어에서 명사로 사용되었고, 이에 상대되는 관형사 '헌'은 '헐다'의 관형사형이 굳어진 것임.

❷ '갖은', '애먼', '허튼', '아무런' 등은 용언의 관형사형이 굳어진 것임.

❸ '이런', '저런', '그런'은 지시 형용사 '이러한', '그러한', '저러한'이 줄어진 것임. → 관형사와 관형사형이 대체 가능하여 관형사인지 관형사형인지 구분이 어려움.

⑤ 체언(구)를 수식하는 역할을 하기 때문에 문장 안에서 단독으로 쓰이지 못하고, 반드시 피수식어를 요구함.

❖ 관형사 '다른'과 관형사형 '다른'[154]

• 관형사 '다른'
· 용언의 활용형이 굳어진 것으로 '딴(他)'의 의미
  - 다른 학생들과 영수와 같은 생각을 하고 있다.
• 관형사형 '다른'
· 형용사 '다르다'의 활용형으로 품사는 그대로 형용사이며, '같지 않다(異)'의 의미

- 영수는 인호와 다른 학생이다.

❖ 관형사 품사 설정의 이유[155]

• 관형사의 의미
·관사와 형용사의 성격을 갖는다는 의미 → 체언 앞에만 온다는 점에서 영어의 관사와 유사한 특징을 지니고, 체언을 수식한다는 점에서 영어의 형용사와 유사
• 관형사 품사 설정의 문제
·다른 품사에 비하여 어휘의 수가 적음.
·뒤에 오는 체언을 수식한다는 점은 명사 및 영어의 형용사와 유사함.
• 독자적 품사 설정의 근거
·어휘의 수가 적다고 해서 품사 설정이 불가능한 것은 아님. → 영어의 관사는 부정 관사와 정관사만 있지만 독립된 품사로 인정
·형용사와 다르게 활용을 하지 않음. → 형태상으로 불변어임.
·명사와 다르게 조사와 결합하지 않음.

❖ 관형성 명사[156]

• 2음절 한자어로 이루어진 단어 중 어떤 조사와도 결합하지 않고 후행하는 체언들을 수식하는 기능만을 갖고 있어 관형사와 유사한 특성을 보이는 단어들이 존재함.
·관형사의 일종으로 처리하기도 하고, 한자어 어근으로 처리하기도 하고, 명사의 일종으로 처리하기도 함.
    - 간이(簡易) (식당, 영수증), 구급(救急) (약품, 요원), 국제(國際) (단체, 기구), 극한(極限) (상황, 행동)

(2) 관형사의 유형
① 성상 관형사
❶ 꾸밈을 받는 명사의 성질이나 상태를 실질적으로 제한
❷ 성상 관형사의 분류
가. 고유어: 새(집, 옷, 해), 헌(집, 옷, 책), 옛(집, 말, 사람), 맨(꼭대기, 구석자리)
나. 한자어: 순(한국말, 유럽산), 구(시민 회관, 국제 우체국), 주(무대, 고객)

❖ 한자어 관형사와 관형사성 접두사의 구별[157]

- 관형사의 상당수가 한자어인데 이 경우 접두사와 구별이 어려움.
  - 동(同), 전(前), 현(現), 모(某), 순(純)
    - 사전에서 대체로 관형사로 처리
  - 신(新), 대(大), 소(小), 고(高)
    - 사전에서 대체로 접두사로 처리
  - 구(舊), 귀(貴), 본(本)
    - 사전에서 관형사와 접두사로 모두 처리
- 관형사는 일반적으로 접두사에 비하여 사용 범위가 넓다는 점에서 관형사와 접두사를 구별하지만 실제 쓰임에서는 구별이 쉽지 않음.
  - '신 소비 혁명 시대, 신 영재 교육' 등에서 접두사로 볼 수 있을지 논란의 여지가 있음.
  - '구'가 접두사일 때는 '묵은, 낡은', 관형사일 때는 '지난날의', '지금은 없는'으로 풀이 되지만 의미 차이가 명확하지 않음.

② 지시 관형사

❶ 발화 현장이나 문장 밖에 존재하는 대상을 가리킴.

❷ 지시 관형사의 분류

가. 고유어

    ㈎ 정적 의미: 이, 그, 저, 요, 고, 조, 이런, 그런, 저런, 다른

    ㈏ 부정이나 의문 의미: 어느, 무슨, 웬

나. 한자어

    ㈎ 정적 의미: 귀(신문사), 본(연구소), 동(시험장), 현(국무총리), 전(교육부장관)

    ㈏ 부정 의미: 모(지역)

③ 수 관형사

❶ 단위성 의존 명사와 결합하여 사물의 수량을 표시

❷ 수 관형사의 분류

가. 정수: 한, 두, 세/서/석, 네/너/넉, 다섯/닷, 여섯/엿, 일곱, 여덟, 아홉, 열, 스무, 서른

나. 부정수: 한두, 두세, 서너, 두서너 ; 일이, 이삼, 삼사 ; 여러, 모든, 온, 온갖, 갖은, 전

❖ **수 관형사와 수사**[158]

- 수 관형사를 수사의 일종으로 보아 관형사에서 제외하는 견해도 존재하기도 하지만 조사가 결합할 수 없다는 점에서 관형사로 설정하는 데에 문제는 없음.
  - 수사 '하나, 둘, 셋, 넷'은 수 관형사와 형태가 다르지만 '다섯' 이상은 형태가 같기 때문

에 조사가 결합해서 쓰일 수도 있고 체언을 수식하는 구조로 쓰일 수도 있음. → 흔히 '다섯' 이상은 품사의 통용으로 처리

• 수 관형사는 수사와 대응되는 체계를 형성하고 있는데 수사와 형태가 같은 것이 대부분이지마는 기본 수 관형사는 형태를 달리하는 일이 많음.

  · '한, 두, 세, 네, 닷, 엿, 스무, 여러': '하나, 둘, 셋, 넷, 다섯, 여섯, 스물, 여럿'에서 끝소리가 떨어져서 형성

④ 관형사의 결합 순서

❶ '지시 관형사 → 수 관형사 → 성상 관형사'의 순서

  • 이 헌 집

  • 저 모든 군중, 이 두 그루의 소나무

  • 저 모든 새 집

❷ 성상 관형사가 체언의 속성과 가장 관련이 깊고, 수 관형사는 지시 관형사보다는 체언의 속성과 더 관련이 깊으며, 지시 관형사는 체언의 속성과 가장 거리가 멀기 때문이라는 원리로 설명 가능 cf) 수식의 범위가 넓은 것일수록 체언에서 멀리 위치한다고 설명하는 견해도 존재함.

② **부사**

⑴ 용언이나 다른 말 앞에 놓여 그 말의 뜻을 분명히 제한해 주는 품사 → 뒤의 말을 한정한다는 점에서 관형사와 공통되지만 관형사가 체언을 한정하는 반면에 부사는 주로 용언을 한정한다는 점에서 차이

① 동사 한정: 꽃이 활짝 피었다.

② 형용사 한정: 달이 무척 밝다.

③ 문장 한정: 과연 그 아이는 재능이 뛰어나다.

④ 부사 한정: 기차가 매우 빨리 달린다.

⑤ 명사 한정: 영희는 아주 미인이다.

⑥ 수사 한정: 학생이 겨우 다섯이다.

⑦ 관형사 한정: 그는 아주 새 차를 타고 왔다.

⑵ 어미와 결합할 수 없으므로 활용을 하지 않으며, 격 조사와도 결합할 수 없음. → 관형사와 달리 보조사와 결합이 가능함.

① 아직도 시간이 남았다. / 일을 빨리는 한다. / 천천히만 걸어라.

② 일을 빨리가 아니라 정확히를 하라는 뜻이다. → '이/가'나 '을/를' 등의 격 조사와 결합하는 경우가 있지만 이때에는 기능상 보조사로 처리

③ <u>어서들</u> 와서 나를 도와줘. → 주어가 복수임을 나타내는 보조사

(3) 부사의 유형

① 성분 부사 (특정한 성분을 수식하는 부사)

❶ 성상 부사

가. 용언의 내용을 실질적으로 꾸며주는 부사

⑦ 동사 수식: 잘(구른다), 높이(난다), 빨리(가거라), 고루(나누자)

⑭ 형용사 수식: 매우(덥다), 퍽(튼튼하다), 가장(높다)

❖ **체언 수식의 부사**[159]

• 부사의 주된 기능은 용언을 수식하는 것임. 다만 부사나 관형사를 수식하기도 함. 특히 명사를 수식하기도 함.

· 바로 (앞, 뒤, 옆, 위) → 위치를 나타내는 명사와 어울림.

· 겨우(하루, 하나) → 수량 표시의 명사와 어울림.

· 아주(부자, 멋쟁이, 겁쟁이) → 정도 표시의 명사와 어울림.

❖ **상징 부사**[160]

• 사물의 움직이는 모양이나 소리를 모방한 부사

· 의태 부사: 움직이는 모양을 모방 예 데굴데굴, 사뿐사뿐, 깡충깡충

· 의성 부사: 소리를 모방 예 땡땡, 도란도란, 까옥까옥

• 상징 부사의 통사적 기능이 동사를 꾸민다는 점에서 성분 부사의 테두리에서 다룸.

· 감탄사와의 구분이 어려운 경우도 존재하여 독립어로 다루는 견해도 존재함.

– 꽝, 철수는 문을 소리 나게 닫았다.

• 언어 기호의 음성 형식과 의미, 내용 사이에 필연적인 상징 관계가 있어 상징어, 또는 음성 상징어라고 일컫기도 함.

· 의성어나 의태어는 언어 기호의 형식과 내용이 자의적이지 않은 경우도 지적되는 대표적인 예 → 하지만 의성어, 의태어가 언어마다 달리 나타난다는 점에서 자의성을 완전히 부정할 수 없음.

• 자음 교체나 모음 교체를 통해 어감의 차이를 가져오는 경우가 많음.

· 자음 교체: 종알종알-쫑알쫑알, 방긋방긋-빵긋빵긋

· 모음 교체: 딸랑딸랑-떨렁떨렁, 아장아장-어정어정

• 모음 조화를 잘 지키고 있음. cf) 예외: 깡충깡충

• 한국어 어휘 부류로서는 드물게 한자어의 침투를 거의 받지 않았음.

❷ 지시 부사

가. 발화 현장을 중심으로 처소나 시간을 가리키거나 앞에 나온 이야기의 내용을 지시하는 부사

㈎ 정적 지시

㉮ 처소 지시: 이리, 그리, 저리, 요리, 고리, 조리   cf) '누가 <u>이리</u> 떠드느냐?'에서의 '이리'는 처소가 아닌 행동의 방식을 지시하기도 함.

㉯ 시간 지시: 오늘, 어제, 내일, 모레

㈏ 부정적 지시: 어찌, 아무리, 언제

❸ 부정 부사

가. 용언의 의미를 부정하는 방식으로 꾸며 주는 부사

㈎ 의도 부정: 안

㈏ 능력 부정: 못

② 문장 부사 (문장 혹은 절 전체를 꾸며 주거나 문장 및 단어를 이어 주는 부사)

❶ 양태 부사 (문장에서 나타내는 명제에 대한 화자의 태도를 표시)

가. 과연, 실로, 모름지기, 물론, 정말: 화자의 사태에 대한 믿음이 틀림없다든지 서술 내용을 단정할 필요가 있을 때 쓰임. → 주로 평서형과 호응

나. 설마, 아마, 만일, 설령, 비록, 아무리: 화자의 믿음이 의심스럽다든지 단정을 회피할 필요가 있을 때 쓰임. → 주로 의문형과 호응

다. 제발, 아무쪼록, 부디: 희망을 표시하거나 가상적 조건 아래서 일이 이루어지기를 바랄 때 쓰임. → 명령형이나 조건의 연결 어미와 호응

❷ 접속 부사 (단어 혹은 문장을 이어주면서 그것을 꾸미는 부사)

가. 문장 접속

㈎ 그리고, 그러나, 그러면, 그러므로, 그렇지마는 → '그' 계열

㈏ 곧, 즉, 또, 또한, 더구나, 도리어, 오히려, 하물며, 따라서 → '그' 계열에 비하여 일반 부사에 더 가까운 면을 지님.   예 '성적이 우수하고 또 성실한 사람이다'는 문장 부사의 의미가 우세하지만 '또 읽어라'에서는 일반 부사의 의미가 두드러짐.

나. 단어 접속

• 및, 또는, 혹은 → 단어를 이어준다는 점에서 문장 부사 안에 포함시키기 어려운 면이 있음.

⑷ 부사의 결합 순서

① '지시 부사 → 성상 부사 → 부정 부사'의 순서

❶ 저리 잘 달리는 사람

❷ 잘 안 되는 일

❸ 그리 잘 안 먹으면 안 돼

❖ **문장 부사와 성분 부사의 구별**[161]

• 성분 부사는 자리 옮김이 자유롭지 못하고 꾸미는 말 바로 앞에 나타나는 것이 일반적이지만, 문장 부사는 대체로 문장 맨 앞에 나타나지만 성분 부사에 비하여 상대적으로 자리 이동이 자유로움.

• 위치나 위치 이동의 가능성에 대한 기준은 성분 부사와 문장 부사의 절대적 기준이 되지는 못함. → 둘의 구별이 명확하게 되지 않는 경우가 많고, 동일한 부사가 어디에서 위치하여 무엇을 꾸미느냐에 따라 성분 부사가 되기도 하고 문장 부사가 되기도 함.

· 그는 확실히 똑똑한 사람이다.

  - 문장 부사로 보는 것이 일반적: [[확실히] [그는 똑똑한 사람이다]]

  - 성분 부사로 볼 가능성이 있음.: [[그는 [확실히 똑똑한] 사람이다]

❖ **부사의 문법적 제약**[162]

• 문장 유형의 제약

· 왜: 의문문과 결합

· 매우, 아주: 평서문과 의문문에는 잘 나타나지만 명령문과 청유문에는 잘 나타나지 않음.

· 제발: 평서문이나 의문문에는 잘 나타나지 않음.

• 부정적 표현의 제약

· 결코, 전혀, 절대, 도저히, 도무지: 주로 부정적인 표현에 나타남.

• 특정 연결 어미와의 제약

· 비록, 설령, 가령, 만일, 아마: 가상적 상황을 나타내는 양보의 연결 어미 '-더라도', '-어도', 조건의 연결 어미 '-(으)면'과 호응

· 아무쪼록: 연결 어미 '-(으)면'이나 '-기'와 호응

• 시제 표현과의 제약

· 이미, 아까: 과거 시제 '-었-'과 호응

· 아직: 과거 시제 '-었-'과 잘 호응하지 않음.　cf) '아직 못 했어?'와 같은 표현에서는 결합이 가능하기도 함.

· 벌써: 미래 시제와 결합하지 않음.

• 높임 표현과의 제약

· 몸소, 친히, 손수: 주체 높임의 '께서'나 '-(으)시-'와 호응

4. 독립언: 감탄사

화자의 감정, 의지, 입버릇이나 더듬거림 등을 개념적인 단어를 사용하지 않고 직접 나타내는 말

① 감탄사의 특성

(1) 조사 및 어미와 결합하지 않음.

(2) 언어 기호의 음성 형식과 내용 사이의 어느 정도의 필연적인 관계를 갖추어 상대적으로 자의성이 약함. → 발화 상황에서 화자가 다양하게 만들어 내기도 하여 다양한 음성적 변이형을 지님.

(3) 다른 품사에서 온 것이 많음.

① 명사에서 온 것: 만세, 안녕

② '명사+조사'에서 온 것: 천만에

③ 용언의 활용형에서 온 것: 옳소

④ 부사에서 온 것: 허허, 아니, 참

(4) 다른 단어와 문법적인 관계를 맺지 않고 독자적으로 화자의 느낌이나 의지 따위를 나타냄. → 문장 성분상 독립어에 속함. 예 (내가 먼저 갈까?) 그래. → 감탄사만으로 충분한 대답이 됨.

(5) 문장 안에서의 자리 이동이 자유로움. 예 '글쎄, 내가 뭐라고 했어요.', '내가, 글쎄, 뭐라고 했어요.', '내가 뭐라고 했어요, 글쎄' → 이를 고려하여 감탄사 대신에 간투사라는 용어를 사용하기도 함.

(6) 주로 구어에서 어조, 얼굴 표정, 손짓, 몸짓이 동반되어 사용되기 때문에 맥락 의존적인 성격이 강함. → 동일한 형태로 여러 가지 감정을 표시하기도 하고, 동일한 감정에 대해 여러 가지 형태로 표시하기도 함.

① 아이고, 이게 얼마 만이니? (반가움)

② 아이고, 더 이상 어쩔 수 없구나. (절망)

③ 아이고, 간 떨어질 뻔했다. (놀람)

② 감탄사의 유형

(1) 감정 감탄사

① 화자가 청자를 전제하지 않는 상황에서 자신의 다양한 감정을 나타내는 데에 쓰이는 감탄사

❶ 기쁨: 허, 허허, 하, 하하

❷ 분노: 에, 엣, 에끼

❸ 슬픔: 아이고, 어이

❹ 놀라움: 아, 애고, 에구머니, 이크, 아따, 저런

❺ 뉘우침: 아뿔싸, 아차

② 화자의 감정은 감탄사뿐만 아니라 어조에 의해 나타나기도 하기 때문에 하나의 감탄사가 어조를 달리하여 여러 감정을 나타내는 데에 두루 쓰임.

(2) 의지 감탄사

① 상대방을 전제하는 상황에서 상대방에게 자신의 의지를 나타내는 데에 쓰이는 감탄사

② 의지 감탄사의 분류

  ❶ 상대방에게 어떤 행동을 요구하는 것: 야, 이봐, 여보, 여보세요, 쉿, 아서라

  ❷ 상대방의 말에 대해 자신의 태도를 나타내는 것: 예/네, 암, 아무렴, 오냐, 응, 그래, 옳소, 글쎄, 아니요, 천만에

③ 상대방을 전제로 하므로 상대방의 지위나 상황에 따라 높고 낮음의 형태가 어느 정도 구별됨.

  ❶ 상대의 지위가 높거나 대우해야 하는 상황: 네/예, 그래요, 옳소, 아니올시다, 아니요, 아니에요, 천만에요, 글쎄요

  ❷ 상대의 지위가 낮은 상황: 응, 오냐, 암, 그래, 아무렴, 아니, 천만에, 글쎄

(3) 입버릇 및 더듬거림

① 특별한 뜻이 없이 습관적으로 쓰이는 말

  ❶ 단순 입버릇: 머, 뭐, 그래, 말이지, 말입니다

  ❷ 말을 더듬는 모양: 어, 에, 거시기, 저, 음, 에헴

  ❸ 어린 아이에게 가르칠 때 쓰는 말: 부바, 자장자장, 죔죔

  ❹ 병아리, 개, 소 등을 부르는 말: 구구, 워리, 이랴

5. 관계언: 조사

주로 체언(구, 절)에 붙어 그 말과 다른 말과의 관계를 표시하거나 특수한 뜻을 더해 주는 말

> ❖ **조사 통합의 불완전성**[163]
>
> • 대부분의 체언은 거의 모든 조사와 결합이 가능하지만 의존 명사와 일부 자립 명사 중에서는 조사와의 결합에 상당한 제약을 받기도 함.
>   · 의존 명사
>   - 지, 수: 주격 조사 '가'와만 결합하는 주어성 의존 명사
>   - 뿐: 서술격 조사 '이다'와만 결합하는 서술성 의존 명사
>   - 통: 부사격 조사와 결합하는 부사성 의존 명사

· 특정 조사와 결합하는 일부 자립 명사(대부분 한자어) → 특정 조사와만 통합된 것은 그 결합이 굳어질 가능성이 높다는 것을 뜻하며 하나의 어휘로 굳어질 경우에는 어휘화 현상의 하나로 취급
- 불굴, 미증유: 관형격 조사 '의'와만 결합
- '-적'이 결합한 말: 서술격 조사, 보격 조사, 부사격 조사 '으로'와만 결합
- 마찬가지: 서술격 조사, 보격 조사, 관형격 조사, 부사격 조사 '로'와만 결합

☐ 조사의 특성

(1) 이형태를 갖는 경우가 많음.

① 조사가 어휘적인 의미보다는 문법적 의미를 담당하기 때문에 문장에서 의미를 표시하는 데에 기능 부담량이 적다는 것을 원인으로 설명하기도 함.

② 이형태의 구체적 양상

❶ 는/은, 를/을, 야/아: 모음으로 끝나는 말 아래에서는 '는, 를, 야'가 선택되고, 자음으로 끝나는 말 아래에서는 'ㄴ, ㄹ, 반모음 /j/'가 탈락된 '은, 을, 아'가 선택됨.

❷ 과/와: 자음으로 끝나는 말 아래에서는 '과'가 선택되고, 모음으로 끝나는 말 아래에서는 'ㄱ'이 떨어진 '와'가 선택됨.

❸ 으로/로: 자음으로 끝나는 말 아래에서는 '으로'가 선택되고, 모음으로 끝나는 말 아래에서는 '으'가 떨어진 '로'가 선택됨. → 예외적으로 'ㄹ'로 끝나는 말 아래에서도 '로'가 선택됨. 예 물로

❹ 이고/고, 이며/며, 이나/나, 이든지/든지, 이나마/나마, 인들/ㄴ들, 이랑/랑, 이라도/라도: 자음으로 끝나는 말 아래에서는 '이'가 결합된 조사가 선택되고, 모음으로 끝나는 말 아래에서는 '이'가 떨어진 조사 형태가 선택됨.

❺ 이/가: 자음으로 끝나는 말 아래에서는 '이'가 선택되고, 모음으로 끝나는 말 아래에서는 '가'가 선택됨. → 조사의 경우 교체되는 이형태들이 부분적 유사성을 띠고 있지만 주격 조사 '이/가'의 경우 그러한 유사성이 전혀 발견되지 않음.

❖ 조사의 기본형 표시[164]

• 이형태의 기본형은 한 이형태에서 다른 이형태로의 변이 조건을 설명하기 간편한 쪽으로 기본형을 선택함. → 어떤 요소의 첨가보다는 어떤 요소의 탈락으로 설명하는 것이 경제적임. (어떤 음운이 첨가되는지 예측할 수 없지만 탈락으로 설명할 경우 자음 내지 모음 아래에서 특정 음운이 탈락한다고 하면 충분하기 때문임.)

> · '는, 를, 야, 과, 으로, 이고' 등을 대표형으로 삼으면 됨.
>
> • 두 이형태의 공통되는 부분이 없는 경우 역사적인 조건을 고려하기도 함.
>
> · '이'보다 '가'가 후대형이기 때문에 '이'를 기본형으로 설정
>
> • 조사에서 기본형 설정 과정에서 탈락의 이유를 명확히 설명하기 어려운 점이 있음. 예컨대 'ㄱ'이 모음 뒤에서 실현될 수 없다는 제약이 없으므로 'ㄱ'이 탈락하여 '와'로 실현되는 이유를 설명할 수 없음. → 편의상 조사는 기본형만 밝히지 않고 '과/와' 식으로 이형태 모두를 밝히는 것이 일반적임.

> ❖ **조사 결합 시 체언의 변이**[165]
>
> • 주격, 관형격, 부사격 조사가 결합 시 대명사가 변이되는 경우가 있음.
>
> · 주격: 나가, 저가, 너가, 누구가 → 내가, 제가, 네가, 누가 (교체 및 탈락)
>
> · 관형격: 나의, 저의, 너의, 누구의 → 내, 제, 네, 뉘 (대명사와 관형격 조사의 화합)
>
> · 부사격: 나에게, 저에게, 너에게 → 내게, 제게, 네게 (부사격 조사의 일부분과 대명사의 화합)

(2) 생략되는 경우가 있음.

① 보조사가 아닌 격 조사에서 주로 나타남.

❶ 격 조사 중에서도 '주격, 목적격, 관형격, 보격' 조사가 쉽게 생략됨. → 어휘 의미를 담당하지 않아 의미를 표시하는 데에 기능 부담량이 적기 때문임.

가. **주격**: 철수(가) 왔니?

나. **목적격**: 그 영화(를) 봤니?

다. **관형격**: 영희(의) 친구

라. **보격**: 거짓말(이) 아니지?

❷ 부사격 조사는 쉽게 생략되지 않음.

가. 그는 바위 위<u>에</u> 나무를 심는다. → 대상(나무)의 소재로서의 처소

나. 그는 바위 위<u>에서</u> 나무를 심는다. → 주체(나)의 소재로서의 처소

❸ 서술격 조사에서도 생략이 이루어지기도 함.

　• 넌 중학생(이고), 난 고등학생이다.

② 접속 조사에서도 생략이 이루어지기도 함.

　• 공책(과), 연필을 주세요.

③ 문어보다는 구어, 긴 문장보다는 짧은 문장에서 생략이 많이 나타남. → 격을 쉽게 짐작할 수 있기 때문임.

❖ 격 조사 생략의 불규칙성[166]

• 격 조사의 종류에 따른 생략의 경향성이 늘 일관된 것은 아님. → 규칙화가 쉽지 않음.
  · 주격과 관형격에서 생략이 어려운 경우가 존재함.
    – 주격: 옛날에 한 나무꾼이 살았다.
    – 관형격: 젊은 날의 고뇌
  · 부사격에서도 생략이 일어나는 경우가 존재함.
    – 부사격: 학교(에) 갔다 왔니?
• 똑같은 의미 부류의 명사에 특별한 의미 기능을 갖는 조사가 결합하는 경우에도 생략 가능성의 차이를 보이기도 함.
  · 생략 불가: 어제 산에 갔다가 철수를 만났어.
  · 생략 가능: 어제 북한산(에) 갔다가 철수를 만났어.
• 주격, 목적격, 관형격, 보격 조사의 생략 이유를 특별한 의미 기능을 지니지 못했기 때문이라고 흔히 설명하지만 분명하지 않음. → 조사가 쓰인 문장과 조사가 생략된 문장 사이에 미세한 의미 차이가 존재함.
  · 철수가 왔니? → 다른 사람이 오리라고 예상한 상황에서 철수의 목소리가 들리는듯하여 의외의 사실을 확인하는 상황에 자연스럽게 쓰임.
  · 철수 왔니? → 철수가 온다는 사실을 알고 있는 화자가 인기척을 느끼고 철수를 확인하는 상황에 자연스럽게 쓰임.
cf) 격 조사의 특별한 의미 기능을 갖는다는 설명에 대해 격 조사는 생략되는 것이 보통이지만 초점화 될 때는 생략될 수 없다고 반박하여 설명하기도 함.

❖ 구조격 조사와 의미격 조사[167]

• 격 조사를 구조격 조사와 의미격 조사로 나누기도 함.
  · 구조격 조사: 주격, 목적격, 관형격처럼 어휘적 의미 없이 통사적인 구조에 의해 주어지는 문법적인 표지 → 문법격 조사라고도 함.
  · 의미격 조시: 부사격처럼 자체의 고유한 의미를 지닌 조사 → 내재격, 고유격, 사격, 어휘격 조사라고도 함.

❖ 조사의 생략과 비실현[168]

• 조사의 생략 현상에 대해 이를 인정하지 않고 조사의 실현과 비실현의 개념으로 설명하는 견해가 존재함.

· 생략으로 보는 관점
  - 실현을 전제하는 개념으로 의미 차이를 가져오지 않는 한에서 생략이 가능
  - 격 조사(특히 구조격 조사)가 격을 표시할 뿐 특별한 의미 기능을 갖지 않는다는 것을 전제함.
· 비실현으로 보는 관점
  - 격 조사가 격을 표시하는 기능 외에 어떤 의미적인 기능도 갖는다는 것을 전제로 한 설명
  - 격 조사에 대해 격을 표시하는 조사라고 정의하는 대신 격을 분명하게 하는 조사로 정의 내림. 예컨대 주어임을 표시하는 조사로 정의하게 되면 주격 조사가 나타나지 않았음에도 불구하고 주어가 되는 현상을 설명하기 어렵기 때문임.

(3) 여러 개의 조사가 결합하여 나타나기도 함.
① 종류가 다른 조사의 결합
  ❶ 대체로 어휘적인 의미 특성이 강한 보조사나 의미격 조사가 먼저 오고, 구조격 조사가 나중에 옴.
  가. 보조사+구조격   예 당신만이 일을 할 수 있다.
  나. 의미격+구조격   예 시골에서의 생활
  ❷ 보조사는 결합하는 위치가 자유로워 의미격 조사의 앞이나 뒤에 결합이 가능함.
  가. 의미격+보조사   예 빵만으로 살 수는 없다 → 부사격 조사에 국한됨. 주격, 서술격, 관형격, 목적격, 호격에는 보조사가 붙을 수 없음.
  나. 보조사+의미격   예 빵으로만 살 수는 없다 → 격 조사의 후행을 허락하는 보조사에는 '만, 마다, 부터, 까지, 조차, 마저'가 있고, '은/는, 도' 등은 격 조사의 후행은 물론 격 조사와 함께 사용되지 않음.
  다. 결합 순서에 따라 의미적인 차이가 생기기도 함.
    ㈎ 그 이야기는 책의 5권에까지 실려 있다. → 포함의 의미
    ㈏ 그 이야기는 책의 5권까지에 실려 있다. → 범위의 끝을 의미
② 종류가 같은 조사의 결합
  ❶ 구조격 조사들끼리 겹칠 수는 없음. → 하나의 명사구가 동시에 서로 다른 구조격을 가질 수 없기 때문임.
  ❷ 의미격 조사나 보조사들끼리는 겹쳐 쓰일 수 있음.   예 모든 관심이 나에게로 쏟아졌다, 그는 학교에서뿐만이 아니라 집에서도 열심히 공부한다.   cf) 모순된 의미를 나타내는 보조사끼리는 겹쳐 쓰일 수 없음.   예 *빵만도 먹었다

❖ 조사의 결합과 합성 조사[169]

- 조사가 겹쳐 쓰인 형태(중첩형, 조사 연속 구성)
  · 각각의 기능이 겹쳐 쓰인 것으로 설명이 되므로 공시적 분석이 가능함.
  · 산으로만: '으로(방향) + 만(한정)' 분석 가능
  · 사전에 표제어로 등재되지 않음.
- 합성 조사
  · 둘 이상의 조사가 결합하여 하나의 조사로 굳어져 단일한 기능을 나타내므로 공시적 분석이 불가능함.
  · 친구로부터: '로'와 '부터'의 기능을 합친 것으로 설명할 수 없는 단일한 기능(출발점)을 나타내므로 분석할 수 없음.
  · 사전에 표제어로 등재

❖ 작용역과 보조사의 겹침[170]

- 보조사는 의미가 모순될 경우 중첩될 수 없지만 의미의 작용역이 서로 다를 때에는 그 대상이 달라서 의미 기능이 모순되지 않으므로 겹쳐 쓰일 수 있음.
  · 보조사끼리의 결합
    - *빵만도 먹었다 → 의미가 모순
    - 윗옷만도 팔아요?(=윗옷만 팔기도 해요?) → '만'의 작용역은 '윗옷'이고 '도'의 작용역은 '윗옷만 팔다'이기 때문에 모순되지 않아서 중첩될 수 있음.
  · 보조사와 의미격 조사의 결합
    - 철수만(이) 그곳에 오지 않았다. → 보조사 '만'의 작용역이 선행 명사구(철수)일 때에는 구조격 조사에 선행할 수 있음.
    - 철수만(*이) 오면 아기가 운다(=철수가 오기만 하면 아기가 운다). → 보조사 '만'의 작용역이 문장 전체(철수가 오다)일 때에는 구조격 조사에 선행할 수 없음. 이 경우 특별한 뜻을 나타내지 못하는 구조격 조사가 반드시 생략되어야 함.

❖ 조사의 접사적 속성[171]

- 체언과 조사 사이에서는 구개음화 및 체언의 받침이 연음됨. 예 밭이[바치], 옷이[오시]
  · 구개음화와 연음은 단어와 단어 사이에서는 일어나지 않고, 단어와 접사 사이에서는 일어나는 음운 현상
    - 단어와 단어 사이: 밭이랑[반니랑], 옷안감[오단깜]

> - 단어와 접사 사이: (체에) 밭이다[바치다], 웃음[우슴]
> · 조사는 형태론적(그리고 음운론적)으로 접사의 속성을 갖는다고 해석할 수 있음.

2 조사의 유형

(1) 격 조사 (체언에 붙어 그 말의 다른 말에 대한 관계를 표시하는 것, 즉 체언으로 하여금 일정한 자격을 갖도록 하는 조사)

① 주격 조사

❶ 체언에 주어의 자격을 주는 조사

가. 이/가: 자음으로 끝나면 '이', 모음으로 끝나면 '가' → 주어 이외의 문장 성분에 결합하기도 하는데 이때에는 주격 조사가 아니라 보조사로 보기도 함. 예 나는 그 책<u>이</u>(책을) 읽고 싶다. / 그 꽃은 예쁘지<u>가</u> 않다.

나. 께서: 주어가 높임의 대상일 때 쓰임.

다. 에서: 주어가 단체일 때 쓰임.

라. 서: 주어가 인수사일 때 쓰임.

> ❖ **주격 조사의 특수한 형태**[172]
>
> • '께서, 에서, 서'에 대해 각각 높임, 단체, 인수의 주격 조사라고 하여 주격 조사의 특수한 형태로 인정하기도 하지만 몇몇 논쟁의 여지가 있음.
> · 께서: 보조사 '만'이 결합한 이후에 다시 주격 조사 '이'가 결합한 '선생님께서만이'나 보격 조사가 다시 결합한 '선생님께서가 아니라'의 경우 주격 조사로 보기 어려운 면이 있음.
> · 에서: '우리 학교에서 우승했다'와 달리 '우리 학교에서 신입생을 모집한다.'의 경우 '우리 학교가'로 교체하는 것이 어색함.
> · 서: 자음 아래에서는 '이서'로 쓰이는데 '이서'를 분석하지 않은 견해와 각각 '이'와 '서'로 분석하는 견해가 존재함.
> - '이'와 '서'의 분석 시 '이'를 접미사, 주격 조사, 의존 명사 등으로 보는 견해가 있고 '서'에 대해서는 주격 조사, 후치사, 접어 등으로 보는 견해가 있음.

② 목적격 조사

❶ 체언으로 하여금 후행하는 타동사의 목적어가 되게 하는 조사

가. 을/를: 자음으로 끝나면 '을', 모음으로 끝나면 '를' → 목적어 이외의 문장 성분에 결합하기도 하는데 이때에는 목적격 조사가 아니라 보조사로 보기도 함. 예 어제 산에<u>를</u> 갔는데

꽃이 피었더라. / 그 꽃은 예쁘지를 않다.

③ 관형격 조사

❶ 체언으로 하여금 후행하는 체언에 대해 관형어가 되게 하는 조사 → 대부분의 격 조사가 체언으로 하여금 서술어와 직접 관계를 맺도록 해 주는 기능을 띠고 있는데 관형격 조사는 먼저 체언에 걸리고 이후에 서술어와 관계를 맺게 됨.

• 현대 국어에서는 관형격 조사로 '의'만 존재

❷ 소유물을 나타내는 조사라는 의미로 속격 조사, 소유격 조사라고 하기도 함.

④ 보격 조사

❶ 형용사 '아니다'와 동사 '되다' 등의 지배를 받아 체언으로 하여금 보어가 되도록 하는 조사

• 이/가: 자음으로 끝나면 '이', 모음으로 끝나면 '가'

❷ 학교 문법에서는 '되다'나 '아니다' 앞의 명사구만을 보어의 범위로 포함시킴. → 필수적 부사를 보어로 포함하는 견해도 있는데 이렇게 되면 보격 조사에는 '에, 에게, 로' 등이 추가됨.

⑤ 부사격 조사

❶ 체언으로 하여금 부사어가 되도록 하는 조사

❷ 문법적 기능이 단순히 명사구의 격을 표시하는 데에 그치지 않고 의미적인 것에까지 미치기 때문에 다른 격 조사에 비하여 종류가 여럿이고, 의미 또한 다의적임.

가. 처소(낙착점): 에, 에게, 한테, 께, 더러, 보고　예 그는 집에 있다.　cf) '에, 에게'는 '주다, 보내다' 등 수여 동사와 함께 나타나는 경우가 많아 여격 조사라 하기도 함.

나. 처소(출발점): 에서, 에게서, 한테서, 로부터　예 그것은 부산에서 가져왔다.

다. 처소(지향점): 로, 에게로, 한테로, 에　예 어디로 가십니까?

라. 도구: 로, 로써　예 칼로써 과일을 깎아라.

마. 비교: 과/와, 처럼, 만큼, 보다　예 배꽃의 희기가 눈과 같다. → '처럼, 만큼'이 대상의 동등함을 나타낸다면 '보다'는 두 대상 사이에 우열이 있음을 나타냄.

바. 동반: 과/와, 하고, (이)랑　예 나와 함께 가지 않을래?

사. 변성: 로　예 뽕밭이 바다로 변하였다.

아. 인용

(가) **직접 인용:** 라고　예 "이제 밥을 먹자."라고 아버지가 말씀하신다.

(나) **간접 인용:** 고　예 이제 밥을 먹자고 아버지가 말씀하신다. → 간접 인용의 '고'는 조사로 인정하지 않고 '-다고', '-자고' 전체를 어미로 보는 견해도 존재함.

⑥ 호격 조사

❶ 선행하는 체언을 부름의 자리에 놓이게 하여 독립어가 되도록 하는 조사

가. 아/야: 자음으로 끝나면 '아', 모음으로 끝나면 '야'

나. 여/이여, 시여/이시여: 문어에서 정중하게 표현하는 경우에 사용

⑦ 서술격 조사

❶ 선행하는 체언으로 하여금 주어의 내용을 지정 및 서술하는 기능을 갖도록 하는 조사

• 이다: '이다'의 '이-'가 탈락되기도 하나 필수적인 현상은 아님. 예 저것이 의자이다. / 저 것이 의자다. → 관형사형 앞에서 '이-'를 줄이기가 어렵기 때문에 자음과 모음의 환경으로 '이-'가 들어가고 빠지는 현상을 설명할 수는 없음.

❖ '이다'의 특성[173]

형태론적 특성

• 어미를 취하여 활용을 함.

· 대체적으로 형용사와 비슷한 활용을 함.

· 모음 뒤에서 '이'가 수의적으로 생략된다는 점은 독특함.

· 감탄형에서는 동사나 형용사와 달리 '이로구나'로 나타나는 점은 독특함.

• 파생 접미사가 아니어서 단어 형성에 참여하지는 않지만 선행 요소와 결합하여 하나의 단어처럼 쓰이기도 함. 예 다행이다, 십상이다, 열심이다, 예사이다, 일쑤이다

통사론적 특성

• 체언과 결합하여 문장에서 서술어로 쓰임.

• 부정문을 만들 때 부정 부사나 보조 용언을 사용하지 않고 '아니다' 구문을 활용함. 예 이것은 호랑이가 아니다.

• 다양한 구문으로 쓰임.

· NP이 NP이다: 나는 학생이다

· NP이다: 와, 눈이다

· NP이 (NP에) NP이다: 나는 네 의견에 반대이다

· 의존 명사를 지닌 구문: 도둑이 제 발 저린 법이다

의미론적 특성

• '이다'의 의미적 특성에 대해 그동안은 어휘적 의미를 지니지 않고 체언과 결합하여 서술어로 쓰이게 하는 기능적 의미만 가진다고 설명하여 왔음. → 최근에 '이다'의 다양한 의미적 기능을 기술

· 지정: 나는 학생이다

· 주문이나 선택: 나는 커피다
· 감탄이나 놀라움: 와, 눈이다

❖ '이다'의 범주 및 품사에 대한 견해[174]

• '이다'에 대해 '조사설', '용언설', '접사설' 등이 있으며, 품사 분류와 관련해서는 '서술격 조사', '의존 형용사', '지정사'로 보는 견해 등이 존재함.
  · 조사설, 서술격 조사설
    - 체언이나 체언 상당 요소 뒤에 결합함.
    - 선행 요소와 함께 문장의 서술어로 기능함.
    - 문제: 활용을 하는 현상을 설명하기 어려움.
  · 용언설, (의존) 형용사설
    - 뒤에는 선어말 어미를 포함한 어미가 결합함.
    - 동사보다는 형용사와 유사한 활용을 보임.
    - '이다'의 부정인 '아니다'는 형용사의 특성을 보임.
    - 문제: 선행 체언과 띄어쓰기를 하지 않는 점, 모음으로 끝나는 체언 앞에서 탈락하는 점, 선행 체언에 격 조사가 결합하지 않는다는 점을 설명할 수 없음.
• 지정사설
    - 동사와 형용사의 별개의 품사로 지정사를 설정하자는 견해
    - 문제: '이다', '아니다' 단 두 개의 단어만으로 하나의 품사를 설정하는 것으로 경제성이 떨어짐.

(2) 보조사
① 뜻을 더해 주는 조사 → 여러 격에 두루 쓰인다고 해서 특수 조사라고 하기도 함.
  ❶ 주격: 철수도 음악을 좋아한다. / 민수만 점심을 먹는다.
  ❷ 목적격: 철수가 음악도 좋아한다. / 선생님이 민수만 사랑하신다.
  ❸ 부사격: 이 시집을 철수도 주어라. / 선생님이 민수만 상을 주셨다.
② 체언뿐만 아니라 다른 조사, 부사, 활용 어미 뒤에도 결합할 수 있으며 단어 내부의 어근 뒤에도 결합하는 등 다양한 분포를 보여줌.
  ❶ 다른 조사 뒤: 이곳에서는 수영을 할 수 없다.
  ❷ 부사 뒤: 그 사람이 일을 빨리는 합니다.
  ❸ 활용 어미 뒤: 이 책을 읽어는 봐라.
  ❹ 단어 내부의 어근 뒤: 이 집은 깨끗은 하지만 너무 좁다.

③ 보조사의 유형

❶ **통용 보조사** (명사, 부사, 용언의 연결 어미에 두루 쓰이는 보조사)

가. 만

　㈎ 단독(유일 한정): 철수만 그곳에 갔다. → 동등한 다른 대상을 배제

　㈏ 필연적 조건: 비만 오면 허리가 쑤신다. (=비가 올 때마다 허리가 쑤신다.)

　㈐ 최소/최대의 한도: 복권 열 장 가운데 (최소한) 한 장만 당첨되면 좋겠다, (최대한으로) 5분만 더 기다리자

　㈑ 강조: 이곳에는 허락을 받아야만 들어갈 수 있다.

나. 도

　㈎ 포함: 철수도 그곳을 갔다.

　㈏ 극단: 그는 말을 한 마디도 하지 않았다. → 부정문에 쓰여 강한 부정을 나타냄.

　㈐ 강조: 참 달도 밝다.

다. 은/는

　㈎ 대조: 비는 여름에 내리고, 눈은 겨울에 내린다.

　㈏ 화제: 어린이는 나라의 보배다.

라. 까지

　㈎ 범위의 끝: 두 시부터 세 시까지(시간), 서울에서 부산까지(공간) → 범위의 시작을 알리는 '부터'와 함께 쓰임.

　㈏ 극단: 너까지 나를 못 믿는구나.

마. (이)나

　㈎ 소극적(차선의 선택): 심심한데 영화나 보러 가자.

　㈏ 어느 것이나 상관없는 선택: 산이나 바다나 난 상관없다.

　㈐ 수량이 많음(정도가 높음): 벌써 반이나 읽었니? → 주로 긍정문에 쓰임. 부정문에 쓰여 반대의 뜻을 나타내는 '밖에'와 대비 cf) 아직 반밖에 못 읽었니?

❖ **보조사의 미묘한 어감 차이**[175]

보조사는 유사한 의미를 지니면서도 미묘한 의미나 어감의 차이를 드러내기도 함.

• '도, 까지, 마저, 조차'

• '포함'의 의미가 공통적으로 들어 있음.

• '도'가 중립적인 의미로 쓰이는 반면에 '까지, 마저, 조차'는 주로 화자가 기대하지 않았던 일에 쓰임.

　· 너까지(=너조차, 너마저) 나를 못 믿는구나.

- '까지'는 특별한 제약 없이 자신에게 불리하지 않은 일에도 사용되는 반면에 '마저, 조차'는 화자에게 불리한 일, 부정적인 상황의 극단일 때 더 자연스러움.
  · (70점밖에 못 받았는데) 금상{까지 / *조차 / *마저} 받다니.
  · (90점이나 받았는데) 동상{*까지 / 조차 / 마저} 못 받다니.
- '(이)나, (이)나마'
  · 의미 기능이 유사하면서도 '(이)나'가 소극적인 선택을 나타낸다면, '(이)나마'는 보잘것없음을 나타냄.
    - 심심한데 영화<u>나</u> 보러 가자. → '영화를 보는 일'에 대한 화자의 태도
    - (김밥을 좋아하지는 않지만) 김밥<u>이나마</u> 먹어야겠다. → '김밥'에 대한 화자의 태도

❷ 종결 보조사 (용언의 종결형 뒤에 쓰이는 보조사)

가. 요: 높임 예 봄이 왔어<u>요</u>.

나. 마는: 전환 예 봄이 왔다<u>마는</u> 꽃이 안 핀다.

다. 그려, 그래: 예 봄이 왔네<u>그려</u>. / 봄이 왔구먼<u>그래</u>.

❖ 사전에서 종결 보조사의 처리[176]

- 보조사 '요'
  · 체언(+조사) 뒤에 결합하기도 하고, 부사 뒤, 용언의 연결형 뒤, 용언의 종결형 뒤에 결합하기도 함. 예 제가<u>요</u>, 서울에서<u>요</u>, 빨리<u>요</u>, (비가) 오면<u>요</u>, 먹어<u>요</u>, 갔지<u>요</u>
  · 종결형에 결합하는 '요'는 보조사이므로 이론적으로 종결 어미와 '요'를 분석할 수 있지만 이를 분석하지 않고 통합형 전체를 하나의 종결 어미로 다루기도 함.
  · 『표준국어대사전』에서는 '-어요, -지요' 등을 하나의 종결 어미로서 표제어로 등재함.
- 보조사 '마는'
  · 이론적으로 '마는'은 종결 보조사이지만 종결 어미와 보조사의 결합형이 기능상으로는 연결 어미처럼 쓰인다는 점에서 이를 공시적으로 분석하기 어려운 점이 있음.
  · 『표준국어대사전』에서는 '-다마는, -지마는'을 하나의 연결 어미로서 표제어로 등재함.

❖ 보조사의 작용역[177]

보조사의 의미 기능이 미치는 범위 혹은 대상을 작용역이라고 함.
- 결합한 그 명사구일 수도 있고, 그 명사구를 포함하는 더 큰 통사 단위일 수도 있음.
- 격 조사의 경우에도 문법적 기능이 미치는 범위를 작용역이라 할 수 있는데 다만 격은 명사구가 갖는 문법 범주이므로 격 조사의 작용역은 보조사와 달리 늘 선행 명사구임.

보조사의 작용역이 다르기 때문에 문장의 의미가 서로 다르게 해석되기도 함.

• 만

· 철수는 영희만 쫓아다닌다.

  - 다른 사람은 쫓아다니지 않고 영희만~ → '만'의 작용역이 '영희'인 경우 '영희'가 다른 사람과 대비되어 유일하게 한정

  - 다른 것은 하지 않고 영희를 쫓아다니기만~ → '만'의 작용역이 '영희를 쫓아다니다'인 경우 '영희를 쫓아다니는 일'이 다른 일과 대비되어 유일하게 한정

• 부터

· 범위의 시작을 나타낼 때에는 작용역이 선행 명사구임. 예 두 시부터 (다섯 시까지) 공부하자. ≠ 두 시에 공부하는 것부터 하자.

· 일의 순서를 나타낼 때에는 작용역이 선행 명사구보다 더 큰 통사 단위임. 예 밥부터 먹자. (그러고 나서 영화를 보자.) = 밥을 먹는 것부터 하자.

(3) 접속 조사

① 둘 이상의 체언을 같은 자격으로 접속시켜 주는 기능을 하는 조사

② 접속 조사의 종류

❶ 접속되는 명사구들이 모두 포함됨을 나타내는 조사

가. 와/과: 주로 문어에서 쓰이고 끝에 오는 명사구 뒤에는 결합할 수 없음. 예 나는 머루와 다래를 좋아한다.

나. 하고: 주로 구어에서 쓰이고 끝에 오는 명사구 뒤에도 결합할 수 있음. 예 나는 머루하고 다래를 좋아한다. / 나는 머루하고 다래하고 좋아한다.

다. (이)랑: 주로 구어에서 쓰이고 끝에 오는 명사구 뒤에도 결합할 수 있음. 예 나는 머루랑 다래를 좋아한다. / 나는 머루랑 다래랑 좋아한다.

❷ 접속되는 명사구들 가운데 어느 하나가 선택됨을 나타내는 조사

가. (이)나: 예 이번 휴가에는 산이나 바다로 갈 생각이다.

❖ **접속 조사에 의한 이어진 문장**[178]

• 변형 생성 문법의 관점에서는 접속 조사 '와/과, 하고, (이)랑'이 형식적으로는 명사구를 이어 주지만 의미적으로는 문장을 이어 주는 것으로 보기도 함.

· 나는 머루와 다래를 / 머루하고 다래를 / 머루랑 다래를 좋아한다.: 나는 머루를 좋아한다 + 나는 다래를 좋아한다.

· 부사 '모두' 등이 쓰일 경우에는 문장의 접속으로 보기 어려운 면이 있음. 예 나는 머루

와 다래를 모두 좋아한다.

· 최근에는 단문으로 보는 견해가 일반적임.

❖ 접속 조사와 동반의 부사격 조사[179]

• '와/과, 하고, (이)랑'은 동반의 의미를 나타내는 부사격 조사와 접속 조사의 형태가 동일함.

· '결혼하다, 싸우다, 만나다, 좋아하다, 닮다, 같다' 등 이른바 대칭 동사(또는 대칭 형용사)가 서술어인 경우 '와/과, 하고, (이)랑'을 필수적으로 요구함. → 두 문장이 합쳐진 것으로 보기 어렵기 때문에 이 경우에는 동반의 부사격 조사로 처리함.

• 상호 동사 혹은 대칭 동사가 쓰였을 때도 접속 조사로 해석할 수 있는 상황이 존재함.

· <u>윤수와</u> 민지가 <u>결혼했다</u>.

  - 윤수와 민지가 서로 결혼 당사자인 경우: 부사격 조사로 해석 → '윤수'와 '민지'가 '결혼하다'의 지배를 받아 '민지가 윤수와 결혼했다.'로 바꿀 수 있음.

  - 윤수와 민지가 각각 다른 사람과 결혼한 경우: 접속 조사로 해석 → '윤수'와 '민지'가 '결혼하다'의 직접 지배를 받는 것이 아님.

제 2 부

통사론

| 제1장 | **통사론의 범위** |

통사론의 영역
둘 이상의 단어가 결합하여 구, 절, 문장을 형성하는 원리를 탐구하는 학문 분야

1. 통사 단위

① 구
⑴ 문장을 구성하는 기본 단위 (문장을 구성하는 최소의 단위)
⑵ 핵과 그것에 딸려 있는 말들을 한데 묶어 일컫는 말 → 구 전체의 품사적 속성은 핵의 품사에 의해 결정

❖ **형태론과 통사론에서의 구의 개념 차이**[180]

형태론과 통사론에서의 구의 개념이 불일치
• 형태론에서의 '구'의 개념
· 합성어와 대립되는 개념으로 두 개 이상의 단어로 이루어진 구성이면서 그 내부에 주어와 서술어의 관계를 갖고 있지 않은 것
• 통사론에서의 '구'의 개념
· 단위의 크기에 상관없이 문장을 이루는 구성 요소

개념의 불일치로 인한 혼동
• '형이 정원을 만들었다.' 문장의 통사적 분석
· '형'과 '정원'은 단어임. 그런데 '우리 형이 새 정원을 만들었다.'라는 문장과 비교하였을 때 '형'은 '우리 형'과 문법적 역할이 같고, '정원'은 '새 정원'과 문법적 역할이 같고 확장이 가능한 것을 알 수 있음. → 명사는 언제든지 명사구로 확장되어 쓰일 수 있음.
· 명사나 명사구의 문법적 역할이 동일하므로 명사 단독으로 쓰이나 명사구로 쓰이는 모두 같은 범주로 나타낼 수 있음.
· 조사 '이'나 '을'은 '우리 형'에 붙어 주어임을 나타내고, '새 정원'에 붙어 목적어임을 나타냄. → 교착소인 조사나 어미는 단어에 결합되는 것이 아니라 구 단위에 붙는 것으로 볼 수 있음.
· 단어는 확장이 불가능한 형태론적 단위이므로 '형'과 '정원'이라는 단어가 쓰인 자리는

결국 구의 자리라고 할 수 있음. → 한국어의 문장을 이루는 최소의 단위를 단어가 아니라 구로 보아야 함.

· 통사 구조를 나타낼 때는 명사가 아닌 명사구로 표시함.

- *[N형]이 [N정원]을 만들었다.

- [NP형]이 [NP정원]을 만들었다.

❖ 통사 단위로서의 단어[181]

• 형태론에서 가장 큰 단위이며 통사론에서는 가장 작은 단위임. 통사론의 최소 단위로서 문장에서 구의 자리에 나타날 수 있음. → 여기서 단어를 통사론의 가장 작은 단위라고 한 것은 통사론 층위에서 문장을 구성하는 기본 단위는 구이지만 이를 분석하면 단어가 된다는 의미임. 즉 구가 더 분석될 수 있다는 것을 뜻함.

· '빨간 장미가 색이 아주 예쁘게 피었다.'는 '빨간, 장미, 가, 색, 이, 아주, 예쁘게, 피었다' 등 8개의 단어로 이루어져 있으며 계층적인 관계를 가지고 통합됨.

❖ 단어로서의 조사와 어미의 통사적 요소의 인정 여부[182]

한국어에서 조사와 어미는 의존 형식이므로 앞의 요소와 함께 하나의 음운론적 단위를 이룸.

• '옷+안'처럼 '체언+체언' 구조에서는 평파열음화된 이후 연음이 되지만 '체언+조사'인 '옷이', '용언 어간+어미'인 '웃으며'는 바로 연음화 규칙이 적용되는 것으로 보아 음운론적으로는 하나의 단위로 볼 수 있음.

조사와 어미는 기능이 단어 단위를 넘어서 작용하고 있기 때문에 통사적인 요소로 볼 수 있음. → 조사나 어미를 단어 내부의 요소가 아니라 독립된 통사 단위로 보는 관점이 필요함.

• 전성 어미가 결합하여 절 전체를 명사절이나 관형사절이 되게 하고, 시제 선어말 어미가 문장 전체의 시제를 결정함.

조사는 독립된 단위로 인정하는 반면에 어미는 독립적인 통사 단위로 다루지 않음.

• 조사

· 자립 형식인 체언에 결합하여 분리 가능성이 높고, 의미나 기능도 어미에 비하여 분명함.

• 어미

· 용언의 어간과 분리하기 힘든 경우가 많고 의미와 기능도 용언과 밀접하게 관련되어 해석되는 측면이 있음.

• 국어에서 동사나 형용사는 어간만으로 문장에서 사용될 수 없기 때문에 어간과 어미를 분리하여 각각의 단위로 보게 되면 문장 성분 분석에서 서술어의 개념을 적용할 단위를

확인하기 어렵게 되어 서술어의 범위를 한정하기 어렵게 됨. → 통사 층위에서 확인할 수 있는 단위는 용언의 어간과 어미가 결합된 활용형임.

• 대용 현상은 서술어의 활용형만을 대상으로 함.

· '학생들이 복도에서 뛰면 혼이 난다 → 학생들이 복도에서 그러면 혼이 난다'에서 '그러면'이 '뛰면'을 대용함. 만약 어미의 의미적인 작용역이 절 전체라는 점을 바탕으로 '복도에서 뛰-/-면'으로 분석한다면 서술어의 대용을 설명하기 어려움.

• 어순 변이를 설명하기에 용이함.

· '오늘도 비가 오겠지.', '비가 오겠지, 오늘도.', '오늘도 오겠지, 비가'에 대해 어미가 문장 전체와 관련을 가지는 것으로 보는 관점에서는 국어의 어순 변이를 설명하기 어렵지만 '어간+어미'를 한 단위로 보는 관점에서는 어순 변이를 설명할 수 있음.

어미의 작용역과 어긋나는 분석임에도 문장 성분 분석에서는 용언의 활용형을 하나의 단위로 분석함. → 모든 용언은 형태적으로 비자립적이기에 필수적으로 어미를 요구하며, 용언과 어미가 결합한 단위는 서술어라는 문장 성분의 자격을 가짐.

• 빨간 장미가 색이 아주 예쁘게 피었다

· 어미의 작용역을 고려한 구조적 분석

  - [[[빨갛-]-ㄴ] 장미]가]

  - [[색이 아주 예쁘-]-게]

  - [[[빨간 장미가 색이 아주 예쁘게 피-]-었-]-다]

· 활용형을 하나의 단위로 보는 분석

  - [[[빨갛-ㄴ]장미]가] [[색]이] [[아주] [예쁘-게] [피-었-다]

❖ 통사 단위로서의 어절[183]

• 한국어에서 어절

· 띄어쓰기 단위와 대체로 일치하며 조사와 어미 등 문법적인 기능을 하는 요소들은 앞의 말에 붙어서 한 어절을 이룸.

· 한국어 문장을 이루는 기본적인 단위가 아니지만 의존 형식인 조사를 단어로 인정한 체계에서 '체언+조사'를 하나의 단위로 포착하기 위한 것이기도 하며, 용언의 어간과 어미가 결합한 부분으로 한 단위로 볼 수 있게 함.

• 학교 문법에서는 문장을 구성하는 최소 단위를 단어가 아닌 어절로 보고 있지만 학문 문법에서는 통사 단위로 어절을 인정하지 않음. → 전체 문장의 구조를 통사 단위로 바라볼 때 어절은 무용한 단위가 되고 오히려 불필요함.

· '빨간 장미가 색이 아주 예쁘게 피었다'는 문장에서 주어는 '빨간 장미'임. 즉 주격 조

사 '가'는 '장미'가 아니라 '빨간 장미'에 결합됨. '예쁘게'의 '-게'도 '예쁘-'가 아니라 '색이 아주 예쁘-'에 결합된 것임. → 어절을 단위로 문장 성분 분석을 하게 되면 '빨간'은 관형어, '장미가'는 주어가 되기 때문에 '빨간 장미가' 전체를 문장의 주어로 보는 분석과 다른 결과를 가져오게 됨.

· '나는 매우 푸른 하늘을 올려다 보았다.'는 문장을 어절 단위로 분석하면 '매우'는 '푸른'을 수식하는 부사어가 되고, '푸른'은 명사 '하늘'을 수식하는 관형어가 됨. 하지만 '매우 푸른' 전체가 '하늘'을 수식하는 관형사절인 동시에 관형어가 되는 것임. 또한 목적격 조사 '을'은 '매우 푸른 하늘'에 결합되어 그 전체가 목적어가 됨.

· '민수가 학교에 갔다.'에서의 주어는 '민수가'로 어절을 통사 단위로 삼아도 되지만 '내 친구 민수가 학교에 갔다.'에서의 주어는 '내 친구 민수'임. 즉 어떤 경우에는 어절을 주어로 삼고 어떤 경우에는 그렇게 하지 않은 것은 일관된 문법 기술이 아님.

· 보조 용언 구성 등 띄어쓰기의 단위와 문장 성분의 단위가 일치하지 않는 문제, 조사의 결합에 있어서 조사가 하나의 어절보다 더 큰 단위에 결합할 경우를 어절과 어떻게 조화시켜 설명해야 할 것인가의 문제가 있음.

2 절

(1) 주어와 서술어가 갖추어진 구성으로 겹문장을 구성하는 단위로 쓰임. cf) 주술 관계를 이루되 독립적인 문장으로 쓰이지 않는 문법 단위만을 절로 보는 견해가 일반적이고, 하나의 주술 관계를 이루는 문법 단위를 절로 보는 견해도 존재함.

(2) 가시적으로 주어를 확인할 수 있는 것과 주어가 생략된 절도 있음.

① 빨간 장미가 색이 아주 예쁘게 피었다.

❶ 주어를 확인할 수 있는 절: 색이 아주 예쁘게, 장미가 피었다.

❷ 주어가 생략된 절: 빨간 장미 → [장미가 빨간] 장미

❖ '절' 단위의 개념[184]

• 보통 '절'에 대해 '문장'보다 작은 단위로서 반드시 문장에 포함되어야 하는 것으로 기술하고 있지만 이러한 기술을 잘못된 것임. → '주어'와 '서술어'를 갖춘 구조는 모두 '절'이라고 해야 함.

· 영희가 공부를 한다. / 내가 좋아하는 영희가 공부를 한다.

– '내가 좋아하는 영희가 공부를 한다.'는 '내가 좋아하는'이 관형절로 안겨 있고, '영희가 공부를 한다.'가 모절임. 그렇다면 '영희가 공부를 한다.'라는 앞 문장과 동일하게

되는데 뒤 문장에서는 절이었던 대상이 앞에서는 절이 아니고 문장이라고 하는 것은 논리적으로 합당하지 않음.

• 문장은 완결된 통사 단위이기 때문에 복문의 경우 일부분의 절을 문장이라고 하는 것은 바람직하지 않음. → '포유문(안은문장)'은 정확한 용어이지만 '내포문(안긴문장)'이나 '모문'과 같은 용어는 정확하지 않음. → 내포절(안긴절), '모절(안은절)'이라고 해야 함.

❖ 절과 문장[185]

• 절과 문장의 공통점
· 주어와 서술어를 갖추고 있으며, 하나의 사태(동작이나 상태)를 나타냄.
• 절과 문장의 차이점
· 절: 문말 억양이나 문장 부호가 올 수 없음.
· 문장: 문말 억양이나 문장 부호가 올 수 있음.

③ **문장**

(1) 생각이나 감정을 말과 글로 표현할 때 완결된 내용을 나타내는 최소의 독립적 형식 단위
→ 내적인 통일성과 외적인 독립성을 지녀야 함.

① 내적인 통일성
❶ 하나의 통일된 생각을 나타내야 한다는 것으로 의미적 완결성을 뜻함.
❷ 문장의 구성 요소인 '절'도 의미적 완결성을 지니고 있기 때문에 내적인 통일성이 문장 성립의 충분조건이 될 수는 없음.
❸ 한계: '완결된 생각'이란 주관적인 개념임.

② 외적인 독립성
❶ 다른 언어 표현에 구속되지 않아야 한다는 것으로 형식적 자립성을 뜻함.
❷ 실제 상황에서 단독으로 발화될 수 있는 형식적 자립성을 갖춘 표현들은 자연스럽게 내적 통일성이라는 조건을 만족시키게 됨. → 실제 발화가 하나의 통일된 생각 없이 외적으로 표현될 수는 없기 때문임. → 외적 독립성은 문장이 성립하는 데 필요충분조건이 됨.
❸ 한계: '인용절'이라는 예외가 존재함.

(2) **문장의 규정**

① 주성분을 갖춘 문장이나 주성분이 생략된 문장이나 모든 문장은 하나의 문말 억양을 수반함. → 문장이란 문말 억양과 문장 부호에 의해 종결된 단위라고 말할 수 있음.
❶ '절'은 주어와 서술어를 갖추었다고 할지라도 문말 억양을 찾아볼 수 없음.

❷ 문말 억양은 문장의 숫자만큼 발견되고 문말 억양은 문장 사이의 경계를 나타냄. 예 그 사람이 떠났던 말이야? 그게 정말이야? → 그 사람이 떠났던 말이야↗ 그게 정말이야↗

❖ 종결의 문장 부호나 종결 어미로 문장을 규정하는 설명[186]

• 마침표, 물음표, 느낌표 등 종결의 문장 부호로 문장을 규정하는 설명의 문제점
 · 문장 부호는 문자일 뿐 언어 그 자체라고 할 수 없음. 오히려 문장 부호는 입말의 문말 억양을 표시하는 요소임.
• 종결 어미를 문장 성립의 요건으로 설명하는 방식의 문제점
 · '(치우기는 치운 거야?) 그럼.' / '(나 그 사람과 결혼해.) 정말?' → '그럼'이나 '정말'은 각각 감탄사 및 부사만으로 한 문장을 이루고 있음.

(3) 문장의 구조

① 문장의 통사 구조

❶ 서술어가 요구하는 성분의 수와 종류의 정보에 따라 구축된 문형과 여러 통사적 원리에 따라 부가된 성분이 형성한 구조 전체를 가리킴.
• 철수가 밥을 먹는다.: [S[KP[NP철수가][K가]][VP[KP[NP밥][K을]][V먹는다]]].
❷ 통사 구조 분석의 한계: 문장 성분들의 문법적 기능이라든지 문장에 들어가는 화자의 여러 가지 의향을 담아내지는 못함. → 통사 구조 표상은 통사적 현상을 이해하는 데에 매우 중요한 역할을 하지만 그것만 가지고서 모든 통사적 현상을 이해할 수는 없음.
• '철수가 밥을 먹는다.'와 '철수가 밥을 먹니?'는 통사 구조 표상 방식은 동일하나 화자의 의향은 정반대임.

② 문장의 정보 구조

❶ 문장의 정보 전달 방식을 구조화한 것인데, 일반적으로는 문장에서 정보(내용) 전달의 대상과 그 주제에 대해 언급하는 내용이 실현되는 방식을 의미함.
❷ 정보 전달의 대상을 '주제(화제)'라 하고, 정보를 '언급(설명, 평언, 논평)'이라고 함.
• 철수는 운동을 합니다.: '철수는'은 주제, '운동을 합니다'는 정보
❸ 주제를 나타내는 데에 전형적으로 쓰이는 표지는 '은/는'인데 화자가 어떤 대상에 대해 어떤 사실을 언급하려고 한다면 정보 구조 파악의 관점에서 그 대상은 모두 주제라고 할 수 있음. → 주제는 정보 구조적 의미로 파악하는 것이지 어떤 표지로 파악하는 것은 아님.
• 영희도 착해요.: '은/는'이 결합하지는 않았지만 '영희도'가 주제임.
❹ 한국어의 모든 문장이 '주제+언급'의 구조를 가지는 것이 아니라 정보 전체를 통째로 언급하고자 하는 문장도 존재함.

• 비가 온다.: '비'에 대해 어떤 정보를 언급하는 것이 아니라 비가 온다는 정보 전체를 통째로 언급하는 문장임. 주제는 '기상 현상' 정도임. → 주격 조사가 아니라 보조사 '은/는'을 쓰게 되면 '주제+언급' 구조로 바꿀 수 있음. 예 비는 온다 → 정보 구조상의 주제가 통사 구조상의 주어와 일치하면 일반적으로 주제 표지 '은/는'만을 사용하고, 주어 표지 '이/가'는 쓰지 않음.

❖ **통사 구조의 용어와 조사구의 설정**[187]

• 통사 구조의 용어
· N: 명사, NP: 명사구
· K: 격 조사, KP: 격 조사구
· V: 동사, VP: 동사구
· S: 문장

• 조사구의 설정
· '철수가'나 '밥을' 같은 'NP+K' 구성을 'KP'로 파악하기도 하고 그냥 'NP'로 파악하기도 함. 또한 '명사구+보조사'는 'KP'로 파악하지 않고 'NP'로 파악하는 것이 보통임.
· 조사구를 인정하지 않는 견해에서는 조사를 핵으로 보았을 때 격 조사 생략과 같이 핵이 생략되는 경우를 설명하기 어렵고, 보조사와 같이 문법적 기능이 아니라 단지 의미를 더하는 교착소는 핵으로 볼 수 없기 때문임. → 조사가 생략된 구나 체언에 조사가 결합된 것들을 모두 명사구로 설명하는 견해임.

---

(4) 문장의 어순
① 한국어의 기본 어순은 '주어+목적어+동사'인 'SOV'임.

❶ 주어+서술어: 아기가 운다. / 겨울은 춥습니다. / 여기가 서울입니다.

❷ 주어+보어+서술어: 여기는 덕수궁이 아니다. / 철수가 의사가 되었다. → 보어와 주어의 순서를 바꾸면 해석이 바뀌어 다른 문장이 되거나 비문이 됨. 예 덕수궁은 여기가 아니다. / *의사가 철수가 되었다.

❸ 주어+목적어+서술어: 톰이 제리를 좋아한다. → 주어와 목적어의 기능이 뚜렷이 구분되고 격 조사의 형태도 뚜렷이 구분되기 때문에 주어와 목적어의 순서를 바꿀 수 있음. 예 제리를 톰이 좋아한다.

❹ 주어+부사어+서술어: 이 지역 기후는 벼농사에 적합하다. → 주어와 자리를 바꿀 수 있음. 예 벼농사에 이 지역 기후는 적합하다.

❺ 주어+목적어+부사어+서술어(≒주어+부사어+목적어+서술어): 선희가 나에게 선물을 주

었다.(≒선희가 선물을 나에게 주었다.) / 철수가 밥을 맛있게 먹는다.(≒철수가 맛있게 밥을 먹는다.)

❻ 주어+목적어+부사어+서술어(≠주어+부사어+목적어+서술어): 임꺽정 씨가 나를 꽃에 비유했다. / 그분이 백동수를 사위로 삼았다. / 우리는 홍길동 씨를 천재로 여긴다. / 그들이 황무지를 녹지로 만들었다.

⑸ 문장의 범위

① 체계문과 사용문

❶ 체계문

가. 해당 언어의 문법 원리에 따라 구성된 문장   예 영희가 소설을 읽는다.

나. 원칙적으로 체계문은 실제 언어생활에서 사용문으로도 쓰일 수 있음.

다. 통사론의 연구 대상이 됨.

❷ 사용문

가. 실제 발화 상황에서 사용되는 모습 그대로의 문장   예 (영희가 무엇을 읽니?) 응, 소설.

나. 대화 분석 등 일부에서만 다루었을 뿐 문법 기술의 대상에서 제외되어 왔음.

② 완전문과 소형문

❶ 완전문

가. 필요한 성분이 문법 원리에 따라 완전하게 구성된 문장

나. 체계문일 수도 있고, 사용문일 수도 있음.

다. 반드시 생략되어야 하는 등 한 문장 안에서의 문법적 원리에 따른 생략은 완전문과 체계문으로 다룸.   예 아버지는 신문을 (읽고 계시고), 어머니는 소설을 읽고 계신다. / 아버지는 신문을 읽고, (아버지는) 출근을 하신다.

❷ 소형문

가. 실제 상황에서의 필요에 따라 완전문의 일부를 생략한 문장

나. 사용문으로만 성립

2. 통사론의 대상

[1] 문장 내적 구조에 관한 연구가 통사론이기 때문에 문장을 최대 단위로 다루되 구체적인 맥락이 있어야 해석이 가능한 문장이나 소형문과 같이 주술 관계가 상정되지 않은 문장들은 연구의 대상에서 제외함.

⑴ 구체적인 맥락이 있어야 해석이 가능한 문장

• 나는 짜장면이다: '오늘 점심에 뭐를 먹을 거니?'에 대한 대답일 수도 있고 '너는 자장면과 짜장면 중 어느 표기를 주로 사용하니?'에 대한 대답일 수도 있음. 즉 '나는 학생이다.'의 문장은 주술 관계를 상정할 수 있고 문장이 문맥에 상관없이 동일한 의미를 가지고 있지만 '나는 짜장면이다'는 문장의 의미가 고정된 것이 아님.

⑵ 주술 관계가 상정되지 않은 문장(소형문)

① '불이야!', '도둑이야!'는 '정말이야?'나 '벌써?'처럼 문장 성분이 생략된 문장과 달리 주어 등의 문장 성분을 복원하기가 어렵다는 점에서 문장으로 볼 수 있는지 논란이 됨.

② 소형문은 문장의 특수한 유형(절로 이루어지지 않은 특수한 문장)으로 보되 주로 통사론이 아닌 담화론에서 다룸. → 화자, 청자, 발화, 맥락을 고려해야 소형문에서 생략된 문장 성분의 의미를 추론할 수 있기 때문임.

❖ **문법 단위의 설명에 대한 오해 및 관계[188]**

• 전통적으로 언어 단위를 '음운-형태소-단어-어절-구-절-문장-이야기'와 같이 단위의 크기에 따라 배열하고 작은 단위가 모여 큰 단위가 된다고 설명하는 경우가 많음. → 하지만 언어 자료는 어떤 층위에서 보느냐에 따라 다른 단위가 될 수 있음.

· 하늘: 단어, 하늘색: 합성어를 구성하는 형태소, 하늘이 푸르다: 명사구

· 엄마!, 아!: 하나의 형태소로 볼 수도 있고, 단어이기도 하며, 구나 문장으로도 볼 수 있음.

• 문법 단위 간의 관계

· 형태소 ≤ 단어

· 단어 ≤ 구/절

· 절 ≤ 문장

· 문장(체계문) ≤ 쓰임문

문장 성분의 개념: 문장에서 일정한 문법적 기능을 하는 문장의 구성 요소

1. 문장 성분의 종류

① 주성분
(1) 문장의 성립에 필수적인 것으로 빠질 경우 불완전한 문장이 되는 성분 → 문장의 뼈대를 이루는 성분
(2) 주어, 목적어, 보어, 서술어

② 부속 성분
(1) 주로 주성분의 내용을 보충해 주는 성분 → 문장 성립에 필수적으로 요구되지 않아 수의적 성분이라고도 함.
(2) 부사어, 관형어

③ 독립 성분
문장 내의 다른 성분들과 문법적인 관계를 맺지 않는 성분

❖ **1차 성분과 2차 성분**[189]

1차 성분
• 서술어와 직접적 관계를 맺는 성분
• 주어, 목적어, 보어 및 부사어의 일부 → 부사어를 제외한 1차 성분은 주성분이 됨.

2차 성분
• 서술어와 직접 관계를 맺지 않은 성분
• 관형어, 독립어, 일부 부사어

1차 성분을 분석한 후에 2차 성분을 분석함.
• 철수의 동생이 밥을 많이 먹는다. → [[[철수의]+동생]이] [밥을] [많이] [먹는다]
 · 1차 성분

- 주어: 철수의 동생이
- 목적어: 밥을
- 부사어: 많이
- 서술어: 먹는다
• 2차 성분
  - 관형어: 철수의

2. 문장 성분의 유형

① 주성분

(1) 주어

① 서술어가 표현하는 동작, 상태의 주체를 나타내는 성분 → 대체로 행위의 주체이기는 하지만 행위의 대상이기도 하고, 정체 밝힘이나 성질 및 상태의 대상이기도 함.

❶ 민수가 운동장에서 놉니다. → 행위의 주체

❷ 하늘이 파랗습니다. → 상태 및 성질의 대상

❸ 이것이 막걸리입니다. → 정체 밝힘의 대상

② 체언 및 체언 자격을 갖는 요소에 주격 조사가 결합하여 이루어짐.

❶ 체언

가. 명사: 산이 구름 위에 우뚝 솟았다.

나. 대명사: 내가 이 편지를 민지에게 전할게.

다. 수사: 셋이 돌보다 많다.

❷ 체언 자격을 갖는 요소

가. 명사구: 이렇게 멋진 일이 또 있을까! / 두 사람이 어제도 우리를 도와주었다. / 자유를 지키고 정의를 세우기 위하여 싸운 젊은이들이 이곳에 묻혀 있다.

나. 명사절: 배꽃이 희기가 눈과 같다. / 밤새 누군가 다녀갔음이 분명하다.

다. 문장: 이제부터 무엇을 할 것인가가 문제이다.

라. 조사구: 여기서부터가 서울입니다.

마. 인용된 말: '늙다'가 동사인가 형용사인가?

❸ 주격 조사

가. 이/가

  • 끝소리가 자음인 경우에 '이', 모음인 경우에 '가'가 선택

❖ 보조사 '가'[190]

• 주격 조사 '이/가'가 결합한 말이 주어가 아닌 경우도 존재함. → 주격 조사가 아닌 보조사로 다루는 것이 일반적임.

· 원래가 사람은 사회를 이루고 사는 동물이다. / 네 말은 도대체가 틀렸어. → 부사에 결합하였으나 주어는 '사람은'임.

· 봄인데도 꽃이 피지가 않는다. / 단어가 도무지 외워지지가 않아요. → 부정문에서 용언의 연결형 '-지'에 결합하는 경우로 서술어가 자동사나 형용사임.

· 나는 민지가 보고 싶다.

나. 께서

㈎ 선행 체언이 높임의 대상인 경우에 사용

㈏ '-(으)시-'와 호응하나 '-(으)시-'가 필수적인 데 반하여 '께서'의 사용이 필수적이지는 않음. 즉 '-(으)시-'가 있다면 '께서'가 없더라도 존대의 의미를 잃지 않음. 예 형님께서 저에게 선물을 주셨습니다. / 형님이 저에게 선물을 주셨습니다. / *형님께서 저에게 선물을 주었습니다.

다. 에서

㈎ 선행 체언이 단체나 조직을 나타내는 무정 명사인 경우에 사용 예 우리 학교에서 이번 대회를 개최합니다.

㈏ 주격 조사 '이/가'로도 사용이 가능 예 우리 학교{에서, 가} 봉사 활동을 나갔습니다.

㈐ 행위성이 없는 동사나 형용사에서는 쓰일 수 없고, 주격 조사 '이/가'를 사용해야 주어로 성립할 수 있음.

㉮ *그 출판사에서 규모가 크다. → 그 출판사가 규모가 크다.

㉯ *우리 학교에서 서울에 있다. → 우리 학교가 서울에 있다.

㉰ *우리 회사에서 경쟁사에 쫓긴다. → 우리 회사가 경쟁사에 쫓긴다.

라. 서

㈎ 인수사에 결합하여 주어임을 표시 예 셋이서 고향에 갔다. / 어머니와 아버지 둘이서 모든 준비를 했다.

❖ 다양한 주격 조사[191]

'에서' 구문의 제약은 '에서'의 주어 표시 기능을 의심하게 만듦.

• 실제 주어가 숨어 있을 가능성이 존재함.

· 학교에서 운동회를 주최했다. → 실제 주체는 학교 구성원임.

- 원래 주격 조사가 아니라 부사어 형성과 밀접하게 관련된 조사로 추정
- '에서'를 행위의 공간을 나타내는 부사격 조사로 이해할 가능성이 있음.
  · 우리 회사에서 (누군가가) 이번 행사를 주관하였다. → '주관하다'는 행위를 뜻하는 말인데 행위를 하는 것은 결국 사람임. '우리 회사'는 어떤 사람이 소속되어 그 행위를 일으키는 공간으로 해석이 가능함.
  · 이번에는 우리 회사{가, *에서} 위험하다. → '우리 회사'가 서술어 '위험하다'의 상태의 대상, 즉 주어로 해석될 때는 부사격 조사와 결합하지 못함.

다른 격을 표시하는 조사가 주어를 나타내는 경우
- '에게(께)'
  · 순희 할아버지께는 자기 손주가 제일 소중하시다. → 주어의 통사적 특징인 '-(으)시-'와의 호응하고, 재귀 대명사 '자기'와 공지시됨.
- '로서'
  · 할아버지로서도 자기 손녀를 보낼 수가 없으셨다. → 주어의 통사적 특징인 '-(으)시-'와의 호응하고, 재귀 대명사 '자기'와 공지시됨.
cf) 현대 국어에서 '-(으)시-'의 쓰임이 점점 많아지고 있는 현실과 '어머니는 순희를 자기 집으로 보내셨다.'의 문장처럼 재귀 대명사 '자기'가 의미상의 주어(순희)와 공지시될 수 있는 점을 고려할 때 이들을 모두 주어로 단정 짓기에 어려운 점도 존재함.

❖ 주격 조사의 생략[192]

- 주술 관계가 분명할 때 주격 조사가 생략됨.
  · 주술 관계가 분명한 경우: 순희∅ 병원에 갔어. / 순희∅ 아프대.
- 주어가 구로 나타나기보다는 단어로 나타날 때, 문어에서보다는 구어에서, 비한정 대상보다는 한정적 대상일 때 주격 조사의 생략이 잘 일어남.
cf) 한정성: 화자가 구체적이고 확정된 대상에 대해 말을 할 때, 청자도 그 대상을 구체적이고 확정된 대상으로 알고 있다고 생각하는 경우 한정성이 있다고 함. (화자도 알고 청자도 알고 있는 대상)
- 주격 조사가 쓰이지 않으면 비문이 되는 경우가 분명히 존재함.
  · *하늘∅ 무척 높고 푸르다. / *군함∅ 파도를 가르고 나아간다.

❖ 보조사를 통한 주어의 표시[193]

은/는, 도
- '이/가'로 교체가 가능하여 주어임이 분명. '은/는'이나 '도'가 주어에 쓰이면 주격 조사

가 생략됨.

· <u>달은</u> 지구의 둘레를 돈다.

· <u>민지도</u> 노래방에 갔었다.

• '께서'와 '에서'는 '은/는', '도'와 함께 쓰일 수 있음.

· <u>할머니께서는</u> 언니가 왔으면 하고 기다리신다.

· 우리 <u>학교에서도</u> 다음 주에 소풍을 간다.

만, 부터, 까지

• '이/가'로 교체가 가능하여 주어임이 분명. '만', '부터', '까지'는 주격 조사 '이/가'와 함께 쓰일 수 있음.

· <u>나만이</u> 그녀를 사랑한다. / <u>우리부터가</u> 정신을 차려야 한다. / <u>오늘까지가</u> 여름방학이다.

③ 주어의 통사적 특징

❶ 주체가 높임의 대상인 경우 높임의 선어말 어미 '-(으)시-'와 호응

• 김 선생님께서 출근하셨다. / *김 군이 출근하셨다.

❷ 한 문장 안에서 주어와 같은 말이 반복될 경우 뒤에 재귀 대명사 '자기'와 호응

가. 순희가 <u>자기</u> 동생 이야기를 한다. / *순희가 <u>순희</u> 동생 이야기를 한다.

나. 3인칭 주어가 사용되고 동일 지시 대상 체언이 이어졌을 때 '자기'로 바뀌고 1인칭이나 2인칭 주어에서는 쓰임에 제약이 있음. 예 *나도 <u>자기</u> 집에 있겠다. / *너도 <u>자기</u> 집에 있어라.

❖ '자기'의 중의성[194]

• '읽히다, 잡히다, 끌리다' 등의 사동사나 '보내다, 가르치다'와 같이 사동의 뜻을 가진 말들이 서술어로 쓰인 문장에서는 '자기'가 주어 외에 실제 행위의 주체가 되는 대상을 의미적으로 나타낼 수도 있음.

· 민지가 그 아이를 <u>자기</u> 집으로 보냈다. / 저 사람이 외국인에게 <u>자기</u> 나라 말을 가르친다.

❸ 수와 무관한 요소에 이어지는 복수 접미사 '-들'이 쓰이는 경우 주어를 복수화

가. 불가산 명사에 결합: <u>물들</u> 좀 떠 오너라.

나. 부사에 결합: <u>빨리들</u> 좀 오너라.

❹ 문장의 첫머리에 오는 것이 기본적인 어순이고 일반적임.

가. <u>저 사람</u> 민지 안 만날 거야. → 격 조사가 쓰이지 않는 문장에서 주어는 '저 사람'으로 해석이 됨. 이는 주어가 문장 첫머리에 오는 것이 기본적인 원칙이기 때문임.

나. <u>저 사람이</u> <u>민지를</u> 만났다. / <u>민지를</u> <u>저 사람이</u> 만났다. → 국어는 격 조사가 있기 때문

에 어순이 상대적으로 자유로워 기본 어순을 벗어날 수 있지만 이 경우 특정 성분을 강조해 주는 화용적인 의미가 드러나게 됨.

❺ 하나의 서술어를 가진 문장에 주어가 두 개 이상 출현하는 사례가 존재함.

가. <u>토끼가</u> <u>꾀가</u> 많다. / <u>우리 학교가</u> <u>운동장이</u> 좁다. / <u>서울은</u> <u>아파트가</u> 값이 비싸다.

❖ **주어의 중복 현상에 대한 견해**[195]

이중 주어문

• 표면적으로 주어가 여러 개 겹쳐 나오는 점에 주목 → 한 문장에 주어가 2개 이상 나타난다는 점에서 주격 중출문이라는 용어를 사용하기도 함.

• 문제점: 단문에 주어가 2개 이상 나타나는 현상을 인정해야 함.

주제어와 주제

• 선행 성분을 주어가 아닌 주제어로 파악하는 방법

• 문제점: 셋 이상의 주어 형식을 가진 문장의 경우 주제어를 두 번 이상 설정해야 하는데, 한 문장이 둘 이상 다수의 주제를 갖는다는 것은 이해하기 어려움.

서술절을 안은 문장

• 홑문장이 아닌 겹문장으로 이해하고 후행하는 주어와 서술어가 안겨 더 큰 문장의 서술어로 이해

• 문제점: '나는 호랑이가 무섭다.'는 문장에서 '무섭다'의 대상은 '호랑이', '나'는 '무섭다'의 심리 상태를 경험하는 사람인데, 일반적으로 형용사는 그 성질이나 상태를 지니는 대상이 주어이므로 '나'를 주어로 보기에 한계가 있음.

보어

• 후행하는 주어를 보어로 보는 견해

• 문제점: 보어를 요구하는 문장에서는 서술어가 주어 외에 다른 성분을 반드시 필요로 함. 주어의 중복이란 서술어가 요구하지 않는 주어 형식의 성분이 추가로 사용된 문장임. 또한 학교 문법에서는 '되다/아니다' 앞에 오는 성분으로만 한정

---

④ **주어의 생략**

❶ 문맥적으로 보아 주어가 명시되지 않아도 주어가 무엇인지 알 수 있는 경우에 주어를 생략할 수 있음. → 주어에 관한 정보가 잉여적일 때 생략되는 경향이 있음. 예 (엄마 어디 가셨니?) 직장에 가셨어요. → 문맥까지 고려해야 하므로 통사론의 범위를 넘어섬.

❷ 주어가 어떤 것인지 분명하지 않은 무주어문에서 주어가 나타나지 않음. 예 도둑이야.

/ 고생 끝에 낙이다. / 비가 오면 큰일이다. → 주어의 생략이라기보다는 애초부터 주어를 상정할 수 없는 극히 제한된 수의 고정적인 관용구에 해당하므로 문법적 설명의 대상이 되지 않음.

❸ 명령문의 주어는 항상 2인칭이므로 생략되어도 의사소통에 지장이 없고 생략되는 것이 보통임. 예 어서 집에 가거라. → 문법적 설명이 가능

❹ 심리 형용사(슬프다, 기쁘다, 춥다, 싫다 등)는 말하는 사람 자신의 느낌이나 감정을 서술하기 때문에 심리 형용사가 쓰인 문장의 주어는 주어를 굳이 밝히지 않은 경우가 있음. 예 저 노래를 들으면 슬퍼요. / *민지는 아까부터 추워요. → 문법적 설명이 가능 cf) '민지는 아까부터 추웠다.'와 같이 과거 시제 '-었-'을 써서 전지적 시점에서 사태를 기술하거나 '민지는 추울 것 같다.' 및 '민지는 춥겠다.'처럼 추측을 나타내는 의미인 경우에는 주어에 3인칭이 올 수도 있음. 또한 '민지'가 화자를 가리키는 경우에는 사용 가능.

(2) 서술어

① 주어의 행위나 상태 등을 풀이하는 문장 성분

② 서술어의 성립

❶ 하나의 동사 및 형용사

가. 자동사문: 해가 <u>뜬다</u>.

나. 타동사문: 순희가 책을 <u>읽는다</u>.

다. 형용사문: 꽃이 <u>아름답다</u>.

❷ 둘 이상의 동사 및 형용사

가. 문장의 명제적 의미에 핵심적인 기능을 담당하는 본용언과 상이나 양태 등의 특수한 의미를 덧붙이는 역할을 하는 보조 용언의 결합하여 주어에 대한 서술어가 됨.

   ㉮ '-아/어, -게, -지, -고, -고야' 등이 본용언과 보조 용언을 매개

     ㉠ -아/어: 가다, 놓다, 두다, 대다, 버리다, 보다. 오다, 있다, 주다

     ㉡ -게: 되다, 생기다

     ㉢ -지: 않다

     ㉣ -고: 말다, 싶다, 있다

     ㉤ -고야: 말다

❖ 보조 용언의 범주[196]

• 한글 맞춤법이나 『표준국어대사전』에서는 관형사형 어미가 매개된 구문이나 종결 어미가 매개된 구문까지 보조 용언 구문으로 인정하고 있음. → 통사적으로는 연결 어미가 매개된 보조 용언 구문과 차이가 있어 학문 문법에서 최근에는 잘 다루지 않음.

· 관형사형 어미가 매개된 보조 용언 구문
  - -(으)ㄹ 듯하다/만하다/법하다/듯싶다/성싶다
  - -(으)ㄴ/는 척하다/체하다
· 종결 어미가 매개된 보조 용언 구문
  - -는가 보다/싶다
  - -(으)ㄹ까 보다/싶다/하다

❖ 보조 용언의 판별[197]

• 학문적으로 보조 용언 구문에 대해 분명한 합의가 이루어지지 않음.
• 내포절과 모절의 주어를 비교하여 주어가 일치할 때만 보조 용언 구문으로 보는 견해가 존재함.
  · 내포절과 모절의 주어가 일치하지 않음. → 보조 용언 구문으로 인정하지 않음.
    - 선생님은 영희가 집에 <u>가게</u> <u>하였다</u>. → '영희'가 '가게'의 주어이고, '선생님'이 '하였다'의 주어임. 각각의 주어와 서술어가 어울린 구성은 내포절을 안은 문장으로 해석
  · 내포절과 모절의 주어가 일치함. → 보조 용언 구문으로 인정
    - 민수가 (*민수가) 밥을 <u>먹어</u> <u>버렸다</u>.
    - 현수가 (*현수가) <u>가게</u> <u>되었다</u>.
    - 지희가 (*지희가) 음악을 <u>듣고</u> <u>있다</u>.
    - 나는 (*내가) 영화를 <u>좋아하지</u> <u>않는다</u>.
    - 삼촌이 (*삼촌이) 일을 <u>저지르고야</u> <u>말았다</u>.

❖ 본용언과 보조 용언의 구분[198]

• 보조 용언은 단독적으로 쓰이지 못함. 보조 용언은 본용언과 어울려 하나의 서술어로 기능함. 간혹 본용언과 보조 용언으로 쓰이기도 하지만 그 쓰임이 다름.
  · 본용언+보조 용언: 지호가 신문을 <u>찢어</u> <u>버렸다</u>. → '뜻밖에 또는 시원스럽게 지호가 신문을 찢었다.' 정도의 의미
  · 본용언+본용언: 지호가 신문을 <u>찢어</u> <u>버렸다</u>. → '지호가 신문을 찢은 후에 신문을 버렸다.' 정도의 의미
• '본용언+본용언' 구성에서는 사이에 다른 말이 개입될 수 있는 반면에 '본용언+보조 용언'에는 아무런 말도 개입되지 않음.
  · 본용언+본용언: 지호가 신문을 <u>찢어</u> 쓰레기통에 버렸다.
• '본용언+본용언' 구성에서는 자리 옮김을 하면 서로 떨어질 수 있는 반면에 '본용언+보

조 용언'은 한 덩어리가 되어 떨어지지 않음.

· 본용언+본용언: 지호가 신문을 <u>버렸다</u>, <u>찢어서</u>. / 지호가 <u>버렸다</u> 신문을, <u>찢어서</u>.

· 보조 용언+보조 용언: 지호가 <u>찢어 버렸다</u>, 신문을. / <u>찢어 버렸다</u>, 신문을, 지호가. / <u>찢어 버렸다</u>, 지호가 신문을. / 신문을 <u>찢어 버렸다</u>, 지호가.

• 피동의 뜻을 지닌 문장을 만들 때 '본용언+본용언' 구성에서는 '-어지다'가 두 용언에 모두 결합하는 반면에 '본용언+보조 용언'에서는 전체 서술어에 결합함.

· 본용언+본용언: 신문이 지호에 의해서 <u>찢겨 버려졌다</u>.

· 본용언+보조 용언: 신문이 지호에 의해서 <u>찢어 버려졌다</u>.

• '본용언+본용언' 구성에서는 각 행위의 시간이나 장소가 분리될 수 있지만 '본용언+보조 용언'에서는 한 시점에서 일어난 것이므로 분리가 어려움.

· 본용언+본용언: 지호가 어제 신문을 <u>찢어서</u> 오늘 <u>버렸다</u>. / 지호가 신문을 교실에서 <u>찢어서</u> 쓰레기통에 <u>버렸다</u>.

❖ 보조 용언에 대한 시각[199]

학문 문법에서의 보조 용언 구문

• 일반적으로 필수 부사절을 내포절로 요구하는 문장으로 보조 용언 구문을 이해

· '-아/어, -게, -지, -고, -고야'를 부사형 어미로 보고, 마지막 서술어를 보조 용언이 아닌 본용언으로 해석함.

· 서술어가 2개 있으면 각각의 주어가 있어야 한다는 생성 문법 사고에 근거

· 부사절의 주어가 문장 전체의 주어와 같으면 생략함.

- 민수가 (*민수가) 밥을 먹어 버렸다.

- 현수가 (*현수가) 가게 되었다.

- 지희가 (*지희가) 음악을 듣고 있다.

- 나는 (*내가) 영화를 좋아하지 않는다.

- 삼촌이 (*삼촌이) 일을 저지르고야 말았다.

학교 문법에서의 보조 용언 구문

• 본용언과 보조 용언을 매개하여 하나의 서술어로 기능하게 하므로 보조적 연결어미라는 용어 사용이 가능함.

---

❸ 체언 및 체언 기능을 하는 요소+서술격 조사 '이다'

가. 일반적으로 체언과 서술격 조사 '이다'가 결합하지만 간혹 체언 이외의 체언 구실을 하는 말이 오기도 함.

(가) 체언: 지호는 <u>축구 선수이다</u>.

(나) 체언 기능을 하는 요소: 그는 자신이 맡은 일에 늘 <u>열심</u>이다. / 서울은 <u>여기까지</u>이다. / 그녀가 온 시간은 <u>자정 넘어서</u>였다. / 빈 칸에 들어갈 말은 '<u>새로운</u>'이다. / 그거야 <u>땅 짚고 헤엄치기</u>지.

❹ 서술절

가. 하나의 절이 다른 문장에 안겨 문장 성분으로서 서술어 역할을 함. 예 고양이는 밤눈이 밝다.

나. 복합어 중에는 서술절로 이해될 만한 구성이 존재함. 예 빛나다(구두가 빛이 난다.) 멍들다(내 다리는 멍이 들었다.)

③ 서술어의 형태

❶ 문장 전체의 서술어는 종결 어미로 끝나는데 특수한 형태의 서술어가 존재함.

가. 체언에 접사 '-하다'나 서술격 조사 '이다'가 결합한 경우 이들이 생략되어 소형문 형태로 사용

(가) 주로 기사 제목이나 시적 표현, 구호, 일상적 구어에서 많이 등장

(나) 우리는 조국의 <u>방패</u>. / 한국 등반대 정상을 <u>정복</u>. / 저건 우리 <u>둘째</u>.

나. 연결형이나 명사형으로 종결되는 경우가 존재함.

(가) **연결형**: 지호가 여기 있었는데. → 연결 어미로 쓰였지만 이러한 쓰임이 굳어져 종결 어미화 됨. 실제 종결 어미 중 연결 어미에서 기원한 것들이 존재함. 예 -거든: 나 정말 억울하거든.

(나) **명사형**: 오늘도 비가 많이 <u>내렸음</u>.

❷ 접속절이나 내포절 속의 서술어는 연결형, 관형사형, 명사형으로 나타남.

(가) **연결형**: 눈이 <u>왔으니까</u> 길이 미끄럽겠지요.

(나) **관형사형**: 나는 민지가 <u>결혼한</u> 사실을 몰랐다. / 시가 이렇게 <u>아름다운</u> 줄을 몰랐다.

(다) **명사형**: 그 사람이 거짓말을 <u>했음</u>이 만천하에 드러났다. / 달빛이 <u>희기</u>가 눈과 같다.

(라) **부사형**: 어머니는 아들에게 혀가 <u>닳도록</u> 타일렀다.

❖ **무주어문과 재구조화**[200]

무주어문

• 주어를 상정할 수 없는 문장으로 주어 없이 새로운 어떤 사물을 발화 장면 속<u>으로</u> 도입하는 기능을 가져 도입문 또는 제시문이라고 하기도 함.

· 도둑이야. / 비다. / 불이야. / 윷이다.

· 셋에서 둘을 빼면 하나다. / 비가 오면 큰일이다. / 급한 불은 껐지만, 아직도 산 너머

산이다.

· 우리나라는 5년 내에 선진국에 진입할 것이다. / 비가 올 것 같다. / 경제가 예상보다 일찍 회복할 듯하다. 비가 쏟아질 성싶다. → 학문 문법적으로 무주어문임. 통사 구조적으로 '것이다, 같다, 듯하다, 성싶다'의 주어가 없기 때문임. 예 '[e[[비가 올] 것 같다]' 구조로 분석되는데 '비가 올'이 '것'을 꾸며 주고 서술어 '같다'가 '비가 올 것'을 보어로 취하는데 주어가 없음. *'e'는 이론적으로 나타나야 할 성분이 나타나지 않았을 때 사용하는 기호

재구조화

• 다른 구조 속에 놓인 둘 이상의 이질적 성분이 합쳐져 하나의 단일 성분처럼 기능하는 것을 설명하기 위한 개념

· 철수가 영어를 [공부를 한다] → '영어를'이 '하다'의 목적어로 이해되기 어렵고 '공부를 하다' 전체의 목적어로 이해

· 철수는 영희에게 [신경질을 부렸다]. / 정부가 이라크와 [협상을 벌인다]. / 영희는 철수와 [친구이다] → [ ]안의 의미 해석을 먼저 해 준 다음 그 의미상 필요한 성분을 [ ] 밖에서 찾아 주는 식으로 분석하는 것이 효율적이므로 [ ] 부분을 복합 성분이 단일 성분으로 재구조화된 문장이라고 할 수 있음.

· 철수는 학생이다. → '이다'를 형용사로 보는 입장에서는 형용사 '이다'가 주어와 보어를 필요로 하는데 그것이 '철수'와 '학생'으로 나타나 있다고 이해함. '학생'이 조사 없이 나나므로 뒤의 '이다'와 결합하여 하나의 서술어로 재구조화되었음. '주어+보어+서술어' 구조가 '주어+서술어' 구조로 재구조화

· 우리나라는 5년 내에 선진국에 진입할 것이다. / 비가 올 것 같다. / 경제가 예상보다 일찍 회복할 듯하다. 비가 쏟아질 성싶다. → 학교 문법적 관점에서는 무주어문으로 이해하기보다는 재구조화된 문장으로 이해하는 것이 실용적임. 예 '[비가 [[오-]-ㄹ 것 같다]]].'로 분석함으로써 '-(으)ㄹ 것 같다'를 하나의 보조 용언으로 기능한다고 생각함. 즉 '비가'를 주어로 분석하고 이에 대한 서술어를 '올 것 같다'로 분석함.

④ 서술어의 자릿수

❶ 특정 서술어가 요구하는 필수적인 성분의 개수

❷ 자릿수의 하위 유형

가. 한 자리 서술어

㈎ **자동사**: 대부분의 자동사(울다, 쏟아지다, 끓다, 피다, 짖다) 예 아기가 운다. / 소낙비가 쏟아진다.

㈏ **형용사**: 대부분의 형용사(푸르다, 둥그렇다, 넓다) 예 하늘이 푸르다. / 달이 둥그렇다.

/ 길이 넓다.

나. 두 자리 서술어

    ㈎ **자동사**: 일부 자동사(변하다, 되다, 속다, 다니다) 예 구름이 비로 <u>변했다</u>. / 물이 얼음이 <u>되었다</u>. / 어른이 아이에게 <u>속는다</u>. / 지호가 중학교에 <u>다닌다</u>.

    ㈏ **형용사**: 일부 형용사(같다, 아니다, 무섭다, 적합하다) 예 저 그림이 실물과 꼭 <u>같다</u>. / 그 사람은 나쁜 사람이 <u>아니다</u>. / 나는 그 사람이 <u>무섭다</u>. / 이곳 기후가 벼농사에 <u>적합하다</u>.

    ㈐ **타동사**: 대부분의 타동사(먹다, 던지다, 파다, 심다) 예 코끼리는 풀을 <u>먹는다</u>. / 아이들이 돌을 <u>던졌다</u>.

다. 세 자리 서술어

    • 일부 타동사: 일부 타동사(주다, 넣다, 삼다) 예 민지가 동생에게 장난감을 <u>주었다</u>. / 아이가 편지를 우체통에 <u>넣는다</u>. / 나는 이 일을 너와 <u>의논하겠다</u>. / 김 선생은 민지를 제자로 <u>삼았다</u>.

❖ **자타 양용 동사의 서술어 자릿수**[201]

• 자동사와 타동사를 겸하는 동사의 경우 한 자리 서술어가 되기도 하고, 두 자리 서술어가 되기도 함.

  · 그쳤다 / 멈추다 / 울렸다

    - 한 자리: 아이의 눈물이 <u>그쳤다</u>. / 자동차가 <u>멈추었다</u>. / 종이 <u>울렸다</u>.

    - 두 자리: 엄마가 아이의 눈물을 <u>그쳤다</u>. / 지호가 자동차를 <u>멈추었다</u>. / 지호가 종을 <u>울렸다</u>.

❖ **서술어 자릿수와 불완전한 문장**[202]

• 서술어 자릿수에 따라 요구하는 성분이 없으면 불완전한 문장이 됨. 그러나 의미적으로 통해 보이기도 하는데 이 경우는 문맥이 주어지기 때문임.

  · ?구름이 변한다. / ?물이 되었다. / ?어른이 속는다. / ?지호가 다닌다. / ?민지가 장난감을 주었다. / ?아이가 편지를 넣는다. / ?나는 이 일을 의논하겠다. / ?김 선생은 민지를 삼았다. → 단독으로 완전한 문장으로 보기 어렵고 문맥이 주어질 경우에 뜻이 통함.

❖ **결합가와 자릿수**[203]

• Valency(결합가)가 '자릿수'로 번역되기도 하지만 차이가 있는 개념임.

  · 결합가: 서술어의 개념 구조상, 즉 의미상으로 필요한 논항의 수

    - 저 아이는 누구에게나 버릇없이 <u>군다</u>. → 서술어 '굴다'는 '누구에게나' 같은 격 성분

외에도 '버릇없이'는 부사어를 필수적으로 요구하지만 격 조사를 취하지 않는 이러한 부사어는 자릿수를 계산하는 데에 들어가지 않음.

- 민지가 아이에게 5천원에 공을 <u>팔았다</u>. → '5천원에'는 서술어 '팔다'의 개념 구조상 필요한 논항이기는 하지만 필수적 성분이 아니므로 자릿수에 포함되지는 않음.

· 자릿수: 서술어가 필요로 하는 격 성분의 수

❖ 논항과 보충어[204]

논항

• 논항: 서술어가 그 의미를 온전히 드러내기 위해 반드시 필요한 요소 → 서술어의 자릿수란 논항의 개수를 말하는 것임.

· 톰이 제리를 좋아한다.: '좋아하다'가 의미적으로 필요로 한 행위의 주체(톰)와 대상(제리)를 논항이라고 함.

• 용언의 의미를 성립시키기 위한 필수 요소이므로 상황 맥락이 주어지지 않을 경우에는 문장에서 통사적으로 반드시 나타나야 함.

보충어

• 논항이 통사적으로 나타났을 경우를 이르는 말로 한국어에서 보충어는 일반적으로 격 조사와 결합되어 실현

• 논항은 중요성이 낮아서 보충어로 나타나지 않는 경우도 존재함.

· 온논항: 온전히 나타난 논항, 즉 통사적으로 나타난 논항

· 반논항: 통사적으로 나타나지 않는 논항. 잠재 논항이라고도 함.

- 나는 (집에서) 학교로 <u>갔다</u>. / 그는 이 물건을 나에게 (3만 원에) <u>팔았다</u>. → '가다'의 의미는 공간 이동을 전제하므로 행위의 출발점도 필요함. '팔다'의 행위에는 대가가 있어야 하며 그 의미가 없을 경우 '주다'와 같아짐. → '집에서'나 '3만 원에'가 실제 언어생활에서 반논항에 머무르는 경우가 많음.

서술어 자릿수와 관계

• 최근 통사론에서 서술어 자릿수는 고정된 것이 아니라 유동적인 것으로 파악하는 경향

• 반논항의 경우 나타나지 않으면 서술어의 자릿수에 포함되지 않는 것이고, 나타나면 포함되는 것임.

⑤ 서술어의 선택 제약

❶ 서술어에 따라 주어나 목적어 등의 자리에 일정한 조건을 갖춘 체언만이 선택될 수 있

는 현상

가. *소나무가 <u>웃는다</u>. *나는 책상을 <u>존경하다</u>. → 주어나 목적어의 자리에 유정 명사와 인성 명사를 요구함.

나. *순희가 그림자를 <u>먹는다</u>. → 목적어의 자리에 음식이 놓여야 함.

다. *나는 버선을 <u>입었다</u>. / *그는 눈을 <u>다물었다</u>. / *그녀는 입을 <u>감는다</u>. → 서술어 '입다', '다물다', '감다'는 특정 대상의 목적어와 어울림.

❷ 선택 제약을 어긴 표현들이 문학 작품이나 광고 등에 파격의 효과를 위해 쓰이기도 함.

→ 문법적으로 정상적인 표현은 아님.

(3) 목적어

① 타동사에 의해 표현되는 서술 행위나 작용의 대상 혹은 목적이나 결과를 나타내는 문장 성분

❶ 행위의 대상: 엄마가 <u>물을</u> 끓인다. / 그가 삽으로 <u>땅을</u> 팠다.

❷ 작용의 대상: 순희는 <u>엄마를</u> 닮았다.

❸ 행위의 목적: 영수가 <u>낚시를</u> 간다. / 누나가 <u>회사를</u> 다닌다.

❹ 행위의 결과(혹은 목적): 엄마가 <u>라면을</u> 끓인다. / 두더지가 <u>굴을</u> 팠다.

② 체언이나 체언의 기능을 하는 요소에 목적격 조사 '을/를'이나 줄임말 형태인 'ㄹ'이 결합하여 이루어짐.

❶ 체언+'을/를' 또는 'ㄹ'

가. 을/를: 옛날에는 <u>성벽을</u> 쌓아 <u>적을</u> 막았다. / 택시를 기다리는 사람들이 길게 <u>줄을</u> 지어 서 있다.

나. ㄹ: 누가 <u>날</u> 불렀을까?

❷ 체언 기능을 하는 요소+'을/를'

가. 명사구: 누가 <u>이 그림을</u> 여기에 걸었니?

나. 명사절: 내가 <u>너희들에게 어떻게 해 주기를</u> 원하니? / 지호는 <u>무지개가 도저히 잡히지 않을 것임을</u> 비로소 알았다.

다. 문장: 우리는 <u>학교를 위해 봉사할 수 있는 일이 무엇인가를</u> 생각해 보기로 했다. → 문장이 직접 목적격 조사를 취해 목적어가 될 때는 주로 종결 어미가 '-(으)냐/느냐, -(으)ㄴ가/는가, -(으)ㄴ지/는지' 등일 때임.

> ❖ **보조사를 통한 목적어의 표시**[205]
>
> • 보조사 '은/는, 도'가 쓰일 때는 목적격 조사가 표면에 나타나지 않은 것이 원칙이지만 그 외의 보조사는 목적격 조사와 함께 쓰이기도 함.

· 은/는, 도
  - 저 사람이 술은 잘 마시지마는 담배는 피우지 못한다.
  - 지호가 농구뿐만 아니라 축구도 잘 한다.
· 그 외의 보조사
  - 이것 하나만 그 사람에게 보냈다. / 이것 하나만을 그 사람에게 보냈다.

❖ **목적격 조사의 생략**[206]

• 주술 관계가 분명하여 생략되어도 목적어가 무엇인지 알 수 있는 경우에 생략되기도 함.
· 어머니는 과일 ∅ 깎았어. / 아침에는 밥 ∅ 먹기가 싫다.

❖ **목적격 조사의 보조사적 용법**[207]

• 용언의 활용형이나 부사, 혹은 격 조사 다음에 붙은 경우 목적격 조사라기보다는 보조
사적 용법으로 이해할 수 있음.
· 용언의 활용형: 숙제를 끝내기 전에는 일 분도 놀지를 마라.
· 부사: 형은 내 말은 곧이를 듣지 않아요.
· 격 조사: 그렇게 입고 학교에를 갔다 왔니?
• 주격 조사의 보조사적 용법과 유사하면서도 차이가 있음.
· 주격 조사의 보조사적 용법: 자동사 및 형용사와만 결합이 가능
  - 꽃이 피지가 않아요. / *아이가 채소를 먹지가 않아요.
· 목적격 조사의 보조사적 용법: 서술어의 제약이 없음.
  - 꽃이 피지를 않아요. / *아이가 채소를 먹지를 않아요.

③ 목적어의 생략
  ❶ 목적어는 문장의 필수적 성분이기 때문에 원칙적으로 생략되지 않은 것이 원칙임.
    • *우리들은 이틀 동안이나 쌓았다. / *민지가 여행지에서 보내 주었다.
  ❷ 맥락을 통해 무엇이 목적어인지 분명히 알 수 있는 경우에는 목적어가 생략될 수도 있음.
    • (영희가 순희를 때렸니?) 예, 영희가 ∅ 때렸어요.
④ 목적어의 중복
  ❶ 한 문장에는 목적어가 하나만 있는 것이 원칙이지만 하나의 서술어가 둘 이상의 목적어
  와 어울리는 현상이 존재함. → 목적어가 두 개 이상 나타나므로 '이중 목적어문' 또는 목적
  격이 두 개 이상 나타난다는 점에 착안하여 '목적격 중출문' 혹은 '대격 중출문'이라고도 함.
  ❷ 목적어 중복 현상의 유형

가. 서술어가 주어 외에 하나의 성분만을 요구함에도 불구하고 주어와 더불어 두 개의 목적어가 사용된 경우 → 두 목적어가 '전체-부분', '대상-수량'의 관계임.

　　㉮ 전체-부분: 철수는 <u>영수를</u> <u>허리를</u> 잡았다. / 수미는 <u>나무를</u> <u>가지를</u> 꺾었다.

　　㉯ 대상-수량: 철수는 <u>길을</u> <u>10km를</u> 걸었다. / 한 반에 <u>학생을</u> <u>열 명을</u> 배정했다.

나. 서술어의 의미를 충족시키기 위해 목적어로 표시된 두 성분이 모두 필요한 경우 → 목적어 중 하나는 부사어로 바뀔 수 있음.

　　㉮ 목적어로 표시: 어머니는 <u>영희를</u> <u>며느리를</u> 삼았다. / 할아버지는 매달 <u>순희를</u> <u>용돈을</u> 주신다. / 선생님이 <u>학생들을</u> <u>공부를</u> 많이 시키신다.

　　㉯ 부사어로 표시: 어머니는 <u>영희를</u> <u>며느리로</u> 삼았다. / 할아버지는 매달 <u>순희에게</u> <u>용돈을</u> 주신다. / 선생님이 <u>학생들에게</u> <u>공부를</u> 많이 시키신다.

다. 'X하다'처럼 한 단어로 사용될 만한 동사 내부에 목적격 조사가 사용되어 'X를 하다'로 분리됨으로써 목적어가 중복되는 경우

　　㉮ 연구하다: 미경이는 컴퓨터를 <u>연구를 한다</u>. / 미경이는 컴퓨터를 <u>연구한다</u>.

　　㉯ 꿈꾸다: 철수는 대통령을 <u>꿈을 꾼다</u>. / 철수는 대통령을 <u>꿈꾼다</u>.

　　㉰ 집중하다: 우리는 그 문제를 <u>집중을 했다</u>. / 우리는 그 문제를 <u>집중했다</u>.

> ❖ **목적어 중복 현상에 대한 견해**[208]
>
> • 한 문장 안에 동일하거나 유사한 격이 단 한 번만 나올 수 있다는 일문 일격의 원리에 따라 진정한 의미의 목적어는 하나이고, 나머지는 목적어가 아니라는 견해 → 이 입장에서는 목적어가 중복된 문장을 정상에서 벗어난 표현으로 이해하거나 복수의 '을/를' 중 하나 혹은 이들 모두를 보조사로 보아야 함.
> • 첫 번째 목적어가 문장 전체의 목적어이며 나머지 목적어는 동사구의 내부 목적어로 이해하는 견해
> • 구문의 심층이 복문이라 전제하고 두 개 이상의 목적어가 실현되었다고 이해하는 견해

⑤ 자동사 서술어와 목적격 조사

❶ 부사어 성분에 목적격 조사 '을/를'이 이어짐으로써 타동사 구문처럼 쓰는 현상이 존재함.

가. 부사어 성분으로 쓰임: 철수는 <u>친구와</u> 만나 놀았다. / 우리는 <u>교회에</u> 다닌다. / 우주선이 <u>궤도에서</u> 이탈했다. / 어머니는 <u>두 시간</u> 주무셨다. / 아버지는 평생 <u>두 번</u> 우셨다.

나. 목적어 성분으로 쓰임: 철수는 <u>친구를</u> 만나 놀았다. / 우리는 <u>교회를</u> 다닌다. / 우주선이 <u>궤도를</u> 이탈했다. / 어머니는 <u>두 시간을</u> 주무셨다. / 아버지는 평생 <u>두 번을</u> 우셨다.

❷ 현상에 대해 부사어보다 목적어로서의 의미를 더 드러내고자 하는 동기에서 발현 → 화

자가 해당 성분과 서술어 작용의 관계를 직접적인 것으로 파악하고 해당 성분을 목적어로 인지한 결과임.

❸ '주다, 가다, 만나다, 닮다' 등의 제한된 서술어에 국한되어 나타나지만 항상 교체가 가능하지는 않음.

가. 주다

⑦ 남은 음식을 저한테 주세요. / 남은 음식을 저를 주세요.

④ 어느 독지가가 학교에 차를 주었다. / *어느 독지가가 학교를 차를 주었다.

나. 가다

⑦ 지호가 피시방에 갔다. / 지호가 피시방을 갔다.

④ 너 그 친구한테 가지? / *너 그 친구를 가지?

다. 만나다

⑦ 나는 민지와 만났다. / 나는 민지를 만났다.

④ *나는 깡패와 만났다. / 나는 깡패를 만났다.

❖ **자동사 서술어의 목적어에 대한 견해**[209]

• 목적어는 주어와 다르게 통사적 특징이 뚜렷하게 밝혀지지 않아 목적격 조사 '을/를'이 결합하면 목적어로 보는 것이 일반적임. → 하지만 주격 조사 '에서'에서 보듯 격 조사가 늘 문장 성분과 일치하는 것이 아니기 때문에 의미상 행위의 대상을 필요로 한다고 보기 어려운 자동사 서술어에 대한 '을/를'이 결합한 성분을 목적어로 해석하기에 어려움이 존재함.

• 목적어로 인정하는 견해와 목적어로 인정하지 않은 견해가 있음.

· 목적어 인정

  - 부사어로 쓰였을 때는 자동사 서술어, 목적어로 쓰였을 때는 타동사로 서술어로 해석

  - 해당 서술어를 주관적 타동사로 해석: 객관적으로 동사의 타동성을 받는 성분으로 보기는 어려우나 적어도 화자가 이 성분을 목적어로 인지했다고 보는 것임.

· 목적어로 인정하지 않음.

  - 자동사 구문과 타동사 구문이 서로 배타적인 것으로 해석: 조사 '을/를'을 보조사로 처리함.

---

(4) 보어

① '되다, 아니다'를 서술어로 하는 문장에서 주어 이외의 '이/가'가 결합한 성분

❶ 되다: 네가 벌써 어른이 되었구나. / *네가 벌써 되었구나.

❷ 아니다: 저 동물은 <u>고양이가</u> 아니다. / *저 동물은 아니다.

> ❖ **보어의 개념**[210]
>
> • 보어의 개념에 대해 다양한 견해가 존재함.
> · '되다, 아니다'가 서술어인 문장에서 주어 이외의 '이/가'가 결합한 성분
>   - 학교 문법의 정의
>   - 문제점: 보어라는 성분이 특정한 두 어휘가 요구하는 성분으로 한정되어 다른 문장
>   성분과의 이질성이 생김.
> · 주어, 목적어, 서술어 외의 필수 성분
>   - 문제점: 필수적 부사어들도 보어의 범주 안에 들어가게 됨.
> · 일부 자동사 및 형용사 서술어가 그 의미를 충족시키기 위해 필요한 '이/가'가 결합한
> 주어 이외의 필수 성분

② 체언이나 체언 기능을 하는 요소에 **보격 조사**가 결합하여 이루어짐.
  ❶ 체언+'이/가': 그는 <u>군수가</u> 됐다. / 고래는 <u>물고기가</u> 아니다.
  ❷ 체언 기능을 하는 요소
  가. 명사구: 김 선생은 <u>시장 후보가</u> 아니다.
  나. 문장: 내 말의 뜻은 <u>누가 고양이 목에 방울을 다느냐가</u> 아니다.

> ❖ **보조사를 통한 보어의 표시**[211]
>
> • 보격 조사 대신에 보조사로 대치되기도 하고 보격 조사가 보조사와 함께 쓰이기도 함.
> · 보조사로 대치: 그 사람은 <u>의사도</u> 아니다. / 내가 고맙게 생각하는 사람이 <u>너만은</u> 아니
> 다. → 보조사 '은/는, 도'가 쓰임.
> · 보조사와 함께 쓰임.: 내가 고맙게 생각하는 사람이 <u>너만이</u> 아니다.

> ❖ **보격 조사와 주격 조사**[212]
>
> • 보격 조사는 주격 조사와 형태가 같아 여전히 문제점이 됨.
> · 보격 조사를 주격 조사로 보는 견해가 존재함.
>   - 보격 조사가 실현된 문장을 서술절을 가진 문장으로 보고 보어를 서술절의 주어로 해
>   석함. 예 너는 <u>애국자가</u> 아니야. / 그 사람이 언제 <u>과장이</u> 됐지?
>   - 문제점: '아니다, 되다'가 각각 두 자리 서술어이기 때문에 서술절이 문장으로서 완전

하지 못해 성립하기 어려움.

• 주격 조사와 달리 보격 조사는 높임의 '께서'가 결합하지 못하기 때문에 표면적으로 같은 형태이지만 동일한 격 조사로 취급할 수 없음을 알 수 있음.

· 주격 조사: '께서' 결합이 가능함. 예 국어 선생님께서 교감이 되셨다.

· 보격 조사: '께서' 결합이 불가능함. 예 *민지는 국어 선생님께서 되었다.

③ 보격 조사 및 보어의 생략

❶ 보격 조사의 생략

• 일상적인 대화 상황에서 생략되기도 함. 예 자네 형님이 군수∅ 됐어. / 김 선생은 시장 후보∅ 아니야.

❷ 보어의 생략

• 적절한 맥락이 전제될 때 보어 전체가 생략될 수 있음. 예 (자네 형님이 군수가 됐어?) 우리 형님이 ∅ 됐어요.

④ 보어의 범주

❶ 학교 문법에서 제시하는 보어를 요구하는 용언은 '되다, 아니다' 외에 '싫다, 좋다, 저리다' 등의 형용사와 '걱정되다, 맞다, 분명하다, 나가다' 등의 동사가 있음. → 주로 두 자리 서술어의 자격을 지닌 심리 형용사, 감각 형용사, 심리 자동사, 감각 자동사 등의 주관성 용언이 해당됨. → 서술절로 볼 수도 있지만 NP2를 생략하면 뜻이 달라지거나 부자연스러운 문장이 되고, NP1과 NP2가 등가 관계를 가진다는 점에서 보어로 볼 수 있음.

가. 심리 형용사

㈎ 나는 네가 좋다. → *나는 좋다.

㈏ 나는 팔이 저리다. → *나는 저리다.

㈐ 나는 그것이 궁금하다. → *나는 궁금하다.

나. 감각 형용사

• 나는 등이 간지럽다. → *나는 간지럽다.

다. 심리 자동사 → 주로 '-되다, -어지다'가 결합되어 피동의 의미를 가지거나 'N+나다'의 형태를 취하는 것이 많음.

㈎ 나는 남편이 걱정되었다. → *나는 걱정되었다.

㈏ 나는 울음이 나왔다. → *나는 나왔다.

㈐ 나는 호기심이 당겼다. → *나는 당겼다.

㈑ 나는 마음이 놓인다. → *나는 놓인다.

라. 감각 자동사

• 나는 <u>속이</u> 울렁거렸다. → *나는 울렁거렸다.

마. 그 밖의 자동사

  ㈎ 그 번호는 <u>제 번호가</u> 맞습니다. → *그 번호는 맞습니다.

  ㈏ 큰 아이는 <u>이제 세 살</u> 났다. → *큰 아이는 이제 났다.

  ㈐ 할머니 연세가 <u>아흔이</u> 넘으셨다. → *할머니 연세가 넘으셨다.

  ㈑ 이 차 가격이 <u>1억이</u> 나간다. → *이 차 가격이 나간다.

❖ 서술절에서의 '좋다'와 보어를 요구하는 '좋다'[213]

• 『표준국어대사전』의 표제어 '좋다'

· [1] 대상의 성질이나 내용 따위가 보통 이상의 수준이어서 만족할 만하다

  - 한 자리 서술어

  - 용례로 제시된 '그는 집안이 좋다.'나 '상길이는 마음씨가 좋았다.' 등은 서술절을 안은 문장임.

· [2] 【…이】 어떤 일이나 대상이 마음에 들 만큼 흡족하다

  - 두 자리 서술어: 문형 정보 【…이】를 통해 알 수 있음.

  - 심리 형용사로 쓰인 용법으로 심리적 감정을 느끼는 주체가 주어로 나오고 그 심리 상태에 대한 대상이 보어로 실현

  - 나는 지금 하고 있는 일이 좋다. / 나는 기분이 좋다. / 녹수는 이 전갈을 받고 더욱 마음이 좋았다.

❖ 서술격 조사 '이다'와 보어[214]

• '이다'를 서술격 조사가 아닌 형용사로 보는 입장에서는 '이다'에 결합된 '명사구'를 보어로 판단하기도 함. → 보격 조사 '이/가'가 결합할 순 없지만 이는 조사 '이/가'와 '이다'의 통시적인 관계로 설명할 수 있고, 띄어쓰기는 어문 규정에 의한 인위적인 것이므로 '이다' 구문의 NP2를 보어로 설정함. 예 이것은 책이다. / 침묵은 금이다.

---

❷ 주어 외에 필수적 부사어를 요구하는 두 자리 형용사와 주어 및 목적어 외에 필수적 부사어를 요구하는 세 자리 타동사가 있음. → 필수적 부사어를 보어로 처리하자는 견해가 존재함.

가. 필수적 부사어를 요구하는 세 자리 타동사

  ㈎ 삼다: 체언+(으)로 예 나는 민지를 <u>친구로</u> 삼다.

  ㈏ 다르다, 같다, 비슷하다: 체언+와/과 예 나는 <u>너와</u> 다르다.

㈐ 주다, 보내다: 체언+에게 예 민지가 지호에게 책을 주었다.

㈑ 넣다, 얹다: 체언+에 예 손을 주머니에 넣어라.

　나. 필수적 부사어를 요구하는 두 자리 형용사

　　• 다르다, 같다, 비슷하다: 체언+와/과 예 그 책은 이 책과 비슷하다.

❖ 필수적 부사어를 보어로 처리하는 견해의 문제점[215]

• '(으)로, 와/과, 에게, 에, 로' 등을 보격 조사로 규정해야 하는데 이들은 다른 서술어와 나타났을 때는 (수의적) 부사격 조사로서의 기능을 함. → 동일한 조사가 두 가지의 서로 다른 격의 기능을 한다고 보는 것은 문제가 있음.

· 나는 친구와 극장에 가겠다. / 나는 극장에 가겠다.

· 명희는 차를 극장 앞에 세웠다. / 명희는 차를 세웠다.

· 아버지는 망치로 유리창을 깼다. / 아버지는 유리창을 깼다.

• 주어나 목적어, 부사어 등은 형태가 일정하고 공통된 특성을 공유하는 데 비하여 보어의 범위를 필수적 부사어까지 확장하면 보어 전체가 공유하는 특성은 '필수성' 하나밖에 없게 됨. → 보어와 필수적인 부사어의 공통점은 서술어가 주어, 목적어 외에 필수적으로 요구하는 성분이라는 사실밖에 없음.

• 일반 부사격 조사가 붙어서 된 말을 필수적으로 요구하는 용언의 수도 많지 않으며, 그 통사적 특징도 한 가지로 묶을 수 없음. → 부사격 조사가 붙어서 이루어지는 성분을 일률적으로 부사어로 보고, 용언 하나하나의 개별적인 어휘적 특성으로 인하여 부사어를 필수적으로 요구하기도 한다고 보는 것이 합당함.

⑤ 보어의 특성

❶ 조사 '이/가'가 결합하여 이루어짐.

❷ 보격 조사 '이/가'는 주격 조사 및 목적격 조사처럼 생략이 가능함. → 부사격 조사가 생략이 어려운 것과 비교됨. → 보격 조사는 주격, 목적격 조사와 성격을 같이 함.

가. 보격 조사의 생략: 민지는 나중에 커서 선생님 된대. / 나 그런 사람 아니야. / 나는 너 좋아. / 나는 수다스러운 사람 싫어.

나. 부사격 조사의 생략: *나는 너 다르다. / *추우면 손을 주머니 넣어라. / ?나는 민지를 친구 삼았다. / ?민지가 지호 책을 주었다. / ?나도 그 회의 참석했다. → '?'로 표시된 것처럼 생략되어도 성립이 가능한 것처럼 보이는 문장은 부사격 조사와 목적격 조사의 교체가 가능한 문장들임. 즉 이는 부사격 조사 아닌 목적격 조사가 생략된 것으로 보임. (*나는 너를 다르다. / *추우면 손을 주머니를 넣어라. / 아는 민지를 친구를 삼았다. / 민지가 지호

를 책을 주었다. / 나도 그 회의를 참석했다.)

❸ 서술어가 요구하는 필수적인 성분임.

❹ 관계 관형절의 표제 명사가 될 수 없음.

가. 민지가 <u>선생님이</u> 되었다. → *민지가 된 선생님

나. 나는 <u>그런 사람이</u> 아니다. → *내가 아닌 그런 사람

다. 나는 <u>네가</u> 좋다 → *내가 좋은 너

cf) 나는 <u>밥을</u> 먹었다. → 내가 먹은 밥, 나는 <u>너를</u> 좋아한다. → 내가 좋아하는 너, 수호는 <u>집을</u> 지었
다. → 수호가 지은 집

❺ 의미적인 기능은 서술의 대상이 됨.

> ❖ **목적어와 보어**[216]
> • 보어가 가지는 의미역은 서술어의 대상이라는 점을 고려할 때 필수적 부사어의 의미역인
> 처소나, 도달점, 수혜주 등과 구별되기 때문에 부사어보다는 목적어와 비슷한 점이 있음.
> • 주어 이외의 용언이 요구하는 성분이라는 점에서 목적어와 비슷
> • 목적어처럼 서술어와 재구조화되어 복합 술어를 이루기도 함. 예 수긍이 가다, 이해가 되
> 다 cf) 공부를 하다
> • 타동사의 의미에 의하여 목적어가 의미적으로 제한되는 것처럼 보어의 경우도 서술어
> 가 되는 용언의 의미적 구조에 영향을 받음.

② 부속 성분

(1) 관형어

① 체언으로 된 주어나 목적어 등의 문장 성분 앞에서 체언을 수식하는 성분 → 체언이 다양
한 문장 성분으로 쓰이기 때문에 주어 수식, 목적어 수식 등의 정의가 아닌 체언을 수식한다
고 서술

② 수식을 받는 체언이 중심이 되고 관형어는 체언의 부속 성분이 됨.

③ 관형어의 성립

❶ 관형사

가. 항상 관형어로만 쓰임.

나. <u>새</u> 술은 <u>새</u> 부대에 담아야 한다. / <u>첫</u> 눈이 오는 날에 책을 <u>한</u> 권 받았다. / <u>어느</u> 날 소
년이 <u>웬</u> 소녀를 데리고 왔다. / <u>저</u> 어르신은 누구신가요?

❷ 체언 혹은 체언 기능을 하는 말+관형격 조사 '의'

가. 체언: <u>나라의</u> 보배, <u>할아버지의</u> 말씀

나. 체언 기능을 하는 말: <u>자식으로서의</u> 도리, <u>본국으로의</u> 송환, <u>승리에의</u> 집념, <u>자유로부터의</u> 도피 → 관형격 조사 앞에는 체언(명사구)이 오는 것이 원칙이나 표현하려는 의미에 따라 '체언+부사격 조사'가 오는 경우도 있음.

❸ 체언 단독

• 체언이 그 자체로 뒤에 오는 체언을 수식하여 관형어가 되기도 함. 〔예〕 <u>동생</u> 물건을 빼앗으면 안 된다. / <u>순희</u> 얼굴이 기억난다.

❹ 관형절

• 용언 및 서술격 조사에 '-는, -(으)ㄴ, -(으)ㄹ, -던'의 관형사형 전성 어미가 결합하여 관형어를 이룸. 〔예〕 <u>푸른</u> 하늘, <u>지나가는</u> 사람, <u>걱정이 팔자인</u> 사람

❖ 체언 수식의 부사[217]

부사가 체언을 수식해 주는 경우가 있음.

• '아주, 무척, 바로, 겨우, 꼭' 등으로 주로 수량이나 정도 또는 위치를 한정해 주는 부사임.

ㆍ아주, 무척, 더, 덜, 꽤, 퍽: 정도를 나타냄.

  – 이 책은 <u>아주</u> 재미있다. / 옛날에 <u>아주</u> 부자가 있었다.

  – 그는 <u>무척</u> 바쁘다 / 그는 <u>무척</u> 구두쇠였다.

ㆍ바로: 위치를 보이는 체언과 어울려 그것을 한정

  – 다른 데 들르지 말고 <u>바로</u> 와.

  – <u>바로</u> 옆이 지호 자리이다.

ㆍ겨우: 수량을 나타내는 체언과 어울림.

  – 나는 지금 숙제를 <u>겨우</u> 끝냈다.

  – <u>겨우</u> 둘이 그 일을 해낼 수 있겠어?

ㆍ꼭

  – 내 옷이 너에게 <u>꼭</u> 맞는구나.

  – 그 사람이 <u>꼭</u> 너만 좋다고 하는구나.

체언 수식의 부사에 대한 견해

• 단어의 품사를 관형사로 보고, 문장 성분도 관형어로 보는 견해

• 단어의 품사를 부사로 보되, 체언을 꾸민다는 점에 착안하여 문장 성분은 관형어로 보는 견해 → '학교 운동장'에서 '학교'는 명사이면서 관형어라는 점을 고려할 때 합리적일 수 있음.

• 단어의 품사를 부사로 보고, 문장 성분도 부사어로 보는 견해

④ 관형어의 특성

❶ 관형어 없이도 문장이 성립할 수 있는 수의적 성분임.

가. 관형사 관형어: 이번 달에는 새 옷을 한 벌 사 입기로 했다. → 이번 달에는 옷을 한 벌 사 입기로 했다.

나. 체언+관형격 조사 관형어: 우리는 사랑의 시를 좋아한다. → 우리는 시를 좋아한다.

다. 관형절 관형어: 그 훌륭하던 건물이 다 타서 새까만 숯덩이가 되었다. → 그 건물이 다 타서 숯덩이가 되었다.

❖ 관형어의 필수적 쓰임[218]

• 수식을 받는 체언이 의존 명사인 경우 관형어가 필수적으로 나타남.

· 큰 것보다 작은 것이 더 아름답다. → *것보다 것이 더 아름답다.

· 어떤 분이 찾아 오셨어요. → *분이 찾아 오셨어요.

· 나는 그 사람을 본 적이 없다. → *나는 그 사람을 적이 없다.

❷ 체언에 부속된 부속 성분으로 체언 없이 단독으로 쓰일 수 없음. → 같은 부속 성분인 부사는 단독으로 쓰이기도 함.

가. 관형사 관형어: *새 새 담아야 한다.

나. 체언+관형격 조사 관형어: *할아버지의 기억에 생생하다.

다. 관형절 관형어: *지나가는 붙잡고 물어봐!

cf) 부사어와 관형사의 단독적 쓰임

관형어	부사어
(그 사람이 어떤 모자를 썼더라?) *빨간	지금 출발해라. 빨리!

❸ 수식을 받는 체언 앞에 위치해야 함. → 부사도 꾸미는 용언 앞에 쓰이는 것이 정상적이지만 때에 따라 자리바꿈이 가능함.

관형어	부사어
붉은 장미가 피었다. → *장미 붉은 피었다.	장미가 붉게 피었다. → 장미가 피었다, 붉게.

❹ 관형어가 여러 개 겹쳐 쓰일 수 있음.

• 관형어가 겹쳐 쓰일 때의 순서는 '지시 관형어+수량 관형어+성상 관형어'로 쓰임. 예 저 두 새로 지은 집, *새로 지은 두 저 집, *두 새로 지은 저 집

❺ 관형어의 꾸밈을 받는 관형어가 다시 체언을 꾸미기도 함.

• 저 아이가 이 영화 속의 주인공을 닮고 싶나 보다. → '이'는 '주인공'을 꾸미는 것이 아

니라 '영화'를 꾸미고 '이 영화'는 '속'을 꾸미고, '이 영화 속의' 전체가 '주인공'을 꾸밈.

⑤ 관형격 조사 '의'의 특성

❶ 관형격 조사 '의'는 생략이 가능하기도 하고 불가능하기도 함. → 관형격 조사의 실현 및 비실현의 조건에 대해서는 분명히 밝혀지지가 않아 일반화하기가 어려움.

가. 생략이 가능한 경우: 길에서 민지(의) 동생을 보았다. / 내 모자가 안 보여 동생(의) 모자를 빌려 썼다.

나. 생략이 불가능한 경우: 어린이는 나라의 보배이다. / 이순신 장군의 거북선에 관해 읽었다. / 그 소년의 꿈이 이루어지기를 바란다.

❷ 관형격 조사가 결합한 관형어는 상황 맥락에 따라 다양하게 해석이 가능함. → 수식 기능이라는 본질적 특성으로 인해 관형어라 이름을 붙였지만 그 심층적 의미 기능이 매우 다양하여 중의성을 형성하기도 함.

㈎ 심층적 의미 기능의 다양성

㉮ 소유: 언니의 모자

㉯ 주체: 나의 연구

㉰ 대상: 향가의 연구

㉱ 소속: 한국의 사찰

㉲ 속성: 평화의 종소리

㈏ 중의성을 형성

• 언니의 모자: 언니가 소유한 사진 / 언니가 찍은 사진 / 언니를 찍은 사진

❸ 관형격 조사가 결합한 체언이 주어를 나타내는 경우가 존재함. → 의미상 주어를 나타낼 때에는 '의'가 생략될 수 없음.

• 우리의 나갈 길에 대하여 의논해 보자. / 사람들이 너의 어리석음을 비웃는다. → '우리의'가 '길'을 꾸며줌과 동시에 '나갈'의 주어임. '너의'는 '어리석음'을 꾸미는 동시에 '어리석음'의 의미상 주어임.

(2) 부사어

① 주로 용언에 덧붙어서 용언을 수식하는 기능을 하면서 용언뿐만 아니라 관형사나 다른 부사를 수식하기도 하는 문장 성분 → 서술어를 수식한다고 설명할 수도 있지만 용언이 관형사형, 부사형 어미와 결합했을 때는 관형어나 부사어로 쓰이기 때문에 용언을 수식한다고 하는 것이 보다 정확함.

② 부사어는 수식의 기능뿐만 아니라 문장이나 단어를 연결하는 기능도 가지고 있음.

③ 수식을 받는 용언이 중심이 되고, 부사어는 그 용언의 부속 성분이 됨.

④ 부사어의 성립

❶ 부사

가. 부사

    ㈎ 체언을 수식하는 부사를 제외하고 대부분 부사어로 쓰임.

    ㈏ 시간이 늦었으니 <u>어서</u> 떠납시다. / 오늘은 날씨가 <u>매우</u> 춥다.

나. 체언 및 체언 기능을 하는 요소+부사격 조사

    ㈎ 부사격 조사의 종류에 따라 다양한 의미를 표현함.

        ㉮ 처소, 장소: <u>산속에</u> 숨다, <u>운동장에서</u> 놀다

        ㉯ 도구, 재료/원료, 수단/방법: <u>칼로</u> 썰다, <u>포도로</u> 술을 만들다, <u>영어로</u> 말하다

        ㉰ 출발점/근원: <u>러시아에서</u> 오다, <u>서울로부터</u> 온 편지

        ㉱ 목표/도달점: <u>영희에게</u> 편지를 보내다, <u>집에</u> 가다

        ㉲ 방향/지향점: <u>부산으로</u> 출발하다, <u>학교로</u> 향하다

        ㉳ 공동/동반: <u>강아지와</u> 함께 놀다, <u>영희하고</u> 잘 지내다

        ㉴ 비교: 딸기가 <u>설탕보다</u> 달다, 영희도 <u>수미만큼</u> 예쁘다

        ㉵ 자격/신분: 학생 <u>대표로</u> 참석하다, <u>학생으로서</u> 본분을 다하다

        ㉶ 원인/이유: <u>감기로</u> 앓아눕다, <u>술에</u> 취하다

        ㉷ 변화된 결과/상태: 물이 <u>얼음으로</u> 되다

    ㈏ 같은 부사격 조사가 붙은 말이라도 어떤 체언에 붙어 어떤 서술어와 쓰였는가에 따라 다양한 뜻을 드러내기도 함. 예 에: 떠드는 <u>소리에</u> 잠을 설쳤다(원인), <u>회사에</u> 가니(지향점), <u>여섯 시에</u> 만나자(때)

다. 관형어+부사성 의존 명사

    ㈎ 관형절을 이끄는 부사성 의존 명사: <u>놀 만큼</u> 놀았으니 이제 공부해라. / 그것을 <u>있는 대로</u> 다 가져 오너라. / 그 사람이 <u>신발을 신은 채</u> 거실로 들어왔다. / <u>당신이 나를 좋아한 만큼</u> 나도 너를 좋아하겠다.

    ㈏ 명사절을 이끄는 부사성 의존 명사: <u>네가 거짓말을 했기 때문에</u> 일이 복잡해졌다.

라. 부사절

    ㈎ 종속적 연결 어미의 대부분이 부사형 어미로서의 기능을 함.

        ㉮ -듯이: <u>그 육중한 몸이 거목이 쓰러지듯이</u> 옆으로 쓰러졌다.

        ㉯ -도록: 너는 <u>강아지가 밖으로 나가지 못하도록</u> 문을 닫아라.

        ㉰ -아서: <u>우리 차는 길이 끊어져서</u> 더 가지 못했다.

마. 어미 '-게'에 의한 용언의 활용형

    • 어미 '-게'가 형용사에 결합하여 문장 부사어를 형성

    · <u>이상하게</u> 오늘은 운이 좋다. / 그 사람이 <u>불행하게</u> 사고를 당했다. / 그가 어린 아이를

곱게 들어 안았다.

바. 파생 접사 '-이'에 의한 부사절

- 용언에서 파생되어 나온 부사가 주어나 목적을 등을 수반하고 서술어의 기능을 띤 채 부사절이 됨.
  · 나뭇잎이 소리도 없이 떨어진다. / 그는 아무 이유 없이 나타나지 않았다.

❖ 어미 '-게', 접사 '-이'에 의한 부사어[219]

어미 '-게'

- 어미 '-게'에 대해 종속적 연결 어미로 보는 견해, 부사형 어미로 보는 견해 등이 있음. 그런데 '-게'가 절을 이끌지도 않고, 보조적 연결 어미로 쓰이는 것이 확실해 보이는 것들이 존재함.
  · 우리는 먼지가 나지 않게 길에 물을 뿌렸다. / 바깥이 잘 보이게 창을 활짝 열어라. → '바깥이 잘 보이-', '먼지가 나지 않-'과 같은 절에 '-게'가 결합하였으므로 연결 어미인지 부사형 어미인지 하는 문제가 생길 수 있음.
  · 이상하게 오늘 운수가 좋다. / 그가 어린 아이를 곱게 들어 안았다. → '-게'가 절과 결합했다고 보기 어려우므로 연결 어미로 쓰이지 않은 것이 확실함. → 순수하게 용언의 부사형을 형성하는 어미로 보는 것이 타당

접사 '-이'

- '-이'는 부사를 만드는 파생 접미사임. 그런데 주술 관계를 이루고 있는 절을 이끌고 있어 어미의 성격을 지닌다고 할 수 있음. 즉 용언(형용사)이 아닌 부사가 주어나 목적어 등의 문장 성분들을 지님.

⑤ 부사격 조사의 생략과 보조사의 결합

❶ 구어에서 부사격 조사가 수의적으로 생략되어 쓰이기도 함.
- 순희는 서울(에) 산다. / 그녀는 탤런트 박민영(과) 비슷하다. / 그가 왔을 때(에) 이미 회의는 끝나 있었다. / 민수는 비행기가 떠난 후(에) 공항에 도착했다. / 우리가 떠난 결과(로) 일이 어그러지게 되었다.

❷ 부사어에 보조사가 결합하여 의미를 더하기도 함.

가. 부사에 결합: 세월이 빨리도 가는구나.

나. 부사격 조사에 결합: 지호에게는 재미있는 책이 많다.

다. 용언의 부사형에 결합: 이상하게도 오늘은 운이 좋다.

⑥ 부사어의 하위 유형

❶ 성분 부사어: 문장의 특정한 성분을 수식하는 부사어

가. 용언 수식

   ⑦ 종결형 수식: 이번 시험 문제는 <u>아주</u> 쉽다.

   ⑭ 관형사형 수식: 저 분이 <u>매우</u> 고마운 사람이에요.

   ⑮ 부사형 수식: 어제는 <u>너무</u> 아파서 학교에 못 갔다.

   ⑯ 명사형 수식: 우리 지호의 병이 <u>빨리</u> 낫기를 바랍니다.

나. 관형사 수식: 집 앞에 <u>아주</u> 새 차가 한 대 서 있었다.

다. 부사 수식: 그는 노래를 <u>아주</u> 잘 부른다.

cf) 체언 수식: 그는 <u>아주</u> 부자다 → 체언을 수식하는 경우 관형어로 보는 견해가 많음.

> ❖ **부사어의 겹침**[220]
>
> • 부사어가 겹쳐 쓰일 때 부사어 중 하나가 다른 부사어를 꾸미는 것인지 모두 서술어를 꾸미는 것인지 주의할 필요가 있음.
> · 다른 부사어의 수식: 우리의 차가 고속도로를 아주 빨리 달렸다.
> · 모두 서술어를 수식: 고양이가 쥐한테 살금살금, 소리 없이 다가간다.

❷ 문장 부사어

가. 양태 부사어: 문장 전체를 수식하는 부사어

   ⑦ 문장에 대한 화자의 심리적 태도를 나타내는 부사들이 많음.

     • <u>과연</u> 그의 예언대로 되었구나. / <u>설마</u> 그가 거짓말이야 하겠느냐? / <u>제발</u> 비가 조금이라도 왔으면 좋겠는데. / <u>확실히</u> 그는 포용력 있는 사람이다. / <u>의외로</u> 돈이 적게 들었다.

   ⑭ 형용사에 어미 '-게'가 붙어서 형성되기도 함.

     • <u>불쌍하게</u> 그 사람이 사고를 당했다. / <u>귀찮게</u> 아이들이 나를 자꾸 따라다닌다.

나. 접속 부사어: 문장이나 단어를 이어주는 부사어

   ⑦ 문장 접속

     ㉮ 뒤 문장에 속해 있으면서 앞 문장과 뒤 문장의 의미적 관계에 따라 쓰임.

     ㉯ 봄에는 꽃이 핀다. <u>그리고</u> 여름에는 녹음이 우거진다. / 그가 일을 망쳐 놓았다. <u>그러나</u> 아직은 희망이 있다. / 나는 생각한다. <u>그러므로</u> 존재한다.

   ⑭ 단어 접속

     • 너는 사과 <u>혹은</u> 배를 가져오는 것이 좋겠다. / 원서 접수 <u>및</u> 교부는 인터넷으로도 가능하다.

• 문장과 문장을 이어주는 접속 부사에 대해 독립어로 보는 견해가 존재함.

 · '그래서, 그러므로, 그러나' 등은 문장 첫머리에 쓰일 수 있는 등 독립어가 쓰이는 자리에 올 수 있음. → 단어를 접속하는 '및, 또는' 등은 독립어의 자리에 쓰일 수 없음.

• 접속 부사를 부사어로 보는 견해가 존재함.

 · 다른 독립어들처럼 뒤에 이어지는 문장과 완전히 유리되어 있다고 보기 어려움.

  – 독립어들은 뒤에 오는 문장과 아무런 관련이 없어 통사적인 상호 제약도 없음. → 하지만 접속 부사 '그래서' 뒤에는 명령형이나 청유형이 오지 않음. 예 비가 너무 심하게 온다. *그래서 일을 좀 쉬어라. / 배가 몹시 고프다. *그래서 우선 밥부터 먹자.

 · 접속 부사의 의미가 접속절의 의미와 유사한 것으로 보임.

 · 접속절을 일종의 부사절로 여기고 있음.

• 문장 부사어를 다른 용어로 '절 부사어'라고 부르기도 함.

 · 기존에는 문장 부사어로 불렀는데 이는 '설마 그 사람이 우리를 배신하겠어?'나 '과연 설악산이 절경이구나.' 등의 예문에만 근거했기 때문이며, 절과 문장을 구분하지 않은 생성 문법의 영향을 받은 점도 있음.

 · 문장 부사어는 절과 문장을 엄밀히 구분하지 못하는 문법 기술로서 일관성 있는 개념이 아니므로 절 부사어라는 용어를 사용하기도 함.

  – '만약 이것이 진품이라면 국보로 지정해야 한다.' / '비록 반대가 있더라도 할 말은 할 것이다.' → '이것이 진품이라면'과 '반대가 있더라도'를 수식하므로 문장이 아닌 절을 수식함.

⑥ 부사어의 위치

❶ 부사어가 한정하는 말 바로 앞에 오는 것이 원칙임. → 다만 관형어와 달리 부사어는 표현 효과를 위해 자리 바꿈을 하여 여러 자리에 나타나기도 함.

가. 철수가 지호를 무척 사랑한다. / 철수가 무척 지호를 사랑한다. / 철수가 지호를 사랑한다, 무척.

나. 이상하게도 지호가 시험에 떨어졌다. / 지호가 이상하게도 시험에 떨어졌다. / 지호가 시험에 이상하게도 떨어졌다. / 지호가 시험에 떨어졌다, 이상하게도. → 문장 부사어는 성분 부사어에 비하여 자리 이동이 더 자유로움. 이는 문장 전체를 꾸미기 때문에 문장 앞이나 뒤에 오는 것이 더 자연스럽기 때문임.

❷ 부정 부사 '아니(안)', '못'이나 성분 부사 중 '잘, 좀' 등 자리 이동이 불가능한 부사어들이 존재하고, 항상 서술어 앞에서만 쓰임.

가. 민지는 밥을 <u>안</u> 먹었다. / *민지는 안 밥을 먹었다. / *민지는 밥을 먹었다, 안.

나. 민지가 그림을 <u>잘</u> 그린다. / *민지가 잘 그림을 그린다. / *민지가 그림을 그린다, 잘.

❸ 부사어가 다른 부사어나 관형어, 체언을 한정할 때는 자리 이동이 되지 않음.

가. 내가 <u>아주</u> 새 만년필을 잃었다. / *<u>아주</u> 내가 새 만년필을 잃었다. / *내가 새 <u>아주</u> 만년필을 잃었다. / *내가 새 만년필을 <u>아주</u> 잃었다. → '내가 새 만년필을 <u>아주</u> 잃었다.'를 자연스럽게 느낄 수도 있지만 이 경우는 '아주'가 본래부터 '잃었다'를 꾸미고 있는 것임.

❖ 부사어의 독립적 쓰임과 위치 이동[223]

• 부사어는 관형사가 독립적으로 쓰일 수 없는 것과 달리 독립적으로 쓰일 수 있음. → 부사어의 이러한 특징으로 인하여 문장 내에서 위치 이동이 비교적 자유롭다고 볼 수 있음.

· (어제 누구하고 영화 봤어?) 여자 친구하고.

· (어제 왜 안 왔니?) 배가 아파서.

· (밖에 눈이 많이 왔어요?) 아니, 조금.

❖ 필수적 부사어의 존재[224]

• 부사어는 수의적 성분임에도 불구하고 체언에 부사격 조사가 결합된 부사어 중에는 문장을 이루기 위하여 필수적으로 요구되는 것들이 존재함.

→ 서술어 자릿수에 영향을 받아 서술어가 부사어를 필수적으로 요구

· '체언+(으)로'를 요구하는 서술어

  - 삼다: 나는 지호를 <u>동생으로</u> 삼았다. → *나는 지호를 삼았다.

· '체언+와/과'를 요구하는 서술어

  - '비슷하다, 다르다, 닮다, 틀리다' 등

  - 같다: 이것은 <u>진짜와</u> 같네요. → *이것은 같네요.

· '체언+에(또는 에게)'를 요구하는 서술어

  - '주다, 다니다, 놓다, 넣다, 두다, 드리다, 던지다, 다가서다' 등

  - 주다: 그 사람이 <u>너에게</u> 선물을 주었니? → *그 사람이 선물을 주었니?

  - 다니다: 내 친구도 <u>무역 회사에</u> 다닌다. → *내 친구도 다닌다.

  - 놓다: 이 화분을 <u>식탁 위에</u> 놓아라. → *이 화분을 놓아라.

• 학자에 따라 부사어로 보지 않고 보어로 처리하기도 함.

③ **부속 성분**

⑴ 독립어

① 문장 내의 다른 성분과 직접적인 구조적 관계가 없이 독립되어 있는 문장 성분

② 독립어의 성립

  ❶ 감탄사

    • 감탄사는 독립어를 이루는 대표적인 품사로 모두 독립어가 됨. 예 어, 이거 정말 이상하다. / 얼씨구, 너 잘하는 것이다.

  ❷ 체언+호격 조사

  가. 호격어 혹은 부름말이라고도 함.

  나. 호격 조사는 유정 명사에 결합하되 '하게체' 이상으로 존중해야 하는 높임의 상대 등에게는 결합하지 않음. → 높임의 호격 조사 '(이)여', '(이)시여'가 있지만 문어나 시어에서만 쓰임. 예 철수야, 너 심부름 좀 해 줄래? / 김 서방, 우리 딸 잘 부탁하네.

  ❸ 무정 명사 단독

  가. 아무런 표지 없는 명사구를 먼저 보이고 그와 관련된 서술이 뒤따를 때 선행 명사구를 일컫는 말을 제시어 혹은 보임말이라고도 함.

  나. 청자나 독자로 하여금 주의를 집중하도록 하기 위해 쓰임. 예 청춘, 이는 듣기만 하여도 가슴이 설레는 말이다.

② 독립어의 특징

  ❶ 호격어나 제시어가 독립어로 나타날 때 뒤에 오는 문장 속의 한 성분과 일치되게 되는데 이 경우 다양한 형식으로 나타남.

  가. 같은 말의 반복

    • 청춘, 청춘이란 말은 듣기만 해도 피가 끓는다.

  나. 대명사로 교체

    ㈎ 청춘, 이것은 듣기만 해도 피가 끓는다.

    ㈏ 철수야, 선생님께서 너를 찾으셔.

  다. 생략

    ㈎ 청춘, 듣기만 해도 피가 끓는다.

    ㈏ 철수야, 선생님께서 찾으셔.

❖ **문장 성분과 품사**[225]

• 품사는 단어가 가지는 성질에 따라 나눈 것이고 문장 성분은 단어, 구, 절이 문장에서 기능하는 역할에 따라 분류되는 것으로 이 둘 사이에 차이가 존재함.

· <u>학교</u> 운동장으로 모여라. → '학교'의 품사는 명사, 문장 성분은 관형어

· 네 <u>바로</u> 옆 자리는 내 자리야. → '바로'의 품사는 부사, 문장 성분은 관형어

• 부사와 부사어, 관형사와 관형어는 특성이나 기능이 비슷한 측면이 있어서 품사와 문장 성분이 혼동되는 경우가 많음.

· 부사어

- 시간이 <u>빠르게</u> 간다. → '빠르게'는 형용사

- 시간이 <u>빨리</u> 간다. → '빨리'는 부사

· 관형어

- <u>다른</u> 사람은 몰라도 너까지 나를 비난하면 어떡해? → '다른'은 관형사

- <u>다른</u> 색으로 보여 주세요. → '다른'은 형용사

1. 기본 문형의 개념

- 문장 성분들이 어우러져 문장을 이루는 양상을 유형화하고 추상화함으로써 만들어지는 것으로 특정 언어 문장 구성의 기본 틀
- 서술어가 자신의 고유한 논항의 개수와 종류에 근거하여 만들어 내는 문장의 기본적 뼈대
- 필수적인 문장 성분만으로 구성된 문장을 몇 가지 유형으로 나눈 것 → 문형은 생략할 수 있는 수의적인 성분을 제외하고 주성분만을 대상으로 삼음.

2. 기본 문형의 설정 원칙

① 포괄성의 원칙

⑴ 소수의 문형만으로도 특정 언어에서 만들어질 수 있는 대부분의 문장을 포괄할 수 있어야 하기 때문에 실제 발화된 문장을 단순히 제시하는 것에 그쳐서는 안 됨. → 기본 문형 설정을 위해서는 문장의 기본적인 틀을 중심으로 문장들을 유형화하고 각각의 문장 유형이 갖는 대표적인 성격을 파악하는 과정이 필요함. → 문장을 구성하는 필수적인 요소를 중심으로 설정하는 것이 보통

① 실제 발화 예문: 성적이 좋은 학생들은 대부분 성공했다. / 우리는 맛있는 음식을 자주 먹었다.

② 기본 문형 예문: 학생들은 성공했다. / 우리는 음식을 먹었다.

⑵ 여러 문장을 문장 성분에 초점을 맞추어 추상화하거나 그 품사적 기능에 초점을 두어 추상화함으로써 포괄성을 높여 기본 문형의 설정

① 문장 성분에 초점: 주어+서술어 / 주어+목적어+서술어

② 품사적 기능에 초점: NP+VP / NP+NP+VP

② 형성 중심의 원칙

⑴ 기본 문형 설정을 위해서 가시적인 외형에 기초해야 함.

⑵ 한국어의 기본 문형 설정은 서술어의 전통적 품사에 근거한 기본 문형과 서술어가 요구하는 필수 성분의 수를 기반으로 하는 문형 설정이 있음. → 품사보다는 필수 성분의 수가 문장

의 외부적인 형식과 보다 긴밀하게 관련됨.

• 품사에 근거한 기본 문형은 자릿수가 동일한 동사와 형용사의 문장 형식이 똑같게 되기 때문임.

① 한 자리 형용사문: 구름이 아름답다.

② 한 자리 동사문: 구름이 움직인다.

(3) 자릿수가 동일하다 하더라도 어순에서 차이가 나면 이를 반영해야 함.

① 주어+부사어+목적어+서술어: 어머니가 순희에게 밥을 줍니다.

② 주어+목적어+부사어+서술어: 어머니가 준호를 사윗감으로 여긴다. → *어머니가 사윗감으로 준호를 여긴다.

③ **다단계 분류의 원칙**

(1) 추상화 정도가 높은 소수의 문형으로 대별된 후 보다 구체적인 성격을 갖는 다수의 문형으로 세분화를 거치는 다단계 과정을 가짐. → 대별과 세분이라는 두 원칙이 필요함.

① 대별: 서술어가 요구하는 필수 성분의 수 예 NP+NP+NP+VP

② 세분: 문장 성분과 어순을 통해 세분 예 주어+부사어+목적어+서술어 / 주어+목적어+부사어+서술어

3. 한국어의 기본 문형

자릿수 기준 문형	세부 문형	문장 예시
NP+VP	주어+서술어	구름이 지나간다. 하늘이 파랗다.
NP+NP+VP	주어+목적어+서술어	바둑이가 밥을 먹는다.
	주어+부사어+서술어	이것은 저것과 같다. 영희가 철수가 싸운다.
		김 군이 최 군에 앞선다. 나는 외로움에 익숙하다.
		이것은 나에게 어울린다.
		아버지가 방에 들어가신다.
		경찰이 현장에 도착한다.
		아버지가 방에서 나오신다.
		경찰이 현장에서 출발한다.
	주어+보어+서술어	미자가 교수가 되었다.
		미자가 학생이 아니다.
		순희는 학생이다.

		영희가 순희에게 책을 주었다.
NP+NP+NP+VP	주어+부사어+목적어+서술어	순희는 재단에 현금을 기부했다.
		어머니는 책장에서 책을 꺼냈다.
		은희는 은행에서 돈을 인출한다.
	주어+목적어+부사어+서술어	순희는 철수를 친구로 생각한다.
		어머니는 철수를 사위로 여긴다.
		순희는 재산을 동생과 나누었다.
		아버지는 아들을 자신과 비교했다.

❖ 기본 문형 설정의 이론적 어려움[226]

• 주어, 목적어, 보어의 필수성이 절대적인 반면에 부사어의 필수성은 상대적인 것임.
  · '가다, 오다'
    – 개념적으로는 출발점역 논항과 도착점역 논항이 필요하지만, 출발점역은 거의 수의적이고 도착점역 역시 주어, 목적어, 보어만큼 필수적이지 않음.
    – 나는 학교에서 집으로 <u>갔다</u>. / 철수가 학교에 <u>간다</u>. / 민수가 우리 집에 <u>왔다</u>.
  · 생각하다(사유 동사), 권하다(발화 동사)
    – 인용의 부사형 어미가 이끄는 보절(필수적 성분으로서의 절)이 통사적으로 필수적이지 않은 경우가 많으며, 이는 맥락상 생략이 아님.
    – 우리는 그를 천재라고 생각한다. / 그는 나에게 담배를 끊으라고 권했다.
• 서술어의 개념 구조에서 중요성이 현저히 떨어지는 것, 다시 말해 의미적으로 화자가 관심을 기울이지 않는 정보는 논항이라고 하더라도 반논항이라는 것임.
  · 반논항은 문장에서 실현될 수도 있고 실현되지 않을 수도 있으나 실현될 경우에는 온논항과 차이가 없음.
  · 부사어가 반논항이라 하더라도 그것이 나타나면 온논항이므로 문형에 반영되어야 함.
• 항상 온논항으로 실현되는 부사어도 존재하기는 함.
  · 민들레는 씀바귀와 비슷하다. / 아내가 [e 귀엽게] 군다. / 철수는 [e 밥을 먹어] 버렸다.

❖ 『표준국어대사전』에서의 기본 문형의 처리[227]

• 사전마다 문형 정보를 표시하는 방식이 약간씩 다르지만 서술어가 되는 용언에 따라 필수적인 성분을 격 조사와 함께 제시하는 것이 공통적임.
• 『표준국어대사전』에서는 주어를 이미 주어진 것으로 보고 주어를 제외한 필수적인 성분의 격 조사를 표시함으로써 용언의 문형 정보를 제시함.

· 믿다 「동사」

[1] 【…을】

「1」【-음을】【…으로】【-고】어떤 사실이나 말을 꼭 그렇게 될 것이라고 생각하거나 그렇다고 여기다.

[2] 【…을 …으로】【…을 -고】

어떤 사람이나 대상을 아무 의심 없이 다른 무엇이라고 여기다.

· 용언은 하나의 문형으로 쓰이기도 하지만 빈도가 높은 용언의 경우 의미에 따라 여러 개의 문형을 갖기도 함.

문장의 짜임새

1. 홑문장

1 **주어와 서술어의 관계가 한 번 나타나는 문장**

⑴ 수호가 학교에 간다. / 하늘이 푸르다.

⑵ 수호가 어제 저녁 정확히 8시에 학교 뒤쪽 운동장에서 장미꽃 두 송이를 지유에게 주었다.

→ 주어와 서술어가 한 번만 나타남. → 단문이나 복문은 문장의 길이에 근거하는 것이 아님.

❖ **'와/과'로 이어진 문장**[228]

주어 및 목적어에 접속 조사 '와/과'가 쓰인 경우 관점에 따라 달리 해석함.

• 의미적인 관점에서 복문(이어진 문장)으로 기술하기도 함.

· 생성 문법 이론에 영향을 받아 기저에 두 개의 문장이 있는 것으로 바라봄.

  - 철수와 영희가 부산에 갔다.: 철수가 부산에 갔다. + 영희가 부산에 갔다.

  - 나는 철수와 영희를 만났다.: 나는 철수를 만났다. + 나는 영희를 만났다.

· 의미적으로 서술어가 둘 이상의 참여자를 반드시 필요로 하는 경우에는 복문으로 볼 수 없음.

  - 철수와 영희가 비슷하다.: *철수가 비슷하다. + *영희가 비슷하다.

· 한계점

  - 조사 '와/과'가 결합된 주어나 목적어를 가지고 있는 문장을 겹문장으로 본다면 복수 의 주어나 목적어를 가진 문장 역시 겹문장으로 보아야 할 가능성이 생김. 예 그들이 부 산에 갔다. → 겹문장의 판단은 주어나 목적어의 복수성과 같은 의미적인 해석이 아닌 서술어를 기준으로 하는 것이 합리적임.

• 최근에는 홑문장으로 보는 관점이 많음.

· 하나의 사태를 나타내는 것으로 해석

  - 철수와 영희가 부산에 갔다.: '철수가 영희와 부산에 갔다.'로 해석

  - 나는 철수와 영희를 만났다.: '나는 철수를 영희와 만났다.'로 해석

❖ **보조 용언 구문의 서술어 여부**[229]

• 보조 용언이 쓰여 서술어가 두 개인 것처럼 보이는 문장의 경우 보조 용언은 문장의 주

어와 호응하지 않기 때문에 문장 전체의 서술어로 볼 수 없음.
· 보조 용언 구성에 관여하는 보조적 연결 어미는 겹문장을 만들지 않음.
· 수호가 반바지를 입어 보았다.
  - 수호가 반바지를 <u>입었다</u>.
  - *수호가 반바지를 <u>보았다</u>.
cf) 수호가 사과를 <u>깎아</u> <u>먹었다</u>.: 수호가 사과를 <u>깎았다</u>. / 수호가 사과를 <u>먹었다</u>.

2. 겹문장

• 주어와 서술어의 관계가 두 번 이상 나타나는 문장 → 연결 어미나 전성 어미를 사용하여 두 절이 이어지거나 하나의 절(안긴절)이 다른 절(안은절) 속에 안겨 여러 겹으로 된 문장
  - 인생은 짧고 예술은 길다.
  - 나는 봄이 왔음을 오늘에서야 깨달았다.
  - 예쁜 꽃이 피었다.

❖ **절의 범위**[230]
• 절의 범위에 대하여 논쟁의 여지가 있음.
· 주술 관계를 이루되 문장 속의 한 성분으로 안겨 있는 문법 단위를 절로 보는 관점
· 주술 관계를 이루기만 하면 절로 보는 관점
• 어디까지를 절로 보느냐에 대한 논쟁의 여지도 있음.
· 종결 어미를 포함시키는 관점
· 종결 어미를 제외시키는 관점

[1] 겹문장의 유형
(1) 이어진문장(접속문): 두 개의 절이 연결 어미에 의하여 이어진 겹문장
① 대등적으로 이어진 문장(=대등 접속문)
  ❶ 선행절과 후행절이 '나열, 대조, 선택' 등의 의미 관계를 맺고 이어진 문장
  ❷ 연결 어미의 수효가 그리 많지 않음.
  가. 나열: -고, -요, -(으)며, -(으)면서, -자 예 어제는 눈이 왔고 오늘은 비가 온다. / 이것은 먹이요 저것은 벼루다. / 그는 능력도 있{으며, 으면서} 성격도 좋다. / 그는 시인이자 화가이다.
  나. 대조: -(으)나, -지만, -ㄴ데 예 인내는 쓰{나, 지만} 열매는 달다. / 서울은 추운데 부산은 덥다.

자. 선택: -거나　예 내일은 비가 오거나 눈이 올 것이다.

❸ 의미 관계가 서로 대등하고 두 절 사이의 관계가 대등적이기 때문에 서로 의존적이지 않음.

> ❖ '~든지/든가~든지/든가 하다'의 구조[231]
>
> • '-든지'와 '-든가'는 두 절을 대등하게 이어 준다는 점에서 연결 어미로 볼 수 있으나 최종적으로는 서술어 '하다'의 목적어처럼 쓰이는 내포절을 만들어 준다는 점에서 내포 어미로 보는 것이 더 타당함. → 그러나 실제로 '하다'가 실질적 의미를 가졌다고 보기 어려워 내포절을 안은 문장으로 기술하는 경우가 많지는 않음.

> ❖ 대등적 연결 어미와 종속적 연결 어미의 통용[232]
>
> -고
> • 산이 높았고, 물이 맑았다. → 대등적 연결 어미, '-고서'로 교체가 불가능(의미적으로 선행절과 후행절이 독립적이기 때문)
> • 수호가 밥을 먹었고, 학교에 갔다. → 종속적 연결 어미, '-고서'로 교체가 가능(의미적으로 선행절과 후행절이 의존적이기 때문)
> • 수호가 가방을 메고, 학교에 갔다. → 종속적 연결 어미, '-고서'로 교체가 가능(의미적으로 선행절과 후행절이 의존적이기 때문)
> • 수호가 자전거를 타고, 학교에 갔다. → 종속적 연결 어미, '-고서'로 교체가 가능(의미적으로 선행절과 후행절이 의존적이기 때문)
>
> -(으)며
> • 산이 높으며, 물이 맑다. → 대등적 연결 어미
> • 동생이 학교에 가며 노래를 부른다. → 종속적 연결 어미
>
> -자
> • 그는 시인이자 화가이다. → 대등적 연결 어미
> • 까마귀 날자 배 떨어진다. → 종속적 연결 어미
>
> -(으)ㄴ데
> • 수호는 김밥을 먹었는데, 지유는 김밥을 안 먹었다. → 대등적 연결 어미
> • 수호는 김밥을 먹었는데 배탈이 났다. → 종속적 연결 어미

② 종속적으로 이어진문장(=종속 접속문)

❶ 선행절이 후행절과 '원인, 이유, 조건' 등의 의미 관계를 맺고 이어진 문장

❷ 연결 어미의 수효가 많음.

가. 동시적 사건: -(으)면서, -(으)며 예 철수는 노래를 {들으면서, 들으며} 밥을 먹는다.

나. 계기적 사건: -자, -자마자, -고(서), -아(서)/어(서) 예 철수는 밥을 먹고(서) 학교에 갔다.

다. 사건의 전환: -다가 예) 그 형이 운동을 하다가 쓰러졌다.

라. 이유·원인: -아(서)/어(서), -(으)니까, -느라(고), -다가, -기에, -길래 예 나는 배가 아파서 일찍 집에 왔다.

마. 조건·가정: -(으)면, -거든, -아야/어야 예 내일 날씨가 화창하면 소풍을 가겠습니다.

바. 인정·양보: -아도/어도, -(으)ㄹ지라도, -더라도, -ㄴ데, -아야/어야, -(으)ㄴ들 예 아무리 바쁘더라도 차 한 잔 마실 시간은 있다.

사. 목적·의도: -(으)러, -(으)려고, -고자 예 민수는 생물학을 {연구하려고, 연구하고자} 휴학했다.

나. 배경·상황 설명: -는데, -(으)ㄴ데, -(으)니 예 서울역에 가 보니 사람이 정말 많았다.

❖ 종속적으로 이어진 문장과 부사절[233]

부사절과 종속적으로 이어진 문장에 대해 논쟁이 있었고 다양한 견해가 존재함.

• 부사절을 인정하지 않고 종속 접속절만 인정하는 견해

• 부사절을 인정하되 그 일부만을 종속 접속절로 인정하는 견해

• 종속 접속절 전체를 부사절로 인정하는 견해

• 종속 접속절뿐만 아니라 대등절까지 부사절로 인정하는 견해

학교 문법에서의 견해

• 6차 교육과정

 · 부사 파생 접사 '-이'로 형성된 '-와 같이/달리', '-이 없이'나 어미 '-게', '-도록'만으로 된 문장을 부사절로 인정

• 7차 교육과정 『고등학교 문법』(2002)

 · 종속적으로 이어진 문장의 선행절(종속 접속절)을 부사절로 볼 수 있음을 인정

 · 대등적 연결 어미에 의한 대등절도 부사절로 볼 수 있음을 인정하고 대등적 연결 어미나 보조적 연결 어미도 결국 부사형 어미로 볼 수 있다고 기술

❖ 종속절과 부사절에 대한 견해의 근거[234]

종속절과 부사절을 구분하지 않는 견해의 근거

• 대등절과 달리 종속절과 부사절은 이동이 가능함.

· 대등절: 인생은 짧고 예술은 길다. → *예술은 인생은 짧고 길다.

· 종속절: 아버지가 돌아가시자 그는 고향을 떠났다. → 그는 아버지가 돌아가시자 고향을 떠났다.

· 부사절: 구름에 달이 흘러가듯이 나그네가 간다. → 나그네가 구름에 달이 흘러가듯이 간다.

• 대등절의 주어는 주제 표시의 '은/는'이 결합할 수 있지만 종속절과 부사절 안의 주어에는 주제 표시의 '은/는'이 결합할 수 없음.

· 대등절: 산은 높고 물은 깊다.

· 종속절: {사촌이, *사촌은} 땅을 사서 배가 아프다.

· 부사절: {엄마가, *엄마는} 지나가게 아빠가 길을 비켜 주셨다.

• 대용화, 재귀화 현상에서 대등절과 달리 종속절과 부사절은 잘 구분되지 않음.

· 대등절: 순희는 공부를 잘하지만 {*그녀는, *자기는, ∅} 성격이 나쁘다.

· 종속절: 온달은 {그의, 자기의, ∅} 아내가 공주이므로 부마가 된다.

· 부사절: 아빠는 {그가, 자기가, ∅} 화를 낼수록 아이가 더 나빠짐을 깨달았다.

종속절과 부사절을 구분하는 견해의 근거

• 의미 기능면에서 차이를 보임.

· 부사절: 용언(구)만을 꾸며 주는 기능

· 종속절: 후행절 전체와 관련해 수식이 아닌 특정한 의미 기능(원인·이유, 조건·가정, 목적·의도, 인정·양보, 시간적 선후, 배경 설명 등)을 함.

• '-었-, -겠-'과 같은 선어말 어미가 부사절 속에서는 결합할 수 없지만 몇몇 종속절에서는 결합할 수 있음.

• 대용화와 재귀화에서 정밀하게 관찰해 보면 종속절과 부사절이 동일한 모습만을 보인다고 할 수 없음.

(2) 안은문장(포유문, 내포문): 한 절이 그 속에 다른 절을 문장 성분의 하나로 안고 있는 문장 → 다른 절을 안고 있는 절을 안은절(모절)이라 하고, 안은절의 한 성분으로 안겨 있는 절을 안긴절(내포절)이라고 함.

① 명사절로 안김

❶ 절이 명사화되어 명사가 쓰일 수 있는 자리에서 문장 성분의 일부로서 쓰이게 된 절

가. 주어로 쓰임: <u>좋은 친구를 만나기가</u> 쉽지 않다.

나. 목적어로 쓰임: 나는 <u>네가 많이 노력하고 있음</u>을 잘 알고 있다.

다. 부사어로 쓰임: <u>마음먹기</u>에 따라 모든 일이 달라질 수 있다.

라. 보어로 쓰임: 내 취미는 <u>요리 만들기</u>가 아니다.

❷ 명사절의 성립

가. 명사형 어미에 의한 명사절

㈎ '-(으)ㅁ' 명사절

㉮ 기정적, 개별적 사태에 주로 쓰임. → 이미 일어났거나 정해진 사실, 혹은 개별적이고 구체적인 사태를 가리킬 때 주로 쓰임.

• 동수는 자신이 큰 잘못을 저질렀음을 {기억했다, 깨달았다, 떠올렸다, 몰랐다, 알았다, 잊었다, 한탄했다}.

• 이 배경을 통해 작가는 그녀가 이미 마음이 돌아섰음을 {보이고, 알리고, 암시하고} 있다.

• 나는 그가 나에게 호의를 가지고 있음을 {느꼈다, 의식했다}.

• 형이 잘못을 했음이 {드러났다, 분명하다, 밝혀졌다, 알려졌다, 탄로났다, 틀림없다, 확실하다}.

• 민수는 동수가 그 일에 가장 적임자임을 {고백했다, 발표했다, 밝혔다, 보고했다, 주장했다, 지적했다, 통지했다}.

• 그가 일을 그렇게 처리함은 {부당하다, 어리석다, 이상하다, 타당하다, 현명하다}

㉯ '-기' 명사절과 안은절(모절)의 서술어에 따라 배타적으로 나타나는 경우가 많음.

• 나는 수호가 노력하고 {*있기를/있음을} 알고 있다.

• 홍길동 씨가 {*범인이기가, 범인임이} 밝혀졌다.

㉰ 안은절 없이 나타나기도 함.

• 위의 내용은 사실과 틀림없음. / 빈 방 있음. / 관계자 외 출입을 금함.

㈏ '-기' 명사절

㉮ 미정적, 일반적 사태에 주로 쓰임. → 앞으로 기대되는 가상적인 상황이나 정해지지 않은 사실, 일반화된 객관적 사태 등을 나타낼 때 주로 쓰임.

• 그는 아침에 조깅하기를 {꺼린다, 싫어한다, 좋아한다, 즐긴다}

• 중국어는 우리가 배우기에 {가능한, 까다로운, 나쁜, 쉬운, 알맞은, 어려운, 적당한, 좋은, 힘든} 언어이다.

• 농부들이 비가 오기를 {갈망한다, 고대한다, 기다린다, 기대한다, 기원한다, 바란다, 빈다, 원한다, 희망한다}.

• 나는 1년 후 귀국하기로 {결심했다, 결정했다, 계획했다, 맹세했다, 약속했다, 정했다}.

㉯ '-(으)ㅁ' 명사절과 안은절(모절)의 서술어에 따라 배타적으로 나타나는 경우가 많음.

- 우리는 수호가 이번에 {합격하기를/*합격함을} 바란다.
- 나 {보기가/*봄을} 역겨워 가신다면 말없이 보내 드릴게요.

㉤ 안은절 없이 나타나기도 함.
- 누워서 떡 먹기. / 하루에 한 번씩 사랑한다고 말하기. / 거짓말하지 않기.

❖ '-(으)ㅁ', '-기'에 의한 명사절이 쓰이는 서술어[235]

- '-(으)ㅁ', '-기'가 각각 어떤 경우에 사용되는지를 분명하게 말할 수 없음. → '-(으)ㅁ'은 기정적, 개별적 사태, '-기'는 미정적, 일반적 사태라고 설명하지만 이러한 설명을 토대로 판단하기 어려운 경우도 매우 많음 → 오히려 서술어의 종류에 따라 선택되는 것으로 기술하는 것이 더 적절한 경우가 많음.
- '-(으)ㅁ' 명사절이 쓰이는 서술어
 · 동사: 기억하다, 깨닫다, 느끼다, 드러나다, 떠오르다, 모르다, 발표하다, 밝혀지다, 보고하다, 보다, 부인하다, 알다, 알려지다, 알리다, 암시하다, 잊다, 주장하다, 짐작하다, 지적하다, 통지하다, 한탄하다
 · 형용사: 묘하다, 부당하다, 분명하다, 어리석다, 이상하다, 적합하다, 타당하다, 확실하다, 현명하다
- '-기' 명사절이 쓰이는 서술어
 · 동사: 갈망하다, 결심하다, 결정하다, 계획하다, 기다리다, 기대하다, 기원하다, 그치다, 꺼리다, 맹세하다, 바라다, 빌다, 싫어하다, 시작하다, 약속하다, 원하다, 정하다, 제안하다, 즐기다
 · 형용사: 까다롭다, 나쁘다, 쉽다, 싫다, 알맞다, 어렵다, 좋다, 적당하다, 적합하다, 지루하다, 힘들다
- '-(으)ㅁ', '-기' 명사절이 모두 쓰이는 서술어
 · 동사: 맹세하다, 서약하다, 약속하다
 · 형용사: 가능하다, 쉽다, 어렵다, 편하다

❖ '-기'의 덩어리 표현[236]

- '-기' 명사절은 '-(으)ㅁ'과 달리 특별한 이유 없이 굳어진 덩어리 표현으로 쓰이기도 함. → 서술어가 되는 용언과 관계없이 '-기' 명사절 선택
· 수업이 {끝나기가/*끝남이} 무섭게 집으로 달려갔다.
· 밥숟가락 {놓기/*놈} 바쁘게 과일을 또 먹는다.
· 모든 것이 {생각하기/*생각함} 나름이다.

· 일이 {많기/*많음} 때문에 퇴근이 늦다.

· 겨울이 추워도 봄이 {오기/*옴} 마련이다.

· 그러다가 {늦기/*늦음} 십상이다.

· 자식을 {보호하기/*보호함} 위하여 어머니는 무슨 일이든 한다.

나. '것' 명사절 상당 구성

㉮ 용언의 종결형+-는 것(긴 것 명사절 구성)

• 안긴절의 종결 어미가 그대로 남아 있는 구성 예 지구가 둥글다는 것을 어떻게 증명할 수 있을까? / 그가 범인이었다는 것이 밝혀졌다. / 나는 하루하루를 충실하게 살아야겠다는 것을 느꼈다.

㉯ 용언의 관형사형+것(짧은 것 명사절 구성)

• 안긴절의 종결 어미 없이 용언의 관형사형 뒤에 '것'이 결합한 구성 예 친구들이 하나둘 결혼하는 것을 보면서 자극을 받았다. / 나는 네가 들어온 것도 몰랐다. / 유엔은 한국군을 추가로 파병해 줄 것을 요청했다. / 내가 어릴 적부터 마음속에서 그려왔던 것이 드디어 현실에서 이루어졌다.

❖ '긴 것 명사절'과 '짧은 것 명사절'의 차이[237]

• '긴 것 명사절' 구성은 사실성 여부와 관계없이 성립할 수 있지만 '짧은 것 명사절' 구성은 사실성을 전제로 하는 경우에 성립하는 경우가 많음.

· 나는 그 사람이 죽었다는 것을 들었다. / *나는 그 사람이 죽은 것을 들었다.

－ '듣다'는 화자가 명시적인 증거를 가진 경우에 사용 가능하기 때문에 '짧은 것 명사절' 구성을 취할 수 없음.

· 그가 범인이었다는 것은 거짓으로 드러났다. / *그가 범인인 것은 거짓으로 드러났다.

－ '거짓으로'라는 표현을 통해 사실성을 전제하지 않은 경우 '짧은 것 명사절'이 쓰일 수 없음을 알 수 있음.

❖ '-(으)ㅁ', '-기' 명사절과의 관계[238]

• '-(으)ㅁ' 명사절과 '것' 명사절 상당 구성은 서로 바꾸어 쓸 수 있는 경우가 많음.

· 지호가 고향에 돌아간 것이 확실하다. / 지호가 고향에 돌아갔음이 확실하다.

· 최근 구어체에서는 '-(으)ㅁ' 명사절보다 '것' 명사절의 쓰임이 확대되는 경향이 있음.

• '-기' 명사절과 '-기' 명사절도 서로 바꾸어 쓸 수 있음.

· '권하다, 부탁하다, 요청하다, 강조하다' 등의 용언을 서술어로 하는 문장

❖ '것' 명사절 상당 구성에 대한 견해[239]

'것' 명사절 상당 구성에 대해 명사절로 인정하는 견해와 '관형절+의존 명사'의 구조를 가진 명사구로 보는 견해가 있음.

명사절로 인정하는 견해

• 국어의 명사절을 '-(으)ㅁ', '-기'에 한정할 경우 실제 명사절의 기능을 하는 많은 것들을 명사절이 아닌 것으로 보아야 하기 때문에 국어 명사절 기술에 한계가 있음. 오히려 최근 '것' 명사절의 사용 빈도가 많아지고 있는 추세임.

• 관형절의 형태로 그 앞에 주어져 있는 문장을 명사화하는 기능만 수행

• '관형사절+의존 명사' 구성에서 '것'은 구체적인 지시 대상이 있는 반면에 명사절 상당 구성에서는 구체적인 지시 대상을 상정할 수 없다는 점에서 차이가 있음.

 · 사과는 <u>대구에서 나는</u> 것이 제일 맛있다. / 식빵 <u>먹다 남은</u> 것 어디 두었니? → '것'이 문장 안의 '사과'와 '식빵'을 각각 가리킴. (문장 안의 지시 대상 존재)

 · <u>내가 학교에 도착한</u> 것은 오전 10시가 막 지나서였다. / <u>앞집에서 고기를 굽는</u> 것이 구수하다. → '것'이 문장 밖의 '때', '냄새'를 가리킴. (문장 밖의 지시 대상 존재)

 · <u>그가 범인이었다는</u> 것이 밝혀졌다. / 나는 <u>네가 들어온</u> 것도 몰랐다. → '것'의 지시 대상이 없음.

• '것' 명사절 상당 구성은 '-(으)ㅁ', '-기' 등 명사형 전성 어미에 의한 명사절로 바꾸어 쓸 수 있음.

 · <u>그가 뇌물을 받았다는</u> 것이 만천하에 드러났다. → <u>그가 뇌물을 받았음</u>이 만천하에 드러났다.

 · 선생님은 내게 <u>국문과에 진학할</u> 것을 권하셨다. → 선생님은 내게 <u>국문과에 진학하기</u>를 권하셨다.

• '것' 명사절 구성은 '-(으)ㅁ' 명사절이나 '-기' 명사절처럼 안은절 없이 홀로 쓰이기도 함.

 · 절대로 거짓말하지 말 것. / 시험 시간에 늦지 말 것.

명사절로 인정하지 않은 견해

• 안긴절(내포절)이 전성 어미로 이루어진다는 것을 전제하고 설명함으로써 전성 어미와 안긴절 사이의 관계를 간결하게 설명할 수 있다는 장점이 있음.

• 언어 형식에 근거했을 때 '관형절+의존 명사'의 구성임.

• '것'의 지시 대상이 내용 그 자체를 지시한다고 할 수 있다는 측면에서 '것' 명사절 상당 구성 역시 '관형절+의존 명사' 구성을 벗어나지 않음.

 · <u>지호가 고향에 돌아간</u> 것이 확실하다. → '것'이 '지호가 고향에 돌아갔다는 내용'을 가리킴.

❖ **교육 과정 변화에 따른 '것' 명사절의 처리**[240]

• 동일한 구문에 대해 6차 교육과정에서는 명사절로 처리한 반면에 7차 교육과정 이후에는 '것'을 수식하는 관형절로 처리하고 있음.

· 지구가 둥글다는 것은 변함이 없다.

· 사과는 대구에서 나는 것이 제일 맛있다.

다. 의문 명사절 구성

㈎ '-느냐/(으)냐, -는가/(으)ㄴ가, -는지/(으)ㄴ지/(으)ㄹ지' 등의 의문형 종결 어미가 결합되어 명사절로 쓰이기도 함.

㉮ '어떤, 어떻게, 얼마나, 누가' 등의 의문의 의미를 지닌 어휘들과 함께 쓰임.

• 이 일을 통해서 네가 무엇을 느꼈느냐가 중요하다.

• 합격 여부는 네가 얼마나 열심히 하는가에 달려 있다.

• 도대체 그동안 어떤 일이 있었는지가 궁금하다.

• 이 부분이 어떻게 평가될 수 있을지의 문제가 남는다.

• 나는 그 말이 맞는지를 잘 모르겠다.

㉯ 의문 자체에 초점이 있는 것이 아니라 미확인된 사실을 지시하는 기능을 함. →결합하는 격 조사의 제약이 거의 없고 이를 취하는 서술어의 수도 많기 때문에 명사절에 상당하는 기능을 함.

㉰ 의문 명사절을 취하는 용언

• 결정하다, 궁금하다, 깨닫다, 대하다, 모르다, 묻다, 분명하다, 생각하다, 알다, 의심스럽다, 의아하다, 중요하다, 확실하다, 확인하다

cf) 의문 명사절을 취하는 용언 중 '묻다, 깨닫다, 생각하다, 알다' 등은 질문이나 사유를 나타내는 인용 동사로 볼 수 있음. → '오빠는 나에게 어떤 선물이 좋은지를 물었다'에서 '어떤 선물이 좋은지'는 명사절이고, '오빠는 나에게 어떤 선물이 좋으냐고 물었다'로 쓰이면 '어떤 선물이 좋으냐고'는 간접 인용의 부사절이다.

❖ **의문 명사절 구성에 대한 견해**[241]

• '-는지, -(으)ㄹ지'의 의문 명사절을 명사절이 아닌 인용절(인용문)으로 보는 견해가 존재함.

· 견해의 근거

- 만일 명사절로 볼 경우 '아가씨는 내게 저 별의 이름을 다 아느냐고 물었다.'와 같은 문장에서 '저 별의 이름을 다 아느냐'도 명사절로 보아야 하기 때문임.

· 견해의 문제점

- 인용절을 안은 문장은 안은절의 서술어가 주로 인용 동사들로 한정되어 있기 때문에 '-는지, -(으)ㄹ지'를 인용절로 다루게 되면 '모르다, 알다' 등도 인용 동사의 한 유형으로 기술해야 하는 어려움이 있음.

❖ 명사절이 되기 어려운 특정 형식의 명사절 기능[242]

대조적 내용의 접속

• 명사절을 만드는 특정한 장치 없이 명사절 기능을 함.

· 그는 열정에 사로잡히면 일이 어렵고 쉽고를 가리지 않는다. → 연결 어미 '-고'가 명사적 역할을 함.

· 좌파니 우파니 하는 것이 우습다. → 연결 어미 '-니'가 명사적 역할을 함.

분열문 구성

• 정상적인 어순을 취하지 않고 강조하고 싶은 내용을 서술어로 배치하는 문장

· 내가 배가 부른 것은 간식을 많이 먹어서였다. → 원래 부사절이지만 서술격 조사 앞에 쓰였기 때문에 명사절로 볼 수 있음.

· 형이 온 것은 우리가 떠나자마자였다. → 원래 부사절이지만 서술격 조사 앞에 쓰였기 때문에 명사절로 볼 수 있음.

② 관형사절로 안김

❶ 절이 관형사화 되어 관형어로 쓰이게 된 절

❷ 관형사절의 성립

 • 관형사형 전성 어미 '-는, -(으)ㄴ, -(으)ㄹ, -던'이 결합하여 형성

❸ 관형사절의 유형

가. 관계 관형사절

 ㈎ 수식을 받는 명사가 관형사절(안긴절)의 한 성분이어서 생략된 관형사절

  ㉮ [사람들어 횃불을 추켜든] 사람들이 골짜기를 샅샅이 뒤졌다. → 횃불을 추켜든 사람들이 골짜기를 샅샅이 뒤졌다.

  ㉯ [충무공이 거북선을 만든] 거북선은 세계 최초의 철갑선이었다. → 충무공이 만든 거북선은 세계 최초의 철갑선이었다.

  ㉰ [내가 어제 서점에서 책을 산] 서점은 바로 우리 집 옆에 있다. → 내가 어제 책을 산 서점은 바로 우리 집 옆에 있다.

  ㉱ [밭어 넓은] 밭이 펼쳐져 있다. → 넓은 밭이 펼쳐져 있다.

(나) 모절과 내포절, 두 절의 공통 명사인 피수식 명사를 매개로 하여 두 절이 관계를 맺고 있다는 점에서 붙은 명칭으로 관계절이라고도 함.

❖ **관계화의 제약**[243]

• 관계절의 수식을 받는 동일 성분이 생략되어 관계절이 만들어지는 과정을 관계화라고 하는데 모든 문장 성분이 관계화가 되는 것은 아님.

· 주어, 목적어 → 항상 관계화가 가능

· 부사어 → 종류에 따라 관계화가 가능하기도 하고 불가능하기도 함.

　- 사람이 섬에 살지 않는다. → [사람이 살지 않는] 섬

　- 민들레는 씀바귀와 비슷하다. → *[민들레가 비슷한] 씀바귀

· 보어 → 항상 관계화가 불가능

　- 아들이 의사가 되었다. → *[아들이 된] 의사　cf) 의사가 된 아들

❖ **의미적 전이에 의한 관형사절의 특수한 용법**[244]

• 용언의 의미가 기본 의미에서 멀어져 주술 관계를 상정할 수 없는 경우가 존재함. → 관형절의 처리 여부에 대해 문제가 될 수 있음.

· 새빨간 장미 → [[[장미가 쌔빨갛-]-ㄴ]장미] → 관계절화된 것이 아니라고 하더라도 관계절이 아니라고 말하기도 어려움. 즉 관계절로 처리가 가능함. 한편 연어론의 관점에서 이해하기도 함. 즉 기본적 의미인 '赤 / red'를 의미하지 않고 '강조'의 의미를 가진 것으로 이해함.

· 새빨간 거짓말 → [[[*거짓말이 새빨갛-]-ㄴ]장미] → 애초에 '거짓말이 새빨갛다.'가 성립할 수 없기 때문에 관계절화된 것으로 보기 어려운 점이 존재함.

• 의미적 전이가 일어난 특수한 관형사절의 추가 예

· 단단한 꾸지람(*꾸지람이 단단하다), 무거운 침묵(*침묵이 무겁다), 새까만 후배(*후배가 새까맣다)

나. 동격 관형사절

　(가) 한 문장의 모든 성분을 완전하게 갖추고 있어 성분의 생략 없이 나타나는 관형사절

　　㉮ 짧은 동격 관형절

　　　㉠ 종결 어미가 없이 관형사형 어미가 붙은 동격 관형사절

　　　　• [강도가 빈 집에 침입했다.]+사건이 발생했다. → <u>강도가 빈 집에 침입한</u> 사건이 발생했다.

- [내가 직접 그 사람을 만났다.]+나는 기억이 없다. → 나는 <u>내가 직접 그 사람을 만난</u> 기억이 없다.

㉯ 긴 동격 관형절

ㄱ) 종결 어미가 나온 다음 관형사형 어미가 붙은 동격 관형사절

- [우리 선수가 좋은 경기를 하고 있다.]+소식이 들어왔다. → <u>우리 선수가 좋은 경기를 하고 있다는</u> 소식이 들어왔다.
- [우리가 먼저 상대팀을 공격하자.]+감독은 제안을 하였다. → 감독은 <u>우리가 먼저 상대팀을 공격하자는</u> 제안을 하였다.

㉯ 절의 의미가 그것이 꾸며 주는 명사의 내용과 똑같아 동격 관계를 이룬다는 점에서 붙은 명칭으로 수식하는 명사의 내용을 구체적으로 보충하고 설명한다는 점에서 보문절, 내용절이라고도 함.

❖ **짧은 동격절과 긴 동격절의 제약**[245]

관계 관형사절이 제약 없이 모든 명사 앞에서 쓰일 수 있는 데 비하여 동격 관형사절은 피수식 명사에 제약이 있음.

- 짧은 동격절의 수식만 가능한 명사
  · 가능성, 경험, 기억, 불상사, 사건, 용기
  · {그를 사랑했던 / *그를 사랑했다는 } 기억
- 긴 동격절의 수식만 가능한 명사
  · 고백, 견해, 낭설, 느낌, 단어, 독촉, 말, 명령, 보고, 보도, 소문, 소식, 연락, 요청, 인상, 정보, 주장, 제안, 질문
  · {*그를 사랑한/그를 사랑한다는} 고백
- 짧은 동격절과 긴 동격절 모두의 수식이 가능한 명사
  · 결심, 목적, 사실, 약점, 욕심, 의심, 죄목, 혐의
  · {그를 사랑한다는/그를 사랑한} 사실

cf) 관형사절의 수식을 반드시 받아야 하는 의존 명사들은 대부분 짧은 동격절의 수식을 받음. 예 그는 세계 대회에 여러 차례 {출전한/*출전한다는} 바 있다. / 그가 나를 {속일/*속인다는} 줄은 꿈에도 몰랐다. / 지금은 때를 {기다리는/*기다린다는} 수밖에 없다.

다. 연계 관형사절

㉮ 관형사절의 한 성분이 관형사절의 수식을 받는 체언이 아니라 관계 관형사절로 볼 수 없고, 동격 관형사절처럼 수식을 받는 체언의 내용을 지시하는 것도 아니어서 어느

쪽으로도 분류하기 힘든 관형사절

(나) 통사적으로 보면 피수식 명사가 관형사절의 한 성분이 아니라는 점에서 관계절보다는 동격절에 가까움. → 하지만 관형사절이 피수식 명사의 내용을 언급하는 것이 아니므로 일반적인 동격절과도 다름.

(다) 연계 관형사절의 수식을 받는 명사

㉮ 냄새, 소리, 연기, 재 예 옆집에서 고기 굽는 냄새가 났다. → '고기 굽는' 사건 자체가 '냄새'가 아님.

㉯ 가운데, 끝, 다음, 뒤, 사이, 후 예 비가 그친 뒤에 무지개가 떴다.

㉰ 결과, 덤, 대사, 보람, 여파, 징조, 흔적 예 그동안 열심히 공부한 결과로 합격을 했다.

❖ **관형사형 전성 어미와 상대 시제**[246]

관형사형 전성 어미의 종류

• '-(으)ㄴ', '-는', '-(으)ㄹ', '-던'

관형사형 전성 어미는 동사, 형용사 여부 및 용언 어간의 음운론적 환경에 따라 결합되며 과거, 현재, 미래 혹은 미완료의 의미로 해석될 수 있음.

• 동사

· -(으)ㄴ: 상대 시제 과거 예 형이 내가 읽은 책을 가져갔다.

· -는: 상대 시제 현재 예 형이 내가 읽는 책을 가져갔다.

· -(으)ㄹ: 상대 시제 미래 예 형이 내가 읽을 책을 가져갔다.

· -던: 미완료 예 형이 내가 읽던 책을 가져갔다.

• 형용사

· -(으)ㄴ: 상대 시제 현재 예 키가 작은 꽃이 마당에 피었다.

· -(으)ㄹ: 모든 경우에 미래의 의미로 읽을 수 없음. 예 젊을 적에 공부를 해야 한다.

· -던: 상대 시제 과거의 의미가 미완료에 비해 강함. 예 딸 때는 푸르던 토마토도 며칠 후면 붉게 된다.

---

③ 부사절로 안김

❶ 절이 부사화 되어 문장에서 부사어로 쓰이는 절

❷ 과거 학교 문법에서 '-이, -게, -도록, -듯(이), -(으)ㄹ수록' 정도만을 부사형 어미로 제시하였으나 최근에는 종속적 연결 어미 모두를 부사형 어미로 보는 것이 일반적임. 즉 종속적 연결 어미에 의해 이끌리는 문장은 의미나 통사적 특징으로 보았을 때 부사어로서의 특징을 지닌다고 판단함. → 해당 어미들은 부사절을 구성하는 동시에 앞절과 뒷절을 종속

적인 의미 관계로 이어 주는 기능까지 수행함.

가. 이유나 원인: 비가 와<u>서</u> 길이 질다.

나. 목적: 지유를 만나<u>려고</u> 도서관으로 갔다.

다. 조건: 지하철이 빨리 왔<u>으면</u> 지각하지 않았을 텐데.

❸ 전통적으로 다루어 왔던 부사절

가. -게

- 절의 주어가 생략되어 성질, 상태 등을 나타내어 부사어처럼 쓰임.
  - 꽃이 [꽃어 아름답게] 피었다.

나. -이

㉮ 부사 파생 접미사 '-이'가 주술 관계를 이루고 절을 이끌고 있어 어미의 성격을 지니고 있음. → 실제 절에 결합한다는 점에 착안하여 부사형 어미로 기술하기도 함. (결합의 제약이 심하다는 점에서 부사 파생 접미사로 기술)

cf) 역사적으로 '-이'는 절에 일반적으로 결합하는 부사형 어미에서 특정 어휘를 부사로 만드는 부사 파생 접미사로 발달되어 옴. 즉 통시적인 이유로 인하여 어미와 접사의 기능이 공존함.

㉯ 서술어 '같다, 다르다, 없다'에만 한정되어 있어 '같이, 달리, 없이'로만 나타남.

㉮ 그 사람이 말도 <u>없이</u> 떠나 버렸구나.

㉯ 그 아이가 <u>형과는 달리</u> 애교가 있다.

다. -듯(이)

㉮ 유사한 점을 비유적으로 표현할 때 쓰는 어미

- 나그네가 <u>달이 구름에 가듯(이)</u> 걸어간다.

㉯ 절에 결합하여 하나의 부사적 관용구로 굳어지기도 함. → '-듯(이)'가 부사절을 이끈다는 증거가 되기도 함.

- 땀이 <u>비 오듯이</u> 흘렀다. / 내 동생이 돈을 <u>물 쓰듯이</u> 쓴다.

라. -도록

㉮ 어떤 사태의 '결과'나 '이르렀음'을 나타내는 어미

㉮ 결과: 엄마는 아이에게 <u>혀가 닳도록</u> 타일렀다. → '-게'로 교체 가능

㉯ 이르렀음: 아이를 <u>해가 저물도록</u> 타일렀다. → '-게'로 교체 불가능

마. -(으)ㄹ수록

- 점차 심해짐을 나타내는 의미의 어미
  - <u>날이 갈수록</u> 취업이 어려워지고 있다.

❖ **부사성 의존 명사구의 부사절 기능**[247]

- '관형사절+의존 명사'로 이루어진 명사구 자체가 부사절로 기능하기도 함.
  · 형식적으로 본다면 '관형사절'과 '의존 명사'가 결합한 전체를 명사구로 분석함. 기능적으로 접근하면 주어와 서술어를 갖추고 부사어로 쓰이고 있다는 점에서 부사절로 볼 수도 있음.
  · 최근의 연구에서는 이러한 구성은 '연결 어미 상당의 명사구', '연결 어미 상당 구성'이라고 기술하기도 함.
  · '-기 때문에, -기 전에, -은/는 바람에, -은/는 가운데, 은/는 결과로, -은/는 경우에, -(으)ㄴ 나머지' 등이 있음.

❖ 문장 부사절과 성분 부사절[248]

- 부사절의 수식 범위에 따라 문장(절) 부사절, 성분 부사절로 구분하기도 함.
  · 문장(절) 부사절
    - 절 전체를 수식하고, 문장 부사어에 해당함.
    - <u>비가 와서</u>, 길이 질다. → '길이 질다'를 수식
  · 성분 부사절
    - 성분을 수식하고, 성분 부사어에 해당함.
    - 우리들은 <u>밤이 새도록</u> 토론을 하였다. → '토론을 하였다'를 수식
    - 그 아이는 <u>총기가 있게</u> 보인다. → '보인다'를 수식
    - 봄비가 <u>소리도 없이</u> 내린다. → '내린다'를 수식

④ 인용절로 안김
❶ 남의 말이나 글, 생각 따위를 따오듯이 표현하는 방식으로 상위문에 안긴절
❷ 인용절의 성립
가. 직접 인용절
  ㈎ 인용의 부사격 조사 '라고'(자음 뒤에서는 '이라고')가 붙어서 성립
  ㈏ 문장을 인용할 때는 큰따옴표("")를 쓰고, 단어나 구절 혹은 생각을 따 왔으면 작은따옴표('')를 쓰는 것이 일반적임.
    ㉮ 문장 인용: 철수는 나에게 <u>"나는 영희를 좋아해."</u>라고 말했다. / 철수는 <u>"오늘 날씨가 정말 좋군."</u>이라고 말했다.
    ㉯ 단어 및 구절, 생각 인용: 그 상자에는 <u>'사물함'</u>이라고 씌어 있었다. / 어린이는 <u>'미래의 주인공'</u>이라고 불린다. / 나는 속으로 <u>'이건 너무 어려워.'</u>라고 되뇌었다.
    ㉰ 남의 말이나 바람 소리, 물소리 같은 것을 구체적이고 현장감 있게 그대로 흉내

내어 전달하고자 할 때 '하고'가 결합하기도 함.　예 엄마가 <u>"애들아, 밥 먹어라."</u>하고 말씀하셨다. / 전화가 <u>'따르릉!'</u>하고 울린다.

❖ '하고'의 문법적, 의미적 지위[249]

• '하고'는 문법화 과정에 있어 완전히 조사가 되었다고 보기 어려움. → 인용 동사 '하다'의 활용형으로 봄. 다만 그 기능상 인용 조사와 동일하고, '라고'로 대체될 수 없는 경우가 있어 조사로 볼 여지도 있음.

・폭죽이 터지는 소리가 '펑!'하고 울렸다: 폭죽이 터지는 소리가 '펑!'했다. + 폭죽이 터지는 소리가 울렸다. → 연결 어미 '고'를 통해 이어진 문장으로 '하며' 등 '하고' 이외의 다른 활용형이 가능하기 때문에 인용 조사로 보기에 무리

・전화가 '따르릉!'{*라고 / 하고} 울렸다. → '라고'로 대체될 수 없는 경우가 존재하고 기능상 인용 조사와 동일한 기능을 수행하므로 조사로 볼 수 있음. → 문법화의 과정에 있음.

• '라고'와 달리 억양까지를 그대로 인용하고자 할 때 사용함. → 의성어를 인용할 때 언제나 '하고'를 사용

・국어에서 의성어나 의태어에 '-하다'를 결합하여 용언으로 쓰는 법이 있음.　예 번쩍번쩍하다, 우르릉우르릉하다, 윙윙하다, 덜컹덜컹하다

나. 간접 인용절

㈎ 인용의 부사형 어미 '-다고, -냐고, -라고, -자고'가 붙어서 성립 → 상대 높임은 중화되고 문장의 종류에 따라서만 어미 선택이 달라짐.

　㉮ 평서문, 감탄문: -다고 (서술격 조사는 '-(이)라고')

　　• 수영이가 "달이 밝다."라고 말했다. → 수영이가 달이 밝다고 말했다.

　　• 수영이가 "달이 밝구나."라고 말했다. → 수영이가 달이 밝다고 말했다.

　cf) 약속의 의미를 나타내는 문장은 약속의 종결 어미 '-(으)마'가 '-다고'의 부사형 어미를 취하는데 이때 '-겠-'이 추가됨.　예 나는 "내가 그 일을 해 {주마 / 줄게}."라고 말했다. → 나는 그 일을 해 주겠다고 말했다.

　㉯ 의문문: -냐고

　　• 수영이는 나에게 "언제 집에 가니?"라고 물었다. → 수영이는 나에게 언제 집에 가냐고 물었다.

　㉰ 명령문: -라고

　　• 수영이는 나에게 "집에 가라!"라고 말했다. → 수영이는 나에게 집에 가라고 말했다.

㉸ 청유문: -자고

- 수영이는 나에게 "집에 가자."라고 말했다. → 수영이는 나에게 집에 가자고 말했다.

	동사	형용사	서술격 조사
평서문, 감탄문	-다고	-다고	-(이)라고
의문문	-느냐고	-(으)냐고	-냐고
명령문	-라고		
청유문	-자고		

(나) 내용 그대로를 따오지 않고 화자의 관점에 따라 변형 → 인칭 대명사나 시간 표현이 달라짐.

㉮ 인칭 대명사의 조정: 나는 민수에게 "영미가 너를 좋아해."라고 말했다. → 나는 민수에게 영미가 그를 좋아한다고 말했다.

㉯ 시간 표현의 조정: 저는 어제 민수에게 "내일 갈 거니?"하고 물었습니다. → 나는 어제 민수에게 오늘 갈 거냐고 물었습니다.

❖ **인용절의 범위**[250]

인용된 문장에 붙은 '라고'나 '고'의 포함 여부
- 과거 『고등학교 문법』(2002)에서 교과서와 지도서에서도 혼란을 보이는 등 어디까지 인용절로 간주할 것인가에 대해 견해의 차이가 존재함.
  · 교과서 → 인용 조사를 포함하지 않음.
    - 기환은 당황한 어조로 "무슨 일이지?"라고 말하였다. (직접 인용절)
    - 우리는 인간이 누구나 존귀하다고 믿는다. (간접 인용절)
  · 지도서 → 인용 조사를 포함함.
    - 어느 날 어떤 아이가 나보고 "시골뜨기, 시골뜨기."라고 놀리자 ~ (직접 인용절)
    - 밥을 먹으러 가자고 하는데 어떻게 할까? (간접 인용절)

'라고'와 '고'의 처리
- 학교 문법에서는 직접 인용에 결합하는 조사 '라고', 간접 인용에 결합하는 조사 '고'로 처리함.
  · 문제점
    - 다른 격 조사와 다르게 체언이 아닌 문장에 직접 결합한다는 특이점을 지님.
    - 직접 인용절은 따옴표가 그 범위를 한정하므로 큰 문제가 되지 않으나 간접 인용절의 경우는 문장의 종결 어미에 인용의 조사가 결합한다고 설명해야 하는 문제가 발생
  · 대안

- 직접 인용절: 명사절의 일종으로 인용의 부사격 조사 '라고'가 결합되어 부사구를 형성
- 간접 인용절: 부사절의 일종으로 인용의 부사형 어미 '-다고, -냐고, -자고, -라고'가 결합되어 부사절을 형성
· 대안에 따른 인용절의 범위
- 직접 인용절: 수지가 나에게 "나도 네가 좋아."라고 말했다. → 일반 명사절도 격 조사를 포함하지 않은 것으로 보아 인용절에는 격 조사가 포함되지 않는 것이 온당
- 간접 인용절: 수지가 나에게 자기도 내가 좋다고 말했다. → 부사형 어미가 결합되어 부사절을 형성하므로 부사형 어미까지 인용절로 포함.

인용절의 지위

• 직접 인용절은 인용된 내용이 명사절로 처리하는 것이므로 부사격 조사가 결합하여 부사구가 되는 것이며, 간접 인용절의 인용된 내용은 부사형 어미가 이끄는 부사절이 됨.
→ 인용절의 개념이 불필요
• '명사절, 관형사절, 부사절, 서술절'이 통사적 기능을 바탕으로 설정한 것이라면 '인용절'은 통사 구조에 근거한 명칭이 아니라 인용이라는 의미 기능에 근거한 명칭이 됨.

❖ 간접 인용절의 부사절 처리[251]

• 간접 인용절은 문장에서 수행하는 기능을 고려했을 때 안은절의 동사를 수식해 주는 성분 부사절의 일종이라고 할 수 있어 부사절의 하위 유형으로 처리 가능

간접 인용절을 부사어로 처리할 수 있는 근거

• 간접 인용절의 '-다고, -냐고, -라고, -자고'는 간접 인용절을 대용할 때 '이렇게, 그렇게, 저렇게'로 대용
· 수임은 마음속으로 이렇게/다행이라고 생각하며 성호를 그렸다.
· 관객들이 그렇게/자연스럽다고 느끼게끔 의도적으로 계산된 연극이었을지도 모른다.
· 그 애가 저렇게/집에 간다고 말하는 데에는 이유가 있을 거야.
• 간접 인용절에 초점을 맞추어 질문을 할 때 '어떻게'가 쓰인다는 점에서 대응하는 성분이 부사어의 성격을 지니고 있음을 알 수 있음.
· 너는 이 일에 대하여 어떻게 생각하고 있니?
· 아버지를 어떻게 설득하실 거예요?
· 소년을 부엌 안을 보고 어떻게 느꼈는가?
• 간접 인용절의 자리에 여타의 다른 부사절로 대치될 수 있다는 점에서 부사어적 속성을 알 수 있음.

· 이를 <u>안타깝다고/안타깝게</u> 여긴 주민들은 물이 잠기지 않은 높은 곳을 택해 새집을 옮겨 주었다.

· 우리가 어떤 행위로 <u>나아가라고/나아가도록</u> 설득하는 보상의 종류는 두 가지가 있습니다.

· 콜럼버스는 인디아로 가는 항로를 <u>개척하겠다고/개척하려고</u> 결심하게 되었다.

❖ 직접 인용절과 간접 인용절 쓰임의 차이[252]

발화된 말이나 쓰인 글은 직접 인용과 간접 인용이 모두 쓰일 수 있지만, 머릿속에 있는 생각이나 인지된 내용은 주로 간접 인용으로 쓰이는 것이 자연스러움.

• 발화된 말이나 쓰인 글

· 직접 인용: 수호가 나에게 "언제 집에 가니?"라고 물었다. / 지유는 편지에 "어서 돌아오세요."라고 썼다.

· 간접 인용: 수호가 나에게 언제 집에 가냐고 물었다. / 지유는 편지에 어서 돌아오라고 썼다.

• 머릿속 생각이나 인지된 내용

· 직접 인용: ?그는 '수호가 착하구나.'라고 생각했다. / *나는 "수호가 어제 미국 갔어."라고 들었다.

· 간접 인용: 그는 수호가 착하다고 생각했다. / 나는 수호가 어제 미국 갔다고 들었다.

인용절을 취할 수 있는 동사

• 직접, 간접 인용절 모두 취할 수 있는 동사: 기록하다, 대답하다, 말하다, 명령하다, 묻다, 보고하다, 설명하다, 쓰다, 여쭙다, 적다, 제안하다, 판단하다 등

• 간접 인용절만 취할 수 있는 동사: 결심하다, 듣다, 믿다, 생각하다, 추측하다, 확인하다 등

⑤ 서술절로 안김

❶ 안긴절 전체가 서술어 기능을 하는 절

❷ 주어가 두 개 이상 있는 것처럼 보임. → [NP1+[NP2+VP]]의 구조로 첫 번째 'NP1'이 전체 문장의 주어이고 'NP2+VP'가 서술어가 됨.

가. 주어가 두 개: [민수는 [키가 크다]].

나. 주어가 세 개: [서술은 [집이 [마당이 좁다]]].

❸ 서술절의 의미적 특성

가. 첫 번째 명사구와 두 번째 명사구가 특정한 의미 관계를 지니기도 함.

㉮ 전체-부분: [지유가 [얼굴이 둥글다]].

㉯ 부류-구성원: [생선이 [도미가 맛있다]].

⒟ 유형-개체: [해가 [지는 해가 아름답다]].

⒣ 소유-피소유: [수호가 [아들이 초등학교에 다닌다]].

나. 특정한 의미적 특성을 지닌 용언이 쓰임.

⑺ 대부분 상태를 나타내는 형용사나 과정을 나타내는 자동사가 나옴.

㉮ 형용사: 민수는 키가 크다.

㉯ 자동사: 네 옷이 흙이 묻었다.

⑻ 타동사는 서술절의 서술어 자리에 오는 경우가 많지 않지만 주어의 상태를 서술하는 의미 관계에서만 쓰임.

㉮ 수호는 아내가 집을 나간다. / *수호가 아내가 방을 청소한다. → 서술어구인 '집을 나가다'가 행위가 아니라 집을 나간 상태를 서술함.

㉯ 수호가 아들이 밥을 잘 먹는다. / *수호가 아들이 밥을 먹는다. → 부사 '잘'의 수식으로 인하여 '밥을 잘 먹다'가 주어의 일시적 상태로 해석

❖ 서술어 명칭의 문제[253]

다른 안긴절의 명칭이 품사 명칭에서 온 것과 달리 서술절은 문장 성분의 명칭을 이용함. → 동사절이나 형용사절이라 하기도 하지만 이들 명칭이 성립하기 위해서는 어미가 결합함으로써 문장의 여러 성분으로 쓰여야 함. → 하지만 서술절은 서술어의 자리에만 나타나므로 서술절이라는 명칭을 사용

❖ 서술절을 안은 문장으로 볼 수 없는 문장[254]

'되다, 아니다' 구문

• 주어와 보어를 요구하는 두 자리 서술어이기 때문에 두 번째 명사구를 안긴절의 주어로 볼 수 없음.

· 수호가 선생님이 되었다. / 수호는 의사가 아니다.

심리 형용사 구문

• 경험주와 대상의 논항을 요구하는 두 자리 서술어로 첫 번째 명사구는 경험주의 의미역을 지닌 주어, 두 번째 명사구는 대상의 의미역을 갖는 보어임.

· 나는 집에 가기가 싫다. / 나는 호랑이가 무섭다.

❖ 주제-설명 구조[255]

• 일방적인 주어-서술어 구조와 달리 주제 부분과 설명 부분이 통사적인 제약을 갖지 않음.

· 나는 책상이다: '나'와 '책상'의 선택 제약으로 설명이 불가능함. 즉 '나는'과 '책상이다'를 각각 주어와 서술어로 보기 어려움. → 문맥의 도움을 받아야 하므로 '주제-설명' 구조로 기술 cf) '나는 학생이다'는 선택 제약을 만족하므로 통사론의 기술 대상이 됨.

• 일반적으로 주제는 구정보, 설명은 신정보에 해당하는데 신정보는 조사 '이/가', 구정보는 '은/는'으로 나타내는 경향이 있음.

• 서술절과 유사한 구조이지만 첫 번째 명사구와 두 번째 명사구 사이에 특정한 의미 관계를 찾을 수 없어 주제-설명 구조로 보아야 하는 문장들이 존재함.

· 나는 대한민국이 이긴다. / 국어학은 취직이 잘 된다. / 내일은 비가 온다. → 첫 번째 명사구와 두 번째 명사구가 의미·통사적 관계를 맺지 않으며 첫 번째 명사구 이하의 설명 부분에 올 수 있는 문장에 제약이 없기 때문에 통사 구조나 의미 관계로 설명하는 것이 불가능함.

• 통사론의 문장 성분은 문법적 기능에 따라 분류한 것임에 반하여 주제는 문법적 기능이 아니라 화용적 기능과 관련됨. → '주제-설명'은 정보 구조적 관점에서 기술하는 개념으로 통사론의 기술 대상이 될 수 없음.

② 겹문장의 통사적 특징

(1) 생략 및 대용화 현상

① 안은문장이나 이어진문장에서 두 성분이 동일하면 둘 중 하나의 성분이 생략되거나 다른 말로 바뀜.

❶ 대등적으로 이어진 문장: 항상 후행절의 동일 성분이 생략되거나 대용됨.

가. 생략: 지유는 대학원생이고 ∅ 남편은 대학원에 다닌다. / *∅ 대학원생이고 지유의 남편은 대학원에 다닌다.

나. 대용화: 지유는 대학원생이고 그녀의 남편은 대학원에 다닌다. / *그녀는 대학원생이고 지유의 남편은 대학원에 다닌다.

❷ 안은문장 구성에서는 항상 안긴절의 성분이 생략되거나 대용됨.

가. 생략

㉮ 우리는 우리가 그 사람과 함께 일하기를 거부했다. → 우리는 <u>∅ 그 사람과 함께 일하기</u>를 거부했다.

㉯ 지호는 지호가 어제 도서관에서 책을 빌린 책을 읽고 있다. → 지호는 <u>∅ 어제 도서관에서 ∅ 빌린</u> 책을 읽고 있다.

㉰ 민지가 나에게 너는 내일 아홉 시까지 버스 정류장에 나오라고 말했다. → 민지가 나

에게 ∅ 내일 아홉 시까지 버스 정류장에 나오라고 말했다.

나. 대용화

- 나무꾼은 산신령에게 <u>나무꾼의 도끼를 찾아 달라고</u> 부탁했다. → 나무꾼은 산신령에게 자기의 도끼를 찾아 달라고 부탁했다.

(2) 이동 제약

① 대등적으로 이어진 문장: 선행절이 후행절 내부로 끼어들 수 없음. ㉖ <u>산이 높고</u> 물이 맑다 → *물이 <u>산이 높고</u> 맑다.

② 종속적으로 이어진 문장: 이동의 제약이 비교적 적음. → 부사어가 비교적 어순이 자유롭다는 점에서 종속 접속절을 부사절로 보는 근거가 되기도 함. ㉖ <u>날이 어두워지자</u> 그는 길을 떠났다. / 그는 <u>날이 어두워지자</u> 길을 떠났다. / 그는 길을 <u>날이 어두워지자</u> 떠났다. / 그는 떠났다, <u>날이 어두워지자</u>.

(3) 주제 제약

① 대등적으로 이어진 문장: 선행절과 후행절에 각각 주제를 나타내는 '는'이 연결될 수 있음. ㉖ 산이 깊고 물이 맑다. → 산은 깊고 물이 맑다. / 산이 깊고 물은 맑다. / 산은 깊고 물은 맑다.

② 안은문장 구성: 안긴절의 주어에는 주제를 표시하는 '는'이 연결되지 못함.

- ❶ 명사절: 농부들이 <u>비가 오기를</u> 기다린다. → *농부들이 <u>비는 오기를</u> 기다린다.
- ❷ 관형사절: 그는 <u>자기 아들이 돌아온</u> 사실을 모른다. → *그는 <u>자기 아들은 돌아온</u> 사실을 모른다.
- ❸ 부사절: 나는 <u>팔이 아프도록</u> 피아노를 쳤다. → *나는 <u>팔은 아프도록</u> 피아노를 쳤다.

(4) 주어 일치 및 불일치 제약

① 어미에 따라 선행절 및 후행절, 내포절 및 모절의 주어가 일치해야 함.

- ❶ -고자: *철수는 시험에 <u>합격하고자</u> 영희는 열심히 공부를 하고 있다.
- ❷ -아서/어서: *철수는 문구점에 <u>가서</u> 영희는 공책을 샀다. cf) '수호가 학교에 가서 지유는 집에 혼자 있었다.'처럼 계기가 아니라 원인이나 이유를 나타낼 때는 주어가 달라도 성립 가능
- ❸ -면서: *철수는 음악을 <u>들으면서</u> 영희는 공부를 했다.
- ❹ -느라고: *수호가 시험공부를 <u>하느라고</u> 지유가 밤을 샜다.
- ❺ -려고: *수호가 시험에 <u>합격하려고</u> 지유가 열심히 공부했다. cf) '비가 오려고 날이 흐렸나 보다.'에서처럼 의도성이 없을 경우에는 주어가 달라도 성립 가능
- ❻ -러: *수호가 지유를 <u>만나러</u> 수지가 도서관에 갔다.

② 어미에 따라 선행절 및 후행절, 내포절 및 모절의 주어가 일치하지 않아야 함.

- -자: *철수는 늦게 <u>들어가자</u> 철수는 피곤했다. / *날이 더워지자 날이 따뜻하다.

(5) 선어말 어미의 결합 제약

① 어미에 따라 시제 선어말 어미의 결합이 제약됨.

❶ -았/었-: *지난 주말에 독감에 <u>걸렸어서</u> 집에만 있었다. / *그는 철학을 <u>공부했고자</u> 독일에 유학을 갔다.

❷ -겠-: *시험에 <u>합격하겠으려고</u> 열심히 공부한다. / *비가 <u>오겠다가</u> 그치겠다.

❸ -더-: *집에 <u>가더면서</u> 그 가게에 들렀다. / *러시아에 <u>가더니까</u> 정말 춥더라.

> ❖ **시제 선어말 어미와의 결합이 제약이 있는 어미**[256]
>
> • '-았/었-', '-겠-'의 결합 제약이 있는 어미
> · -아/어서, -고서, -자, -(으)러, -(으)려고, -고자, -(으)면서, -(으)ㄹ수록, -게, -도록, -(으)라고, -(으)ㄴ들, -건대, -느라고
> cf) '-아/어서'는 시간적 선후 관계, 수단이나 방법, 이유나 근거를 나타내는 3가지 용법이 있는데 이유나 근거를 나타낼 때는 '-았/었-', '-겠-'의 시간 표현과 결합이 가능함.
> • '-겠-'의 결합 제약이 있는 어미 ('-았/었-'과 결합 가능)
> · -다가, -듯이, -(으)ㄹ망정, -(으)ㄹ지라도, -아/어야

(6) 서술어 종류의 제약

① 동사에만 결합하는 어미가 존재함.

❶ -려고: *수호가 {예쁘려고 / 착하려고} 노력을 한다. cf) 수호가 합격하려고 노력을 한다.

❷ -러: *수호가 {예쁘러 / 착하러} 미용실에 간다. cf) 수호가 지유를 만나러 미용실에 간다.

❸ -고서: *수호가 {예쁘고서 / 착하고서} 성격이 좋다. cf) 수호가 밥을 먹고서 학교에 갔다.

❹ -자마자: *수호가 {예쁘자마자 / 착하자마자} 친구를 사귀었다. cf) 수호가 지유를 보자마자 사귀자고 하였다.

❺ -고자: *수호가 {예쁘고자 / 착하고자} 노력을 했다. cf) 수호가 합격하고자 노력을 한다.

(7) 후행절의 문장 유형 제약

① 종속적 연결 어미에 따라 후행절의 문장 유형이 제약되기도 함.

❶ -아서/어서: 후행절이 청유문이나 명령문이 될 수 없어 주로 평서문과 의문문에서만 쓰임. 예 *날씨가 좋아서 소풍을 {가자 / 가라}.

❷ -거든: 평서문이나 의문문이 될 수 없어 주로 명령문이나 청유문에서 쓰임. 예 *집에 도착하거든 나에게 {전화한다. / 전화하니?} cf) '집에 도착하거든 나에게 전화하겠니?'처럼 화행적으로 의지나 의도를 나타내는 경우에는 평서문이나 의문문과 쓰일 수 있음.

❸ -거니와: 후행절이 의문문이 될 수 없고 평서문에서만 쓰임. 예 *수미 씨는 공부도 잘 하거니와 운동도 잘합니까?

⑻ 선행절의 부정 표현 제약

① '안/아니, 못, -지 않다'와 결합하지 못하는 어미가 존재함.

➊ -느라: *그는 TV를 안 보느라 내가 부르는 소리를 들었다. cf) 그는 TV를 보느라 내가 부르는 소리를 못 들었다.

➋ -러: *그는 나를 안 만나러 서울로 갔다. cf) 그는 나를 만나러 서울에 왔다. → '-려고'를 사용할 경우 부정 표현과 함께 쓸 수 있음. 예) 그는 나를 안 만나려고 서울로 갔다.

⑼ 어미의 보조사 제약

① 보조사 결합에 제약이 있는 어미가 존재함.

➊ -게: 보조사와 결합 가능 예) 설득은 해 보겠지만 가시게는 못할 것 같아.

➋ -(으)ㄹ수록: 보조사와 결합이 불가능 예) *많이 먹을수록도 살이 찌지만 운동을 안 해도 살이 찐다.

❖ **어미의 보조사 결합 제약 목록**[257]

• 보조사와 결합 제약이 없는 어미
 · -(으)면서, -고서, -아/어서, -(으)러, -(으)려고, -게, -도록, -다가, -고자
• 보조사와 결합 제약이 있는 어미
 · -거니와, -아/어도, -(으)되, -건만, -(으)니, -느라고, -거든, -(으)ㄴ들, -다시피, -자, -(으)ㄹ수록

제Ⅴ장	문장 종결의 유형

1. 문장 종결의 실현과 체계

① 문장 종결의 실현

(1) 한국어의 문장은 일반적으로 문장의 끝에 종결 어미가 결합됨으로써 통사적으로 완결됨.

(2) 종결 어미의 기능

① 문장을 종결시키는 기능

② 상대 높임법을 나타내는 기능

③ 문장의 유형을 나타내는 기능

> ❖ 상관적 장면과 단독적 장면[258]
>
> **상관적 장면**
>
> • 화자와 청자가 얼굴을 마주 대고 말을 하는 발화 상황 → 화자와 청자의 힘과 거리의 관계에 따라 상대 높임법이 결정
>
> **단독적 장면**
>
> • 특정한 청자를 상정하지 않는 발화 상황 → 상대 높임법이 설정되기 어려움. → 하라체로 바뀜.
>
> · 하라체의 체계
>
> | 평서문 | 의문문 | 명령문 | 청유문 |
> |---|---|---|---|
> | -(는/ㄴ)다 | -(느)냐
-(느)ㄴ가, 나 | -(으)라 | -자 |
>
> cf) 하라체 등급의 문제: 명령문을 제외하고 별도의 '하라체' 종결 어미가 존재하지 않음. → '하라체' 등급을 설정할 수 있는가에 대한 논쟁의 여지가 있음.

② 문장 종결 유형의 체계

청자에게 요구 없음.	--------------	-------------	평서법, 감탄법
청자에게 요구 있음.	대답을 요구	-------------	의문법
	행동을 요구	청자의 행동 요구	명령법
		화자, 청자의 행동 요구	청유법

❖ 약속법, 허락법, 경계법, 감탄법의 설정[259]

• 문장의 유형을 8개로 설정하는 견해에서는 약속법, 허락법, 경계법을 추가
 · '약속, 허락, 경계'와 같은 화행 의미가 일정한 문법적 수단과 관련되므로 국어 문장 유형의 하나로 설정할 수도 있음.
   - 약속법: -(으)ㄹ게, -(으)마
   - 허락법: -(으)렴, -(으)려무나
   - 경계법: -(으)ㄹ라
• 독자적인 문장 유형으로 보기 어려운 근거
 · 상대 높임법 체계가 극히 제한적이어서 독립적인 종결 어미가 나타나지 않음.
 · 간접 인용절에 나타나지 않음.
• 약속법과 경계법은 평서법의 하위 유형으로 다루고 허락법은 명령법의 일부로 다루는 것이 일반적임.
• 감탄법은 간접 인용절로 안길 때 평서법과 다르지 않아 평서문으로 다루는 견해도 존재함. → 다만 감탄의 의미를 실현시키는 종결 어미가 발달되어 있고, 평서법과 다른 통사적 제약도 있으므로 독자적인 문장 유형으로 다룸.

❖ 간접 인용절과 문장의 유형[260]

• 직접 인용절을 안은 문장을 간접 인용절로 전환시킬 때 '-다고, -냐고, -라고, -자고'의 네 가지로 귀착됨. → 문장의 유형과 관련을 보임.

평서법, 감탄법, 약속법, 경계법: -다고
 · 평서법: 지호가 "밖에 비가 많이 와."라고 말했다. → 지호가 밖에 비가 많이 온다고 말했다.
 · 감탄법: 지호가 "달이 밝구나!"라고 말했다. → 지호가 달이 밝다고 말했다.
 · 약속법: 지호가 "내가 학교로 갈게."라고 말했다. → 지호가 자기가 학교로 오겠다고 말했다.
 · 경계법: 지호가 "바닥으로 떨어질라."라고 말했다. → 지호가 바닥으로 떨어지겠다고 말했다.

의문법: -냐고
 · 의문법: 지호가 "밖에 비가 많이 오니?"라고 물었다. → 지호가 밖에 비가 많이 오냐고 물었다.

명령법, 허락법: -라고

· 명령법: 지호가 "이제 집에 가거라."라고 말했다. → 지호가 이제 집에 <u>가라고</u> 말했다.
· 허락법: 지호가 "집에 가려무나."라고 말했다. → 지호가 집에 <u>가라고</u> 말했다.

청유법: -자고
· 청유법: 지호가 "이제 집에 가자."라고 말했다. → 지호가 이제 집에 <u>가자고</u> 말했다.

❖ 문장의 유형과 상대 높임에 따른 어미의 분포[261]

	해라	하게	하오	합쇼	요-결락형	요-통합형
평서형 어미	-는다	-네	-오	-ㅂ니다	-어	-어요
감탄형 어미	-는구나	-는구먼	-(는)구려		-어	-어요
의문형 어미	-느냐	-느ㄴ가	-오	-ㅂ니까	-어	-어요
명령형 어미	-어라	-게	-오	-ㅂ시오	-어	-어요
청유형 어미	-자	-세	[-ㅂ시다]	[-시지요]	-어	-어요
약속형 어미	-마	-ㅁ세	[-리다]	[-오리다]		
허락형 어미	-려무나	-게나	-구려			
경계형 어미	-ㄹ라	[-리]	[-리다]			

2. 문장의 유형

① 평서문
(1) 화자가 청자에게 특별히 요구하는 바 없이 청자가 모를 것으로 예상하는 문장의 정보를 비교적 객관적으로 전달하는 문장 → 평서형 종결 어미를 통해 실현
(2) 평서형 종결 어미
① 하십시오체: -ㅂ니다/습니다, -는답니다, -나이다, -으오이다, -올시다
② 하오체: -오, -소, -구려, -는다오, -읍디다
③ 하게체: -네, -(으)이, -ㄹ세
④ 해라체: -다, -느니라, -을라
⑤ 해체: -아/어, -게, -네, -데, -지
⑥ 해요체: -아/어요, -게요, -네요, -데요, -지요
(3) 주요 평서형 종결 어미
① -다
 ❶ 해라체의 평서형 종결 어미

252

❷ '-는/ㄴ', '-었-', '-겠-' 등이 앞에 올 수 있고, 특히 선어말 어미 '-더-, -리-, -니-' 뒤에서는 '-라'로 교체 예 하늘이 푸르더라. / 기필코 고향에 가리라. / 말이 많으면 실수를 하게 되느니라.

❸ 상관적 장면과 단독적 장면에 두루 쓰임.

가. 상관적 장면: (어제 뭐 했니?) 친구하고 놀러 갔다.

나. 단독적 장면: 한국 축구, 4강에 오르다. → 청자를 낮추거나 높이는 기능은 없음.

② -네

❶ 하게체의 평서형 종결 어미

❷ '-(으)이', '-ㄹ세'에 비해 폭넓게 쓰임. → 형용사에만 결합하는 '-(으)이', '이다'에만 결합하는 '-ㄹ세'가 모두 현재 시제에만 쓰이는 분포상의 제약을 지님.

가. 자네를 만나서 {기쁘이/?기뻤으이}. / 자네를 만나서 {기쁘네 / 기뻤네}.

나. 그것이 자네의 {선물일세/*선물이었을세}. / 그것이 자네의 {선물이네/선물이었네}.

③ -오, -으오, -소

❶ 하오체의 평서형 종결 어미

❷ 모음 아래에서는 '-오'가 쓰이고 자음 아래에서는 '-으오'가 쓰임. 자음 아래에서 '-소'가 쓰이기도 함. 예 당신을 사랑하오. / 이 호수는 물이 깊으오. / 오늘은 날이 춥소.

④ -ㅂ니다, -습니다.

❶ 하십시오체의 평서형 종결 어미

❷ 모음 아래에서는 '-ㅂ니다'가 쓰이고 자음 아래에서는 '-습니다'가 쓰임. 예 동수가 그림을 그립니다. / 민희가 피자를 먹습니다.

⑤ -아/어, -지, -네, 군

❶ 해체의 평서형 종결 어미로 존대의 뜻을 가진 보조사 '요'를 결합하여 해요체의 종결 어미로 쓰임.

❷ 문장 종결의 기능 외에 양태적 의미를 지니기도 함.

가. -아/어(요): 비교적 객관적 진술에서 새로운 정보를 나타낼 때 쓰임. 예 네가 범인이야.

나. -지(요): 청자가 그 사실을 이미 알고 있다고 화자가 전제하는 경우, 즉 이미 주어진 정보를 나타낼 때 쓰임. 예 네가 범인이지.

다. -네(요): 새로운 사실을 발견했을 때 쓰이는 어미로 당연한 사실이나 이미 알고 있는 사실, 화자가 직접 경험하지 않은 일에 쓰이지 못함. 또한 1인칭 주어가 나오면 화자 자신에 대해 새롭게 지각한 것이 되어 문장이 어색함. 예 네가 범인이네. / ?해가 서쪽으로 지네. / 아들이 대학에 합격했어요. 다음 달에 입학식을 (해요,*하네요.) / *그 영화 보지 못했지만 아주 재미있네요. / *내가 울고 있네.

라. -군(요): 새로 알게 된 사실을 화자 스스로 확인하는 혼잣말에 사용되는 종결 어미임. 감탄이나 놀라움의 의미가 강한 문장에 사용되지 않고, 새로 알게 된 사실을 처음으로 말하는 것이므로 1인칭 주어의 제약이 있음. 예 네가 범인이군. / *강도가 나타났군. / *앗! 물이 아직도 뜨겁군. / *불이군. / *내가 우는군.

> ❖ **범용 어미**[262]
>
> 어느 한 문장의 종결법으로만 쓰이지 않고 여러 문장 종결법에 두루 쓰이는 종결 어미를 범용 어미 또는 범용적 용법의 종결 어미라고 함.
>
> • 격식체 중 하계체와 하오체의 쇠퇴에 따른 상대 높임 등급의 단순화가 범용 어미 확산을 더욱 가속화시킴.
> • 현대 한국어에서는 각 문장 종결법의 고유한 종결 어미에 의한 실현이 과거보다 축소되고 범용 어미가 많이 사용되고 있음.
> • 범용 어미 사용의 빈도 증가: 문장 종결법을 실현하는 데에 있어서 억양의 중요성이 더욱 커짐.
> • 대표적인 범용 어미
> · '-어', '-지'
>   – 연결 어미 '-어, -디'에서 온 것으로 본래 연결 어미로 쓰이던 것이 후행절이 생략되며 무장 끝에 자주 놓이게 되면서 종결 어미로 발달
>   – 평서법, 의문법에서 먼저 쓰이다가 명령법, 청유법으로 영역을 넓혔으며 격식체와 비격식체의 상대 높임 등급으로 발달

⑷ 평서법의 특수한 쓰임

① 약속 평서문

❶ 화자가 청자에게 어떤 행위를 하기로 언약하는 의미를 가진 평서문
❷ 약속 평서형 종결 어미: '-(으)마', '-(으)ㄹ게', '-(으)오리다', '-(으)리다', '-(으)ㅁ세'
❸ 약속 평서문의 제약
가. 1인칭 주어만 사용이 가능함. → 화자 자신이 명제 내용이 지시하는 행동의 행위주가 되며 화자 스스로 명제 내용의 행동을 실행할 능력이 있다는 믿음을 전제로 하기 때문임.
나. 행위를 전제로 하므로 동사와만 어울림. → 동사라 할지라도 의도성이 적은 자동사 부류와는 결합하지 못함. 반면 형용사라 할지라도 명령이나 청유가 가능한 의도성을 가진 부류와는 결합이 가능함.
　⑺ 동사와만 결합 가능: *내가 예쁠게.

254

㈏ 의도성이 적은 자동사 부류와 결합이 불가능: *이제 <u>지치마</u>.

㈐ 의도성을 가진 형용사 부류와 결합이 가능: 이제부터 너에게 <u>충실하게</u>. → '성실하
다, 조용하다, 충실하다

다. 미래의 행위이므로 과거를 나타내는 선어말 어미와 결합할 수 없음. 나아가 미래나 의
지를 나타내는 '-겠-'과도 결합이 불가능함. 예 *내가 학교로 <u>갔었</u>으마. / *내가 학교로 <u>가겠</u>
으마. cf) 간접 인용절로 안길 때는 '-겠-'이 결합한 '-겠다고' 형태를 취함. 예 나는 내가 책임지
겠다고 했다.

라. 청자에게 불리한 행위를 나타내는 용언과 결합하지 못함. → 약속은 청자에게 유리한
행위를 전제로 함. 예 *이제 너를 <u>때리마</u>.

② 경계 평서문

❶ 화자가 청자의 행동이 잘못될까 염려하여 미리 경계하는 뜻을 가지고 있는 문장

❷ 경계 평서형 종결 어미: -(으)ㄹ라

❸ 경계 평서문의 제약

가. 동사와만 결합함. 예 *아기가 <u>예쁠라</u>.

나. 과거 시제 선어말 어미와 결합하지 못함. 예 *그러다가 손 <u>베었</u>을라.

❖ 경계법의 지위[263]

평서법으로 보기도 하고, 명령법으로 보기도 함.

• 명령법으로 보는 근거
· 화자가 청자의 부정적인 행위에 대한 경고를 나타낸다는 의미적 특성이 명령법과 유사
· 형용사와 결합되지 않고, 과거 시제 선어말 어미와도 결합이 불가능한 점이 명령법의
문법적 제약과 유사
• 평서법으로 보는 근거
· 명령문의 가장 중요한 특성인 2인칭 주어 제약이 없음.
· 간접 인용절로 바뀔 때 평서문과 동일한 어미 '-다고'를 취함.

❖ '-(으)실게요'의 용법[264]

• '-(으)ㄹ게'는 해체의 약속법 종결 어미로 규정되는데, 실제 언어 생활에서 '-(으)실게
요'의 형태로 간접적인 명령을 수행하는 경우가 있음. 예 환자 분, 누우실게요.
• 약속법 본래의 용법이라면 '-(으)ㄹ게'는 1인칭 주어 문장에서만 가능하기 때문에 주체
높임의 선어말 어미 '-(으)시-'가 결합할 수 없음. → '-(으)시-'가 결합하지 않을 경우 청

자를 향한 명령의 의미보다는 화자를 행위 주체로 하는 약속의 의미가 강하게 느껴짐.

· '-(으)시'가 결합한 경우: 청자를 향한 명령의 의미 예 앉아서 기다리실게요.

· '-(으)시'가 결합하지 않은 경우: 약속의 의미 예 앉아서 기다릴게요.

• '-(으)실게요'의 문법화

· 하십시오를 써야 할 상대에게 직접적으로 명령을 나타내는 것이 부담이 되는 경우에 간접적으로 명령을 나타내기 위하여 사용

· 대응하는 '해체'인 '-(으)실게'는 없으며, '-(으)실게요' 자체가 하나의 독립된 종결 어미로 문법화 되는 과정에 있음.

• 문법화가 완료되지 않은 시점에서 현재 시점에서 약속의 '-ㄹ게'에 선어말 어미 '-(으)시-'가 결합한 형태는 오류로 볼 수밖에 없음.

² 감탄문

(1) 화자가 청자를 별로 의식하지 않거나 거의 독백하는 상태에서 자기의 느낌을 표현하는 문장 → 감탄형 종결 어미를 통해 실현

(2) 감탄형 종결 어미

① 하십시오체: 없음.

② 하오체: -구려

③ 하게체: -구먼

④ 해라체: -구나, -아라/어라

⑤ 해체: -구먼, -군, -아/어, -지

⑥ 해요체: -구먼요, -군요, -아요/어요, -지요

❖ 감탄형 종결 어미 '-아/어'와 '-지'[265]

• '-아/어'와 '-지'를 감탄형 종결 어미로 보는 것에 대한 이견이 있음.

· 실제 감탄의 의미를 지닌 문장에서 쓰이기 때문에 감탄형 종결 어미에 포함시키기도 하지만 이들은 감탄형 고유의 어미라기보다는 범용적 어미에 가깝기 때문에 감탄형 종결 어미로 다루지 않기도 함.

· '-아/어'와 '-지'를 감탄형 종결 어미로 다룰 경우 강한 느낌을 담은 다른 평서문이나 의문문, 명령문, 청유문까지 감탄문으로 처리할 가능성이 생김.

(3) 감탄형 종결 어미의 구분

① ‘구’ 계열

❶ 처음 알게 된 사실을 영탄적으로 진술할 때 쓰임.

❷ 형용사 어간에는 바로 결합할 수 있으나 동사 어간에는 직접 결합되지 못함. 또한 서술격 조사에 결합 시 ‘로’가 수의적으로 나타남. → ‘-는-’ 대신에 ‘-았/었-, -겠-’ 등이 쓰일 수도 있음.

가. 형용사 어간: 오늘 날씨가 참 {좋<u>구</u>려 / 좋<u>구</u>면 / 좋<u>구</u>나 / 좋<u>군</u> / 좋<u>군</u>요}.

나. 동사 어간: 오늘 눈이 {내리는<u>구</u>려 / 내리는<u>구</u>면 / 내리는<u>구</u>나 / 내리는<u>군</u> / 내리는<u>군</u>요}.

다. 서술격 조사: 벌써 {방학이(<u>로</u>)<u>구</u>려 / 방학이(<u>로</u>)<u>구</u>면 / 방학이(<u>로</u>)<u>구</u>나 / 방학이(<u>로</u>)<u>군</u> / 방학이(<u>로</u>)<u>군</u>요}. → ‘-로-’의 선행 요소로 ‘-는-, -았/었-, -겠-, -더-, -었었-’이 올 수 없음.

② ‘아라/어라’ 계열

❶ 상대방을 의식하지 않은 독백에서 쓰임. → 상대 높임법에 따른 등분이 없음. (해라체만 존재)

❷ 주로 형용사와 결합하여 화자 자신의 느낌을 감동적으로 표시함. → 의미상의 특수성으로 인하여 보통 놀라움이나 슬픔 등의 감정 표시의 감탄사가 동반 예 아이고, <u>추워라</u>. / 아이, <u>좋아라</u>.

❸ 느낌의 주체가 화자가 아니거나 서술어가 형용사가 아닐 경우 성립하지 않음. 예 *아이고, 지유가 <u>추워라</u>. / *아이고, 벌써 <u>고등학생이어라</u>.

(3) 감탄문의 간접 인용절 전환

① 감탄문이 간접 인용절이 될 때 평서문으로 귀착됨. 예 철수가 “<u>무거워라</u>.”라고 말했다. → 철수가 <u>무겁다</u>고 말했다.

② 감탄사가 쓰였을 경우 감탄사는 의미상으로 상응하는 부사로 치환됨. 예 지유가 “<u>아이고, 추워라</u>.”라고 말했다. → 지유가 <u>매우</u> 춥다고 말했다.

> ❖ ‘-아라/어라’의 문학적 쓰임[266]
>
> • 흔히 형용사와 결합하는 감탄형 종결 어미 ‘-아라/어라’는 문학 작품 등 문어체에서는 형용사 이외의 품사와 결합하기도 함.
> · 동사: 양귀비보다 더 붉은 그 마음 <u>흘러라</u>.
> · 서술격 조사: 우리는 밝음이 오면 어딘지 모르게 숨는 두 <u>별이어라</u>.

③ 의문문

(1) 화자가 청자에게 질문하여 대답을 요구하는 문장 → 의문형 종결 어미와 의문사를 통해 실현

(2) 의문형 종결 어미와 의문사

① 의문형 종결 어미

　❶ 하십시오체: -ㅂ니까/습니까

　❷ 하오체: -(으)오, -소

　❸ 하게체: -는가/(으)ㄴ가, -나

　❹ 해라체: -(으)니, -느냐/으냐/냐

　❺ 해체: -아/어, -나, -(으)ㄴ가, -(으)ㄹ까, -지

　❻ 해요체: -아요/어요, -나요, -(으)ㄴ가요, -(으)ㄹ까요, -지요

② 의문사

　❶ 의문 대명사: 누구, 무엇, 언제, 어디, 얼마, 몇

　❷ 의문 부사: 왜, 어디, 언제

　❸ 의문 관형사: 무슨, 어디, 몇, 웬

　❹ 의문 동사/의문 형용사: 어찌하다, 어떠하다

(3) 주요 의문형 종결 어미

① -느냐/-으냐/-냐

　❶ 해라체의 의문형 종결 어미

　가. -느냐: 동사 어간이나 '있다, 없다, 계시다'의 어간과 결합

　나. -으냐: 'ㄹ' 이외의 받침이 있는 형용사 어간과 결합

　다. -냐: '이다'나 받침이 없는 형용사 어간, 'ㄹ' 받침인 형용사 어간과 결합

　❷ 최근 선행 용언의 종류에 관계없이 '-냐'나 해체의 '-니'로 의문문이 실현됨. → '-느냐', '-으냐'는 예스러운 느낌을 주는 어미로 보고 구어에서 널리 쓰이는 '-냐'와 구분 → 동사에서는 '-느냐'와 '-냐'가 수의적으로 교체가 가능하고, 형용사에서는 '-으냐'와 '-냐'가 수의적으로 교체될 수 있음.　예 이제 밥을 {먹느냐 / *먹으냐 / 먹냐}? / 기분이 {*좋느냐 / 좋으냐 / 좋냐?}

② -는가/-(으)ㄴ가, -나

　❶ 하게체의 의문형 종결 어미

　가. -는가: 동사 어간이나 '있다, 없다, 계시다'의 어간과 결합

　나. -으냐: 'ㄹ' 이외의 받침이 있는 형용사 어간과 결합

　다. -나: 동사나 형용사에 결합이 가능

　❷ 하게체로 쓰이기도 하지만 해체로 쓰이기도 하며, 보조사 '요'를 결합하여 해요체로도 쓰임.

　❸ 단독적 장면에서 쓰이기도 함. → 하라체의 성격을 띰.　예 빼앗긴 들에도 봄은 오는가? / 국어 연구 어디까지 왔나? / 어떻게 대비할 것인가?

③ -오/-(으)오, -소

❶ 하오체의 의문형 종결 어미 → 평서형 종결 어미와 형태가 같기 때문에 문말 억양이나 마침표로 의문문이 실현

❷ 모음 아래에서는 '-오'가 실현되고, 자음 아래에서는 '-으오'나 '-소'가 실현됨. 예 당신이 오늘 장에 가오? / 소가 풀을 뜯으오? / 소가 풀을 뜯소?

④ -ㅂ니까/습니까

❶ 하십시오체의 의문형 종결 어미

❷ 모음 아래에서는 '-ㅂ니까'가 실현되고, 자음 아래에서는 '-습니까'가 실현됨.

⑤ -아/어(요), -나(요), -(으)ㄴ가(요), -(으)ㄹ까(요), -지, -지(요)

❶ 해체의 의문형 종결 어미에 보조사 '요'를 결합하여 해요체의 의문형 종결 어미로 사용

❷ 해체와 해요체는 종결 어미 형태가 다른 문장의 유형에도 쓰이기 때문에 문말 억양에 의해 의문문인지가 구별됨.

(4) 의문문의 유형

① 판정 의문문

❶ 화자의 질문에 대하여 그렇거나(可)나 그렇지 않다(否)는 대답을 요구하는 의문문

❷ 문말 억양이 올라감. 예 내일 고향에 {가십니까 / 가오 / 가는가 / 가느냐 / 가 / 가요}? ↗

❸ 판정 의문문이 부정문일 경우에 질문하는 사람에 긍정하면 '네 / 예 / 응'으로 말하고, 질문하는 사람에 부정하면 '아니(요)'로 대답함.

  • 너 밥 안 먹었니? → 네, 안 먹었어요. / 아니요, 먹었어요.

❖ 확인 의문문[267]

화자가 이미 알고 있거나 믿고 있는 사실에 대하여 청자의 동의를 구하기 위한 의문문

• 종결 어미 '-지'나 '-지 않-'을 통해 주로 실현됨.

 · '-지'

  - 오늘 날씨가 정말 좋지? (네, 좋아요. / 아니요, 좋지 않아요.)

 · '-지 않-'

  - 여기 있는 책 네가 가져갔지 않니? / 여기 있는 책 네가 가져가지 않았니? → 과거 시제 선어말 어미 '-었-'이 본용언과 보조 용언 모두 결합이 가능

• '네/아니요'로 대답이 가능하다는 점에서 판정 의문문의 테두리에서 다룰 수 있음.

---

② 설명 의문문

❶ 의문사가 사용되어 그 의문사가 가리키는 내용에 대하여 청자가 설명해 주기를 요구하

는 의문문

❷ 문말 억양이 내려감.

가. 의문 대명사: <u>누가</u> 이 밥상을 차렸나요? ↘

나. 의문 관형사: 너희 집 식구는 <u>몇</u> 명이니? ↘

다. 의문 부사: 너는 <u>왜</u> 저녁을 안 먹니? ↘

라. 의문 동사/형용사: 이번 여행은 <u>어땠니?</u> ↘

❖ **의문 대명사의 부정 대명사적 쓰임**[268]

의문 대명사는 화자가 분명하게 알지 못하거나 알고 있으면서도 의도적으로 불명확하게 표현할 때 부정 대명사로 쓰임.

• 의문 대명사로 쓰여 설명 의문문의 기능을 할 때는 문말 억양이 내려가고, 부정 대명사로 쓰여 판정 의문문의 기능을 할 때는 문말 억양이 올라감.

· 누가 왔니? ↘ (수호가 왔어요.) / 누가 왔니? ↗ (네, 누가 왔어요.)

· 너 어디 가니? ↘ (학교에 가요.) / 너 어디 가니? ↗ (아니요, 안 가요.)

· 나한테 뭐 달라고 했지? ↘ (가위요.) / 나한테 뭐 달라고 했지? ↗ (네, 가위요.)

---

③ 선택 의문문

❶ 둘 이상의 선택항 중 하나를 골라서 대답하기를 요구하는 의문문

❷ 대답 내용을 말해야 한다는 점에서 설명 의문문과 유사하고 그 내용의 범위가 한정된다는 점에서는 판정 의문문과 유사함. 예 엄마가 좋아, 아빠가 좋아? / 짜장면이 좋아, 짬뽕이 좋아?

❸ 종결 어미 '-지'는 명제 내용에 대해 화자가 어느 정도 믿음이나 확신을 가지고 청자에게 동의를 구하거나 확인을 요구하는 것으로 어느 한 가지에 대해서만 가능성을 갖고 질문하기 때문에 선택 의문문에 사용이 제한됨. 예 *엄마가 좋지, 아빠가 좋지?

④ 수사 의문문

❶ 형태상으로는 의문문이지만 의미상으로는 어떤 사실을 긍정하거나 부정하는 의문문

❷ 수사 의문문이 긍정문이면 강한 부정을 나타내고, 부정문이면 강한 긍정을 나타냄. → 반어 의문문이라고도 함.

가. 부정문 → 강한 긍정: 내가 너한테 과자 한 봉지 못 사주랴? → (내가 너한테 과자 한 봉지 정도는 사 줄 수 있다.)

나. 긍정문 → 강한 부정: 그렇게 공부를 했는데 설마 네가 떨어지겠니? → (공부를 많이 했으므로 너는 떨어지지 않는다.)

❸ 의미상의 효과로 인해 속담에 많이 쓰임. 예 공든 탑이 무너지랴? / 첫술 밥에 배부르랴? /

아니 땐 굴뚝에 연기 나랴?

❹ 의문 대명사가 부정 대명사로 쓰이기도 함. 예 그것을 <u>누가</u> 알겠니? 그 애가 <u>뭘</u> 들 안 먹겠니? / 네가 <u>어디</u>는 못 가겠니?

❖ **수사 의문문의 범위**[269]

• 수사적으로 어떤 사실을 강하게 긍정하거나 부정하는 의문문을 수사 의문문이라고 하는데 반어적 방식이 아닌 감탄의 방식으로 강한 긍정을 나타내기도 함.

· 그 사람이 온다면 얼마나 좋을까?

• '-게, -다니, -더람' 등은 화자의 강력한 부정 진술이 함의되어 있어 수사 의문문의 테두리에 넣을 수 있음.

· -게: 내가 그런 것을 알면 천재게?

· -다니: 지호가 여자 친구들 데리고 오다니?

· -더람: 몸살 났다면서 왜 나왔더람?

---

⑤ 메아리 의문문

❶ 상대방의 말에 대한 놀라움을 표시하거나 확인하기 위하여 그 말을 되풀이하여 묻는 의문문

❷ '-다고, -냐고, -라고, -자고'와 같은 간접 인용절의 형식이나 종결 어미 '-아(요)/어(요)'를 취하는 것이 일반적임.

가. 평서문, 감탄문에 대한 메아리 의문문: (이 집 음식이 맛이 없네.) 음식이 맛이 {없<u>다고</u> / 없<u>어</u>}?

나. 의문문에 대한 메아리 의문문: (오늘 집에 가?) 오늘 집에 {가<u>냐고</u> / <u>가</u>}?

다. 명령문에 대한 메아리 의문문: (오늘 집에 가라.) 오늘 집에 {가<u>라고</u> / <u>가</u>}?

라. 청유문에 대한 메아리 의문문: (오늘 집에 가자.) 오늘 집에 {가<u>자고</u> / <u>가</u>}?

⑥ 자문

❶ 남에게 묻기 위해서가 아니라 자신의 의구심을 표현하기 위해 자신에게 묻는 형식을 취하는 의문문 예 인간에게 고향이란 어떤 의미일까?

❷ 기본적으로 혼잣말의 성격을 지니고 있지만 다른 사람에게 말을 걸 때에도 사용이 가능함. → 청자가 있을 때에는 상대방에게 제안하거나 허락을 구하는 의미나 추측이나 짐작을 나타내기도 함.

가. 제안 및 허락: 내가 그쪽으로 갈까? 우리 먼저 밥 먹을까?

나. 추측 및 짐작: 한 열 살이나 먹었을까?

❸ '-(으)ㄹ까', '(으)ㄴ가', '-나' 등의 어미가 주로 쓰임. 예 인생이란 무엇<u>인가</u>? / 집값, 다시 하락하<u>나</u>?

> ❖ 문장 유형과 화행이 일치하지 않는 의문문[270]
>
> • 의문문이 상황에 따라 명령, 금지, 권고 등의 의미를 나타냄.
>   · 창문 좀 닫아 줄래? / 그런 장난을 왜 하니? / 어서 숙제를 끝내지 못하겠니?
> • 수사 의문문은 강한 단언(서술)의 화행을 나타내거나 감탄의 뜻을 나타내므로 문장 유형인 의문과 화행이 일치하지 않는다고 볼 수 있음.

④ 명령문

(1) 화자가 청자에게 어떤 행동을 하도록 요구하는 문장 → 명령형 종결 어미를 통해 실현

(2) 명령형 종결 어미

① 하십시오체: -(으)ㅂ시오, -(으)소서

② 하오체: -(으)오, -소

③ 하게체: -게, -구려

④ 해라체: -아라/어라, -(으)렴

⑤ 해체: -아/어, -지

⑥ 해요체: -아요/어요, -지요

(3) 주요 명령형 어미

① -(으)ㅂ시오

❶ 하십시오체의 명령형 종결 어미

❷ 단독으로 쓰이기보다는 주체 높임 선어말 어미인 '-(으)시-'와 결합하여 '-(으)십시오' 형태로 쓰임. 예 여기서 기다리십시오.

❸ 명령형이 청자에게 행동을 직접 요구하는 것이기 때문에 하십시오체의 명령형은 활발히 쓰이지 않는 경향이 있음.

> ❖ 하십시오체와 합쇼체[271]
>
> • 상대 높임법의 이름을 '하십시오체, 하오체, 하게체, 해라체'라고 부르는 것은 명령형 어미 체계에 근거한 것임. → 현대 국어에 와서 '합쇼체' 대신에 '하십시오체'라는 용어를 사용함.
> • 엄밀한 의미에서 '하-+-(으)시-+-(으)ㅂ시오'로 분석되므로 '합쇼체'가 더 정확한 용어임.

② -(으)오
   ❶ 하오체의 명령형 종결 어미
   ❷ '-(으)시-'를 결합하여 '-(으)시오'로 쓰이는 경우가 많으며 특히 모음으로 끝나면 '-소'가 쓰이기도 함. 예 여기서 기다리시오. / 이것 한번 먹어 보소.

③ -게
   ❶ 하게체의 명령형 종결 어미
   ❷ '-(으)시-'와의 결합이 가능함. 예 여기서 기다리게. / 여기서 기다리시게.

④ -아라/어라/여라
   ❶ 해라체의 명령형 종결 어미
   ❷ 용언 환경에 따라 '-아라/어라/여라' 등으로 교체됨.
   가. 어간 끝음절 모음이 'ㅏ, ㅗ'인 경우: -아라
   나. 어간 끝음절 모음이 'ㅏ, ㅗ' 이외의 경우: -어라
   다. 용언 끝음절이 '하-'인 경우: -여라

⑤ -아(요)/어(요)
   ❶ 해체와 해요체의 명령형 종결 어미
   ❷ 다른 유형의 문장과 종결 어미의 형태가 같기 때문에 문장의 의미, 문말 억양, 문장 부호 등으로 구분
   ❸ 해요체에 '-(으)시-'가 결합하는 경우 '-(으)셔요', '-(으)세요'의 형태로 쓰임. 예 지금 수업을 {하셔요 / 하세요}.

❖ '하라체' 명령문[272]
• 청자를 직접적으로 대면하지 않는 매체를 통한 간접적 발화 상황, 신문 기사나 책의 제목, 시위 구호, 플래카드에 쓰이는 명령문 → 간접 명령문이라고도 함.
· 구체적인 청자를 상정하지 않고 자신의 생각을 일방적으로 전달하는 단독적 장면에 쓰임. → 청자를 의식하지 않거나 희미하게 의식할 때 쓰임.
   - 내 말을 따라라. / 문제를 읽고 물음에 답해라: '해라체' → 상대를 대면하고 청자를 의식한 경우에 쓰임.
   - 나를 따르라. / 문제를 읽고 물음에 답하라: '하라체' → 상대를 대면하지 않거나 대면

하더라도 공식적 거리를 두는 경우에 쓰임.

cf) '총장은 사퇴하라!'와 같은 문장은 특정한 청자인 '총장'에게 명령을 하는 것처럼 보일 수도 있겠지만 '총장'만을 구체적인 청자로 의식한 명령이라고 보기 어려움.

• 주어가 2인칭인 직접 명령문과 달리 주어가 3인칭으로서 단체나 복수의 성격을 띠고 있으며 구체성이 결여되어 있음. → 3인칭 명령문이라고도 함.
· 3인칭으로 주체를 잡을 수 있음.
- 정부는 수해 대책을 시급히 마련하라. → '정부'
- 알맞은 답을 고르다. → '시험을 치르는 학생'
· 3인칭으로 주체를 잡을 수 없는 경우도 있음.
- 총장은 사퇴하라. → '총장'은 구체적이지는 않지만 2인칭이라 할 수 있음.
• '하라체'를 써야 하는 상황에서 '해라체'를 사용하는 경우 자연스럽지 못함.
· 주체가 '부패 세력': 부패 세력은 {물러가라 / ?물러가거라}.
· 주체가 '침략자': 자유가 아니면 죽음을 {달라 / ?다오}.
· 주체가 '국가대표': 이기고 {돌아오라 / ?돌아와라}.
· 주체가 '정부': 굴욕적 외교 태도를 {고치라 / ?고쳐라}.
• 명령문에서만 '-(으)라'라는 고유한 형태를 가지고 평서문이나 의문문, 청유문 등에서는 해라체와 동일한 형태의 종결 어미로 나타남.

(4) 명령문의 제약

① 주어는 2인칭으로 청자로 상정할 수 있기 때문에 흔히 생략하여 쓰임. → 단, 명령의 효력을 완화시키고자 할 때에는 주어가 쓰이기도 함. 예 김 선생님께서 가시지요.

② 과거 시제를 나타내는 '-았/었-', 과거 회상을 나타내는 '-더-', 미래를 나타내는 '-겠-'의 선어말 어미와 결합이 불가능함.
❶ -았/었-: *지유야, 이리 좀 왔어라.
❷ -더-: *지유야, 이리 좀 오더어라.
❸ -겠-: *지유야, 이리 좀 오겠어라.

③ 일반적으로 서술어 자리에 동사만 올 수 있음. 예 *지유야, 예뻐라. / *지유야, 슬퍼라.
❶ 동사라도 행위 주체의 의도성이나 자발성, 행위의 제어 가능성이 없으면 명령문의 서술어가 될 수 없음. 예 이런 것은 좀 {알아라 / *몰라라}. / 네 잘못을 {깨달아라 / *깨닫지 말아라}.
❷ 형용사라도 의도성이 있으면 명령문의 서술어가 될 수 있음. → 형용사가 명령문의 서술어로 쓰인 경우 명령의 의미보다는 기원이나 소망을 나타냄. 예 만수무강하십시오. / 앞으로 더욱 건강해라. / 언제나 행복하세요. / 앞으로도 늘 당당해라. / 자신에게 충실해라.

❖ **피동사와 명령문**[273]

• 명령법은 청자가 명제 내용을 자발적으로 이행할 것으로 전제하는데 피동문의 경우는 청자가 자발적으로 행위를 하는 것이 아니라 다른 힘에 의해 행위를 입게 되는 것이기 때문에 일반적으로 명령형 종결 어미와 결합할 수 없음.

· *발을 밟혀라. → 자연스러운 쓰임처럼 보이기도 하지만 이 경우는 명령보다는 기원이나 바람의 의미로 해석됨.

• 피동사도 청자가 행위를 하는 데에 어느 정도의 의도성이나 자발성, 행위의 제어 가능성을 가지는 상황에서는 명령형 종결 어미와 결합이 가능함.

· (지하철에 사람이 너무 많아 복잡하니 그냥) 발을 밟혀라.

· 내 등에 업혀라. → 업히는 행위가 청자의 자발성을 전제로 함.

❖ **명령형이 가능한 형용사**[274]

• 주체의 상태를 변화시키려는 의지나 자발성이 상정될 수 있으면 명령형이 성립 가능함.

· 명령형이 가능한 형용사 목록

　- 건강하다, 게으르다, 겸손하다, 고정하다, 공손하다, 과감하다, 관대하다, 교만하다, 꾸준하다, 냉정하다, 냉철하다, 느긋하다, 당당하다, 성실하다, 솔직하다, 신중하다, 아프다, 엄격하다, 정직하다, 충실하다, 친절하다, 침착하다, 평안하다, 행복하다

• 명령형이 가능한 형용사들은 의도성을 가진 어미 '-(으)려고'의 결합도 가능한 경우가 있음.

· 최대한 친절하려고 노력했다. / 솔직하려고 했는데 그럴 수 없었다.

· *화장품을 발라서 예쁘려고 했다.

(5) **명령법의 특수한 쓰임**

① **허락 명령문**

❶ 하오체에서는 '-구려', 하게체에서는 '-게나', 해라체에서는 '-렴, -려무나'로 쓰임.

가. 하오체: 더 계시다 가시구려.

나. 하게체: 이제 가 보게나.

다. 해라체: 이제 그만 집에 가렴. / 더 놀다 가려무나.

❷ 화자가 마음에 내키지 않은 일이나 좋지 않은 일에 대해서는 잘 쓰이지 않음. 〔예〕 *네가 그 애를 때리려무나.

❸ 허락문이라는 독립된 문장 유형으로 보기도 하지만 '-구려, -게나, -렴, -려무나'를 제외하고는 고유한 형식이 없고 의미에 있어서도 일반적인 명령형의 범위 안에서 해석이 가

능하므로 명령문의 테두리에서 다룸.

② 명령의 의미를 지닌 특수한 어미: '-(으)ㄹ 것', '-(으)ㅁ', '-도록', '-앗/엇'

❶ 주어 제약, 형용사 결합 제약 등의 명령문의 제약을 모두 가지면서 명령의 기능을 수행함.

가. -(으)ㄹ 것: 5분 후에 운동장에 집합<u>할 것</u> cf) '신체 건강할 것.', '25세 이하의 대학생일 것.' 등의 문장을 통해 명령의 의미를 지닌 '-(으)ㄹ 것'이 형용사와 결합이 가능한 것처럼 보이지만 이 경우는 청자에 대한 명령이라기보다는 특정 조건을 갖출 것을 요청하는 전제 조건에 가까운 의미임. 즉 발화를 통해 청자의 어떤 행동이 기대된다기보다는 화자가 소유하고 있는 어떤 일의 조건이 어떠 하다는 정보 소개가 두드러진 의미로 작용함.

나. -(으)ㅁ: 이곳에서 담배를 피울 수 없<u>음</u>. → 주로 부정문일 때 명령문으로서 성립 cf) '이 곳에서는 담배를 피울 수 있음.'은 명령이라기보다는 허락의 의미로 해석

다. -도록: 5분 후에 운동장에 집합하<u>도록</u>.

라. -앗/-엇: 앞으로 <u>갓</u>. / 뒤로 돌<u>앗</u>.

❖ '-(으)ㄹ 것', '-도록'의 쓰임[275]

• '-(으)ㄹ 것', '-도록'의 사용

·-(으)ㄹ 것: 공고나 게시판 공지, 메모와 같은 단독적 장면에서 쓰이며 그렇기 때문에 호격어가 함께 나타날 수 없음.

·-도록: 구체적 청자를 앞에 둔 상관적 장면에서 쓰이며 화자가 청자보다 상위자일 때만 쓰일 수 있음.

• 명령형 어미 기능과 유사한 점.

· 선어말 어미 '-았/었-, -더-, -겠-'과 결합할 수 없음.

· 간접 인용절에서 '-(으)라' 형태로 중화됨.

· 1인칭과 3인칭의 주어가 나타날 수 없음.

· 급격한 하강조의 문말 억양이 나타남.

· '말다' 부정문을 취함.

· 주로 동사와 결합함.

---

(6) **명령법의 의미**

① 상대 높임법에 따라 의미가 조금씩 달라짐.

❶ 해라체: 시킴이나 지시의 의미가 강함.

❷ 하게체 이상: 권고나 제의, 나아가 탄원까지 의미할 수 있음.

② 간접 명령문에서는 단순한 지시의 의미만 나타남. → 의미의 중화가 일어남. → 형태뿐만

아니라 의미의 중화까지 일어나 '-(으)라'를 중화 명령형이라고 함.

> ❖ 명령 화행의 완곡한 표현[276]
>
> 화자가 나이나 지위가 높은 청자에게 명령문을 사용하여 의사를 전달하는 것이 부담스러운 측면이 있기 때문에 상대 높임의 등급이 올라갈수록 명령의 의미를 지닌 어미가 사용되는 것이 꺼려지는 경향이 있음.
>
> • 간접 화행 → 화자는 명령문 대신에 의문문이나 감탄문, 평서문, 청유문 등 다른 문장의 유형을 사용하여 명령의 의사를 간접적으로 전달. cf) 직접 화행: 화자의 의도와 문장의 유형이 일치
> · 의문문: 창문 좀 닫아 주실래요?
> · 감탄문: 오늘 날씨가 무첩 춥구나.
> · 평서문: 밖에 비가 옵니다.
> · 청유문: 창문 좀 닫읍시다.
> • 보조 용언 구성 '-어 주다'의 사용
> · 명령문: 선생님, 이쪽으로 와 주십시오.
> · 의문문: 선생님, 이쪽으로 와 주시겠습니까?
> · 평서문: 선생님, 이쪽으로 와 주셨으면 합니다.

5 청유문

(1) 화자가 청자에게 같이 행동할 것을 요청하거나 제안하는 문장 → 청유형 종결 어미를 통해 실현

(2) 감탄형 종결 어미

① 하십시오체: 없음.

② 하오체: -(으)십시다

③ 하게체: -세

④ 해라체: -자

⑤ 해체: -아/어

⑥ 해요체: -아요/어요

(3) 청유형 종결 어미의 특징

① 하십시오체

❶ 해당하는 종결 어미가 존재하지 않음.

❷ 청유문의 주어가 화자와 청자이므로 하십시오체를 사용하면 화자 자신도 높이는 것이 되기 때문임. → '-(으)시지요'나 '-(으)ㄹ까요'가 대용되는 경향이 있음. 예 같이 식사하러 {가시지요 / 가실까요}?

② -아(요)/어(요)

❶ 해체와 해요체의 청유형 종결 어미로 다른 문장 유형의 종결 어미와 형태가 같음. → 문말 억양이나 의미를 통해 파악

❷ 해요체의 청유형 종결 어미 '-아요/어요'에 주체 높임 선어말 어미 '-(으)시-'가 결합하면 '-(으)세요', '-(으)셔요'로 모두 쓰일 수 있음. 예 삼촌 같이 {가세요 / 가셔요}.

(4) **청유문의 단독적 행동 제안** → 청자에게 어떤 행위에 대한 협조를 요청

① 화자의 행동 제안

• 화자가 행위를 수행할 것을 제안 예 나도 한 잔 마시자. (버스나 지하철에서) 빨리 내립시다. cf) '빨리 내립시다'는 화자와 청자가 어떤 행위를 함께 하기를 요청하는 의미로도 사용이 가능함.

② 청자의 행동 제안

• 청자만의 행위를 수행할 것을 제안 예 표 좀 빨리 팝시다. / 좀 조용히 합시다. / 아가야, 약 먹자.

(5) **청유문의 제약**

① 주어가 화자와 청자이며 흔히 생략됨. 예 같이 식사하러 가자.

② 과거 시제를 나타내는 '-았/었-', 과거 회상을 나타내는 '-더-', 미래를 나타내는 '-겠-'의 선어말 어미와 결합이 불가능함.

❶ -았/었-: *집에 갔자.

❷ -더-: *집에 가더자.

❸ -겠-: *집에 가겠자.

③ 일반적으로 서술어 자리에 동사만 올 수 있음.

❶ 동사라도 행위 주체의 의도성이나 자발성, 행위의 제어 가능성이 없으면 청유문의 서술어가 될 수 없음. 예 그런 건 우리도 좀 {알자 / *모르자}. / 우리의 잘못을 {깨닫자 / *깨닫지 말자}.

❷ 형용사라도 주체의 자발성이 전제되면 청유문의 서술어가 될 수 있음. 예 우리 모두 행복하자. / 좀 조용하자. / 어떤 경우에도 냉정하자. / 앞으로 더욱 성실하자.

❖ **명령문과 청유문에서의 부정**[277]

• '안' 부정문이나 '못' 부정문 대신에 '말다' 부정문을 취함.

· 명령문

- 집에 가지 {*않아라 / *못해라 / 말아라}.

· 청유문

  - 집에 가지 {*않자 / *못하자 / 말자}.

❖ 기능 중심의 문장 유형[278]

직접 발화 행위(직접 화행)과 간접 발화 행위(간접 화행)

• 직접 발화 행위: 문장 종결 형태와 문장의 기능이 일치 → 특정한 문법 요소 즉 종결 어미의 사용을 기준으로 함.

· 창문 닫아라. (명령법-청자의 행동 요구)

• 간접 발화 행위: 문장 종결 형태와 문장의 기능이 일치하지 않음. → 특정한 문법 요소의 사용을 전제로 하지 않음.

· 창문 좀 닫아 줄래? (의문법-청자의 행동 요구)

· 창문 좀 닫자. / 창문 좀 닫읍시다. (청유법-청자의 행동 요구)

· 찬바람 들어온다. / 창문을 닫아 주시기 바랍니다. (평서법-청자의 행동 요구)

제IV장	**높임 표현**

1. 높임 표현의 개념과 종류

1 높임 표현의 개념
• 문장과 대화 상황에 등장하는 인물들 간의 상하 관계나 친소 관계 등 사회적 관계를 토대로 말하는 이가 특정 인물을 대우하여 표현하는 방법
 · 상하 관계를 고려: 문장에 등장하는 주체와 객체 등의 인물을 높이는 방법과 대화 상황에 등장하는 청자를 높이는 방법으로 나눔.
 · 친소 관계를 고려: 격식적인 표현과 비격식적 표현의 선택으로 나눌 수 있음.

2 높임 표현의 종류
• 규칙적인 용언의 활용에 의한 높임 → 문법적 범주에 속하기 때문에 높임법이라고 할 수 있음.
• 특수 어휘에 의한 높임 → 문법적 수단이 아닌 어휘적 수단으로 실현되므로 문법 범주에 속하지 않음. → 높임 표현이라는 포괄적 범주명을 사용

2. 높임 표현의 유형

1 주체 높임 표현
(1) 주어의 지시 대상인 주체, 즉 문장 내에서 서술어의 동작을 하거나 상태를 나타내는 대상을 높이는 것
(2) 주체 높임 표현의 성립
① 용언 어간 + 선어말 어미 '-(으)시-' 예 선생님이 오십니다.
② 주체가 되는 체언구 + 조사 '께서' 예 선생님께서 오십니다.
③ 특수 어휘: 계시다, 주무시다, 돌아가시다, 잡수다/잡숫다/잡수시다, 편찮으시다.

❖ '-(으)시-'와 조사 '께서'의 관계[279]

일상적인 상황에서는 '-(으)시-'만으로 주체를 높이는 것이 보통이고, 주체를 깍듯하게 높여야 하는 상황이나 공식적인 자리에서 '께서'가 주로 사용됨.

- '께서'의 높임의 강도가 '-(으)시-'보다 더 강함.
- '-(으)시-'만 나타나고 '께서'는 나타나지 않아도 자연스럽지만, '께서'만 나타나고 '-(으)시-'가 나타나지 않으면 문장이 부자연스러움.
  - 선생님이 온다.
  - 선생님이 오신다.
  - *선생님께서 온다.
  - 선생님께서 오신다.

(3) 주체 높임 표현의 쓰임

① 상하 관계, 친소 관계, 상황, 화자의 심리적 태도 등이 다양하게 작용하여 복잡하게 나타남.

② 누군가를 높일 것인지 높이지 않을 것인지를 결정하는 것은 근본적으로 화자의 태도에 달려 있음. → 객관적으로 높일 필요가 있는 경우에도 높이지 않을 수 있으며, 높이지 않아도 되는 경우에 높이기도 함.

❶ 주체가 화자보다 상위자인 경우에 쓰임. 예 우리 아버지께서는 아직 건강하시다.

❷ 격식을 차려야 하는 경우 상하 관계에 관계없이 쓰임. 예 (회의에서 사장이) 방금 김 부장님이 하신 이야기 잘 들었습니다.

❸ 존대해야 하는 대상에 대해 개인적인 관계나 관심을 반영해 각별히 친밀한 뜻을 표시할 때도 쓰일 수 있음.

가. 이순신 장군은 노량해전에 전사했다. → 역사적 사실의 객관적 기술이므로 '-(으)시-'를 붙이지 않아도 됨.

나. 이순신 장군은 노량해전에서 전사하셨다. → 개별적인 인간적 관계로서 친밀감을 표현함.

❹ 간접 높임

가. 높여야 할 대상의 신체 일부분이나 긴밀한 관련을 가진 사람 혹은 사물, 일 등을 간접적으로 높이는 방법

　　(가) 신체: 우리 아버지는 키가 크시다.

　　(나) 사람: 과장님은 자녀가 셋이시래.

　　(다) 사물: 할아버지는 모자가 멋있으시다.

　　(라) 일: 우리 아버지는 직장이 머시다.

나. 용언 어간에 '-(으)시-'가 결합하여 성립함.

　　(가) 높여야 할 대상의 신체, 관련된 사람, 사물, 일 등에 조사 '께서'는 결합하지 못함.
　　예 할아버지께서는 수염께서 많으시다.

　　(나) 높임의 의미를 지닌 특수 어휘는 쓰이지 못함. 예 우리 선생님은 책이 많이 {있으시다 /

*계시다}. / 영희 아버님은 다리가 {아프시다 / *편찮으시다}.

❖ 과잉 공대 현상[280]

• 이론적으로 간접 높임으로 볼 수도 있으나 최근 간접 높임의 범위를 확장하여 '-(으)시-'를 과도하게 사용하는 경향이 있음.
· 손님, 커피 나오셨습니다. / 모두 3만 5천 원이십니다. → '커피'나 '3만 5천 원'은 높임의 대상이 될 수 없기 때문에 오류라고 볼 수 있음.
• 과잉 공대 현상을 상대 높임의 일종으로 해석하는 견해도 존재함.

❖ 간접 높임과 관련된 견해[281]

• 간접 높임의 문장을 직접 높임법이 실현된 것으로 보기도 함.
· '우리 아버지는 키가 크시다.'를 서술절을 안은 문장으로 봄. → '-(으)시-'는 서술절 전체에 걸리는 요소가 되어 전체 주어를 높이는 것으로 파악할 수 있음.
• 처소격 대우 현상의 존재
· '-(으)시-'가 처소격을 높이고 있어서 주체를 높인다고 보기 어려운 용례가 있음.
 - 선생님 댁에는 책이 많으시군요. / 그 돈은 어머님께 있으십니다.
· '-(으)시-'가 부사어를 직접 높이는 것으로 보게 될 경우 주체 높임과 객체 높임으로 가르는 국어의 높임 체계 전체를 재고할 필요가 있음.
· '-(으)시-'가 출현한 까닭을 높임의 대상인 '어머니'와 '선생님'의 소유물들이기 때문에 간접 높임으로 해석할 수도 있음.

---

❺ 청자를 배려하여 높임의 대상을 높이지 않거나, 높일 필요가 없는 대상을 높이기도 함.
가. 압존법
　　㈎ 청자를 배려하여 높여야 할 주체를 높이지 않는 방법 → 화자〈주체〈청자
　　㈏ 할아버지, 아버지가 지금 <u>왔습니다</u>.
나. 가존법
　　㈎ 청자를 배려하여 높일 필요가 없는 주체를 높이는 방법 → 화자〉주체〉청자
　　㈏ (할아버지가 손자에게) 네 아버지 언제 <u>들어오시니</u>?

❖ 압존법의 실제적 쓰임[282]

• 가정 환경과 달리 직장 환경에서는 압존법이 자연스럽지 못함.

· (신입사원이 사장에게) ?사장님, 김 과장이 오늘 <u>결근했습니다.</u>

· (신입사원이 사장에게) 사장님, 김 과장이 오늘 <u>결근하셨습니다.</u>

• 최근에는 높임법이 단순해지는 경향이 있어서 압존법 표현이 줄어들고 있는 추세임. 실제 국립국어원에서 2011년에 발행한『표준 언어 예절』에서도 가정 생활에서 압존법이 쓰인 표현과 쓰이지 않은 표현 모두를 표준적인 표현으로 인정함.

② 객체 높임 표현

(1) 문장 안에서 목적어나 부사어로 나타나는 인물, 즉 객체를 높이는 표현

(2) 객체 높임 표현의 성립

① 객체가 되는 체언구 + 부사격 조사 '께'   예 얘들아, 선생님께 인사해라. / 순희는 시어머님께 선물을 보냈다. → 부사어에만 이어질 수 있음. 즉 목적어를 높이는 문법적 방법은 없고 어휘에 의한 높임만 가능

② 특수한 어휘: 드리다, 모시다, 뵈다/뵙다, 여쭈다/여쭙다   예 어머니를 <u>모시고</u> 식당에 갔다.

(3) 객체 높임 표현의 쓰임

① 화자, 청자, 주어, 객어(목적어 및 부사어) 등의 높고 낮음의 상호 관계가 고려되어야 함.

❶ 원칙적으로 객체가 화자나 주체보다 상위자인 경우에 쓰임.   예 아버지가 할아버지께 안경을 <u>드렸습니다.</u>

❷ 청자를 배려하여 높임의 대상을 높이지 않거나, 높일 필요가 없는 대상을 높이기도 함.

가. 압존법과 유사한 원리: 객체가 화자나 주어보다 상위자이지만 청자보다 하위자인 경우에 높이지 않기도 함.   예 할아버지, 형이 아버지한테 무엇인가를 <u>주었습니다.</u>

나. 가존법과 유사한 원리: 객체가 화자나 주어보다 하위자이지만 청자보다 상위자인 경우에 높이기도 함.   예 이 물건을 너희 아버지께 갖다 드려라.

③ 상대 높임 표현

(1) 화자가 청자를 높이거나 낮추는 표현 방법

(2) 상대 높임 표현의 성립: 특정한 종결 어미를 사용

① 높임의 정도에 따른 구분

• 아주 높임, 예사 높임, 예사 낮춤, 아주 낮춤 → 해당 용어가 상대 높임법의 사용 환경이나 기능을 적절히 설명해 주지 못하므로 높임의 형태에 따른 '하십시오체, 하오체, 하게체, 해라체'의 용어를 사용 → 명령형 형태를 선택한 것은 명령형은 시제, 상, 양태 등의 선어말 어

미와 결합하지 않아 종결 어미로 실현되는 상대 높임법의 형태를 명확히 보여주기 때문임.

② 의사소통의 장면

❶ 격식체

가. 공식적이고 청자와 다소 거리를 두고 예의를 갖추는 상황에 쓰임.

나. 의례적 용법이라고도 함: 나이, 직업, 직위 등의 주어진 사회적 규범에 의해 어느 특정한 등급을 써야 하는 것으로 화자의 선택의 여지가 없을 때의 용법

다. 표현이 직접적, 단정적, 객관적임.

❷ 비격식체

가. 사적이고 청자와 가까운 상황에서 친밀감을 나타내는 상황에 쓰임.

나. 정감적 용법이라고도 함: 상대방에 대해 개인적 감정이나 느낌, 개인적인 태도를 보이기 위해 스스로 어느 문체를 선택하여 사용하는 용법

다. 표현이 부드럽고 비단정적이며 주관적임.

(2) 상대 높임 표현의 유형

① 격식체

❶ 하십시오체

가. 청자를 가장 높이는 등급의 상대 높임 표현

나. 자신보다 상위자가 아닌 사람에게는 쓰지 않는 것이 원칙임.

다. 불특정 다수의 청자를 대상으로 한 단독적 장면에서도 쓰임. 예 여러분, 졸업은 새로운 시작입니다. / 오늘은 오전에 흐린 후 오후에 비가 오겠습니다.

❷ 하오체

가. 자기와 비슷한 사람을 존중하는 등급의 상대 높임 표현

나. 하게체에 비하여 조금 더 상대방을 높이 대우하면서 말하거나 격식적 예의를 지키며 말할 때 쓰임. 예 (남편이 아내에게) 나 오늘 회식이 있소. / 김 형, 이리로 와 보오.

다. 청유문에서 자주 쓰임. → 청자에 대해 존중의 태도를 더 드러내고 싶을 때 선어말 어미 '-(으)시-'를 쓰기도 함. 예 우리 산책이나 {합시다 / 하십시다}. → 형태는 하십시오체 어미처럼 보이나 상정되는 청자가 하오체의 대상에 해당하므로 하오체로 다룸.

라. 대면적 상황이 아닌 대중 매체를 통한 의사 전달이나 온라인상의 의사소통 등 문어에서 주로 쓰임. 예 (영화 자막) 트렁크를 열어 봐도 되오? / (시험 문제) 단어를 3음절로 쓰시오. / (온라인) 황당한 일을 오늘 겪었소.

마. 대화 상황에서는 잘 알지 못하는 사람과 거리를 두고 격식적 예의를 갖추어 존중해야 할 때나 자기 자신을 섣불리 낮출 필요가 없을 때에 많이 쓰임. 예 (수상한 사람이 위협할 때) 당신들 어쩌자는 거요? / (수상한 사람이 보일 때) 거 누구요?

❸ 하게체

가. 자기와 비슷하거나 자기보다 낮은 사람을 존중하며 대우해 주는 데 쓰이는 등급의 상대 높임 표현

나. '자네'와 같은 대명사와 잘 어울려 사용됨. 예 자네 요즘 무슨 공부를 하고 있<u>나</u>? / 자네도 늘 건강 주의<u>하게</u>.

> ❖ **하오체와 하게체**[283]
>
> 현대 국어에서 쓰임이 줄어드는 추세임.
> - 화자가 특정 연령층이 되어야 사용하는 경향 예 이리로 오시오. → 젊은 세대들이 잘 사용하지 않음.
> - 화자와 청자의 관계가 매우 한정적인 특성을 지님. 예 이리로 오게. → 장모가 사위, 스승이 제자에게 사용하는 정도로만 남아 있음.
>
> **하오체와 하게체의 공통**
> - 상위자에게 쓸 수 없음.
>   · 하게체
>   - (장인이 사위에게) 자네 이리 와서 술 한 잔 받게.
>   - (사위가 장인에게) *그래, 술 한 잔 주게.
>   · 하오체
>   - (선배가 동기, 후배에게) 자, 이제 출발하시오.
>   - (후배가 선배들에게) *자, 이제 출발하시오.
>
> **하오체와 하게체의 차이**
> - 하오체는 하게체와 비교했을 때 어느 정도 생명력이 유지되고 있음.
>   · 하오체의 청유형 '-(으)ㅂ시다'는 현재 일반적으로 쓰이고 있으며, 시험 지문이나 안내문 등에서도 '-(으)시-'가 결합한 명령형 어미가 일반적으로 쓰임. 예 집에 갑시다. / 답을 쓰시오. / 오른쪽으로 가시오.
>   · 하오체는 잘 모르는 사람과의 갈등 상황에서 상대방을 높이는 느낌 없이 사용되는 경우가 많음. 예 이게 왜 내 잘못이란 것이오?
> - 하게체가 장모와 사위, 교수와 제자 등 상하위 관계가 확실한 곳에서 쓰이는 반면에 하오체는 확실한 하위자에게는 쓰이지 않음.

❹ 해라체

가. 자기와 비슷하거나 자기보다 낮은 사람을 확실히 낮추어 말하는 등급의 상대 높임 표현

나. 특정 청자를 상정하지 않은 단독적 장면의 문어에서 쓰일 때는 그 의미상 상대 높임 등급과는 무관하게 쓰임. → 이러한 쓰임을 하라체 명령문과 유사한 것으로 보아 하라체 평서문으로 보기도 함.

❖ 하라체[284]

• 하라체의 특징 및 환경

· 신문이나 잡지 등의 인쇄물에서 사용

· 구체적인 청자에 대한 높임 등급을 나타내지 않음. → 상대 높임의 등급으로 인정하기 어려움. 높임이나 낮춤의 등급이 중화되었다고 설명하기도 함.

• 명령형 이외의 어미가 해라체와 동일함. → 하라체를 별도로 세우지 않고 해라체의 변이형으로 설명할 수도 있음. 즉 인쇄물이나 구호 등에서 해라체가 높임과 낮춤이 중화된 뜻으로 쓰이고 명령형에 있어서만 '-(으)라'로 나타난다고 설명함.

② 비격식체

❶ 해요체

가. 상대를 두루 높이는 데에 쓰이는 등급의 상대 높임 표현

나. 상대에게 거리를 두지 않고 개인적으로 편안하게 대하며 쓰는 등급

다. 해체에 보조사 '요'가 결합하여 성립

라. 청자가 주어인 경우 '-(으)시'를 붙여서 '-세요/셔요'로 쓰임. 예 내일 미국 {가요 / 가세요 / 가셔요}?

❷ 해체

가. 상대를 두루 낮추는 데에 쓰이는 등급의 상대 높임 표현

나. 친밀감을 드러내기 위해 상위자에게 쓰이기도 함.

❖ 해체와 해요체의 상호 호환 가능성[285]

• 높임의 의미를 갖는 해요체와 높임의 의미가 없는 해체가 친근한 사이에서 화자나 청자의 손위, 손아래의 관계에 크게 구애받지 않고 사용

· 엄마, 순희가 이 근처로 이사 온대. / 그래, 친구가 이사 와서 좋겠네. / 그럼요, 우리 집에서 같이 놀 수도 있고요. / 놀 생각만 하지 말고 공부할 생각도 좀 하세요.

• 격식체에서 상호 호환은 거의 일어나지 않음.

❖ **높임과 낮춤의 등분에 대한 문제**[286]

해체

• 부모나 조부모 등 상위 서열의 어른들에게도 제한적 상황에서 쓰임. → '낮춤' 표현으로 해석하기 어려움.

해라체

• '해체'와 비교했을 때 손윗사람에게 사용하지 못한다는 점에서 '낮춤' 표현으로 구분할 가능성이 있음.

• 직장 생활 등에서는 윗사람 역시 아랫사람을 격식적으로 높여야 하는데 아랫사람을 격시적으로 낮출 수 있는 경우를 상정하기 어려움. 또한 '해라체'는 비격식적이고 비공식적인 관계인 가족이나 친구들 사이에서 많이 사용되는데 서열이 같은 친구들 사이에서 흔히 쓰인다는 점을 고려할 때 '낮춤'으로 분류하기 어려움.

• '해라체'를 격시성이 있다고 보기 어려우며, 낮춤으로 분류하기도 어려움.

하오체와 하게체

• 동등 혹은 하위의 청자를 격식적으로 일정 부분 존중해 주는 성격을 띠고 있으므로 각각 높임과 낮춤으로 분류하기 어려움. → 오히려 청자 높임과 관련해 동일 범주를 이루는 것으로 보임.

❖ **상대 높임법의 체계의 관점**[287]

이원화된 체계

격식체		비격식체	
하십시오체	아주높임	해요체	두루높임
하오체	예사높임		
하게체	예사낮춤	해체	두루낮춤
해라체	아주낮춤		

일원화된 체계

격식체	하십시오체
비격식체	해요체
격식체	하오체
격식체	하게체
비격식체	해체
격식체	해라체

- 일원화된 체계에서 '하십시오체〉해요체', '해라체〈해체'의 근거 → 격식적 상황과 비격
식적 상황의 구분에 따른 것일 가능성도 있음.
  · (버스에서 가방을 받아 주는 할머니에게) 할머니, {고맙습니다 / *고마워요}. → 상위자
에게 해요체를 쓰지 못함.
  · 엄마, 이리 와서 밥{먹어 / *먹어라}. → 해라체를 쓰지 못함.

실제 쓰임을 고려한 높임법의 체계
- 일상적이고 광범위하게 사용되는 높임법

		격식체	비격식체
높임	±윗사람	하십시오체	해요체
안높임 안높임	-윗사람		해라체
	±위사람		해체

- 일상적이고 광범위하게 사용되는 높임법

		격식체	격식체(문어체·의고체)
높임	-윗사람	하게체	하오체

❖ **상대 높임과 문장의 유형에 따른 쓰임 예시**[288]

	평서문	의문문	명령문	청유문	감탄문
하십시오체	잡습니다. 갑니다.	잡습니까? 갑니까?	잡으십시오. 가십시오.	×	×
	좋습니다. 예쁩니다.	좋습니까? 예쁩니까?	×	×	×
해요체	잡아요. 가요.	잡아요? 가요?	잡아요. 가요.	잡아요. 가요.	잡아요. 가요.
	좋아요. 예뻐요.	좋아요? 예뻐요?	×	×	좋아요. 예뻐요.
하오체	잡으오/소. 가오.	잡으오/소? 가오?	잡으오/소. 가오.	잡읍시다. 갑시다.	잡는구려. 가는구려.
	좋소. 예쁘오.	좋소? 예쁘오?	×	×	좋구려. 예쁘구려.
하게체	잡네. 가네.	잡나? 가나?	잡게. 가게.	잡으세. 가세.	잡는구먼. 가는구먼.
	좋으니/네. 예쁘이/네.	좋은가? 예쁜가?	×	×	좋구먼. 예쁘구먼.
해체	잡아. 가.	잡아? 가?	잡아. 가.	잡아. 가.	잡아/지. 가/가지.

해체	좋아. 예뻐.	좋아? 예뻐?	×	×	좋아. 예뻐.
해라체	잡는다. 간다.	잡느냐/니? 가느냐/니?	잡아라. 가라.	잡자. 가자.	잡는구나. 가는구나.
	좋다. 예쁘다.	좋으냐/으니? 예쁘냐/니?	×	×	좋구나. 예쁘구나.

4 **어휘적 높임 표현**

(1) 문법 요소가 아닌 높임의 의미를 갖는 어휘 요소를 이용하여 높이는 표현 방법

(2) 어휘적 높임의 실현

① 주체 높임: 주무시다, 계시다, 잡수시다, 돌아가시다

② 객체 높임: 모시다, 뵈다/뵙다, 드리다, 여쭈다/여쭙다

③ 상대 높임: 접미사 결합 예 어머님, 선생님

(3) 특수 어휘의 구분

① 높임의 대상에 따른 구분

❶ 주체, 객체, 상대 중 높임의 대상 인물이나 행위를 직접 높이는 말

가. 대상: 선생님, 어머님, 아버님

나. 행위: 주무시다, 잡수시다, 모시다, 드리다

❷ 높여야 할 대상과 관련된 인물, 소유물, 사물을 높여 간접적으로 대상을 높이는 말

가. 말씀, 연세, 댁, 진지, 옥고, 영애, 귀사, 치아

㈎ 주어로 쓰임: 선생님의 말씀이 있으시겠습니다.

㈏ 목적어로 쓰임: 선생님의 말씀을 듣겠습니다.

㈐ 부사어로 쓰임: 선생님의 말씀에서 교훈을 얻었다.

❖ **특수 어휘의 쓰임**[289]

• '있으시다'와 '계시다'

· 존재를 나타낼 때는 '계시다', 소유를 나타낼 때에는 '있으시다'를 사용

- 존재: 선생님은 댁에 계신다.

- 소유: 선생님은 고집이 있으시다.

• '드시다'와 '잡수다', '잡수시다'

· 드시다

- 『표준국어대사전』에서 '들다'를 '먹다'의 높임말로 처리 → '들다'는 윗사람에게 쓰기

어렵다는 점에서 주체 높임의 어휘로 보기 어려움. '먹다'를 점잖고 완곡하게 표현한 말임. 예 밥이나 한 술 들고 얘기하세.
- '드시다'는 '들다'에 선어말 어미 '-(으)시-'가 결합한 활용형 → '들다'를 '먹다'의 높임말로 보지 않을 경우 특수 어휘에 의한 높임으로 보기 어려움.
· 잡수다
- 『표준국어대사전』에서는 '잡수다'는 '먹다'의 높임말, '잡수시다'는 '잡수다'의 높임말이며 '잡숫다'는 '잡수시다'의 준말로 처리 → 그러나 '잡수다'와 '잡숫다'의 높임의 강도에서 차이가 없음. → '잡수다'를 '잡숫다'에서 'ㅅ'이 탈락한 결과로 해석이 가능
• '계시다'와 '주무시다'
· 한 단어로 굳어진 것으로 어간 자체를 '계시-'와 '주무시-'로 보아야 함. → 주체 높임 선어말 어미 '-(으)시-'의 분석이 불가능

❖ '말씀'의 쓰임[290]

• 높임 표현과 겸손 표현으로 각각 사용
· 높임 표현: 선생님께 먼저 말씀을 해 주십시오.
· 겸손 표현: 저부터 말씀을 드려도 되겠습니까?

5 겸손 표현
어떤 대상을 높이는 것이 아니라 상대방에게 공손한 태도를 나타내는 표현 방법
(1) 겸손 표현의 실현
① 겸손법(겸양법)
❶ 선어말 어미 '-(으)옵/으오-', '-삽/사오/사오-', '-잡/자오-' 예 즈려밟고 가시옵소서, 다름이 아니오라, 제가 듣사오니, 결혼식 있사오니
❷ 문법 범주로서의 높임 표현
② 특수 어휘에 의한 겸손 표현
❶ 겸사말에 의한 높임
• 저, 저희, 소자, 소생, 졸고, 비견
· 주어로 쓰임: 할아버지, {저희가 / *우리가} 도와 드릴게요.
· 목적어로 쓰임: 할아버지, {저희를 / *우리를} 봐 주세요.
· 부사어로 쓰임: 할아버지, {저희에게 / *우리에게} 맡겨 주세요.
cf) 겸손을 나타내는 특수 어휘를 겸사말, 높임을 나타내는 특수 어휘를 공대말이라고 구분하기

도 함.

❷ 어휘적 수단으로서의 높임 표현

제Ⅶ장　시제와 상

1. 시제

① 시제의 개념
　어떤 시점을 기준으로 하여 어떤 상황, 곧 어떤 사태(사건 및 상태)의 시간적 위치를 나타
내는 문법 범주
　• 기준시: 현재, 과거, 미래를 구분하는 데에 있어 기준이 되는 시점

② 시제의 실현
(1) 활용 어미에 의하여 표시: '-았/었-, -는/ㄴ-, ∅, -겠-' 등의 선어말 어미나 '-는, -(으)ㄴ,
-(으)ㄹ' 등의 관형사형 어미
(2) 시간의 부사어를 통하여 표시: '지금, 어제, 내일' → 문법적 수단이 아닌 어휘적 수단으로
표현되기 때문에 시제로 보지 않고 시간 표현으로 구분하기도 함.

③ 절대 시제와 상대 시제
(1) 절대 시제
① 말을 하는 시점인 발화시를 기준으로 하는 시제
　❶ 현재: 발화시　예 나는 지금 숙제하는 동생을 도와주고 있다.
　❷ 과거: 발화시 이전　예 나는 어제 숙제하는 동생을 도와주었다.
　❸ 미래: 발화시 이후　예 어머니는 내일 숙제하는 동생을 도와주시겠구나.
② 일반적으로 안은문장의 모절 및 이어진문장의 후행절에 표시
(2) 상대 시제
① 특정 사건이 일어난 시점인 사건시를 기준으로 하는 시제
　❶ 현재: 해당 사건이 일어난 시점　예 나는 지금 숙제하는 동생을 도와주고 있다. / 나는 어제
숙제하는 동생을 도와주었다. / 어머니는 내일 숙제하는 동생을 도와주시겠구나.
　❷ 과거: 해당 사건이 일어난 시점의 이전
　❸ 미래: 해당 사건이 일어나 시점의 이후
② 일반적으로 안은문장의 내포절 및 이어진문장의 선행절에 표시 → 내포절 및 접속문의 시
제를 설명하는 데에 쓰임.

❶ 내포절의 시제

• 나는 달리는 말을 보았다. → 발화시를 기준으로 '말이 달리는' 행위와 '내가 보는' 행위가 모두 과거에 발생하여 절대 시제는 과거 시제임. 한편 '내가 보는' 행위인 사건시를 기준으로 하면 '말이 달리는' 행위는 현재로 해석되기 때문에 과거에 있어서의 현재 시제가 됨.

❷ 접속문의 시제

• 민수는 책을 읽고, 영희는 음악을 들었다. → 발화시를 기준으로 '책을 읽은 사건'과 '음악을 들은 사건'은 모두 과거에 일어난 일로 절대 시제는 과거 시제임. 한편 '영희가 음악을 들은 사건'을 기준으로 할 때 '책을 읽은 사건'은 현재가 됨.

❖ 상대 시제의 불규칙성[291]

내포절에서의 불규칙성

• 내포절에 상대 시제뿐만 아니라 절대 시제가 적용되기도 함.

· 내가 <u>읽는</u> 책을 아빠가 좋아했다.

 - '내가 읽는'이 상대 시제의 관점에서 현재로 해석됨. (아빠는 과거에 내가 읽고 있던 책을 좋아했다.)

 - '내가 읽는'이 절대 시제의 관점에서도 현재로 해석됨. (아빠는 지금 내가 읽는 책을 좋아했다.)

· 앞으로는 <u>읽은</u> 책이라도 또 읽겠다.

 - '읽은'은 상대 시제의 관점에서 과거로 해석됨.

 - '읽은'은 절대 시제의 관점에서 '읽겠다'가 기준이 되기 때문에 과거가 될 수도 있고 현재가 될 수도 있음.

접속문에서의 불규칙성

• 접속문에서 상대 시제 해석에 기반하여 시제 형태소를 사용하는 것에 불규칙성이 있음.

· 민수는 책을 {읽고 / 읽었고}, 영희는 음악을 들었다. → 흔하지는 않지만 두 사건의 독립성을 강조하게 위해 선행절에 '-었-'을 쓰기도 함.

❖ 상대 시제 설정의 문제점[292]

• 상대적인 해석과 절대적인 해석이 각각 이루어지는 조건이 명확하지 않으며, 상대 시제의 기준시가 일정하게 정해져 있는 것이 아님. 경우에 따라 문장에 표시되지 않기도 함.

• 사건시를 기준으로 해석되는 상대 시제의 일반적 해석에서 벗어나는 문장들이 존재

· 지금 저기서 <u>일하는</u> 사람은 결국 해고당하겠다. / 지금 우리가 <u>살고 있는</u> 집은 5년 전

에 지어졌다. → 주절이 표현하는 미래나 과거를 기준으로 한 현재가 아닌 발화시를 기준으로 한 현재로 해석됨.

④ 시제의 종류

(1) 현재 시제

① 절대 시제의 현재 시제

❶ 발화시와 사건시가 일치되는 시간 표현으로 종결형(현재 시제 선어말 어미)에 의해 표시

가. 동사: 선어말 어미 '-(느)ㄴ/ㄴ', '-는-'이 결합

  ⑦ 해라체의 평서형: 자음 아래에서는 '-는', 모음 아래에서는 '-ㄴ'이 결합 예 먹는다, 간다

  ⑪ 감탄형: '-는-'이 결합 예 먹는구나, 가는구나

나. 형용사, 서술격 조사: ∅ 예 바쁘다, 반장이다

❷ 발화시 관련의 시간 부사와 공존하기도 함.: 지금, 요즘, 현재 예 학생들이 {지금 / 요즘 / 현재} 책을 읽는다.

❸ 발화시와 일치하지 않은 특수한 용법

가. 예정된 미래 표시 → 이미 확정된 것으로 판단하고 현재 시제를 사용 예 나는 내일 떠난다.

나. 보편적 진리 표시 → 과거에서 미래에까지 이어진 것으로 판단하고 폭넓은 현재로 파악 예 지구는 태양을 돈다.

다. 직업 → 과거에서 미래에까지 이어진 것으로 판단하고 폭넓은 현재로 파악 예 내 친구는 유치원 원장이다. / 내 친구는 유치원을 운영한다.

라. 역사적 현재 → 현재와 같은 사실감을 표현하기 위해 현재형을 사용 예 조광조는 개혁을 결심한다.

❖ 현재 시제 선어말 어미 '-(느)ㄴ-'과 '-는-'의 분석[293]

현재 시제 선어말 어미 분포의 제한성

· '-(느)ㄴ-'은 동사의 해라체 평서형, '-는-'은 동사의 감탄형에만 나타남.

· 하십시오체나 해요체에는 결합하지 않음.

  - 아이들이 술래잡기를 한다. → '-(느)ㄴ-'가 결합

  - 아이들이 술래잡기를 합니다. / 아이들이 술래잡기를 해요. → '-(느)ㄴ-'가 결합하지 않음.

· 형용사나 서술격 조사에는 결합하지 않음.

  - 그녀는 정말 예쁘다. / 그녀는 미인이다. → '-(느)ㄴ-'가 결합하지 않음.

- 그녀가 밥을 <u>예쁘구나</u>. / 이것이 <u>돈이구나</u>. → '-는-'이 결합하지 않음.
- '-는다, -ㄴ다, -는구나'를 분석하지 않고 하나의 종결 어미로 보아 현재 시제 형태소를 ∅로 보는 견해도 존재함. 하지만 과거 시제 '-었-'이나 미래 시제 '-겠-'과의 계열 관계를 고려하여 분석하는 견해도 존재함.

현재 시제 선어말 어미 형태소의 분포가 제한된 이유
- 중세 국어에서 현재 시제는 '-ᄂᆞ-'를 통해 표시되었고, 과거 시제는 ∅를 통해 표시. 그런데 과거 시제 '-었-'이 새로 생겨남에 따라 '-었-'의 부재, 즉 ∅를 통해서도 충분히 현재 시제 표현이 가능해지면서 '-느-'의 세력이 약화
    - '-다'나 '-구나' 등 역사가 오래된 종결 어미에는 '-느-'가 나타나지만, '-느-'의 세력이 약화되고 난 뒤에 생겨난 '-어, -지' 등과 같은 반말체 종결 어미나 하십시오체 종결 어미 등에는 '-느-'가 나타나지 않음.

② 상대 시제의 현재 시제
❶ 주절(모절 혹은 후행절)의 사건시를 기준으로 하여 결정되는 시제로 관형사형에 의해 표시
가. 동사: 관형사형 어미 '-는'이 결합 ㉎ 서점은 책을 <u>사는</u> 사람들로 붐볐다.
나. 형용사, 서술격 조사: 관형사형 어미 '-(으)ㄴ'이 결합 ㉎ <u>튼튼한</u> 아이들이 힘을 겨루었다.
/ <u>교육자인</u> 박 선생님이 항상 머리에서 떠나지 않았다.

❖ **관형사형 어미에 의한 시제 표시**[294]
- 관형사절의 시제 체계는 관형사형 어미 '-(으)ㄴ, -는, -던, -(으)ㄹ'을 어떻게 분석하느냐에 따라 달라짐.
 · 관형사형 어미를 따로 분석하지 않고 '-은, -는, -던, -을'의 관형사형 어미가 시제 대립을 이룬다고 보는 견해
    - 문제점: 다른 내포절(부사절, 명사절)이나 주절은 모두 선어말 어미를 통해 시제가 실현되는데 관형절에서만 유독 어말 어미로 시제가 실현되어야 한다고 보아야 함.
 · 관형사형 어미를 분석하여 '∅, -느-, -더-'가 시제 대립을 이룬다고 보는 견해
    - 문제점: 선어말 어미와 분리된 '-(으)ㄴ'과 '-(으)ㄹ'의 문법 범주, 주절과는 다른 문법적 특성을 보이는 '-더-' 등의 문제가 발생

(2) 과거 시제
① 사태의 지점이 기준시보다 앞서는 시간 표현으로 일반적으로 사건시가 발화시에 선행하

는 시간 표현으로 규정

② 과거 시제의 성립

❶ '-았/었-'에 의한 과거 시제

가. 음성적 환경에 따라 '-았-'과 '-었-'이 교체되고 어간 '하-' 뒤에서는 '-였-'으로 교체되는데 동사나 형용사, 서술격 조사에 모두 쓰일 수 있음.

　　㈎ **동사**: 넌 어제 거기서 무엇을 <u>보았니</u>?

　　㈏ **형용사**: 그 여자도 한때는 정말 <u>예뻤다</u>.

　　㈐ **서술격 조사**: 당시 김 씨는 <u>공무원이었다</u>.

나. 현재나 미래의 시간을 표현하기도 함.

　　㈎ **현재 시간 표현**: 이제 서울 다 <u>왔다</u>. / 민지는 지금 의자에 <u>앉았다</u>.

　　㈏ **미래 시간 표현**: 너 앞으로 학교는 다 <u>갔다</u>. / 해외여행이라도 한번 <u>했으면</u> 좋겠다.

다. 서사 세계에서 쓰일 때는 과거 시제의 성격이 뚜렷하게 부각되지 않음. → 지문은 화자와 청자가 대면하고 이야기를 주고받는 상황이 아니므로 시제의 특성인 지시성이 약화 예 옛날 어느 산골짜기에 나무꾼이 <u>살고 있었다</u>.

라. 내포절이나 접속절에서는 어미의 종류에 따라 '-았/었-'이 실현되기도 하고, 실현되지 않은 경우도 있음. → 개별 어미의 특성임.

　　㈎ **-(으)나**: 동수는 밥을 <u>먹었으나</u> 배가 부르지 않았다. → 연결형에 '-았/었-'이 쓰인 경우 사건시는 발화시에 선행함.

　　㈏ **-자마자**: *철수는 집에 <u>갔자마자</u> 숙제부터 했다.

> ❖ **접속문에서의 '-았/었-'의 결합**[295]
>
> 접속문에서의 시제 현상은 매우 복잡하여 뚜렷한 합의점이 도출되지 못함.
>
> • '연희는 집에 가고 동생은 학교에 갔다.'에서 선행절을 과거로 해석되는 것에 대한 관점
> ·발화시를 기준으로 한 절대 시제 적용
> 　- 선행절이 과거를 나타냄. → 동일 성분인 '-었-'이 생략되어 과거를 나타낸다고 해석
> 　- 후행절의 사건시를 기준으로 한 상대 시제 적용
> 　- 선행절에 현재 시제가 실현 → 주절의 사건시가 과거임. → 결과적으로 과거를 나타낸다고 해석

❷ '-았었/었었-'에 의한 과거 시제

가. 과거의 사건 내용을 현재와 비교하여 그 내용을 구체화하고자 할 때 쓰임. → 과거 관련의 시간 부사가 나타나는 일이 많음.

㈎ 동사: 엊그제 지호는 수영장에 <u>갔었다</u>. → '오늘'과 비교하여 '엊그제' 사건이 더 구체적임을 확인

㈏ 형용사: 아버님은 <u>젊었을 때</u> 매우 <u>건강하셨었다</u>. → 현재와 대조하여 그 내용을 구체적으로 확인

㈐ 서술격 조사: 지호는 <u>고등학교 때</u> <u>축구선수였었다</u>. → 현재와 대조하여 그 내용을 구체적으로 확인

나. '-았었/었었-'의 형태

• 첫 번째 '-았/었'은 과거 시제, 두 번째 '-었-'은 확인의 양태성을 표시함. → '-았/었-'의 단순한 중복이 아님.

- 첫 번째 요소가 '-았-'과 '-었-'으로 교체할 수 있음에 반하여 두 번째 요소는 항상 '-었-'으로만 실현됨. → '-았었/었었-' 전체를 하나의 형태소로 파악하거나 '-았/었-'과는 다른 또 하나의 형태소 '-었-'이 사용된 것으로 보아야 함.

다. '-았었/었었-'의 기능

㈎ '단절'의 의미로 볼 수 있는 경우 → 과거와 현재 사이의 상황 변화를 함축 ㉭ 멀고 먼 과거에는 이 땅에도 공룡이 <u>살았었다</u>. / 우리 선조들은 흰옷을 <u>입었었다</u>. / 내게도 한때 누구 못지 않은 패기가 <u>있었었지</u>.

㈏ '단절'의 의미로 볼 수 없는 경우 → 과거와 현재 사이의 상황 변화를 함축하지 않음. ㉭ 우리는 10년 전에 이 집에 <u>살았었고</u> 지금도 살고 있다. / 나는 학교 다닐 때 내복을 <u>입었었고</u> 요즘도 겨울에는 꼭 입는다. / 그는 과거에도 패기가 <u>있었었고</u> 지금도 누구 못지않은 패기가 있다.

❖ '-았었/었었-'에 대한 견해[296]

• 전통적으로 과거보다 먼 과거인 대과거로 처리하여 왔으며, 학자에 따라 과거와의 단절을 나타내는 단속상으로 보기도 하고, '-았었/었었-'을 두 개로 구분하여 뒤에 오는 '-었-'에 대해 과거의 일을 구체화시키는 확인의 기능을 주어 양태의 관점에서 해석하기도 함. → 각각의 견해가 타당성을 지녀 '-었었-'의 본질적 기능을 따지기 어려움.

· 함축으로 보는 견해

- 어제 우리 집에 친구가 왔었다. → '지금 우리 집에 친구가 없다.'라는 단절의 의미도 느껴지지만 '지금도 우리 집에 친구가 있다.'라는 문장이 이어져도 자연스럽다는 점에서 '-았었/었었-'이 지닌 과거 단절의 의미는 취소될 수 있음.

· 단절로 보는 견해

- '(창문을 왜 열어 놨어?) *환기 좀 시키려고 열어 놨었어.' → '-았었/었었-'이 지닌 단절의 의미가 취소될 수 없는 경우가 존재하기 때문에 단절 과거가 '-았었/었었-' 의미의 일부임.

❸ '-더-'에 의한 과거 시제

가. 과거에 경험(혹은 지각)한 일을 회상하여 생생하게 전달할 때 쓰임. → '인식 시 과거'를 나타냄.

㈎ 지호는 어제 집에서 공부하더라. → 인식 시 과거, 인식 시 과거를 기준으로 한 사건 시 현재

㈏ 아까 어떤 분이 찾아 오셨더군요. → 인식 시 과거, 인식 시 과거를 기준으로 한 사건 시 과거

나. '-더-'의 제약

㈎ 1인칭 주어 제약

㉮ 화자가 자신의 관찰을 통해 지각한 내용을 떠올리며 말하는 것이기 때문임.

㉯ 평서문에서는 1인칭 주어, 의문문에서는 2인칭 주어를 쓰지 못함. → 의문문은 질문을 듣는 청자의 관점에서 2인칭은 1인칭이 되기 때문에 문장 유형에 상관없이 1인칭 주어 제약이라고 함.

㉠ 평서문: *나는 어제 집에서 공부하더라.

㉡ 의문문: *너는 거기서 무얼 하더냐? → '-던가?, -더라?' 형태가 쓰인 자문의 의미를 지닌 의문문에서는 1인칭 주어 제약이 일어남.

㉰ 1인칭 주어 제약이 해소되기도 함.

• 자신의 행동이 마치 제3자의 행동처럼 객관화됨으로써 1인칭 주어가 직접 관찰이 가능해진 경우 예 꿈에서 나는 공부하더라. / 나도 몰랐는데 내가 명품을 사고 있더라.

• 자기의 심리나 감각 등 내적 경험을 드러내는 경우 예 나도 무척 기쁘더라. / 그때 난 돌아가신 아버지 생각이 나더라.

cf) '기뻐하다'는 내부적 경험이 아닌 외부적으로 관찰 가능한 현상이기 때문에 3인칭 주어와 어울림. 예 철수도 무척 기뻐하더라. / *내가 무척 기뻐하더라.

cf) 심리 형용사는 평서문에서는 1인칭 주어, 의문문에서는 2인칭 주어만 가능하여 '-더-'의 인칭 제약과 다른 양상을 보임.

㈏ 화자가 스스로 경험한 일에 대해서만 사용이 가능함.

㉮ 러시아는 춥더라. → '러시아'에 다녀온 사람만 사용 가능

㉯ 지구는 둥글더라. → 사진이나 영상 따위로 원래의 시각적 장면과 똑같은 것이라고 판단될 수 있는 것을 근거로 사용이 가능

㉰ 그 집 초밥이 {맛있다고 하더라 / 맛있다더라}. → 자신이 직접 경험하지 않고 들은 사태에 대해서는 남이 말하는 것을 관찰한 결과로 표현이 가능함. cf) 철수가 {합격했다더라 / 합격했더라}. → 들어서 알게 된 사태라도 그것이 들은 시점보다 더 과거에 일어난 사태인 경우에는 자신이 직접 지각한 문장처럼 사용이 가능함.

㈐ 다른 형태소와의 결합 제약이 극심하여 종결형에서는 '-더라, -더구나/더군, -더냐, -데' 정도밖에 쓰이지 않고 부사절에서는 '-더니, -더라면' 정도밖에 쓰이지 않음.

❖ '-더-'의 문법 범주[297]

'회상 시제'라 하여 전통적으로 시제 범주에서 다루어 왔지만 '회상'이 시제적 의미보다 양태적 의미에 더 가까워 양태 범주에서 다루기도 함.

• 시제 범주 불가 입장: 시제 범주에서는 '-더-' 인식 시 과거를 나타낸다고 보는데 '인식' 이라는 것은 양태적 의미에 가까운 것이기 때문에 '인식 시'가 시제 범주에서 논의될 수 있는 성질의 것인지 논란임.

• 시제 범주 가능 입장

· 양태적 의미로 '새로 안 것에 대한 회상' 정도인데 이러한 양태적 의미는 반드시 과거 시제이어야 성립될 수 있음. 즉 과거 시제 형태소로 기술한 것이 오류라고 할 수 없음.

· '-더-'의 의미가 시제보다는 양태나 서법에 가깝지만 나타내는 지각의 시간이 과거임에 분명하고, 많은 경우 과거 시간에 놓인 사건들을 나타내므로 과거 범주에서 다루어도 무방함.

❹ 관형사형 어미 '-(으)ㄴ, -던'에 의한 과거 시제

가. 동사에서는 '-(으)ㄴ'이나 '-던'의 사용이 모두 가능하지만 형용사나 서술격 조사에서는 '-던'만 사용이 가능함. → '-(으)ㄴ'은 형용사나 서술격 조사에 결합 시 현재 시제를 나타냄.

㈎ 동사

㉮ -(으)ㄴ: 내가 먹은 냉면은 동생이 삶아 준 것이다. → 과거, 상적 의미로는 완료된 행위

㉯ -던: 이것은 내가 먹던 냉면이다. → 과거, 상적 의미로는 미완료된 행위 cf) '-았/었-'과 결합되면 동작의 완결을 표시 [예] 이것은 내가 먹었던 냉면이다.

㈏ 형용사: 그때 이후로 아름답던 강산이 훼손되었다. → 단순 과거

나. 관점에 따라 '-던'을 '-더-+-ㄴ'으로 분석하기도 하는데 형태소 분석으로 일리가 있지만 이렇게 분석할 경우 '-(으)ㄴ'과 '-던'의 기능을 대조하여 설명하기 어려움. 실제 '-던' 과 '-더-'의 특성상 차이가 존재함.

❖ 선어말 어미 '-더-'와 관형사형 어미 '-던'의 차이[298]

'-더-'에 보이는 제약들이 '-던'에서 보이지 않음.

• '-던'은 주어가 1인칭일 때 쓰일 수 있음. [예] 그것은 내가 쓰던 연필이다. → '-던'은 직접

경험하지 않은 사건에 쓰일 수 있음. 〔예〕노량에서 왜적을 <u>무찔렀던</u> 충무공은 끝내 전사하고야 말았다.

'-더'가 나타내는 과거 시간과 '-던'이 나타내는 과거 시간에 차이가 있음.

• '-더'가 나타내는 과거 시간

· 선행하는 용언 어간이 표현하는 사건의 발생 시점이 아니라 화자가 이러한 사건을 인식한 시점임. → 인식의 시점은 선행하는 용언이 표현하는 사건의 발생 시점과 일치할 수도 있고 일치하지 않을 수도 있음.

- 일치하는 경우: 무대에서 아이들이 노래를 <u>하더라</u>. / 순희가 많이 <u>아프더라</u>. / 말하는 것을 보니 그 친구도 <u>남자더라</u>. → 인식의 시점과 선행 용언이 표현하는 지점이 모두 과거

- 일치하지 않은 경우: 방금 전에 알았는데 내일 영희가 <u>결혼하더라</u>. / 영희가 지금도 서울에 <u>살고 있더라</u>. → 인식의 시점이 과거에 놓여 있지만 선행 용언이 표현하는 지점이 각각 미래와 현재임.

• '-던'이 나타내는 과거 시간

· 선행 용언이 표현하는 사건이나 상태가 놓이는 시간임. → '-던'은 선행 용언의 사건과 상태를 과거에 놓이게 함. 〔예〕내가 <u>먹던</u> 음식은 어디에 뒀니? 정말 <u>순진하던</u> 내게~

(3) 미래 시제

① 절대 시제의 미래 시제

❶ 발화시보다 사태의 시점이 나중인 시제로 미래 시제 선어말 어미에 의해 표시

가. '-겠-'에 의한 미래 시제

㈎ 발화시 이후의 사태를 표시함과 동시에 단순히 미래 시제 이외에 여러 가지 양태적 의미도 표시

㉮ 추측: 내일도 바람이 <u>불겠다</u>.

㉯ 의지: 제가 먼저 <u>두겠습니다</u>.

㉰ 가능성: 나도 그 정도의 양은 <u>마시겠다</u>.

㈏ 미래 관련의 시간 부사와 함께 쓰임과 동시에 양태적 의미도 표시하기 때문에 양태 부사(어)와도 자연스럽게 어울림. 〔예〕내일 <u>틀림없이</u> 비가 오겠다.

㈐ 양태적 의미 없이 순수하게 미래 사태를 나타내는 경우도 존재함. 〔예〕곧 대통령이 입장하시겠습니다.

㈑ 현재의 사건이나 과거의 사건을 추측하는 데에도 쓰임. → 미래 시제의 기능은 없고 양태 범주로서의 기능만 지님.

㉮ 현재의 일을 추측: 순희는 <u>오늘쯤 도착하겠다</u>. / 지금 제주도는 많이 <u>덥겠다</u>. / 너

도 이제 애들 아버지겠구나.

　　ⓝ 과거의 일을 추측: 순희는 <u>어제</u> <u>도착했겠다</u>. / <u>어제</u> 제주도는 많이 <u>더웠겠다</u>. / 너
　　도 한때는 패기만만한 <u>청년이었겠지</u>.

　나. -(으)ㄹ 것이-

　　㉮ 관형사형 어미 '-(으)ㄹ'과 의존 명사 '것', 서술격 조사의 어간 '이'의 결합형지만 '-
　　겠-'과 같이 선어말 어미처럼 기능함.

　　㉯ 많은 경우 '-겠-'과 바꾸어 쓸 수 있지만 의미 차이가 존재함.　㉠ 내일도 비가 <u>오겠습</u>
　　<u>니다</u>. / 내일도 비가 <u>올 겁니다</u>.

❖ '-겠-'과 '-(으)ㄹ 것이'의 의미적 차이[299]

-겠-	-(으)ㄹ 것이-
주관적 근거에 의한 판단 내면화되지 않은 정보에 기반한 판단	객관적 근거에 의한 판단 내면화된 정보를 바탕으로 한 판단
(색깔 및 모양을 보며) 음식 맛있겠다. (시집 안 간 여자가 신혼인 여자에게) 결혼해서 좋겠다.	(이건 최고의 요리사가 고급 재료로 만든 것이니) 맛있을 것이다. (신혼인 여자가 곧 시집갈 여자에게) 결혼하면 좋을 거다.

❖ 선어말 어미 '-(으)리-'[300]

• 현대 국어에서 드물게 '-(으)리-'에 의해 미래 시제가 표시

　· 주로 의고적인 문어체에서만 쓰임.　㉠ 내일은 내일의 태양이 <u>뜨리라</u>.

　· 간접 인용절에서는 일반적으로 쓰이기도 함.　㉠ 연희는 내일부터 공부를 열심히 <u>하리라고</u>
다짐하였다.

　　- 내포절은 언어 변화의 침투 속도가 느려 '-리-'가 여전히 이전 시기의 세력을 확보하
　　고 있기 때문임.

• 중세 국어 시기에는 미래 시제 선어말 어미로 '-(으)리'만 존재하였음. → '-겠-'은 18세
기 말경에 형성

　· 중세 국어의 예정상 '-게 ㅎ얏다'에서 '-겠-'이 문법 형태화

cf) '-었-'은 중세 국어의 진행상 '-어 잇다'가 문법 형태화

② 상대 시제의 미래 시제

　❶ 주절(모절 혹은 후행절)의 사건시를 기준으로 하여 결정되는 시제로 동사, 형용사, 서술
　격 조사 모두 관형사형 어미 '-(으)ㄹ'에 의해 표시

가. **동사**: 경아는 미래에 내 아내가 <u>될</u> 여자이다.

나. **형용사**: 경아는 화장을 하면 <u>예쁠</u> 얼굴이다. → 형용사에는 원칙적으로 미래 시제 어미가 붙기 어렵지만 조건절이나 양보절이 쓰이면 의미에 맞게 미래 시제가 쓰이기도 함.

다. **서술격 조사**: 경아는 미래에 내 아내일 여자이다.

❷ '-겠-'과는 달리 양태성이 분명히 나타나지 않음.

 • 단순 미래: 앞으로 해야 <u>할</u> 일을 하나하나 적어 보았다.

❸ 시간 표시와 관계없는 사실을 표시하기도 함. 예 산봉우리가 <u>보일</u> 때까지 부지런히 걸었다. → 의존 명사 '때'는 관형사형 어미 '-(으)ㄴ, -는'과 쓰이지 못하므로 '-(으)ㄹ'은 '-(으)ㄴ, -는'과 시제 대립을 이루지 못함.

❹ 현재나 과거의 사태에도 사용됨.

가. **현재**: 지금 <u>도착할</u> 사람들에게 연락해 보거라. / <u>지금</u>은 많이 <u>더울</u> 때다. / 너도 <u>이제</u> 애들 <u>아버지일</u> 것 같다.

나. **과거**: <u>어제</u> <u>도착했을</u> 사람들에게 연락해 보거라. / 우리가 만난 시간은 많이 <u>더울</u> 때였다. / 너도 역시 애들 <u>아버지였을</u> 것 같다.

> ❖ **미래 시제의 인정 여부**[301]
>
> • 한국어의 시제를 3분 체계가 아닌 현재-과거의 2분 체계로 보는 견해
> · '-겠-'이나 '-(으)ㄹ 것-'이 순수히 미래 사태를 표현하는 것이 아니라 '추측'이나 '의지'의 양태적 의미를 드러내는 것이 주된 기능이기 때문에 미래 시제를 인정하지 않음. 예 <u>어제</u> 바람이 불었겠다. / <u>지금</u> 부산은 바람이 불겠다. → 과거와 현재에도 '-겠-'이 쓰임.
> • 한국어의 시제를 과거-현재-미래의 3분 체계로 보는 견해
> · '의지'나 '추측'과 같은 양태적 의미는 미래 시간과 밀접히 연관되므로, 이러한 양태적 의미가 '-겠-' 또는 '-(으)ㄹ'이 갖는 '미래'의 의미 기능에서 파생된 주변적 의미로 보는 방법이 있을 수 있음.
> · 미래의 의미는 '추측'이나 '의지'의 양태적 의미와 관련되지 않고서는 표현될 수 없음.
> → 시제와 양태를 일원화하지 않는다면 3분 체계로 보는 것이 가능함.

2. 상

☐ **상의 개념**
(1) 어떤 동작의 양상이 일정한 형태로 표시되는 현상

⑵ 문법적 수단(어미, 보조 용언 구성 등)에 의해 표시되는 문법상과 개별 단어가 지니고 있는 의미에 의해 표시되는 어휘상으로 구분됨.

> ❖ 시제와 상[302]
>
> • 시제와 상의 공통점
> · 시간과 관련된 문법 범주
> • 시제와 상의 차이점
> · 시제: 사태의 발생 지점
> · 상: 사태의 발생 지점과 관계없이 사태의 내적 시간 구조를 나타냄.

2 상의 하위 유형

⑴ 문법상

① 완료상

❶ 어떤 사건이 끝났거나 끝난 후의 결과 상태가 지속되고 있음을 나타냄.

❷ 완료상의 표시

가. -았/었-: 시제로는 발화시 이전 사건을 표시하는 과거이나 동작의 양상으로는 동작의 완료와 그 결과를 함께 보여주는 완료임. 예 지호가 의자에 <u>앉았다</u>.

나. -어 있다: '앉다, 서다, 뜨다, 차다(충만하다), 마르다' 등의 결과성을 의미하는 동사에 붙어 동작의 완료를 표시 예 지호가 의자에 <u>앉아 있다</u>.

다. -고서, -어서, -다가, -자마자: 선행절의 동작이 끝나서 그 결과가 후행절로 이행되어 있음. 예 종소리를 <u>듣고서</u> 학교에 갔다.

> ❖ 양태적 의미가 결부된 보조 용언 구성[303]
>
> • 동작의 완료 이외에 양태적 의미가 결부되어 있는 보조 용언 구성들이 있음. 동작의 완료를 나타내기는 하지만 '-어 있-'이 나타내는 완료상과 다르므로 종결상으로 따로 구분하기도 함.
> · -어 버리다, -어 지다, -어 두다, -어 놓다, -어 내다 예 헌옷을 <u>벗어 버리고</u> 새 옷으로 갈아입었다.

② 진행상

❶ 어떤 사건이 특정 시간 구간 내에서 계속 이어지고 있음을 나타냄.

❷ 진행상의 표시

가. -는-: 시제로는 현재 시제를 표시함과 동시에 동작의 측면에서는 진행을 표시 예 나는 지금 책을 읽는다.

나. -고 있다: 동작의 진행 표시 예 학생들이 도서관에서 책을 읽고 있다. / 나는 그 분을 알고 있다. / 아직 밥을 안 먹고 있다.

다. -는 중이다: '-고 있다'에 비하여 쓰이는 범위가 좁아서 동작성을 적극적으로 띤 동사와만 결합할 수 있음. 예 학생들이 도서관에서 책을 읽는 중이다. / *나는 그 분을 아는 중이다.('알다'는 상태 동사) / *아직 밥을 안 먹는 중이다.(동작성이 부정)

라. -어 가다, -어 오다: 일정한 방향으로 일이 진행될 때 쓰임. 예 날이 밝아 온다. / 빨래가 말라 간다.

마. -(으)며, -(으)면서: 동작이 일의 선후 없이 동시에 진행될 때 쓰임. 예 나는 음악을 들으며 방을 청소했다. / 동생이 울면서 과자를 달라고 조른다.

❖ '-고 있다'의 중의성[304]

• '입다, 매다, 쓰다, 끼다, 타다' 등과 같이 신체에 무엇인가를 접촉하게 되는 행위 중 어느 정도 시간의 폭을 요구하는 동사에 '-고 있다'가 쓰이면 중의적으로 해석
· 민수가 넥타이를 매고 있다. → 주로 결과 상태를 나타내는 완료상으로 볼 수 있으며 진행상으로 해석할 수도 있음.
· 엄마가 아기를 안고 있다. → '안다'는 짧은 시간에 순간적으로 일어나는 행위이므로 완료상으로 해석됨. 진행상의 의미로 해석하게 하려면 '엄마가 아기를 천천히 안고 있다.'처럼 부사어를 활용하여 행위의 폭을 넓혀 주어야 함.

❖ 과거/미래 완료 및 진행[305]

• 상은 시간 범주와는 별개의 문법 범주로서 특정 시간 범주에서 일어나는 동작의 구체적인 양상을 의미하기 때문에 현재에 국한되지 않고 과거, 미래의 시간에도 두루 쓰일 수 있음.
· -어 있다.
  - 현재 완료상: 지금 고기들이 그물에 잡혀 있다.
  - 과거 완료상: 어제 고기들이 그물에 잡혀 있었다.
  - 미래 완료상: 내일 아침에는 고기들이 그물에 잡혀 있겠다.
· -고 있다.
  - 현재 진행상: 지금 아이들이 학교에 가고 있다.

- 과거 진행상: <u>어제</u> 아이들이 학교에 <u>가고 있었다</u>.
- 미래 진행상: <u>내일</u> 아침에는 아이들이 학교에 <u>가고 있겠다</u>.

③ 예정상

❶ 동작이 예정되어 있음을 나타냄.

❷ 예정상의 표시

가. -게 되다: 피동적 표현 예 우리도 그 곳에서 <u>살게 되었다</u>.

나. -게 하다: 사동적 표현 예 아이들은 못 <u>들어가게 한다</u>.

다. -고자: 선행절을 예정된 일로 표시 예 저도 같이 <u>가고자</u> 합니다.

(2) 어휘상

① 동사나 형용사가 지닌 어휘 의미 자체에도 상적 의미가 존재함. → 개별 단어가 지니고 있는 동작의 양상

② 어휘상에 따른 분류

❶ 상태 동사: 높다, 낮다, 작다, 크다, 많다 등 [+상태성, −순간성, −완성성]

❷ 과정 동사: 걷다, 울다, 읽다 등 [−상태성, −순간성, −완성성]

❸ 완성 동사: 만들다, 먹다, 앉다, 닫다, 눕다 등 [−상태성, −순간성, +완성성]

❹ 순간 동사: 죽다, 차다, 잡다, 도착하다 등 [−상태성, +순간성, +완성성]

❺ 심리 동사: 믿다, 느끼다, 알다 등 [−상태성, −순간성, −완성성]

❖ **문법상과 어휘상의 연관성**[306]

어휘 자체의 상적 의미와 상의 문법적 표현이 잘 어울려야 통사적 구성을 이룰 수 있음.

반복적 행위

• 철수가 눈을 <u>깜빡이고 있다</u>. / 아이들이 공을 <u>차고 있다</u>.

·순간 동사인 '깜빡이다'나 '차다'는 행위의 결과가 남지 않는 동사이기도 하는데 그렇기 때문에 원칙적으로 진행상의 '-고 있다'와 완료상의 '-어 있다' 모두 결합할 수 없음.

·반복적 행위를 나타내는 경우 행위의 지속성과 의미가 상통하기 때문에 진행상의 '-고 있다'와 어울릴 수 있음.

'-고 있다'의 통용

• 과정 동사와 결합 시 진행상의 의미로 해석 예 순희가 공원을 <u>걷고 있다</u>.

• 행위가 일어나는 시간의 폭이 짧은 순간 동사와 결합 시 완료상의 의미로 해석 예 명희가 볼펜을 <u>쥐고 있다</u>. → 부사어 등을 활용하여 시간의 폭을 넓히면 진행상으로도 해석이 가능함. 예 명희가 볼펜을 <u>천천히</u> 쥐고 있다.

제VIII장	**양태**

1. 양태의 개념

문장이 표현하는 명제나 명제가 기술하는 상황에 대해 화자가 자신의 의견이나 태도를 표현하는 범주

• 명제 '한라산이 아름답-'에 대해 '한라산이 아름다워.'라며 특별한 의미 없이 표현할 수도 있지만 '한라산이 아름답겠다. / 한라산이 아름답더라. / 한라산이 아름답네.'처럼 화자의 추측, 과거에 직접 지각, 현재에 직접 지각 등의 명제에 대한 화자의 주관적 태도와 관련된 의미를 덧붙일 수도 있음.

• '지금 출발하면 점심 전에 도착하겠다.'와 '이 무거운 걸 너 혼자 들 수 있겠니?'에서 '-겠-'은 시제로는 미래를 나타내지만 양태는 각각 '추측'의 의미와 '가능성'의 의미를 나타냄.

> ❖ **시제와 양태**[307]
>
> • 시제는 명제가 기술하는 상황의 시간적 위치를 언어적 표현으로 표시한 것인 반면에 양태는 명제에 대한 화자의 태도를 나타냄. → 시제 범주가 시간이라는 객관적 속성을 표현하는 것과 달리 양태는 주관적 범주이므로 화자의 표현 의도에 따라 해당 표현이 달라질 수 있음.
>
> · 시제: '밥을 먹었다.'라는 과거 시제를 '밥을 먹는다.'와 같은 현재 시제로 표현할 수 없음.
>
> · 양태: '한라산'을 보고 온 상황에서 '한라산이 아름다워.'라고 할 수도 있지만 '한라산이 아름답더라.'라고 할 수도 있음.

2. 양태의 유형

☐ 인식 양태

(1) 명제가 표현하는 '정보'의 성격에 대한 화자의 태도를 나타냄.

• 한라산이 아름답겠네. → '한라산이 아름답-'이라는 정보의 내용에 대해 '-겠-'을 통해 정보의 성격을 표현. 즉 '-겠-'을 통하여 화자가 가진 정보가 추측에 의한 불확실한 정보임을 드러냄.

(2) 추측, 가능성, 지각, 추론, 새로 앎, 이미 앎 등의 의미와 관련

② 행위 양태
⑴ 담화 참여자(화자 혹은 청자)나 명제 참여자(주어의 지시 대상)의 '행위'에 대한 화자의 태도를 표현
- 이번에는 한라산 정상에 서 볼래. → '이번에는 한라산 정상에 서 보-'는 것은 화자의 머릿속에 있는 정보가 아니라 화자가 미래에 하고자 하는 행위의 내용임. 즉 '-(으)ㄹ 래'를 통해 행위에 대한 화자의 의도를 표현
⑵ 의무, 의도, 소망, 능력, 허가, 소망, 기원, 제안 등의 의미와 관련

③ 감정 양태
⑴ 명제에 대한 화자의 감정적 태도
- 너는 여기서 {삼각 김밥을 / 삼각 김밥이나} 먹어라. → 보조사 '이나'를 통해 '삼각 김밥'을 하찮게 여기는 감정을 표현함.

> ❖ 양태 표현의 다의성[308]
>
> 하나의 형식이 인식 양태나 행위 양태 두 부류의 양태 의미를 모두 표현하는 다의성을 가지는 일이 흔함.
> - '-겠-'
>   · 정보가 확실하지 않다는 추측: 지금 밖에는 바람이 많이 불겠다. → 인식 양태
>   · 미래에 하고자 하는 행위인 의도: 나는 꼭 우등상을 타겠다. → 행위 양태
> - '-(으)ㄹ 수 있-'
>   · 정보가 확실하지는 않지만 가능성이 존재: 지금 밖에는 바람이 불 수 있다. → 인식 양태
>   · 주어 명사구의 지시 대상이 가지는 능력: 나는 턱걸이를 10개 할 수 있다. → 행위 양태

3. 양태의 실현

① 선어말 어미로 표현되는 양태
⑴ -겠-
① 화자의 추측을 나타냄. → 인식 양태와 관련
❶ 미래뿐만 아니라 과거나 현재의 사태에 대한 추측이 가능함.
가. 미래 사태 추측: 오늘은 날씨가 좋<u>겠</u>다.
나. 과거 사태 추측: 어제 영희는 기차를 탔<u>겠</u>다.

다. 현재 사태 추측: 지금쯤 부산에는 비가 오겠다.

② 화자의 의도를 나타냄. → 행위 양태와 관련   예 나는 커서 훌륭한 사람이 되겠다.

  ❶ 과거 시제와 결합할 수 없고, 주어의 인칭 제약이 있음.

  가. 과거의 의도를 나타낼 수 없음.   예 *나는 꼭 대통령이 되겠었다.

  나. 평서문에서는 1인칭 주어, 의문문에서는 2인칭 주어만을 취할 수 있음.   예 {나는 / *너는 / *철수는} 모임에 반드시 참석하겠다. / {*내가 / 네가 / *철수가} 모임에 참석해 주겠니?

❖ '-겠-'의 다양한 쓰임[309]

• 추측이나 의도로 규정되기 어려운 의미를 표현하는 맥락에서도 쓰임.
  · 베토벤 교향곡 5번을 감상하시겠습니다. / 다음으로 회장님 말씀이 있으시겠습니다.
  → 2인칭 혹은 3인칭 주어의 행위에 대한 화자의 의도라고 할 수 있는데 일반적인 '의도'의 용법에서 확장된 의미라고 볼 수 있음.
  · (내일 이것 좀 해 주세요.) 네, 알겠습니다. → '압니다'와 비교했을 때 '이제서야 알게 되었다'는 과정성을 포함.
  · 처음 뵙겠습니다. → 공손성과 관련 있는 것으로 이해되어 왔음.

---

(2) -더-

① 과거의 어느 시점에서 지각을 통해, 즉 감각 기관을 이용한 인식을 통해 새로 알게 된 사실에 쓰임. → 정보의 성격에 대한 화자의 태도와 관련되므로 인식 양태에 속함.

❖ '-더-'의 양태 범주[310]

• '-더-'의 의미 기능
  · '-더-'의 의미 기능은 구체적으로 '증거' 범주와 관련됨.
  · 증거 범주는 화자가 지닌 정보가 직접 본 것인지, 들은 것인지, 간접적 증거로 추론한 것인지 등을 표현함. → '-더-'는 화자가 직접 지각한 사실을 표현하므로 증거 범주에 속한다고 볼 수 있음.
  · 증거 범주는 인식 양태의 일종으로 보기도 하고, 증거 양태라는 독립적인 범주로 파악하기도 하며, 양태와는 전혀 다른 범주로 파악하기도 함.

---

② 과거에 인식한 대상은 일반적으로 과거의 사태일 가능성이 높으므로 과거 시제와 연관이 깊음. → 회상 시제라는 시제 형식으로 다루기도 함. → '-더-'가 표현하는 과거는 사태의 시간적 위치가 아니라 인식의 시간적 위치이므로 과거나 미래의 일에 대해 사용이 가능함.   예

내일 기온이 영하로 떨어지더라.

③ 새롭게 알게 된 일에 대해 쓰이는데 자신에 관한 일에 대해 새롭게 알게 되는 상황은 일반적이지 않음.

❶ 평서문에서 1인칭 주어, 의문문에서 2인칭 주어 제약이 있음.

가. **평서문**: {*내가 / 네가 / 영희가} 학교에 가더라.

나. **의문문**: {내가 / *네가 / 영희가} 집에 있더냐?

❷ 화자가 새롭게 깨달은 내용이나 청자가 새롭게 알게 된 사실에 대해 묻고 있을 경우에는 주어 제약이 해소됨.

가. **평서문**: 내가 모르고 누나 옷을 입고 왔더라.

나. **의문문**: 정말 이번에 네가 1등이더냐?

④ 감각 형용사, 심리 형용사가 쓰인 사태는 화자만이 직접적으로 지각할 수 있기 때문에 1인칭 경험주만을 주어로 취함.

❶ 감각 형용사: {나는 / *너는 / *철수는} 어제 좀 춥더라.

❷ 심리 형용사: {나는 / *너는 / *철수는} 영국 소설이 좋더라.

❖ **문법 환경에 따른 '-더-'의 기능**[311]

• '-더-'가 쓰인 활용형의 특성

· 종결형 '-더라', 연결형 '-던데, -더니' 등에 나타난 '-더-'는 과거의 어느 시점에서 새롭게 알게 된 사실에 쓰인다는 양태적 속성을 가짐.
 - 손님이 오셨더라. / 손님이 오셨던데 집에 들어가 보지 그러니? / 어제는 할아버지가 오시더니 오늘은 할머니가 오셨다.

· 관형사형 '-던', 연결형 '-었더니' 등에 나타난 '-더-'의 양태적 속성이 없으며 1인칭 주어 제약도 없음.
 - 아까 내가 보던 책이 어디 있니? / 집에 갔더니 어머니가 설렁탕을 끓여 놓으셨다.

❖ **'-더-'와 '-느-'의 계열 관계**[312]

중세 국어와 현대 국어에서의 계열 관계

• 중세: 형태론적 계열 관계와 및 의미론적 계열 관계를 가짐.
 · -느-: 현재 미완료
 · -더-: 과거 미완료

• 현대: 관형사형에서는 유지되는데 종결형에서는 온전한 형태론적, 의미론적 계열 관계를 가지지 않음.

> · 관형사형: 먹는, 먹던
> · 종결형: '가느냐 / 가더냐', '합니다 / 합디다'와 같은 예에서 형태론적 계열 관계를 가
> 지는 듯 보이지만 의미론적 계열 관계를 유지하고 있지 않음. → 기존의 논의 '-느-'를 직
> 설법, '-더-'를 회상법이라고 규정한 것은 형태론적 계열 관계를 가지는 점을 중시하여
> '-느-'의 의미를 '-더-'와 일관되게 양태(서법)으로 기술한 것임. '-느-'는 '-었-'과도 쓰
> 이는 등 현재 시제로 보기 어려우며 그 의미가 지극히 무표적임. 예 갔느냐

(3) -(으)리-

① 인식 양태의 '추측', 행위 양태의 '의도'의 의미를 표현할 수 있음. → '-겠-'과 유사한 양태
적 의미를 지녔으나 현대에는 '-겠-'에 밀려 '-(으)리-'는 잘 쓰이지 않으며 문어체 중에서도
의고적인 맥락에서 쓰임.

> ❶ 추측: 내일은 또 새로운 해가 뜨리라.
> ❷ 의도: 나 그대를 영원히 사랑하리라.

② 피인용문에서는 자연스럽게 쓰임. 예 철수는 영희가 더 이상 찾아오지 못하리라고 생각했다.

(4) -니-

① 화자가 진실이라고 굳게 믿는 것을 청자에게 가르쳐 주는 용법으로 원칙법이라는 이름으
로 기술되기도 함. 예 누에는 뽕잎을 먹느니라. / 매운탕은 소금으로 간을 해야 하느니라.
② 화자가 가지고 있는 앎에 대한 태도를 나타낸다는 점에서 넓게 보아 인식 양태에 속함.
③ 현대에서는 거의 쓰이지 않음.

(5) -것-

① 화자에게 이미 확실한 사실을 강조하는 기능을 하는 용법으로 확인법이라고 기술되어 왔
음. 예 눈이란 것은 희것다. / 너가 분명 이렇게 대답을 해것다. / 네 죄는 네가 알렸다.
② 현대에 간혹 사용되기는 하지만 화자들의 인식에서는 '-겠-'이 사용된 것으로 인지 → '-
겠-'과 합류

> • 너는 얼굴도 예쁘것다, 머리도 좋것다, 돈도 많것다, 부족한 게 뭐니? → 너는 얼굴도 예
> 쁘겠다, 머리도 좋겠다, 돈도 많겠다, 부족한 게 뭐니?

② 종결 어미로 표현되는 양태

(1) -지

① 화자에게 이미 내면화된 지식을 표현하는 '이미 앎'의 의미를 표현함. → 인식 양태에 속함.
> ❶ 평서문: 오늘 철수는 소풍 가지. → '오늘 철수는 소풍 가.'와 비교할 때 명제 내용이 화
> 자가 원래부터 알고 있던 사실, 당연한 사실임을 표현

❷ 의문문

가. **판정 의문문**: 오늘 철수는 소풍 가<u>지</u>?

나. **설명 의문문**: 이게 누구 가방이<u>지</u>? → 판정 의문문에 비하여 '이미 앎'의 의미가 잘 부각되지는 않지만 화자가 이미 어떤 사실을 알았으나 잠기 잊어버린 경우 기억을 다시 불러올 때 '-지'가 사용된다는 점에서 '이미 앎'의 의미가 여전히 작동

다. **선택 의문문**: *오늘 철수가 소풍 가<u>지</u>? 안 가<u>지</u>? → '-어'와 달리 사용되지 않음. cf) 오늘 철수가 소풍 <u>가</u>, 안 <u>가</u>?

② 우호적이고 다정한 어감을 주기 위해서 사용하기도 함. 예 여러분, 제가 지금 무슨 그림을 그리고 있<u>지</u>요?

③ 제안이나 기원 등의 의미로 사용 → 행위 양태에 속함.

　❶ **제안**: 화자나 혹은 청자의 미래 행위에 대한 의견을 표출 예 이 일은 내가 하<u>지</u>. / 이 일은 우리가 하<u>지</u>. / 이번에는 네가 좀 가<u>지</u>.

　❷ **기원**: 과거나 미래 사태에 대한 바람이나 기원

가. 과거 사태에 대한 실현되었으면 좋았을 것이라는 바람. 예 나 먹을 것 좀 남겨 두<u>지</u>.

나. 청자의 미래 행위에 대한 기원 예 차도 밀리는데 여기서 좀 내려 주시<u>지</u>.

(2) -네

① 현재의 지각에 의해 새롭게 알게 된 사실에 쓰임. → 인식 양태에 속함. 예 누가 사전을 두고 갔<u>네</u>. / 오늘은 밥맛이 좋<u>네</u>.

② 원래부터 알고 있던 사실에는 쓰이지 않음. 예 *서울이 한국의 수도<u>네</u>. → 모국어 화자에게는 자연스럽지 않은 문장임.

③ 화자 자신의 일을 새로 알게 되는 일이 그리 일반적이지 않기 때문에 1인칭 주어 제약이 있으며 자신의 일을 새롭게 발견하는 상황에서는 1인칭 주어 제약이 해소됨.

　❶ 1인칭 주어 제약: {*나는 / 너는 / 철수는} 대학생이<u>네</u>.

　❷ 1인칭 주어 제약의 해소: 내가 모르고 형 옷을 입고 왔<u>네</u>. / 내가 실수를 했<u>네</u>.

(3) -구나

① 지각에 의해 새롭게 알게 된 사실에 쓰임. → 인식 양태에 속함. 예 옷에서 이상한 냄새가 나<u>는구나</u>.

② 화자 자신의 일을 새로 알게 되는 일이 그리 일반적이지 않기 때문에 1인칭 주어 제약이 있으며 자신의 일을 새롭게 발견하는 상황에서는 1인칭 주어 제약이 해소됨.

　❶ 1인칭 주어 제약: {*나는 / 너는 / 철수는} 대학생이<u>구나</u>.

　❷ 1인칭 주어 제약의 해소: 내가 노래를 제일 못 부르는<u>구나</u>. / 내가 실수를 했<u>군</u>.

❖ '-네'와 '-구나(군)'의 차이[313]

• '-네'가 감각 기관을 통하여 직접적으로 경험한 직후에 발화하는 양태 표지인 반면에 '-군'은 직접적인 감각은 물론 추론을 통하여 알게 된 명제에 대해서도 사용이 가능함.

· 감각 기관을 통한 인식: 비가 {오네 / 오는군}.

· 추론을 통한 인식: 너도 이 사실을 모르는 것을 보니 아직 아무도 {?모르네 / 모르는군}. → '-네'에 비하여 '-군'이 더 자연스러움.

• '-네'에 비하여 '-군'은 화자가 전혀 예측하지 못했던 것이 아니라 어느 정도 짐작을 하고 있었던 것으로 확인의 의미 기능을 지님.

· (다리미에 손을 댄 순간) 앗, {뜨겁네 / *뜨겁군}. / 보름달이 정말 {밝네 / ?밝군}.

• '-네'는 명제 인지 시점이 현재인 반면에 '-군'은 과거에 지각한 사실에도 사용이 가능함. → '-네'는 '-더-'와의 결합 제약이 있지만 '-군'은 '-ㄷ-'와 결합이 가능함.

· 오다가 보니 민지가 집에 {*가더네 / 가더군}. / 이번 시험에서 지호가 {*합격했더네 / 합격했더군}.

⑷ -(으)ㄹ래

① 평서문에 사용되어 화자의 의도를 표현하고, 의문문에서는 청자의 의도를 묻는 데에 쓰임. → 행위 양태에 속함.

❶ 평서문: 나는 여기서 좀 <u>쉴래</u>.

❷ 의문문: 너 커서 뭐가 <u>될래</u>?

② 평서문에서는 1인칭 주어, 의문문에서는 2인칭 주어와만 어울림.

❶ 평서문 → 1인칭 주어만 올 수 있음. {나는 / *너는 / *철수는} 여기서 좀 <u>쉴래</u>.

❷ {*나는 / 너는 / *철수는} 커서 뭐가 <u>될래</u>?

⑸ -(으)ㄹ까

① 청자의 추측을 묻는 인식 양태의 용법으로 사용되기도 하고, 화자의 미래 행위에 대한 청자의 의도를 묻는 행위 양태 용법으로 사용되기도 함.

❶ 청자의 추측을 묻는 인식 양태의 용법: 영희가 오늘 언제 학교에 <u>올까</u>? cf) '영희가 오늘 언제 학교에 <u>오니</u>?'와 같은 일반적 의문문이 확실한 대답을 요구하는 것과 달리 '-(으)ㄹ까'는 청자의 불확실한 정보를 가정하므로 굳이 확실한 대답을 요구하지는 않음.

❷ 화자의 미래 행위에 대한 청자의 의도(의견)을 묻는 행위 양태의 용법: 정 안 되면 구두 닦이라도 해 <u>볼까</u>?

② 청자의 추측을 묻는 용법에서는 인칭 제약이 없는 반면 청자의 의견을 묻는 용법에서는 인칭 제약이 있음.

❶ 청자의 추측을 묻는 용법: {나는 / 너는 / 철수는} 언제까지 이런 실수를 반복해야 하는 것일까?

❷ 청자의 의견을 묻는 용법: {내가 / *네가 / *철수가} 모임에 참석할까? → 2인칭이나 3인칭 주어가 사용되면 청자에게 추측을 묻는 용법으로 해석됨.

❖ '-(으)ㄹ래'와 '-(으)ㄹ까'의 의미 차이[314]

화자의 행위에 대해 청자의 의도를 묻는 '-(으)ㄹ까'가 청자의 의도를 묻는 '-(으)ㄹ래'의 차이

• '-(으)ㄹ까'는 1인칭 주어만을 취할 수 있음. → 화자의 행위에 대한 청자의 의도를 묻는 의미를 표현

·{나는 / *너는 / *철수는} 여기서 기다릴까?

• '-(으)ㄹ래'는 의문문에서 사용될 때 2인칭 주어만을 취할 수 있음. → 청자의 행위에 대한 청자의 의도를 묻는 의미를 표현

·{*나는 / 너는 / *철수는} 여기서 기다릴래?

---

③ 연결 어미 및 전성 어미로 표현되는 양태

(1) -(으)려고, -고자

① 선행절의 내용이 후행절 내용의 목적임을 표현하는 연결 어미 → 화자의 의도가 표현된다는 점에서 행위 양태에 속함.

❶ -(으)려고: 그는 넘어지지 않으려고 안간힘을 썼다.

❷ -고자: 선생님께 조언을 얻고자 이렇게 편지를 드리게 되었습니다.

(2) 길래

① 선행절의 내용이 후행절 내용의 원임임을 표현하는 연결 어미로 '-어서'와 달리 그 원인이 되는 사태가 반드시 화자가 직접 지각한 것이어야 함.

❶ 화자의 직접 지각: 우유가 {떨어졌길래 / 떨어져서} 내가 한 병 사왔어.

❷ 화자가 직접 지각하지 않음: 세종이 한글을 {*만들었길래 / 만들어서} 백성들이 글을 읽을 수 있게 되었다.

(3) -(으)ㄴ, -(으)ㄹ

① 관형사형 전성 어미로서 실현과 비실현의 대립을 보임.

❶ -(으)ㄴ: 윤수는 내 강의를 들은 학생이다. → 현실 세계에 지시 대상을 가지는 명제

❷ -(으)ㄹ

가. 윤수는 내 강의를 들을 학생이다. → 현실 세계에 아직 지시 대상을 가지지 않는 명제

나. 윤수는 내 강의를 들었을 학생이다. → 과거에 대한 사실을 표시하면서 현실 세계에 지시 대상을 가지지 않음을 표현함으로써 추측에 가까운 의미로 해석

❖ '-(으)ㄹ'의 예외적 현상[315]

• 비실현성 양태와 무관한 의미로 실현되기도 함.

· 내가 이곳에 {도착했을 때 / *도착한 때} 그는 가고 없었다. → 과거의 사실이므로 '도착한 때'로 나타날 것이 예상되지만 '도착했을 때'로 나타남. → '때'가 특정한 어미를 요구하는 어휘적 특성을 지니기 때문임.

· 아무 일도 잡히지 않아 우두커니 앉아 {있을 뿐 / *있는 뿐}이었다. → 기정의 사실에 대한 것으로서 '앉아 있는 뿐'이 예상되지만 '앉아 있을 뿐'으로 나타남. → '뿐'이 특정한 어미를 요구하는 어휘적 특성을 지니기 때문임.

❖ 명사형 어미 '-(으)ㅁ'과 '-기'의 양태[316]

명사형 어미 '-(으)ㅁ'과 '-기'의 대립으로 파악이 가능

• '-(으)ㅁ': 기정의 사실, 이미 실현된 사실에 쓰임.

· 과장이 거짓말을 했음이 밝혀졌다.

· 서류가 도착함을 확인한다.

• '-기': 미정의 사실, 아직 세계에 존재하지 않은 사실에 쓰임.

· 과장이 거짓말을 했기가 쉽다.

· 오늘 안에 서류가 도착하기가 어렵다.

'-(으)ㅁ'과 '-기'의 대립이 불규칙한 모습도 보임.

• 12월 8일 초등 동창 만남 → 이미 일어난 사실일 수도 있으나 미정적인 사실에도 쓰일 수 있음.

• 12월 8일 초등 동창 만나기 → 아직 일어나지 않은 사실

④ 통사적(우언적) 구성으로 표현되는 양태

(1) 통사적(우언적) 구성의 개념

① 조사나 어미 같은 단일 문법 형태 대신 사용되는 보다 긴 다단어 표현

② 단일한 문법 형태처럼 문법화가 완료된 것이 아님. → 우언적 구성의 외연을 확정하기 어렵고 문맥에 따라 여러 가지 양태 의미를 나타낼 수 있기 때문에 그 의미나 유형을 기술하기

힘든 면이 있음.

(2) 통사적 구성으로 표현되는 양태의 하위 유형

① 의존 명사를 포함한 구성

❶ 인식 양태

가. -(으)ㄹ 것이-, -(으)ㄹ 터이-: '추측'의 인식 양태 예 내일은 분명이 좋은 일이 생길 거야. / 집에만 있으면 아무래도 지루해질 터이다.

나. -(으)ㄹ 수도 있-: '가능성'의 인식 양태 예 내일 날이 추워질 수도 있어.

❷ 행위 양태

가. -(으)ㄹ 것이-, -(으)ㄹ 터이-: '의도'의 행위 양태 예 언젠간 유럽에 가고 말 거야! / 만나기만 하면 그 녀석을 꼭 혼내 줄 테다.

나. -(으)ㄹ 수도 있-: '능력'의 행위 양태 예 이제야 두 다리 뻗고 잠을 잘 수 있었다.

② 보조 용언을 포함한 구성

❶ -은가 보-: 추측 예 동생이 요즘 힘든가 보다.

❷ -(으)ㄹ까 보-: 의도 예 그냥 저 녀석을 한 대 때려 줄까 보다.

❸ -(으)려고 하-: 의도 예 저도 내일 출발하려고 해요.

❹ -어야 하-: 의무 예 아이들은 어릴 때부터 좋은 습관을 들여야 한다.

❺ -어도 되-: 허가 예 이제 들어오셔도 됩니다.

❻ -(으)면 하-: 소망 예 한번 저희 집에 오셨으면 합니다. → 다른 사람의 행위에 대한 화자의 소망

❼ -고 싶-: 소망 예 시집간 누나가 보고 싶어진다. → 화자의 행위에 대한 화자의 소망

제IX장	# 피동과 사동

1. 피동

주어 스스로 행위나 작용을 하지 않고, 주어가 외부로부터 가해지는 행위나 작용의 대상으로 서술되는 문장 → 행위의 대상이 주어로 나타나고, 행위의 주체가 부사어로 나타나거나 생략된 문장 → 동작주 주어가 부사어로 되는 것을 동작주 주어의 강등 현상이라고 설명하기도 함. cf) 능동문: 행위나 작용을 능동적으로 수행하는 능동주를 주어로 하는 문장

⌷ 피동의 유형

(1) 피동사 피동

① 능동인 타동사 어근에 접사 '-이-, -히-, -리-, -기-'가 결합하여 형성된 피동사를 서술어로 하는 피동 → 파생적 피동 또는 형태론적 피동이라고 하기도 함.

❶ -이-: 꺾이다, 나뉘다, 덮이다, 매이다, 보이다, 썩이다, 쌓이다, 쏘이다, 짜이다

❷ -히-: 걷히다, 굵히다, 꽂히다, 먹히다, 맺히다, 얹히다, 읽히다, 잡히다, 찍히다

❸ -리-: 걸리다, 눌리다, 달리다, 들리다, 물리다, 밀리다, 실리다, 찔리다, 팔리다

❹ -기-: 감기다, 끊기다, 담기다, 뜯기다, 믿기다, 씻기다, 쫓기다, 찢기다

② 능동문의 목적어가 주어로 전환되고, 능동문의 주어는 조사 '에게, 한테' 등이 붙어 부사어가 되어 나타남.

❶ 에게: 형사가 용의자를 잡았다. → 용의자가 형사에게 잡혔다.

❷ 한테: 개가 아이들을 물었다. → 아이들이 개한테 물렸다.

③ 경우에 따라 조사 '에, 으로'나 복합 형태인 '에 의해'를 통해 부사어가 형성되기 되기도 함.

❶ 에

가. 능동문의 주어가 무정 명사인 경우인데 능동문과 피동문의 대응이 없는 경우가 많음.

㈎ 대응이 되는 경우: 폭풍이 거목들을 뿌리 채 뽑았다. → 폭풍{에 / 으로} 거목들이 뿌리 채 뽑혔다.

㈏ 대응이 되지 않는 경우: *죄의식이 항상 그를 쫓는다. → 그가 항상 죄의식에 쫓긴다. / *바람이 문을 닫았다. → 문이 바람에 닫혔다.

❷ 에 의해

가. '끊기다, 묻히다, 걸리다, 닫히다, 풀리다, 찢기다' 등의 피동사는 '에 의해'를 취하는 경향이 있음. 예 지호가 바위에 구멍을 뚫었다. → 바위에 구멍이 {*지호에게 / *지호한테 / 지호

에 의해} 뚫리었다. / 형이 모자를 책상에 놓았다. → 모자가 {*형에게 / *형한테 / 형에 의해} 책상에 놓였다.

④ 피동사 피동의 제약

❶ 모든 타동사가 피동사를 형성하는 것이 아님. → 피동사로 파생되지 않는 동사들이 존재함.

가. 수여 동사: 주다, 받다, 드리다, 바치다

나. 수혜 동사: 얻다, 잃다, 찾다, 돕다, (은혜를) 입다, 사다

다. 지각 동사: 알다, 배우다, 바라다, 느끼다

라. 대칭 동사: 만나다, 닮다, 싸우다

마. '하다'로 끝나는 동사: 좋아하다, 슬퍼하다, 사랑하다, 공부하다, 조사하다

바. 모든 사동사

사. 모음 'ㅣ'로 끝나는 동사: 던지다, 지키다, 때리다, 만지다)

❷ 피동문과 능동문이 일대일로 대응하지 않음. → 접사가 결합하여 만들어진 피동사는 능동사와 서로 다른 새로운 동사이기 때문임.

가. 능동문이 없는 피동문

㈎ 자연적 발생이나 변화를 표현하는 문장이 주로 해당 → 무의지적/비의도적 상황, 탈행동성 등으로 설명

㉮ 날씨가 풀렸다. ≠ ?X가 날씨를 풀었다.

㉯ 감기에 걸렸다. ≠ ?X가 감기를 걸었다.

㉰ 손이 못에 박혔다. ≠ *못이 손을 박았다.

㉱ 영희가 난처한 입장에 놓였다. ≠ *난처한 입장이 영희를 놓았다.

㉲ 기가 막히다, 눈이 뒤집히다, 말이 안 먹히다, 법에 걸리다, 일이 밀리다, 차가 밀리다, 마음에 걸리다, 속이 보이다, 맥이 풀리다, 일이 손에 안 잡히다

나. 피동문이 없는 능동문

㈎ 피동문의 주어가 전혀 의지를 가질 수 없는 문장이 해당

㉮ 철수가 칭찬을 들었다. ≠ ?칭찬이 철수에게 들렸다.

㉯ 소가 풀을 열심히 뜯는다. ≠ *풀이 소에게 열심히 뜯긴다.

㉰ 영희가 손잡이를 일부러 잡았다. ≠ *손잡이가 영희에게 일부러 잡혔다.

❖ 접사 '-되-, -받-, -당하-'에 의한 피동사 파생[317]

• 『표준국어대사전』에서 '되다, 받다, 당하다'를 접사로 처리하고 있음. → 학교 문법이나 일부 문법서에서 이를 피동사에 의한 피동으로 다루기도 함.

> · -되-: 건설되다, 결정되다, 배치되다, 오해되다, 증명되다, 포함되다, 확정되다
> · -받-: 교육받다, 미움받다, 배치받다, 사랑받다, 오해받다, 의뢰받다, 훈련받다
> · -당하-: 고문당하다, 공격당하다, 납치당하다, 모욕당하다, 살해당하다, 해고당하다
> • 파생 접사 '-하-'에 의해 파생된 동사가 '-되-, -받-, -당하-'를 통해 피동의 의미를 나타낼 수 있음.

> ❖ **목적어가 있는 피동문**[318]
>
> 피동사는 모두 자동사인 것이 원칙이지만 목적어가 존재하여 타동사로 볼 수 있는 경우가 존재함.
> • 능동문의 목적어가 '전체-부분'의 의미 관계를 이루는 이중 목적어 구문일 때 목적어가 있는 피동문이 형성
> · 경찰이 도둑을 <u>발목을</u> 잡았다. → 도둑이 경찰에게 <u>발목을</u> 잡혔다.
> • 두 개의 주어가 나타나는 것으로 볼 경우 목적어가 없는 피동문으로 볼 수도 있음.
> · 경찰이 도둑을 <u>발목을</u> 잡았다. → 도둑은 발목이 <u>경찰에게</u> 잡혔다.

(2) '-아/어지다' 피동

① 능동사인 타동사의 '-아/어' 활용형에 보조 동사 '지-'가 결합한 보조 용언 구성을 통하여 피동문을 형성 → 통사적 피동이라고 하기도 함. 예 잠실에 초고층 빌딩이 <u>지어진다고</u> 한다. / 개발이라는 명목으로 수없이 많은 나무들이 <u>베어졌다</u>. / 나에 대한 그 사람의 오해가 <u>풀어졌다</u>.

② 능동문의 목적어가 주어로 전환되고, 능동문의 주어는 조사 '에 의해'가 붙어 부사어가 되어 나타남. → 부사격 조사 '에게, 한테'는 제약 예 잠실에 초고층 빌딩이 {*X에게 / X에 의해} 지어진다고 한다. / 개발이라는 명목으로 수없이 많은 나무들이 {*X에게 / X에 의해} 베어졌다. / 나에 대한 그 사람의 오해가 {*X에게 / X에 의해} 풀어졌다.

③ 별다른 제약 없이 모든 동사에 결합이 가능함. 예 김 박사의 연구진이 새로운 사실을 <u>밝혔다</u>. → 새로운 사실이 김 박사의 연구진에 의해 <u>밝혀졌다</u>. → 타동사화 파생 사동사에도 결합이 가능함.

④ 자동사 및 형용사와 결합 시 피동으로 볼 수 없고 오히려 '-게 되다'의 의미와 비슷한 '어떠어떠한 상태로 되다' 과정화의 의미가 강함. → 능동에서의 동작주 주어의 강등이 나타나지 않음. (능동주를 상정하는 일이 불가능) → '-어지다'에 의한 피동은 타동사 어간으로 한정

❶ 자동사: 소금을 넣으니, 달걀이 물에 떠진다. / 오늘은 편히 쉬어지는구나! / 다리가 아파서 잘 안 뛰어진다. / 공사를 해서 길이 넓어졌다. / 요즘은 그 가게에 잘 가지지 않아요.

❷ 형용사: 일순간 하늘빛이 붉어졌다. / 자네 최근에 많이 건강해졌네. / 방이 따뜻해졌다. / 그 소식을 듣고 더욱 슬퍼졌어요. / 해가 뜨니까 갑자기 주변이 환해졌다.

• 어떤 경우에 피동사를 사용하고 어떤 경우에 '-아/어 지다'를 사용하는지에 대해 완전히 밝혀져 있지 않음.

　· '던지다, 지키다, 때리다, 만지다' 등 동사 어간이 'ㅣ'로 끝나는 경우 피동사를 사용하지 못한다는 제약이 있는 정도임.

• 통사적 피동은 파생적 피동과 달리 어떤 의도적인 힘이 작용하는 것으로 해석될 수 있어 의미적 차이를 보이기도 함. → 통사적 피동에서는 능동 타동사가 그대로 포함되어 있는 반면에 파생적 피동은 피동사가 능동사와 전혀 다른 새로운 단어이기 때문임.

　· 피동사 피동: 오늘은 책이 잘 읽힌다. → 저절로 그리 됨.

　· '-아/어 지다' 피동: 오늘은 책이 잘 읽어진다. → 책을 읽으려는 주어의 의도 포함

❖ 이중 피동[320]

• 피동사에 다시 '-아/어지다'가 결합하여 피동이 중복된 것

　· 나뉘어지다, 믿겨지다, 보여지다, 쓰여지다, 읽혀지다, 잊혀지다

• 과도한 피동으로서 문법적 수정의 대상이 되기도 하지만 쓰임이 많아지고 의미가 다른 단어가 존재하는 등 오류로 보기 어려운 단어도 존재함.

　· 잊히다-잊혀지다: 쓰임이 많음.

　· 보이다-보여지다: 의미가 다름.

❖ '-게 되다' 피동[321]

• 학교 문법 등에서 '-게 되다' 구성을 피동 형식으로 보기도 하는데 외부로부터의 작용을 상정하기 어렵다는 문제가 있음.

　· 순희가 시집가게 되었다. → 'X가 순희를 시집가게 했다.' 등과 같은 사동성 타동문과 대응한다고 볼 가능성은 있지만 이러한 상황에 사용되는 경우는 거의 없음. 즉 '-게 되다'는 피동 형식이라기보다는 '-게 되다'의 형식 그대로의 의미, 즉 주어의 처지가 특정 상태로 변화했음을 표현한다고 해석하는 것이 타당

2. 사동

어떤 참여자(사동주)가 자신이 아닌 다른 참여자(피사동주)로 하여금 어떤 동작을 하게 하는 것 → 어떤 참여자(사동주)가 사물을 포함한 특정 대상에 일정한 동작이나 사건이 일어

나게 하는 것

• 피사동주가 동작을 할 수 있는 경우: 아저씨는 걸인들에게 밥을 먹였다.

• 피사동주가 동작을 할 수 없는 경우: 박 장군은 성벽을 높였다. → 기존의 정의로 포괄할 수 없어 정의의 확장이 필요함.

cf) 주동: 사동 행위에 의해 촉발되는 행위나 작용

☐ 사동의 유형

(1) 사동사 사동

① 형용사와 자동사 및 타동사 어근에 접사 '-이-, -히-, -리-, -기-, -우-, -구-, -추-, -으키-, -이키-'가 붙어 형성된 사동사를 서술어로 하는 사동문 → 파생적 사동, 형태론적 사동, 단형 사동이라고 하기도 함.

❶ -이-: 먹이다, 보이다, 죽이다, 속이다, 들이다, 끓이다, 붙이다, 썩이다, 기울이다

❷ -히-: 입히다, 잡히다, 익히다, 식히다, 굳히다, 밝히다, 좁히다, 넓히다, 더럽히다

❸ -기-: 안기다, 빗기다, 신기다, 씻기다, 맡기다, 숨기다, 남기다, 굶기다, 넘기다

❹ -리-: 알리다, 불리다, 물리다, 울리다, 얼리다, 날리다, 올리다, 흘리다, 말리다

❺ -우-: 깨우다, (짐을) 지우다, 돋우다, 거두다, 비우다, 새우다, 피우다, 찌우다

❻ -구-: 달구다, 솟구다

❼ -추-: 들추다, 맞추다, 늦추다, 낮추다

❽ -으키-: 일으키다

❾ -이키-: 돌이키다

> ❖ 사동 접사 '-우-'[322]
>
> • 사동 접사 '-우-'가 결합하여 형성된 사동사 중 이중 사동 표현으로 볼 수 있는 단어들이 존재함.
> · '재우다, 태우다, 채우다, 체우다, 띄우다, 씌우다, 씌우다'
> · 통시적인 관점에서 먼저 사동 접사 '-이-'가 결합하고 난 후 다시 '-우-'가 결합한 것 → 공시적 관점에서는 이중 사동으로 보거나 접사 '-ㅣ우'를 설정하는 것인데 'ㅣ'가 음소로 실현되지 않기 때문에 문제가 있음.
> · 공시적인 관점에서 이중 사동을 이해하기 위해서 '-우-' 앞에서 어근의 형태가 바뀐다는 이형태 교체 규칙을 설정하는 방법도 있음.

② 사동을 일으키는 주체인 사동주가 새로운 주어로 도입되고, 사동주의 행위를 받아 실질적

인 동작이나 작용의 의미적 주체가 되는 주동주(피사동주)가 목적어나 부사어로 등장

❶ 자동문 및 형용사문에서 형성된 사동문 → 주동문의 주어가 목적어가 됨.

가. 자동사: 얼음이 녹았다. → 우리가 <u>얼음을</u> 녹였다.

나. 형용사: 길이 넓다. → 인부들이 길을 넓힌다.

❷ 타동문에서 형성된 사동문 → 주동문의 주어가 목적어 또는 부사어가 됨.

가. 타동사: 아이가 우유를 먹는다. → 엄마가 {<u>아기에게 / 아기한테 / 아기를</u>} 우유를 먹인다.

❖ **형용사에서 형성된 사동사**[323]

• 형용사는 주동사가 될 수 없기 때문에 형용사에서 형성된 것들에 대해 사동사가 아니라고 할 수도 있음.

• 사동사로 보는 근거

· 형용사에서 파생된 사동사가 쓰인 구문이 동사에서 파생된 사동사 구문과 다름이 없음.

· 사물을 '어떻게 되게 한다'는 뜻으로 쓰인다는 점에서 동사에서 파생된 사동사와 같음.

---

② 사동사 형성의 제약

❶ 모든 동사가 대응하는 사동사가 있는 것이 아니라 사동사의 파생은 제한

가. 피동사 형성이 제약되는 경우와 비슷: 수여 동사, 수혜 동사, 대칭 동사, 'ㅣ' 모음으로 끝나는 용언 등

❷ 의미적 차이로 주동문이나 사동문 상정이 불가능한 경우가 있음. → 접사가 결합하여 만들어진 피동사는 능동사와 서로 다른 새로운 동사이기 때문임.

가. 주동문을 상정할 수 없는 사동문

㈎ 주로 비유적 어휘나 관용구를 포함한 문장임.

㉮ 아버지는 나에게 그 사실을 <u>숨겼다</u>. → *그 사실이 숨었다.

㉯ 인부들이 이삿짐을 <u>옮긴다</u>. → *이삿짐이 옮는다.

㉰ 어머니가 옷에 풀을 <u>먹인다</u>. → *옷이 풀을 먹는다.

㉱ 형은 돈을 잘 <u>굴려서</u> 부자가 되었다. → *돈이 잘 구른다.

㉲ 살아가면서 낯을 <u>붉히고</u> 싸우는 일은 없었으면 좋겠다. → ?낯이 붉다.

㉳ 이제야 좀 숨을 <u>돌릴</u> 수 있게 되었다. → ?숨이 돌다.

㉴ 그 여자의 남편이 바람을 <u>피운다는</u> 소문이 있다. → *바람이 핀다.

㉵ 우리 집은 소 다섯 마리를 <u>먹이고</u> 있다. → *소 다섯 마리가 먹고 있다.

나. 사동문을 상정할 수 없는 주동문

㈎ 비유적 어휘나 관용구를 포함한 문장에서 많이 나타남.

㉑ 영희가 결혼했다는 소문이 <u>돈다</u>. → *우리가 영희가 결혼했다는 소문을 돌렸다.

㉯ 민수가 더위를 <u>먹었다</u>. → *X가 민수에게 더위를 먹였다.

　㈏ 인위적으로 만들 수 없는 상태를 나타내는 경우에도 사동문을 상정할 수 없음.

　　• 소나무 가지가 <u>굽었다</u>. → *우리가 소나무 가지를 굽혔다.

❖ 접사 '-시키-'에 의한 사동[324]

『표준국어대사전』에서 '시키다'를 접사로 처리하고 있음. → 학교 문법이나 일부 문법서에서 이를 사동사에 의한 사동으로 다루기도 함.

• 동사성 명사에 결합하여 사동 서술어로 기능함. 주로 '-하다'로 끝나는 주동사를 사동사로 만들 때 '-하다' 대신 '-시키다'를 사용

· 아들은 열심히 <u>공부했다</u>. → 어머니는 {아들을 / 아들에게 / 아들한테} 열심히 <u>공부시켰다</u>.

· 학생들은 높은 강도로 <u>훈련했다</u>. → 선생님은 {학생들을 / 학생들에게 / 학생들한테} 높은 강도로 <u>훈련시켰다</u>.

• '-시키다'에 의해 파생된 사동사를 의미적으로 구분하기도 함.

· 사동사로 볼 수 있는 동사: 반복시키다, 변화시키다, 설치시키다, 연습시키다, 훈련시키다

· 과잉 사동으로 해석할 수 있는 동사: 교육시키다, 구속시키다, 배치시키다, 제외시키다, 해고시키다 → 사동사로 해석할 수도 있지만 '교육하다, 구속하다, 배치하다, 제외하다, 해고하다'의 타동사로 쓰였을 때와 동일한 의미를 표현하기 때문에 사동사를 쓸 필요 없이 '-하다'로 끝나는 일반 타동사로 쓰는 것이 규범적으로 옳음.

'시키다'를 사동의 뜻을 지닌 두 자리 타동사로 간주하여 사동문으로 처리하지 않는 견해도 있음.

• 동작성 명사 뒤에 목적격 조사가 생략된 것으로 볼 수 있어 '시키다'를 접사가 아닌 한 단어로 간주해야 함. 예 내가 그에게 내 차를 <u>운전시켰다</u>. → 내가 그에게 내 차를 운전을 <u>시켰다</u>.

• '시키다'를 '하다'가 붙어서 된 말에 '하다' 대신 쓰여 사동의 의미를 나타낸다고 하였는데 모든 '하다'류 동사에 결합할 수 없음. 예 존경하다 → *존경시키다, 실수하다 → 실수시키다

---

(2) '게 하다' 사동

① 형용사, 자동사 및 타동사의 '-아/어' 활용형에 보조 동사 '지-'가 결합한 보조 용언 구성을 통하여 피동문을 형성 → 통사적 사동, 장형 사동이라고 하기도 함.

② 사동을 일으키는 주체인 사동주가 새로운 주어로 도입되고, 사동주의 행위를 받아 실질적인 동작이나 작용의 의미적 주체가 되는 주동주(피사동주)가 목적어나 부사어의 모습 외에도 주격의 형태로 나타날 수 있음. → 주격의 형태로 나타날 수 있는 것은 '-게 하다'에 의한 사

동문이 복문이기 때문임. → 사동주는 안은절(모절)의 주어가 되고, 주동주(피사동주)는 안긴 절의 주어가 됨.

❶ 목적어 형태: 선생님께서 <u>학생들을</u> 집에 가게 했다.

❷ 부사어 형태: 선생님께서 <u>학생들에게</u> 집에 가게 했다.

❸ 주어 형태: 선생님께서 <u>학생이</u> 집에 가게 했다.

> ❖ 통사적 사동에서 피사동주의 문장 성분에 따른 의미 차이[325]
>
> • '-게 하다'에 의한 사동문에서 피사동주가 어떠한 문장 성분으로 나타나느냐에 따라 사동주의 통제력과 관련하여 미세한 의미 차이를 보이기도 함.
>
> · 주어로 등장: 어머니는 <u>아이가</u> 우유를 마시게 했다. → 사동주인 '어머니'가 허락했다 정도의 의미
>
> · 목적어로 등장: 어머니는 <u>아이를</u> 우유를 마시게 했다. → 사동주인 '어머니'가 강요하거나 억지로 먹게 했다 정도의 의미
>
> · 부사어로 등장: 어머니는 <u>아이에게</u> 우유를 마시게 했다. → 사동주인 '어머니'가 약하게 명령하거나 권유했다 정도의 의미

③ 시제 및 양태를 나타내는 요소는 '하다'에 결합하고 존대를 나타내는 '-(으)시-'는 높이는 대상의 행위를 나타내는 동사에 결합함.

❶ 시제 선어말 어미: '하다'에 결합함. 예 아버지가 나에게 머리를 <u>자르게 했다</u>. / *아버지가 나에게 머리를 잘랐게 하다.

❷ 주체 높임의 선어말 어미: 높임 대상의 행위를 나타내는 서술어에 결합

가. 사동주의 행위만 높이는 경우: 아버지가 나에게 머리를 {자르게 하셨다 / *자르시게 하였다 / *자르시게 하셨다}.

나. 피사동주의 행위만 높이는 경우: 민희는 선생님을 거기에 {가시게 했다 / *가게 하셨다 / *가시게 하셨다}.

다. 사동주와 피사동주의 행위를 모두 높이는 경우: 아버지는 어머니를 {가시게 하셨다 / *가게 하셨다 / *가시게 했다}

② 파생적 사동과 통사적 사동의 차이

⑴ 파생적 사동은 직접적, 간접적 사동의 행위까지 표현될 수 있는 반면에 통사적 사동문은 간접적 사동의 행위만 드러내는 경향이 있음.

① 파생적 사동

❶ 사동주의 직접적 행위로 해석: 민지가 동생을 자기 방에서 울리었다.

❷ 사동주의 간접적 행위로 해석: 선생님께서 지호에게 책을 읽히셨다.

❸ 사동주의 직접적, 간접적 행위로 모두 해석 가능: 어머니가 아이에게 새 옷을 입히었다.

② 통사적 사동

❶ 사동주의 간접적 행위로 해석: 민지가 동생을 자기 방에서 울게 하였다. / 선생님께서 지호에게 책을 읽게 하셨다. / 어머니가 아이에게 새 옷을 입게 하였다.

❖ **직접 사동과 간접 사동**[326]

직접 사동과 간접 사동의 개념

• 직접 사동: 사동주가 피사동주의 행위에 함께 참여하는 경우

• 간접 사동: 사동주가 피사동주의 행위에 함께 참여하지 않은 경우

파생적 사동과 통사적 사동에서 직접 사동과 간접 사동의 의미적 차이가 발생하는 이유에 대한 가설

• 문장의 확대와 관련된 가설

· 사동은 원칙적으로 사동주의 사동 작용과 이로 인해 발생하는 주동주(피사동주)의 작용을 모두 표현한 것이기 때문에 두 종류의 사동 모두 간접 사동의 의미를 나타냄.

· 파생적 사동은 홑문장이므로 사동주의 행위를 서술하는 것으로 해석할 수 있어 직접 사동의 의미가 가능함.

• 인지적 거리와 문법 형식 길이의 상관관계로 설명하는 가설

· 간접 사동은 피사동주에 대한 사동주의 간접적 행위를 나타내므로 직접 사동에 비해 사동주와 피사동주의 인지적 거리가 먼 반면에 직접 사동은 피사동주에 대한 사동주의 직접적 행위를 나타내므로 간접적 사동에 비해 사동주와 피사동주의 인지적 거리가 가까움.

· 인지적 거리의 차이가 문법 형식의 길이 차이로 이어져 인지적 거리가 가까운 직접 사동은 형식이 짧은 단형 사동으로 나타나고, 인지적 거리가 먼 간접 사동은 형식이 긴 장형 사동이 쓰이는 것

---

(2) 파생적 사동은 사동 사건과 주동 사건이 분리 불가능한 사건인 반면에 통사적 사동문은 사동 사건과 주동 사건이 분리될 수 있음.

① **파생적 사동**: ?범인은 이미 3일 전에 오늘의 폭발 사고를 일으켰다.

② **통사적 사동**: 범인은 이미 3일 전에 오늘의 폭발 사고가 일어나게 했다.

(3) 수단과 방법을 나타내는 부사어가 파생적 피동에서는 사동주의 행위로만 해석되는 반면

에 통사적 사동문은 사동주나 피사동주 각각의 행위로 해석될 수 있음. → 파생적 사동이 사동주의 사동 행위를 서술하는 단문임에 반해 통사론적 사동문은 사동 양상과 주동 양상이 각각 안은절, 안긴절에 의해 독립적으로 표현되는 겹문장이기 때문임.

① **파생적 사동**: 그 남자는 그녀를 혀를 물어 죽였다. → 타살

② **통사적 사동**: 그 남자는 그녀를 혀를 물어 죽게 하였다. → 타살, 자살

(4) 파생적 사동문에서 부사는 주로 사동주의 행위를 수식하는 반면에 통사적 사동문에서 부사는 피사동주의 행위를 주로 수식함. → 통사적 사동문이 겹문장 구조를 이루기 때문임.

① **파생적 사동문**: 어머니가 아이에게 옷을 빨리 입혔다. / 나는 지호에게 그 책을 못 읽혔다. → 사동주의 행위를 수식

② **통사적 사동문**: 어머니가 아이에게 옷을 빨리 입게 했다. / 나는 지호에게 그 책을 못 읽게 했다. → 피사동주의 행위를 수식

(5) 보조 동사가 쓰이는 자리가 통사적 사동에서 더 자유로움.

① **파생적 사동문**: 나는 지호에게 책을 읽혀 보았다. → 보조 동사의 자리가 사동사 다음에 쓰임.

② **통사적 사동문**: 나는 지호에게 책을 읽어 보게 하였다. / 나는 지호에게 책을 읽게 해 보았다. → 보조 동사가 쓰일 수 있는 자리가 두 군데임.

(6) 통사적 사동은 사동사를 다시 사동화할 수 있음. 예 내가 지호에게 토끼한테 풀을 먹이게 하였다.

❖ 피동과 사동의 서술어 자릿수[327]

피동과 사동의 개념을 자릿수의 변동으로 설명하기도 함.

• 피동문: 동작주 주어가 부사어가 되거나 없어져 버림. 피동문의 부사어는 필수 부사어가 아님. → 자릿수가 하나 줄어드는 현상

· 능동문: 경찰이 도둑을 잡았다. → 2자리

· 피동문: 도둑이 경찰에게 잡혔다. → 1자리

• 사동문: 새로운 주어, 즉 사동주가 도입 → 자릿수가 하나 늘어나는 현상

· 주동문: 돌이가 책을 읽는다. → 2자리

· 사동문: 선생님이 돌이에게 책을 읽힌다. → 3자리

피동과 사동의 자릿수 변동 설명 관점의 문제점

• 대응하는 기준 문장이 존재하지 않은 때에는 자릿수 변동이라는 개념 자체가 성립하지 않음.

· 피동: 날씨가 풀렸다. → *X가 날씨를 풀었다. → 대응하는 능동문이 존재하지 않아 자릿수 변동으로 설명하기 어려움.

· 사동: 철수가 짐을 옮겼다. → *짐이 옮았다. → 대응하는 주동문이 존재하지 않아 자릿수 변동으로 설명하기 어려움.

❖ 피동과 사동의 형태적 유사성[328]

• 피동사와 사동사는 서로 형태가 같은 것이 많음.

· 보이다, 잡히다, 업히다, 끌리다, 뜯기다, 읽히다

1. 부정문의 개념과 범위

① 부정문의 개념
(1) 부정 부사, 보조 용언 구성, 어휘적 요소 등을 사용하여 문장의 명제적 의미에 대한 진위를 정반대로 바꾸는 통사적인 절차
(2) 부정소가 포함된 문장
  • 부정소: 부정 부사, 보조 용언 구성, 부정의 어휘 등에 포함된 명제의 진위를 바꾸는 요소

② 부정문의 범위
(1) 부정 극어(부정문에서만 쓰이는 말)와 호응하는 특성을 기준으로 삼아 부정문에 포함
① 부정 극어의 종류
  ❶ 결코, 도무지, 도저히, 별로, 절대로, 전혀, 조금도, 추호도
② 부정 극어와의 호응
  ❶ '안' 부정문: 수호는 밥을 <u>도무지</u> 안 먹는다. / 수호는 밥을 <u>도무지</u> 먹지 않는다.
  ❷ '못' 부정문: 수호는 밥을 <u>도무지</u> 못 먹는다. / 수호는 밥을 <u>도무지</u> 먹지 못한다.
  ❸ '말다' 부정문: 수호야, 오늘은 <u>절대로</u> 학교에 가지 마라.
  ❹ 어휘 부정문: 지호는 <u>절대로</u> 학생이 아니다. / 지호는 <u>절대로</u> 그 일을 모른다. / 지호는 <u>절대로</u> 돈이 없다.

❖ **부정 접두사에 의한 부정**[329]

• '미(未)-, 비(非)-, 무(無)-, 불/부(不)-' 등의 붙어 파생된 어휘가 포함된 문장된 문장 역시 부정의 의미를 지니고 있지만 부정 극어와 호응하지 않기 때문에 통사적 부정문으로 보지 않음.
  · 미(未)-: 민지는 미성년이다. / *민지는 <u>절대로</u> 미성년이다.
  · 비(非)-: 그 말은 비논리적이다. / *그 말은 <u>절대로</u> 비논리적이다.
  · 무(無)-: 그 일은 무가치하다. / *그 일은 <u>절대로</u> 무가치하다.
  · 불/부(不)-: 이번 일은 불가능하다 / *이번 일은 <u>절대로</u> 불가능하다.
• 부정 극어와 호응하기 위해서는 부정 보조 용언이나 부정의 의미를 지닌 어휘 등의 부

정소가 사용되어야 함.

· 미(未)-: *민지는 <u>절대로</u> 미성년이다. → 민지는 <u>절대로</u> 미성년이 아니다.
· 비(非)-: *그 말은 <u>절대로</u> 비논리적이다. → 그 말은 <u>절대로</u> 비논리적이 아니다.
· 무(無)-: *그 일은 <u>절대로</u> 무가치하다. → 그 일은 <u>절대로</u> 무가치하지 않다.
· 불/부(不)-: *이번 일은 <u>절대로</u> 불가능하다. → 이번 일은 <u>절대로</u> 불가능하지 않다.
• 부정소에 의한 통사적 부정문과 의미적으로 유사하기는 하지만 의미 해석에 있어 차이가 있다고 설명하기도 함. **예** '비민주적인 행위를 했다'는 '민주적인 행위를 하지 않았다.'에 비하여 민주적인 행위가 아닌 다른 여러 행위를 했을 가능성이 있음.

❖ **긍정문에 쓰인 부정 극어와 이중 부정문**[330]

• 부정문이 아님에도 부정 극어와 호응하기도 함. → 부정소를 포함하고 있지 <u>않으므로</u> 부정문으로 다루지 않음.
· 지호는 <u>미처</u> 집에 도착하기도 전에 쓰러져 버렸다. / <u>도무지</u> 누가 이 문제를 풀 수 있겠는가?
• 이중 부정은 의미상으로 긍정임. → 부정소를 포함하고 있으므로 부정문으로 다룸.
· 지수는 노래를 <u>못</u> 부르지 <u>않았다</u>.

2. 부정문의 유형

☐ **통사적 부정**
(1) **'안' 부정문**
① 부정 부사 '아니(안)'나 부정의 보조 용언 구성 '-지 아니하다(않다)'를 사용한 부정문
② 단순 부정과 의도 부정의 의미를 나타냄.

❶ 주어가 의지를 가질 수 없는 동사이거나 서술어가 형용사인 경우에는 대부분 주체의 속성이나 상태를 부정하는 단순 부정의 의미를 지님.
가. 주어가 의지를 가질 수 없는 동사: 올봄에는 비가 <u>안</u> 온다. / 올봄에는 비가 오지 <u>않는다</u>.
나. 형용사: 이 가방은 <u>안</u> 무겁다. / 이 가방은 무겁지 <u>않다</u>.
❷ 서술어가 동사이고 주어인 동작주가 의지를 가질 때에는 단순 부정과 의도 부정으로 해석이 모두 가능함. **예** 나는 내일 학교에 <u>안</u> 간다. / 나는 내일 학교에 가지 <u>않는다</u>.
③ 의도 부정이라는 의미 특성에 따라 동작주의 능력이나 인지를 나타내는 서술어와 어울릴 수 없음. → 화자가 의도적으로 능력이나 인지적 능력이 없을 수는 없기 때문임.

❶ 견디다, 깨닫다, 알다, 인식하다, 지각하다, 터득하다 → 긴 부정이나 짧은 부정문에 상관없이 '안' 부정문의 서술어로 쓰일 수 없음. 예 나는 이번 일을 {*안 견딘다 / *견디지 않는다}. / 나는 그 사실을 {*안 안다 / *알지 않는다}.

❖ '안' 부정문 제약의 예외[331]

• 동사 자체가 화자의 의지를 포함하는 '참다, 견디다' 등에서 '안' 부정문의 제약을 보인다는 기존의 논의에 대해 의지 부정으로 '안'이 쓰이는 경우가 있음.

 · 나 같으면 그런 말을 듣고 안 참는다. / 네가 안 참으면 어쩔 테냐?

• 인지를 나타내는 '깨닫다, 알다' 등이 '안' 부정문에서 의지 부정으로 '안'이 쓰이기도 함.

 · 자기의 잘못을 깨닫지 않고서는 이곳으로 돌아오지 않을 거야.

 · 문제의 풀이과정을 알지 않으면 틀리는 것으로 하겠다.

 · 나는 그 문제에 대해서는 {안 알고 싶어 / 알고 싶지 않아}.

④ 부정 부사 '아니(안)'을 통해 부정문을 만들면 단형 부정, 부정의 보조 용언 구성 '-지 아니하다(않다)'를 통해 부정문을 만들면 장형 부정이라고 함.

 ❶ 의미적으로 큰 차이는 없으나 짧은 부정문은 서술어가 되는 용언의 종류에 따라 실현이 불가능한 경우가 있음.

 가. 합성어: 값싸다, 굶주리다, 오가다, 이름나다, 본받다 예 이 물건은 {*안 값싸다 / 값싸지 않다}. / 너는 어째서 그 분을 {*안 본받느냐 / 본받지 않느냐?}

 나. 접두 파생어: 빗나가다, 설익다, 얄밉다, 휘감다 예 밥이 {*안 설익었다. / 설익지 않았다}.

 다. 접미 파생어: 교육자답다, 기웃거리다, 슬기롭다, 정답다, 정성스럽다, 새파랗다 예 그 사람은 {*안 교육자답다 / 교육자답지 않다}.

 라. '명사+하다' 구성 파생어: 공부하다, 노래하다, 노하다, 과분하다, 악하다, 연구하다, 운동하다, 추천하다, 출발하다, 통일하다 예 수호는 {*안 노래하다 / 노래하지 않다}.

❖ 단형 부정 제약의 예외[332]

일반적으로 단형 부정은 서술어로 쓰인 용언이 합성어나 파생어일 경우에 결합이 제약되지만 이러한 제약에서 벗어나 자유롭게 결합하기도 함.

• 보조적 연결 어미를 매개로 한 합성 동사

 · 내려오다, 돌아가다, 들어가다, 스며들다, 잡아먹다 예 호랑이가 토끼를 안 잡아먹다.

• '-하다' 파생어의 일부 동사 및 형용사

 · 독하다, 상하다, 전하다, 연하다 예 이 음식은 아직 안 상했다.

> • '-하다' 파생어 중 체언이 분리되는 경우에는 목적격 조사 '을/를'을 넣어 '하다' 앞에 '아니(안)'을 넣어 짧은 부정문을 만들 수 있음.
> · 노래하다, 공부하다, 연구하다, 운동하다, 장사하다 예 나는 목이 아파서 노래를 안 했다.
> • 사동사 및 피동사
> · 들리다, 웃기다, 맞추다, 높이다 예 네 목소리가 안 들린다.

> ❖ 단형 부정 제약의 이유[333]
> • 단형 부정의 제약이 합성어나 파생어 앞에서 많이 발생하지만 양상이 복잡하여 낱낱의 어휘 목록을 제시하는 데에 그치는 경우가 많음. → 최근 '안'의 문법 범주의 변화로 설명을 시도함.
> · '안'이 '아니'와 분리되어 접사적 성격이 강한 의존 형태소로 변했음.
> · 어근 자체가 용언 어간을 형성하는 용언형 어근(먹-, 예쁘-, 잡-)과 용언 어간을 형성하기 위해 어근에 접사가 첨가되어야 하는 비용언형 어근(전화하다, 신사답다, 과다하다, 멋지다)으로 용언의 유형을 분류
> · 체언, 한자어 어근, 부사성 어근과 같은 어기에 접미사 '-스럽-, -답-, -롭-, -하-, -거리-, -대-' 등이 결합하여 형성된 파생 용언은 모두 그 어근이 비용언형 어근임.
> · 접사적 성격을 띤 부정소 '안'은 '용언 어간'이 아니라 '용언형 어근'과 결합하기 때문에 비용언형 어근과 결합 제약이 있다고 설명함.

❷ 긴 부정문의 형태인 '아니하다'의 품사는 앞에 오는 본용언의 품사와 동일함.
가. 동사 뒤에서 동사가 됨. 예 나는 그 사람을 추천하지 않는다.
나. 형용사 뒤에서 형용사가 됨. 예 하늘이 어제처럼 새파랗지 않다.

(2) '못' 부정문
① 부정 부사 '못'이나 부정의 보조 용언 구성 '-지 못하다'를 사용한 부정문
② 의도는 있으나 능력이 부족함을 나타내는 능력 부정이나, 외부의 환경으로 인하여 명제의 내용이 부정되는 상황 부정의 의미로 쓰임.
  ❶ 능력 부정: 지수는 몸이 약해 운동을 못 했다.
  ❷ 상황 부정: 지수는 시간이 없어 운동을 못 했다.
③ '못' 부정문의 제약
  ❶ 언제나 화자의 의도를 전제로 하여 능력이 있는 상황이나 기대 수준에 도달하는 상황을 부정하기 때문에 화자의 의도를 부정하는 맥락에서 성립하지 못함.

가. '-(으)려고, -(으)고자' 등의 의도를 나타내는 부사절: 나는 공부를 하려고 친구를 {안 / *못} 만났다. / 나는 공부를 하고자 친구를 만나지 {않았다 / *못했다}

나. '후회하다, 걱정하다, 망하다, 실패하다, 염려하다, 잃다, 참회하다, 헐벗다, 당하다' 등의 의지를 상정하기 어려운 서술어: 나는 별로 고민하지 {않는다 / *못한다}

다. 화자의 심리적 상태를 나타내는 경우: 나는 이 일을 {안 / *못} 하고 싶다. / 나는 이 일을 하고 싶지 {않다 / *못하다}.

❷ 형용사 구문에서 '못' 부정문이 쓰이지 않음. 예 *지유는 못 예쁘다. / *지유는 예쁘지 못하다. / *길이 못 넓다. / *길이 넓지 못하다.

❸ 의미상 약속을 나타내는 문장과 어울리지 못함. 예 이제 다시 화내지 {않을게 / *못할게}. / 너를 미워하지 {않으마 / *못하마}.

④ 화자의 능력을 부정하는 의미에서 발전하여 완곡한 거절 또는 강한 거부와 같은 화자의 심리적 태도를 반영하는 용법으로도 쓰임. 예 죄송하지만 저는 못 갑니다. / 그 말씀은 도무지 못 믿겠습니다.

⑤ 부정 부사 '못'을 통해 부정문을 만들면 단형 부정, 부정의 보조 용언 구성 '-지 못하다'를 통해 부정문을 만들면 장형 부정이라고 함.

❶ '안' 부정문에서와 마찬가지로 서술어가 합성어나 파생어인 경우에 단형 부정이 장형 부정에 비하여 제약이 많음. 예 지호가 {*안 / *못} 공부한다. → '안' 부정과 동일하게 보조적 연결 어미를 매개로 한 합성 동사나 '-하다' 파생어 중 분리가 가능한 경우에 단형 부정이 쓰이기도 함. 예 선생님이 아직 {안 / 못} 내려오셨다. / 지호가 공부를 {안 / 못}한다.

❷ 긴 부정문의 형태인 '못하다'의 품사는 앞에 오는 본용언의 품사와 동일함.

가. 동사 뒤에서 동사가 됨. 예 배가 아파서 밥을 먹지 못하다.

나. 형용사 뒤에서 형용사가 됨. 예 음식 맛이 좋지 못하다.

> ❖ '못' 부정문 제약의 예외[334]
>
> 의지를 가진 주체의 능력을 부정하는 것이 기본인 '못' 부정문이 의지를 가질 수 없는 주체가 주어로 오는 경우에 사용이 되기도 함.
>
> • 능력이나 의도의 문제가 자연 현상 또는 동식물에 적용됨으로써 자연 및 동식물의 의도를 반영하는 경우 예 이 밭에서는 인삼이 잘 자라지 못한다. / 하얗게 얼었던 강줄기는 물색을 띠고 있지만 흐르지 못한다.
>
> • 명제 내용의 실현이 화자의 의도를 반영하는 경우 예 어머니는 회초리를 들지 못했다.
>
> '못' 부정은 형용사 서술어에서 실현되지 않는 것이 원칙이나 기대하는 기준에 이르지 못함'의 뜻을 나타내는 경우에 쓰일 수 있음. → 의미를 고려하여 불급 부정이라고 함.

> • '넉넉하다, 만족하다, 우수하다, 풍부하다' 등의 형용사에 결합이 가능
> · 우리 집은 살림이 넉넉하지 못하다. / 그 아이는 성적이 <u>우수하지 못하다</u>. / 내 월급이
> <u>만족스럽지 못하다</u>. / 그 아이가 <u>똑똑하지 못하다</u>. / 우리 집은 <u>넓지 못하다</u>. / 그 여자는
> 건강이 <u>좋지 못하다</u>.
> • 불급 부정의 제약
> · 장형 부정에서만 가능함. 예 그 아이가 {*못 똑똑하다 / 똑똑하지 못하다}.
> · 속성을 나타내는 성상 형용사에서만 가능하고 심리 상태를 나타내는 심리 형용사에서
> 는 성립이 불가능함. 예 *우리 어머니가 무섭지 못하다.

> ❖ **'안', '못' 부정문의 어휘화**[335]
> • 짧은 부정문을 만드는 '못'이 뒤에 오는 서술어와 결합하여 합성어가 되어 하나의 단어
> 로 굳어지기도 함. → 중립적 부정인 '안'에 비하여 양태적 부정이 '못'이 어휘화하는 빈
> 도가 높음.
> · 안됐다
> · 못생겼다, 못산다, 못살겠다, 못하다, 못됐다, 못나다, 못쓰다, 못마땅하다
> • 긴 부정문이 관용어로 굳어지기도 함.
> · 죽지 못해 산다

(3) '말다' 부정문

① 용언의 어간에 '-지 말다'를 결합한 장형 부정의 형태로 명령문 및 청유문의 부정에 쓰이
는 문장

❶ '안' 부정과 '못' 부정은 명령문과 청유문에 쓰이지 않음. 예 *밥을 남기지 않아라. *오늘
은 수영을 <u>하지 않자</u>. / *밥을 <u>남기지 못해라</u>. / *오늘은 수영을 <u>하지 못하자</u>. cf) 표어나 구호 같은
상황에서 '안' 부정이 명령이나 청유문에 쓰이기도 함.: 안 쓰고 안 먹고 안 입자.

❷ '말다' 부정문은 평서문이나 의문문에 쓰이지 않음. 예 *그 아이는 숙제를 <u>하지 말고</u> 잠을
잤다. / *너도 공부를 <u>하지 말고</u> 시험을 치렀니?

② '바라다, 원하다, 희망하다, 기원하다, 기대하다' 등 바람이나 희망을 나타내는 동사가 안
은절의 서술어로 쓰이는 경우나 의무를 나타내는 문장에서는 평서문임에도 불구하고 안긴절
속에서 '말다' 부정이 가능함. → '않다'의 성립도 가능. → 명령이나 청유가 아직 일어나지 않
은 사태가 일어나기를 바라거나 청자에게 일정한 의무를 부여하는 지시 화행이라는 점을 고
려하면 바람이나 의무를 나타내는 평서문과의 의미적 연관성이 있음.

❶ 바람이나 기원: 나는 네가 집에 가지 {않기를 / 말기를} 바란다.

❷ 의무: 지수는 집에 가지 {않아야 / 말아야} 한다.

③ 형용사는 대부분 명령문이나 청유문에 쓰이지 않기 때문에 '말다'는 서술어가 형용사인 경우에 쓰이지 않음. → 다만 기원이나 희망을 나타낼 때는 형용사문에서도 '말다' 부정이 성립됨.

❶ 형용사와의 결합 제약: 예쁘지 {*말자 / *마라}.

❷ 기원이나 희망을 나타낼 때는 형용사 결합 가능: 오늘은 제발 춥지 마라.

❖ '말다'의 문법화[336]

• '말다'가 연결 어미 '-고'와 결합하여 특별한 의미로 쓰임. → 의미상 금지의 뜻으로 보기 어렵고, 동사 활용형으로 환원시키기도 어려움. → 보조사, 후치사로 다루기도 하며, 보조 용언으로 보는 경우 '완료'나 '아니'의 의미로 봄.

· 나는 너 말고는 믿을 사람이 없다. / 이것 말고 그것 주세요. / 모든 것이 물거품이 되고 말았다.

• 몇몇 연결 어미와 결합하여 반복 구성을 이루며 다양한 관용구를 형성하기도 함.

· -을락 말락, -거나 말거나, -을듯 말듯, -는둥 마는둥, -을까 말까

② 어휘적 부정

(1) 부정의 의미를 지닌 '없다, 모르다, 아니다' 등이 서술어로 쓰인 문장으로 부정 극어와 어울릴 수 있어 부정문으로 처리

① 없다: '안 있다'나 '있지 않다' 대신 사용하는 특수 부정어 예 나는 요즘 돈이 {*안 있다 / *있지 않다 / 없다}.

❶ '있다'의 존대어인 '계시다'나 '-고 있다'의 구성에서는 부정어로 '없다'를 취하지 않음. 예 수호는 공부를 하고 {*안 있다 / 있지 않다 / *없다}.

❷ '안' 부정문을 취하기도 함. 예 민지는 여기에 있지 않다. / 민지는 여기에 없다.

② 모르다: '안 알다'나 '못 알다' 대신 사용하는 특수 부정어 예 나는 그 사람을 {*안 안다 / *못 안다 / 모른다}.

❶ '알지 못하다'로 교체가 가능 예 나는 그 사람을 알지 못한다.

③ 아니다: '이다'의 부정어 예 나는 학생이 아니다.

❖ '아니다' 부정의 범주[337]

• '아니다'에 의한 부정은 통사적 부정으로 볼 수도 있고, 어휘적 부정으로 볼 수도 있음.

· 통사적 부정의 관점: '안+이다'로 분석

· 어휘적 부정의 관점: '이다' 대신 '아니다'를 사용
• '아니다'가 공시적으로 '안+이다'로 분석되지 않으므로 어휘적 부정으로 다루는 것이 일반적임.

3. 부정문의 통사적 특징

① 부정문의 중의성
(1) 부정의 작용역이 어디까지 미치느냐에 따라 중의성이 발생
① 나는 어제 민수와 {안 만났다 / 만나지 않았다 / 못 만났다 / 만나지 못했다}. → '어제 민수와 만난 사람은 내가 아님.', '내가 만난 사람은 민수가 아님.', '내가 민수와 만난 것은 어제가 아님.', '나는 어제 민수와 만나지 않고 전화 통화만 함.' 등 다양한 해석이 가능함.
② 구어에서 강세를 두거나 보조사 '은/는'의 결합을 통하여 일부 해소 가능　예 나는 어제 민수와는 안 만났다. / 나는 어제는 민수와 안 만났다. / 나는 어제 민수와 만나지는 않았다.
(2) '모두, 다, 전부' 등 전칭 표현과 부정어와 어울릴 경우 전체 부정과 일부 부정의 의미 두 가지로 해석이 가능
① 모임에 회원들이 다 {안 왔다 / 오지 않았다}. → '한 사람도 오지 않았다'와 '일부가 오지 않았다'로 해석이 가능함.
② 전체 부정의 의미로 해석하게 하기 위해서는 부정 극어를 사용　예 회원들이 <u>하나도</u> 오지 않았다. / 회원들이 <u>아무도</u> 오지 않았다.
③ 부분 부정의 의미로만 해석하게 하기 위해서는 보조사를 사용　예 회원들이 {다는 안 왔다 / 다 오지는 않았다}.

❖ **부사어의 종류에 따른 부정의 작용역 차이**[338]

• 문장 부사는 부정의 작용역에 포함되지 않지만 성분 부사는 부정의 대상이 됨.
· 문장 부사: <u>다행히</u> 날씨가 춥지 않다. → '다행히'가 '날씨가 춥지 않다' 전체를 수식
· 성분 부사: 나는 집에 <u>일찍</u> 도착하지 못했다.
• 부사절을 포함한 겹문장은 부정의 영역에서 제외되어 문장을 수식하기도 하고, 부정의 영역에 포함되어 성분을 수식하기도 함.
· 부정의 영역에서 제외: <u>나는 합격을 했지만</u> 지유는 합격을 하지 못했다. / <u>날씨가 추우니까</u> 아무도 나가지 않는다.
· 부정의 영역에 포함: 그는 <u>머리가 좋게</u> 생기지 않았다.

· 부정의 영역에 포함될 수도 있고 않을 수도 있음.: <u>밤이 새도록</u> 공부하지 않았다. → '공부는 했지만 밤을 새운 것은 아님.'의 의미와 '아침까지 공부를 하나도 안 했다'의 중의적 의미로 모두 해석이 가능

2 장형 부정에서의 선어말 어미의 결합

(1) 시간 표현의 선어말 어미

① 시간 표현의 선어말 어미 '-았/었-, -겠-, -더-' 등은 본용언이 아닌 보조 용언, 즉 '아니하다'와 '못하다'에 결합함. 예 지유는 학교에 가지 {않았다 / 못했다}. / *지유는 학교에 <u>갔지</u> {않았다 / 못했다}.

② '말다' 부정문에서도 본용언에는 시제 선어말 어미 결합이 불가능함. 예 *밥을 먹<u>었</u>지 마라. / *밥을 먹<u>겠</u>지 마라. / *밥을 먹<u>더</u>지 마라.

③ '안' 부정문에서 시제 선어말 어미가 본용언에 붙고 의문문의 형식을 취할 경우 부정 의문문이 아니라 확인 의문문이 됨.

❶ 부정 의문문: 영화가 생각보다 재미있지 않<u>았</u>니? / 네가 그렇게 말하지 않<u>았</u>니? → 문말 억양이 상승

❷ 확인 의문문: 영화가 생각보다 재밌<u>었</u>지 않니? / 네가 그렇게 말<u>했</u>지 않니? → 문말 억양이 하강하고 '-지 않'이 '-잖-'으로 줄어들기도 함. 예 영화가 생각보다 <u>재밌잖니</u>? / 네가 그렇게 <u>말했잖니</u>?

(2) 주체 높임의 선어말 어미

① 본용언 또는 보조 용언에 결합이 가능하며, 동시에 결합할 수도 있음.

❶ 본용언에 결합: 선생님께서 오늘 학교에 출근하<u>시</u>지 {않았다 / 못했다}.

❷ 보조 용언에 결합: 선생님께서 오늘 학교에 출근하지 {않으<u>셨</u>다 / 못하<u>셨</u>다}.

❸ 동시에 결합: 선생님께서 오늘 학교에 출근하<u>시</u>지 {않으<u>셨</u>다 / 못하<u>셨</u>다}.

(3) 이중 부정문

① 한 문장 안에 부정소가 두 번 이상 나타난 것으로 강한 긍정의 의미를 나타냄.

② '안' 부정문은 이중 부정이 가능하지만 '못' 부정은 이중 부정이 불가능함.

❶ '안' 부정: 수호는 집에 <u>안</u> 오지 <u>않았다</u>.

❷ '못' 부정: *수호는 집에 <u>못</u> 오지 <u>못했다</u>.

(4) 부정 의문문에 대한 대답

① 부정의 의미를 지니는 명제 자체에 대하여 긍정일 경우에 '네/응', 부정일 경우 '아니요/아니'로 실현 → 영어와 반대되는 방식으로 청자의 질문에 호응

❶ 부정 명제에 대한 긍정: (밥 안 / 못 먹었니?) 응, 안 먹었어.

❷ 부정 명제에 대한 부정: (밥 안 / 못 먹었니?) 아니, 먹었어.

② 몰라서 질문하는 부정 의문문이 아닌 짐작되는 사실을 상대방에게 확인하려고 묻는 의문문에 부정소가 있을 경우에는 화자의 대답에 호응하여 대답이 선택

❶ 화자의 대답에 대한 긍정: (그 친구 결혼하지 않았나?) 응, 했어.

❷ 화자의 대답에 대한 부정: (그 친구 결혼하지 않았나?) 아니, 안 했어.

참고 문헌

고영근·구본관(2010) | 『우리말 문법론』 | 집문당

남기심·고영근(2004) | 『표준 국어 문법론-개정판』 | 탑출판사

남기심·고영근(2014) | 『표준 국어 문법론-제4판』 | 박이정

남기심·고영근·유현경·최형용(2019) | 『새로 쓰는 표준 국어 문법론』 | 한국문화사

유현경 외(2019) | 『한국어 표준 문법』 | 집문당

이진호(2016) | 『국어 음운론 강의』 | 삼경문화사

최형용(2016) | 『한국어 형태론』 | 역락

미 주

1   『한국어 문법 총론 Ⅰ』(2017:98)

2   『한국어 문법 총론 Ⅰ』(2017:100), 『한국어 표준 문법』(2019:192)

3   『표준 국어 문법론』(2019:20), 『한국어 문법 총론 Ⅰ』(2017:100), 『한국어 표준 문법』(2019:193)

4   『한국어 표준 문법』(2019:194, 217)

5   『표준 국어 문법론』(2019:23), 『한국어 표준 문법』(2019:211)

6   『표준 국어 문법론』(2019:23)

7   『한국어 표준 문법』(2019:184), 『한국어 문법 총론 Ⅰ』(2017:91, 104)

8   『한국어 문법 총론 Ⅰ』(2017:95)

9   『한국어 문법 총론 Ⅰ』(2017:96)

10   『한국어 표준 문법』(2019:213)

11   『국어 음운론 강의』(2009:161), 『한국어 형태론』(2016:62)

12   『표준 국어 문법론』(2019:21)

13   『한국어 표준 문법』(2019:187, 214)

14   『한국어 문법 총론 Ⅰ』(2017:103), 『한국어 표준 문법』(2019:187)

15   『한국어 형태론』(2016:353)

16   『표준 국어 문법론』(2019:21), 『한국어 표준 문법』(2019:195, 214)

17   『한국어 문법 총론 Ⅰ』(2017:106), 『한국어 표준 문법』(2019:197)

18   『표준 국어 문법론』(2019:24), 『한국어 문법 총론 Ⅰ』(2017:107)

19   『한국어 문법 총론 Ⅰ』(2017:106), 『표준 국어 문법론』(2019:26)

20   『표준 국어 문법론』(2019:25)

21   『한국어 표준 문법』(2019:201, 210)

22   『한국어 표준 문법』(2019:203)

23   『한국어 표준 문법』(2019:206)

24   『표준 국어 문법론』(2019:204)

25   『한국어 표준 문법』(2019:326)

26   『한국어 표준 문법』(2019:202)

27 『한국어 문법 총론 Ⅰ』(2017:110)

28 『표준 국어 문법론』(2019:204)

29 『한국어 문법 총론 Ⅰ』(2017:110)

30 『한국어 문법 총론 Ⅰ』(2017:109)

31 『한국어 문법 총론 Ⅰ』(2017:116), 『한국어 표준 문법』(2019:323)

32 『표준 국어 문법론』(2019:198)

33 『우리말 문법론』(2010:252)

34 『한국어 문법 총론 Ⅰ』(2019:116)

35 『한국어 문법 총론 Ⅰ』(2017:117)

36 『한국어 표준 문법』(2019:223)

37 『한국어 형태론』(2016:420)

38 『한국어 표준 문법』(2019:360), 『한국어 문법 총론 Ⅰ』(2017:120)

39 『한국어 문법 총론 Ⅰ』(2017:120)

40 『한국어 문법 총론 Ⅰ』(2017:125)

41 『한국어 문법 총론 Ⅰ』(2017:121)

42 『표준 국어 문법론』(2019:227)

43 『한국어 문법 총론 Ⅰ』(2017:123)

44 『한국어 문법 총론 Ⅰ』(2017:126)

45 『한국어 형태론』(2016:447)

46 『한국어 문법 총론 Ⅰ』(2017:128)

47 『한국어 문법 총론 Ⅰ』(2017:129)

48 『한국어 문법 총론 Ⅰ』(2017:130)

49 『한국어 문법 총론 Ⅰ』(2017:131)

50 『우리말 문법론』(2010:263)

51 『한국어 문법 총론 Ⅰ』(2017:135)

52 『한국어 문법 총론 Ⅰ』(2017:136)

53 『한국어 형태론』(2016:361)

54 『한국어 형태론』(2016:361), 『우리말 문법론』(2010:213)

55 『표준 국어 문법론』(2019:217)

56 『한국어 문법 총론 Ⅰ』(2017:141), 『한국어 형태론』(2016:373)

57 『표준 국어 문법론』(2019:217), 『한국어 표준 문법』(2019:334)

58　『한국어 문법 총론Ⅰ』(2017:143), 『우리말 문법론』(2010:213), 『한국어 표준 문법』(2019:353)

59　『한국어 문법 총론Ⅰ』(2017:143), 『우리말 문법론』(2010:213), 『한국어 표준 문법』(2019:353)

60　『한국어 표준 문법』(2019:342)

61　『한국어 표준 문법』(2019:342)

62　『한국어 표준 문법』(2019:343)

63　『한국어 표준 문법』(2019:343)

64　『한국어 형태론』(2016:386)

65　『한국어 표준 문법』(2019:347)

66　『우리말 문법론』(2010:225), 『한국어 형태론』(2016:393)

67　『한국어 문법 총론Ⅰ』(2017:149)

68　『우리말 문법론』(2010:260)

69　『한국어 형태론』(2016:358)

70　『한국어 문법 총론Ⅰ』(2017:149)

71　『한국어 형태론』(2016:387)

72　『한국어 문법 총론Ⅰ』(2017:153)

73　『표준 국어 문법론』(2019:240), 『우리말 문법론』(2010:266)

74　『한국어 형태론』(2016:370), 『한국어 표준 문법』(2019:370)

75　『한국어 문법 총론Ⅰ』(2017:158)

76　『한국어 형태론』(2016:372)

77　『표준 국어 문법론』(2019:241)

78　『표준 국어 문법론』(2019:243)

79　『한국어 표준 문법』(2019:225), 『우리말 문법론』(2010:52)

80　『한국어 표준 문법』(2019:230)

81　『우리말 문법론』(2010:55)

82　『한국어 표준 문법』(2019:235)

83　『한국어 표준 문법』(2019:234)

84　『한국어 표준 문법』(2019:234), 『표준 국어 문법론』(2019:182)

85　『한국어 표준 문법』(2019:239)

86　『한국어 표준 문법』(2019:234)

87 『표준 국어 문법론』(2019:46), 『한국어 표준 문법』(2019:242)

88 『표준 국어 문법론』(2019:46), 『우리말 문법론』(2010:63, 85)

89 『표준 국어 문법론』(2019:47)

90 『한국어 표준 문법』(2019:253)

91 『표준 국어 문법론』(2019:50)

92 『표준 국어 문법론』(2019:50)

93 『한국어 표준 문법』(2019:245)

94 『한국어 표준 문법』(2019:245), 『우리말 문법론』(2010:83)

95 『한국어 문법 총론 Ⅰ』(2017:169)

96 『표준 국어 문법론』(2017:53)

97 『한국어 표준 문법』(2019:247)

98 『한국어 표준 문법』(2019:248), 『표준 국어 문법론』(2019:55)

99 『우리말 문법론』(2010:88)

100 『표준 국어 문법론』(2019:56)

101 『한국어 표준 문법』(2019:254), 『표준 국어 문법론』(2019:57)

102 『한국어 문법 총론 Ⅰ』(2017:171)

103 『한국어 문법 총론 Ⅰ』(2017:172)

104 『한국어 문법 총론 Ⅰ』(2017:172)

105 『표준 국어 문법론』(2019:59)

106 『한국어 문법 총론 Ⅰ』(2017:172)

107 『표준 국어 문법론』(2019:61)

108 『한국어 문법 총론 Ⅰ』(2017:173)

109 『표준 국어 문법론』(2019:61)

110 『우리말 문법론』(2010:89)

111 『우리말 문법론』(2010:89)

112 『표준 국어 문법론』(2019:65)

113 『표준 국어 문법론』(2019:66)

114 『표준 국어 문법론』(2019:65)

115 『표준 국어 문법론』(2019:116)

116 『표준 국어 문법론』(2019:139)

117 『우리말 문법론』(2010:193)

118 『표준 국어 문법론』(2019:140)

119 『우리말 문법론』(2010:193)

120 『우리말 문법론』(2010:173)

121 『우리말 문법론』(2010:176)

122 『우리말 문법론』(2010:177)

123 『한국어 문법 총론 Ⅰ』(2017:204)

124 『한국어 문법 총론 Ⅰ』(2017:203), 『한국어 표준 문법』(2019:273), 『표준 국어 문법론』
     (2019:146)

125 『한국어 문법 총론 Ⅰ』(2017:203), 『우리말 문법론』(2010:192)

126 『한국어 문법 총론 Ⅰ』(2017:200)

127 『우리말 문법론』(2010:168)

128 『표준 국어 문법론』(2019:118)

129 『표준 국어 문법론』(2019:118)

130 『표준 국어 문법론』(2019:124)

131 『표준 국어 문법론』(2019:125)

132 『표준 국어 문법론』(2019:127)

133 『표준 국어 문법론』(2019:128)

134 『표준 국어 문법론』(2019:129)

135 『표준 국어 문법론』(2019:130)

136 『표준 국어 문법론』(2019:130)

137 『표준 국어 문법론』(2019:130)

138 『표준 국어 문법론』(2019:131)

139 『표준 국어 문법론』(2019:132)

140 『표준 국어 문법론』(2019:134), 『한국어 표준 문법』(2019:275)

141 『표준 국어 문법론』(2019:134)

142 『표준 국어 문법론』(2019:135)

143 『한국어 표준 문법』(2019:267)

144 『표준 국어 문법론』(2019:100)

145 『표준 국어 문법론』(2019:102), 『한국어 문법 총론 Ⅰ』(2017:177)

146 『한국어 표준 문법』(2019:261, 275)

147 『표준 국어 문법론』(2019:102)

148 『표준 국어 문법론』(2019:106), 『한국어 표준 문법』(2019:266)

149 『표준 국어 문법론』(2019:107)

150 『표준 국어 문법론』(2019:109)

151 『표준 국어 문법론』(2019:114)

152 『한국어 표준 문법』(2019:278)

153 『표준 국어 문법론』(2019:110)

154 『한국어 문법 총론 Ⅰ』(2017:185), 『표준 국어 문법론』(2019:172)

155 『한국어 표준 문법』(2019:280), 『표준 국어 문법론』(2019:170)

156 『한국어 표준 문법』(2019:291)

157 『한국어 표준 문법』(2019:281)

158 『표준 국어 문법론』(2019:171), 『한국어 표준 문법』(2019:283)

159 『표준 국어 문법론』(2019:175)

160 『표준 국어 문법론』(2019:175), 『한국어 표준 문법』(2019:288), 『한국어 문법 총론 Ⅰ』(2017:190)

161 『한국어 표준 문법』(2019:286)

162 『한국어 표준 문법』(2019:285), 『표준 국어 문법론』(2019:177)

163 『표준 국어 문법론』(2019:80)

164 『표준 국어 문법론』(2019:71)

165 『표준 국어 문법론』(2019:71)

166 『한국어 표준 문법』(2019:302)

167 『한국어 표준 문법』(2019:301), 『한국어 문법 총론 Ⅰ』(2017:194)

168 『표준 국어 문법론』(2019:79), 『한국어 표준 문법』(2019:312)

169 『표준 국어 문법론』(2019:79), 『한국어 표준 문법』(2019:309)

170 『한국어 표준 문법』(2019:310)

171 『한국어 표준 문법』(2019:295)

172 『한국어 표준 문법』(2019:311)

173 『한국어 표준 문법』(2019:269), 『한국어 문법 총론 Ⅰ』(2017:182)

174 『한국어 표준 문법』(2019:269)

175 『한국어 문법 총론 Ⅰ』(2017:199), 『한국어 표준 문법』(2019:304)

176 『한국어 표준 문법』(2019:312)

177 『표준 국어 문법론』(2019:306)

178 『한국어 표준 문법』(2019:307)

179 『표준 국어 문법론』(2019:76)

180 『한국어 표준 문법』(2019:391), 『한국어 문법 총론Ⅰ』(2017:208)

181 『한국어 표준 문법』(2019:394)

182 『한국어 표준 문법』(2019:394)

183 『한국어 표준 문법』(2019:396), 『한국어 문법 총론Ⅰ』(2017:207)

184 『한국어 문법 총론Ⅰ』(2017:206)

185 『한국어 표준 문법』(2019:398)

186 『한국어 표준 문법』(2019:400)

187 『한국어 문법 총론Ⅰ』(2017:212), 『한국어 표준 문법』(2019:392)

188 『한국어 표준 문법』(2019:389)

189 『한국어 표준 문법』(2019:410)

190 『한국어 문법 총론Ⅰ』(2017:220)

191 『한국어 표준 문법』(2019:412), 『한국어 문법 총론Ⅰ』(2017:246)

192 『한국어 표준 문법』(2019:413), 『한국어 문법 총론Ⅰ』(2017:221), 『표준 국어 문법론』(2019:264)

193 『표준 국어 문법론』(2019:264)

194 『표준 국어 문법론』(2019:266)

195 『한국어 표준 문법』(2019:415), 『한국어 문법 총론Ⅰ』(2017:222), 『표준 국어 문법론』(2019:267)

196 『한국어 문법 총론Ⅰ』(2017:231)

197 『한국어 문법 총론Ⅰ』(2017:230)

198 『표준 국어 문법론』(2019:277)

199 『한국어 문법 총론Ⅰ』(2017:231)

200 『한국어 문법 총론Ⅰ』(2017:232)

201 『표준 국어 문법론』(2019:275)

202 『표준 국어 문법론』(2019:274)

203 『표준 국어 문법론』(2019:275)

204 『한국어 문법 총론Ⅰ』(2017:246)

205 『표준 국어 문법론』(2019:282)

206 『한국어 표준 문법』(2019:415)

207 『표준 국어 문법론』(2019:282), 『한국어 문법 총론Ⅰ』(2017:224)

208 『한국어 표준 문법』(2019:417)

209 『표준 국어 문법론』(2019:284), 『한국어 문법 총론Ⅰ』(2017:224), 『한국어 표준 문법』(2019:417)

210 『한국어 문법 총론Ⅰ』(2017:228), 『한국어 표준 문법』(2019:435)

211 『한국어 문법 총론Ⅰ』(2017:227)

212 『표준 국어 문법론』(2019:290)

213 『표준 국어 문법론』(2019:287)

214 『한국어 표준 문법』(2019:423)

215 『표준 국어 문법론』(2019:286), 『한국어 표준 문법』(2019:421)

216 『한국어 표준 문법론』(2019:425, 436)

217 『한국어 문법 총론Ⅰ』(2017:237), 『표준 국어 문법론』(2019:300)

218 『표준 국어 문법론』(2019:291)

219 『표준 국어 문법론』(2019:298), 『한국어 표준 문법』(2019:428)

220 『표준 국어 문법론』(2019:301)

221 『한국어 표준 문법』(2019:427), 『표준 국어 문법론』(2019:306)

222 『한국어 문법 총론Ⅰ』(2017:240)

223 『한국어 문법 총론Ⅰ』(2017:242)

224 『표준 국어 문법론』(2019:303)

225 『표준 국어 문법론』(2019:304)

226 『한국어 문법 총론Ⅰ』(2017:251)

227 『표준 국어 문법론』(2019:309)

228 『한국어 표준 문법』(2019:441), 『한국어 문법 총론Ⅰ』(2017:255)

229 『한국어 표준 문법』(2019:439)

230 『한국어 표준 문법』(2019:440)

231 『한국어 문법 총론Ⅰ』(2017:258)

232 『한국어 표준 문법』(2019:442), 『한국어 문법 총론Ⅰ』(2017:259)

233 『한국어 표준 문법』(2019:457)

234 『한국어 문법 총론Ⅰ』(2017:269)

235 『한국어 표준 문법』(2019:447)

236 『한국어 표준 문법』(2019:448)

237　『한국어 표준 문법』(2019:449)

238　『한국어 표준 문법』(2019:449)

239　『한국어 표준 문법』(2019:450), 『표준 국어 문법론』(2019:345)

240　『한국어 표준 문법』(2019:451)

241　『한국어 표준 문법』(2019:451)

242　『한국어 문법 총론 Ⅰ』(2017:261), 『한국어 표준 문법』(2019:445)

243　『표준 국어 문법론』(2019:350), 『한국어 문법 총론 Ⅰ』(2017:268)

244　『한국어 표준 문법』(2019:455), 『한국어 문법 총론 Ⅰ』(2017:268)

245　『한국어 표준 문법』(2019:454)

246　『한국어 표준 문법』(2019:453)

247　『한국어 문법 총론 Ⅰ』(2017:273)

248　『한국어 표준 문법』(2019:456)

249　『한국어 문법 총론 Ⅰ』(2017:275), 『표준 국어 문법론』(2019:354), 『한국어 표준 문법』(2019:458)

250　『한국어 표준 문법』(2019:458), 『한국어 문법 총론 Ⅰ』(2017:275)

251　『한국어 표준 문법』(2019:459)

252　『한국어 표준 문법』(2019:463)

253　『한국어 표준 문법』(2019:464)

254　『한국어 표준 문법』(2019:465)

255　『한국어 표준 문법』(2019:465), 『표준 국어 문법론』(2019:347)

256　『한국어 문법 총론 Ⅰ』(2017:280)

257　『한국어 문법 총론 Ⅰ』(2017:283)

258　『한국어 표준 문법』(2019:478), 『표준 국어 문법론』(2019:340)

259　『표준 국어 문법론』(2019:325)

260　『표준 국어 문법론』(2019:325)

261　『우리말 문법론』(2010:426)

262　『한국어 표준 문법』(2019:483)

263　『한국어 표준 문법』(2019:484)

264　『한국어 표준 문법』(2019:485)

265　『한국어 표준 문법』(2019:486), 『한국어 문법 총론 Ⅰ』(2017:295)

266　『한국어 표준 문법』(2019:487)

267 『한국어 표준 문법』(2019:492)

268 『한국어 표준 문법』(2019:493)

269 『표준 국어 문법론』(2019:334)

270 『표준 국어 문법론』(2019:334)

271 『표준 국어 문법론』(2019:335)

272 『표준 국어 문법론』(2019:336), 『한국어 표준 문법』(2019:496)

273 『한국어 표준 문법』(2019:498)

274 『한국어 표준 문법』(2019:498)

275 『한국어 표준 문법』(2019:500)

276 『표준 국어 문법론』(2019:338), 『한국어 문법 총론 Ⅰ』(2017:293)

277 『한국어 표준 문법』(2019:500, 502)

278 『한국어 표준 문법』(2019:479)

279 『표준 국어 문법론』(2019:435)

280 『표준 국어 문법론』(2019:438)

281 『한국어 표준 문법』(2019:509, 519)

282 『한국어 표준 문법』(2019:510)

283 『표준 국어 문법론』(2019:445), 『한국어 문법 총론 Ⅰ』(2017:306), 『한국어 표준 문법』(2019:514)

284 『표준 국어 문법론』(2019:444), 『한국어 문법 총론 Ⅰ』(2017:303)

285 『한국어 표준 문법』(2019:511)

286 『한국어 표준 문법』(2019:512)

287 『표준 국어 문법론』(2019:444), 『한국어 문법 총론 Ⅰ』(2017:302), 『한국어 표준 문법』(2019:514)

288 『한국어 문법 총론 Ⅰ』(2017:300)

289 『표준 국어 문법론』(2019:449), 『한국어 표준 문법』(2019:517)

290 『표준 국어 문법론』(2019:449)

291 『한국어 문법 총론 Ⅰ』(2017:310)

292 『한국어 표준 문법』(2019:523)

293 『표준 국어 문법론』(2019:386), 『한국어 표준 문법』(2019:524)

294 『표준 국어 문법론』(2019:388)

295 『표준 국어 문법론』(2019:390)

296 『표준 국어 문법론』(2019:391)

297 『표준 국어 문법론』(2019:392), 『한국어 문법 총론 Ⅰ』(2017:314), 『한국어 표준 문법』(2019:528)

298 『한국어 표준 문법』(2019:527)

299 『한국어 문법 총론 Ⅰ』(2017:317), 『표준 국어 문법론』(2019:403)

300 『표준 국어 문법론』(2019:393)

301 『한국어 문법 총론 Ⅰ』(2017:309)

302 『표준 국어 문법론』(2019:396)

303 『표준 국어 문법론』(2019:398)

304 『한국어 문법 총론 Ⅰ』(2017:319)

305 『한국어 표준 문법』(2019:531)

306 『한국어 문법 총론 Ⅰ』(2017:321)

307 『한국어 문법 총론 Ⅰ』(2017:323), 『표준 국어 문법론』(2019:401)

308 『한국어 문법 총론 Ⅰ』(2017:324)

309 『한국어 문법 총론 Ⅰ』(2017:329)

310 『한국어 문법 총론 Ⅰ』(2017:332)

311 『한국어 문법 총론 Ⅰ』(2017:332)

312 『한국어 문법 총론 Ⅰ』(2017:333)

313 『표준 국어 문법론』(2019:407), 『한국어 문법 총론 Ⅰ』(2017:338)

314 『한국어 문법 총론 Ⅰ』(2017:341)

315 『한국어 문법 총론 Ⅰ』(2017:343)

316 『한국어 문법 총론 Ⅰ』(2017:343)

317 『한국어 표준 문법』(2019:561), 『한국어 문법 총론 Ⅰ』(2017:349), 『표준 국어 문법론』(2019:474)

318 『표준 국어 문법론』(2019:475)

319 『한국어 표준 문법』(2019:562), 『한국어 문법 총론 Ⅰ』(2017:350)

320 『표준 국어 문법론』(2019:478), 『한국어 문법 총론 Ⅰ』(2017:351)

321 『한국어 표준 문법』(2019:563)

322 『표준 국어 문법론』(2019:465)

323 『표준 국어 문법론』(2019:465)

324 『한국어 표준 문법』(2019:555), 『한국어 문법 총론 Ⅰ』(2017:355), 『표준 국어 문법론』

(2019:463)

325 『표준 국어 문법론』(2019:468)

326 『한국어 문법 총론 Ⅰ』(2017:356), 『표준 국어 문법론』(2019:470), 『한국어 표준 문법』
(2019:558)

327 『한국어 문법 총론 Ⅰ』(2017:345), 『표준 국어 문법론』(2019:473)

328 『표준 국어 문법론』(2019:474)

329 『한국어 표준 문법』(2019:534), 『표준 국어 문법론』(2019:494)

330 『표준 국어 문법론』(2019:494)

331 『한국어 표준 문법』(2019:536)

332 『한국어 표준 문법』(2019:537)

333 『한국어 표준 문법』(2019:547)

334 『한국어 표준 문법』(2019:539), 『표준 국어 문법론』(2019:502)

335 『한국어 표준 문법』(2019:548)

336 『한국어 표준 문법』(2019:549)

337 『표준 국어 문법론』(2019:505)

338 『한국어 표준 문법』(2019:543)